歐戰後美國視野下的中國
現況、海盜與長江航行安全問題

China in the View of the United States after World War I

Situation, Piracy, and Safe Navigation on the Yangtze River

應俊豪 著

YING Chun-hao

民國論叢 ｜ 總序

呂芳上
民國歷史文化學社社長

　　1902 年，梁啟超「新史學」的提出，揭開了中國
現代史學發展的序幕。

　　以近現代史研究而言，迄今百多年來學界關注幾個
問題：首先，近代史能否列入史學主流研究的範疇？後
朝人修前朝史固無疑義，但當代人修當代史，便成爭
議。不過，近半世紀以來，「近代史」已被學界公認是
史學研究的一個分支，民國史研究自然包含其中。與此
相關的是官修史學的適當性，排除意識形態之爭，《清
史稿》出版爭議、「新清史工程」的進行，不免引發諸
多討論，但無論官修、私修均有助於歷史的呈現，只要
不偏不倚。史家陳寅恪在《金明館叢書二編》的〈順宗
實錄與續玄怪錄〉中說，私家撰者易誣妄，官修之書多
諱飾，「考史事之本末者，苟能於官書及私著等量齊
觀，詳辨而慎取之，則庶幾得其真相，而無誣諱之失
矣」。可見官、私修史均有互稽作用。

　　其次，西方史學理論的引入，大大影響近代歷史的書寫與詮釋。德國蘭克史學較早影響中國學者，後來政治學、社會學、經濟學等社會科學應用於歷史學，於1950 年後，海峽兩岸尤為顯著。臺灣受美國影響，現代化理論大行其道；中國大陸則奉馬列主義唯物史觀為圭臬。直到 1980 年代意識形態退燒之後，接著而來的西方思潮——新文化史、全球史研究，風靡兩岸，近代史也不能例外。這些流行研究當然有助於新議題的開發，如何以中國或以臺灣為主體的近代史研究，則成為學者當今苦心思考的議題。

　　1912 年，民國建立之後，走過 1920 年代中西、新舊、革命與反革命之爭，1930 年代經濟大蕭條、1940年代戰爭歲月，1950 年代大變局之後冷戰，繼之以白色恐怖、黨國體制、爭民權運動諸歷程，到了1980 年代之後，走到物資豐饒、科技進步而心靈空虛的時代。百多年來的民國歷史發展，實接續十九世紀末葉以來求變、求新、挫折、突破與創新的過程，涉及傳統與現代、境內與域外方方面面的交涉、混融，有斷裂、有移植，也有更多的延續，在「變局」中，你中有我，我中有你，為史家提供極多可資商榷的議題。1949 年，獲得諾貝爾文學獎美國作家福克納（William Faulkner）說：「過去並未死亡，甚至沒有過去。」（The past is never dead. It's not even past.）更具體的說，今天海峽兩岸的現況、流行文化，甚至政治核心議題，仍有諸多「民國元素」，歷史學家對民國歷史的回眸、凝視、觀察、細究、具機鋒的看法，均會增加人們對現狀的理解、認識和判斷力。這正是民國史家重大任務、大有可為之處。

民國史與我們最是親近，有人仍生活在民國中，也有人追逐著「民國熱」。無庸諱言，民國歷史有資料閎富、角度多元、思潮新穎之利，但也有官方資料不願公開、人物忌諱多、品評史事不易之弊。但，訓練有素的史家，一定懂得歷史的詮釋、剪裁與呈現，要力求公允；一定知道歷史的傳承有如父母子女，父母給子女生命，子女要回饋的是生命的意義。

1950 年代後帶著法統來到臺灣的民國，的確有過一段受戰爭威脅、政治「失去左眼的歲月」，也有一段絕地求生、奮力圖強，使經濟成為亞洲四小龍之一的醒目時日。如今雙目俱全、體質還算健康、前行道路不無崎嶇的環境下，史學界對超越地域、黨派成見又客觀的民國史研究，實寄予樂觀和厚望。

基於此，「民國歷史文化學社」將積極支持、鼓勵民國史有創意的研究和論作。對於研究成果，我們開闢論著系列叢書，我們秉持這樣的出版原則：對民國史不是多餘的書、不是可有可無的書，而是擲地有聲的新書、好書。

目錄

緒論

　　歐戰後美國視野下的中國，究竟呈現出何種面貌？[1]

　　在中文學界，過去研究中美關係史者，大多仍是從中國史本位為出發點，以中國自身的大事紀為經，以政治、軍事、外交、經濟或文化等面向為緯，輔以美國方面的相關史料，藉由中美共同的視角，來建構中美關係史。但是這樣的研究途徑，或許在本質上仍不脫中國史架構，核心關懷依然是中國人的思維，不過大量補充了美國史料。嚴格來說，這可能只是帶有部分美國觀點的中國史研究。而本書的研究旨趣，則嘗試擺脫傳統中國史架構下的中美關係史，改從在華美國人的現場觀察，重新審視歐戰後的中國現況。筆者尋思，以中國為主要研究對象的跨國史研究，或許可以嘗試擺脫本位觀點，轉換視野，從原先以中國為經緯、外國為輔助的研究途徑，適度調整為以外國視野為主體，認真審視他們眼下的中國。固然外國視野往往帶有文化偏見與種族歧視，但有時當局者迷、旁觀者清，透過外國視野的參酌比較，或許反而有助於釐清中國現況的複雜面向。而本書撰寫的主要目的，並非要去質疑或是取代過去以中國史

1　本書所謂的歐戰後美國視野下的中國，乃是指從巴黎和會以至於華盛頓會議前後，美國對於中國現況，尤其是沿海海盜與長江航行安全問題的看法與因應對策。因此，全書主要探討的時間斷限，大約圍繞在 1920 年代。

為本位的中美關係史研究，乃是希望透過視野的轉換，
讓我們能夠看到一些過去常被忽略的其他面向，從而更
完整地理解當時中國所面臨的真實情況。

即是之故，過去十餘年來，筆者在盡量不預設研究
題旨（以避免受到既有中國史研究框架的影響）的情況
下，持續大量閱讀美國《中國國內事務檔案》（*Records
of the Department of State Relating to the Internal Affairs of China,
1910-1929*，以下簡稱 RIAC）。[2] 迥異於過去外交史學
者常用、由學者特地按主題篩選編輯出版的《美國對外
關係文件》（*Foreign Relation of the United States*，以下簡稱
FRUS），[3]《中國國內事務檔案》乃是當時美國在華
各地使領官員按時彙整的各類大小事態報告。此份檔
案，基本上只是簡單按時排列，相對雜亂無章，主題性
分類亦不甚明確，且目前仍欠缺線上資料庫，只有傳統
的微卷檔案，故使用上極為不易，也因此使得研究者望
之卻步。但是另外一方面，也由於此份檔案並未經過太
多有後見之明的研究者整理，所以依然保持著檔案原始
面貌，帶有現場觀察者的第一手史料特性，故雖然使用
上難度較高，但卻顯得彌足珍貴。透過當時實際生活在
中國、親身見證歐戰後中國現況發展的美國駐華使領官
員，他們眼中的中國，或許更能體現美國視野下的中

2　(United States) Department of State, *Records of the Department of State
Relating to the Internal Affairs of China, 1910-1929* (M329) (Washington,
D.C.: The National Archives, 1960) (Microfilm)，中央研究院近代史
研究所圖書館微卷資料。

3　美國威斯康辛大學已將全系列的《美國對外關係文件》製作成
網上資料庫，無償提供研究者上網檢索與下載。見 http://uwdc.
library.wisc.edu/collections/FRUS。

國。不過，正因為如此，本書在章節架構與主題上，與傳統中國史有非常明顯的不同。中國史架構下念茲在茲的大事，在美國人眼中，或許只是中國分裂割據的具體反映罷了，但中國人視為枝微末節的盜匪問題與衝突現場，有時反倒是美國人關注的焦點，因為這些問題將實質影響到他們在華最現實的商務利益。

基於上述動機，本書將從中國整體現況發展、海盜問題、長江航行安全問題及其實際衝突與海軍武力介入等四大部分，來建構歐戰後美國視野下的中國。其中，中國現況發展可謂是歐戰後中國動盪局面之「因」，而海盜、長江航行安全問題及其後續的衝突與海軍武力介入等具體爭議則是其「果」。

一、美國與中國現況

歐戰後的國際秩序有著劇烈變動。原先主導世界事務的歐洲列強，無論是戰勝的協約國，抑或是敗戰的同盟國，均因長期戰火摧殘，而在經濟財政上遭受到極其嚴重的損失，整體國力呈現大幅削弱的情況。而美國在國際事務上的發言權與影響力則與日俱增。歐戰期間美國本土並未受到戰爭的波及，且利用歐洲國家忙於戰爭無暇他顧的機會，擴大在世界其餘各地的投資貿易，國力持續成長。美國後來的參戰行動，更打破兩陣營的僵持局面，幾乎決定了世界大戰的演變與結果。威爾遜總統宣示的十四項和平建議，更是隱含美國介入與主導戰後國際秩序安排的強烈意圖，並試圖藉由國際聯盟集

聚共同力量，以協調處理國際紛爭。而在東亞事務上，
美國更展現積極作為，在 1919 年巴黎和會上強勢斡旋
中、日之爭。當英、法、義等國受到秘密外交限制，必
須與日本齊一立場時，美國還是出面力抗其餘列強，持
續調解山東問題爭議。雖然受到國際現實的掣肘（義大
利退出和會，日本也威脅要跟進等），威爾遜總統最終
未能堅持立場，放棄支持將前德屬山東租借地歸還中
國，[4] 也讓中國人一度感到極大失望與挫敗。[5] 兩年多
後，1921 年底美國又召開華盛頓會議，除了會外協調
解決中日山東問題外，更重要的，是透過《九國公約》
簽署，藉由中國問題決議案（又稱羅脫四原則），公開
宣示未來列強對於在華事務的共同行事原則：以彼此協
調與門戶開放取代競爭對立，以機會均等取代壟斷與
勢力範圍，且不利用中國現況發展來擴大在華利益，
此即是後來所謂的「華盛頓會議體制」（Washington
Conference System，以下簡稱「華會體制」）下，乃是
歐戰後列強處理中國事務問題最重要的核心架構與基本
原則。[6] 因此，從巴黎和會到華盛頓會議，在中國人心

4　關於巴黎和會山東問題爭議，以及美國總統威爾遜如何從原先的
　　支持中國，被迫逐漸轉向默許日本繼承德國在山東的利權的過
　　程，可以參見應俊豪，《公眾輿論與北洋外交—以巴黎和會山東
　　問題為中心的研究》（臺北：國立政治大學歷史學系，2001），
　　頁 197-244；唐啟華，《巴黎和會與中國外交》（北京：社會科
　　學文獻出版社，2014），頁 165-205。

5　關於歐戰前後中國人對於美國以及威爾遜主義的認知與想像，可
　　以參見楊玉聖，《中國人的美國觀》（上海：復旦大學出版社，
　　1996），頁 73-90。

6　此處所謂的華盛頓會議中國決議案，指得是美國代表羅脫（Elihu
　　Root）根據中國代表團諸多提案所歸納的幾項重要原則，即尊重
　　中國主權獨立與領土完整、不干涉中國內政，不利用中國內政問

目中，美國依然還是對華最為友善、能夠制衡日本等其他列強的國家。

究其實際，「華會體制」雖然在本質上仍不脫晚清以來列強聯合對華、共享在華特權利益的政治現實，同時也是「合作政策」（Cooperation Policy）與「中國門戶開放政策」（Open Door Policy）的再現。1860年代的「合作政策」大致含括有兩層含意。其一是維持現狀，列強間彼此合作，避免內鬥，追求共同利益。其二是對華親善，藉此推動中國的近代化，協助其進行改革，強化中外合作。[7] 至於美國國務卿海約翰（John Hay）提出的「中國門戶開放政策」，則是力主維持中國領土完整，反對列強瓜分中國、劃分勢力範圍，主張列強在華投資機會均等。[8] 從「合作政策」到「中國門戶開放政策」，其核心原則基本上還是在維持現狀的大前提下，讓列強共享在華利益，同時推動中國的近

題擴張利益，同時給予中國一個最完整無礙的機會，自行發展成為一個有效穩定的政府，該原則後來成為《九國公約》的重要內容。見 "A Treaty between All Nine Powers Relating to Principles and Policies to Be Followed in Matters Concerning China," U. S. Naval War College, *International Law Documents: Conference on the Limitation of Armament with Notes and Index, 1921* (Washington: Government Printing Office, 1923), pp. 342-351.

7　關於19世紀美國與列強對華合作政策，可以見李定一，《中美早期外交史》（臺北：三民書局，1978），第十一章。亦可參見 John Watson Foster, *American Diplomacy In The Orient* (Cambridge: The Riverside Press, 1903) 與 Tyler Dennett, *Americans In Eastern Asia: A Critical Study of United States' Policy in the Far East in the Nineteenth Century* (New York: Barnes & Noble, 1963)。

8　關於美國中國門戶開放政策的形塑，可以參見 Gregory Moore, *Defining and Defending the Open Door Policy: Theodore Roosevelt and China, 1901-1909* (Lanham: Lexington Books, 2015)。

代化。

　　但是另外一方面，「華會體制」的樹立，終究體現美國嘗試以國際共同的力量，來制衡任何單一國家意圖片面改變中國現況的行為，反對壟斷或擴大在華利權，從而緩和了列強對華進一步的侵略與攘奪，並使得帝國主義式外交逐漸失去其正當性。自此，強調尊重中國主權與領土完整，維持中立地位，不介入中國內政事務，也就成為歐戰後列強對華外交施為上，最常見的詞彙。[9] 部分外人在華報紙媒體後來甚至以「門羅主義」（Monroe Doctrine）已運用到東方，來稱呼華盛頓會議之後，由於美國的強勢主導與約束，其餘列強不得不調整以往激進高壓的外交舉措，改採溫和協調的模式來處理對華事務。[10]

　　然而諷刺的是，我們如果將歷史視野稍微移至「華會體制」甫樹立後不久的時間點，就會發現另外一種相當迥異又弔詭的現象：美國在華商會竟然在華盛頓會議結束一年多後，即開始質疑此體制，並大聲呼籲應重新檢討中國現況問題與美國對華政策。在 1923 年底美國在華商會聯合會的年會上，美商團體紛紛指出中國現況已急劇惡化，華盛頓會議所作成的中國問題決議案已不能如實反映出中國現況問題，故希望美國政府號召《九

9　雖然這些詞彙不代表列強真正放棄帝國主義式外交與侵略行為，但從此類詞彙頻繁出現在當時的外交舞臺上，可以推估所謂的「華會體制」以中國問題決議案，確實開始發揮某些作用，也逐漸成為當時各國對華施為的基本共識。

10　由英美在華人士主導的《密勒氏評論報》，即稱此種轉變為列強從「強硬外交」過渡到「軟弱外交」。見 "Transition from Strong to Weak Diplomacy," *The China Weekly Review*, 12 September 1925.

國公約》簽約國再次聚會，依據中國最新現狀發展，重
新制定處理中國事務的基本原則。他們甚至認為華盛頓
主其事的官員在制定相關的外交與軍事政策時，漠視中
國現況，以致於無法顧及實情，從而有損美國在華的商
貿利益。因此，他們建議美國政府應調整對華政策，大
幅強化駐華海軍武力，並聯合其他國家，以強硬態度處
理對華事務。[11] 美國在華商會聯合會後來還正式作成了
決議案，顯見上述觀點並非部分美商的個別看法，而是
美國在華商業社群的普遍共識。但如細究美國商會聯合
會的諸多主張，卻幾乎完全與「華會體制」中國問題決
議案的羅脫四原則相互牴觸。

　　此處相當令人困惑與有著強烈違和感的是，1922
年初在美國政府主導下的華盛頓會議才剛剛風光落幕
（1921 年 11 月開始至 1922 年 2 月結束），但為何在
隔年年底美國在華商會聯合會即迫不及待地以中國現況
惡化為由，提出重新檢討對華政策的主張？換言之，當
美國政府還在大聲疾呼列強應裁減軍備、尊重中國主
權、不干涉中國內政、也不利用中國現況擴大在華利益

11　〈美國商會聯合會決議錄〉，《上海總商會月報》，3 卷 11 期
　　（上海，1923.11），附載頁 1-3。事實上，早在 1923 年 5 月時，
　　與美國在華商業社群關係密切的《大陸報》（The China Press），
　　即已開始鼓吹對華武力干涉論。此類論調甚至也引起北京政府外
　　交部的注意，條約司官員即特地將其譯為中文，以為政府參考。
　　見〈外力干涉之提案〉，英文《大陸報》（上海），1923 年 5 月
　　23 日，北京政府外交部條約司（譯），收錄在天津市歷史博物館
　　藏，張黎輝等編，《北洋軍閥史料・黎元洪卷》，第 14 冊（天
　　津：天津古籍出版社，1996），頁 860-863。顯而易見，1923 年
　　底的美國在華商會聯合會的年度決議案，應非突然意外之舉，而
　　是美商醞釀已久的主張論調。

的同時，美國在華商會卻反其道而行，大肆鼓吹美國應帶頭擴充海上軍備，改行強硬的武力干涉政策，以壓制中國亂象。無庸諱言，美國在華商會此舉形同在扯政府政策後腿，有損美國政府威信，自然也會對「華會體制」中國問題處理原則，構成不小的負面影響。究竟美商團體後來的感受與認知，與美國政府對華外交決策之間，為何會有著如此巨大的落差？而華盛頓外交決策官員當初在制定遠東政策時，所理解的中國現況，又是怎麼樣的呢？

　　如果進一步深究其實際，美國政府對華政策的形成，絕非華盛頓國務院等主其事官員閉門造車、自行構思而來；相反地，在很大的程度上，決策者乃是仰賴駐華使領館提供的第一手中國現況報告作為決定外交政策的重要參考資料。誠然這些報告本身即充滿著歧異性，在立場上也往往不見得一致。但是無庸諱言地，美國政府主要決策者以及國務院遠東司等重要幕僚單位，仍是根據上述各式各樣的駐華使領觀察與評估報告，掌握中國現況的可能情況，以作為未來決策的參考依據。筆者近年來針對歐戰後列強對華外交舉措的諸多個案研究中，從各國駐華使領與海軍官員龐雜的原始報告裡，逐漸認知到英美等國政府內部對華態度與決策，往往牽涉到極為複雜的內部角力過程。姑且不論「不在現場」（not on the spot）的華盛頓外交官員對中國事務的觀察與見解，與「在現場」（on the spot）的駐華使領官員間，本來即可能發生歧見；即使是同樣「在現場」的駐華官員，例如公使與領事、不同的領事，或是領事與海

軍官員之間，對於同一事務也可能會有相當不同的看法
與建議。尤其不同地區的領事館與北京公使館對於中國
中央與地方政情發展的評估，因觀察的角度不同、時間
點不同，經常會有歧見。而藉由剖析與探究這些觀點歧
異性背後所隱藏的原因，並嘗試分析其與最終外交決策
之間的脈絡，我們往往更能夠看出以往只從政府高層決
策者角度來分析事情時，較不易察覺到的歷史問題。

　　因此，在研究取徑上，本書第一部分，將把視野著
重探究歐戰結束後、歷經巴黎和會的風風雨雨，以至華
會結束前，美國駐華使領館對於中國現況發展的觀察與
評估。究竟在這幾年的使領報告中，美國駐華官員看到
了什麼？預測了什麼？他們又試圖向華府主要決策官員
呈現怎麼樣的中國？華盛頓會議《九國公約》中國問題
決議案中一項重要原則，乃是不利用中國現況擴大在華
利益，而本書的焦點，就是深入探究美國人所謂的「中
國現況」究竟為何。

　　直言之，關於歐戰後美國的遠東政策，在許多研究
者的持續努力下，對於重要決策者（機構），如美國政
府當局對東亞事務發展以及中國問題的態度與取止，已
經有相當明確與清楚的認知。[12] 但是對於當時可能影響

12 舉其要者，例如 Arthur Stanley Link, *Wilson the Diplomatist: A Look at
His Major Foreign Policies* (Baltimore, Maryland: Johns Hopkins Press,
1957); Alfred Whitney Griswold, *The Far Eastern Policy of the United
States* (New Haven: Yale University Press, 1962); Roy Watson Curry,
Woodrow Wilson and Far Eastern Policy, 1913-1921 (New York: Octagon
Books Inc., 1968); William Appleman Williams, *The Tragedy of American
Diplomacy* (New York: Dell Pub. Co., 1972); Warren I. Cohen, *America's
Response to China* (New York: Columbia University Press, 1990); Akira
Iriye, *Across the Pacific: An Inner History of American-East Asian Relations*

到決策過程，尤其是駐華使領館對於中國現況的第一手
觀察與評估，則較缺乏有系統與統整的研究。本書試圖
藉由逐年爬梳美國駐華使領館有關中國政情與局勢發展
的評估報告，從中歸納並釐清他們眼中所看到的中國現
況，藉此描繪出與傳統研究不一樣的歷史圖像與面貌。

　　最後，必須要強調的，本書研究的核心關懷，並非
探究美國對華政策以及「華會體制」本身的運作情況及
其模式，而是著重在美國政府推動與創議所謂的「華會
體制」前後，美國駐華使領館官員以及在華公眾對於中
國現況的觀察與評估，以及當時的中美外交官員間針對
中國局勢發展所作的交涉與互動。希望透過此類第一手
的評估報告與民間輿情資料的詳細梳理，能夠深入瞭解
美國在華第一線外交領事官員與僑民等如何理解中國、
分析中國，進而形塑出中國對外的整體形象，並反思此
類中國理解、形象與後來「華會體制」的出爐與調適，
其間是否有明確脈絡可循。

　　因此，本書在第一部分主要從內、外兩大面向，略
窺美國駐華使領官員眼中的中國現況發展。在內部面
向，主要是觀察歐戰後的中國內部動盪問題及其對美商
利益可能產生的危害。受到民國以來南北對立與軍閥割
據分裂的影響，北京政府徒具虛名，各省間則內外戰爭
不斷，地方失序與盜匪化現象也隨之日益嚴重，逐漸對
外國在華商貿利益構成嚴重威脅。而美商在華的商貿活
動，則利用歐戰期間歐洲列強無暇東顧之機，已大幅成

――――――――――――

(Chicago: Imprint Publications, Inc., 1992).

長與擴充；戰爭結束後，美商更是積極致力於投資與開發中國市場。[13] 然而，正當美商欲大施拳腳之際，中國內政與社會的走向卻是每況愈下，派系角力、戰亂與社會盜匪化等現象均不利於正常商貿投資活動的發展。美國駐華使領重要的職責之一，即是確保與協助在華商務貿易投資的順利進行。因此，美國使領官員如何審視中國現況惡性發展對於美商的妨礙，又如何籌思較為可行的因應對策？這些問題均值得進一步深入探究。

至於外部面向，則將關注歐戰後中國人對於外國的整體看法。受到巴黎和會山東問題爭議與五四政治運動的刺激，中國民族主義與學生運動已漸趨高漲，對於國家主權與涉外事件的敏感度遠甚以往。而俄國革命、布爾什維克宣傳以及反帝思潮的啟發，[14] 更起著推波助瀾的作用，中國知識分子也轉為質疑近代以來列強在華不平等條約特權體制的正當性。與此同時，「非基運動」也在持續醞釀能量，各地反基督教勢力與組織逐漸蔓延，主張收回教會所控制學校與醫院。[15] 影響所及，中

---

13 歐戰前後，美國商貿勢力在中國積極發展，觸角深入各個領域，舉凡礦業、鐵路、運河、電信、造橋等均包含在內。關於此議題，可以參考吳翎君的研究，有非常詳盡的探討。見吳翎君，《美國大企業與近代中國的國際化》（臺北：聯經出版公司，2012）。

14 在巴黎和會四人會上，美國總統威爾遜即曾指出，擔心山東問題可能引起中國百姓的不滿，從而有利於布爾什維克主義在中國的滋長。見 "Mantoux's Notes on A Meeting of Council of Four," 18 April 1919 & "Hankey's and Mantoux's Notes on A Meeting of Council of Four," 22 April 1919, Arthur Stanley Link, ed., *The Papers of Woodrow Wilson* (Princeton: Princeton University Press, 1966-1994), Vol. 57, pp. 454, 606.

15 王治心，《中國基督教史綱》（臺北：文海書局，1971，重印版），頁 136-138、331-333；顧衛民，《基督教與近代中國社會》（上海：

國人對外的情緒與反應慢慢有走向排外的傾向。然而，中國人對於美國的觀感，則似乎是稍顯例外。雖然大致來說，歐戰後中國的疑外與反外傾向都是相當明顯的，但是對於美國則總是抱持著特殊情感，也比較不排斥美國。[16] 對於這種整體排外，但又不太反美的情況，對於美國駐華使領官員來說，意謂著何種訊息？換言之，他們究竟該為中國的日漸排外傾向而憂，還是為中國的特別親美而喜？

　　簡言之，美國駐華使領、官員以及一般公眾如何看待、評估與因應歐戰後中國內部動亂與排外傾向，將是本書最重要的觀察重點與核心議題。

二、美國與中國海盜問題

　　在歐戰後的中外關係史上，有兩個非常重要的時局演變。其一是國際局勢、國際體系的演變，而另外一個則是北洋政局本身內部的變化。首先，以國際局勢來說，如前述所言，歐戰後美國主導推動「華會體制」，其實就是試圖將美國歷來對華的門戶開放政策，擴大為所有列強的共識，也就是一方面宣揚尊重中國主權獨立、領土完整，給予中國一個完整無礙的機會來發展一個穩定的政府、列強不應利用中國現狀演變來擴大在華利益等，同時也強調中國市場對外開放、列強在華商業

上海人民出版社，1998），頁 402-441。

16　"Foreigner in China," 8 June 1921, CMID, 2657-I-176.

利益機會均等。其次，另外一個時局演變，則是北洋政府時代中國內政秩序的漸趨混亂。除了南北對立、地方軍閥割據分裂外，內部派系的傾軋以及權力與利益的爭鬥同樣也是激烈異常，而頻繁的內戰與政潮就是國內政局不穩的最大表徵。影響所及，政府對地方的控制力減弱，社會秩序隨之失調，各地的盜匪現象也就不足為奇了。然而，外交是內政事務的延伸，北洋時代的內部動盪不安，往往又會與國際局勢連動，列強如何因應中國政局與社會變化，勢必又會引出美、英、日、法等強國之間的協調合作或是彼此牽制抗衡。因此，北洋時代的內部混亂、外部的列強競逐在華利益，其實是纏繞不清的。

尤有要者，歐戰後中國海盜肆虐問題已達到近代歷史上的高峰之一，航運與商業貿易活動備受海盜的威脅，中外商民乘船途經內江、沿海水域亦無不深受其害。[17] 民國以降，由於社會長期動盪不安，使得華南沿海地區海盜勢力有進一步發展空間。回顧歷史，近代以來隨著輪船航運技術的引進中國，因輪船具有噸位大、航速快的特性，一度使得傳統利用海盜船從外部攻擊商船的海盜作案手法漸趨式微。而為了適應輪船航運時代，中國海盜與時調整，更新犯案手法，放棄傳統過時不當的外部攻擊模式，改採所謂「內部工作」（inside jobs）模式。[18] 海盜化整為零，偽裝成一般乘客挾帶武

---

17 A. D. Blue, "Piracy on the China Coast," *Journal of the Hong Kong Branch of the Royal Asiatic Society*, Vol. 5 (1965), pp. 69-85.

18 "Jacob Gould Schurman, American Minister, Peking to the Secretary

器登船，待輪船航行至海上時，伺機發動突襲、壓制船
員，並於取得控制權後，將輪船劫往廣東特定沿岸地
區，運送劫掠物品上岸。這其中又以鄰近香港的廣東大
亞灣沿岸地區，最常被海盜選擇作為登岸逃亡的主要地
點，顯然海盜與當地有著重要的地緣關係。也因此，在
華外人普遍認為大亞灣沿岸地區其實就是中國海盜的主
要巢穴與根據地。

　　因此，本書第二部分，將根據美國國務院遠東司內
部備忘錄的資料，分析美國視野下的中國海盜問題。事
實上，在美國報告中，分析歐戰後在日漸嚴重的中國水
域海盜攻擊事件中，尤以兩大類型的海盜案件有著明
顯成長。其一是中國南方沿海水域海盜案件，其二是珠
江三角洲水域海盜案件。無論是傳統中國本土木船，
或是內河輪船（river steamers）、沿海輪船（coasting
steamers），甚至大型跨洋輪船（seagoing steamers）均
有可能受到海盜攻擊的威脅。[19] 美國籍商船（以大來輪
船公司 Dollar Steamship Co. 為主）多從事跨洋航行，
比例上較少直接遭到海盜攻擊。但是在中國經商、活動
的美國商民人數相當眾多，每當乘坐中國、英國或其他
國籍船隻往來沿岸各港口時，同樣也會身陷海盜攻擊的
危機之中。因此，美國駐華使領館經常向美國政府報告
中國水域海盜犯案情況，同時也籲請政府必須正視其嚴

---

of State, Washington, D.C., 25 April 1924, RIAC, 893.8007/12.

19　"International Cooperation to Suppress Pirates in China," A Resume
　　by Douglas Jenkins, Division of Far Eastern Affairs, Department of
　　State, 21 November 1927, RIAC, 893.8007/28.

重性。然而，海盜猖獗現象不過是中國南方地區社會不安的具體表徵，本質上亦屬中國內政問題，外國一旦介入過深，即可能有干涉中國內政之嫌。究竟當時美國政府如何看待中國海盜問題？又如何在維護美國在華利益與避免干涉中國內政之間取得平衡點？

再者，英國在華商業利益之重居列強之冠，加以香港殖民地毗鄰廣東，對於中國海盜橫行問題感觸最深，也亟思反制之道。[20] 然而，從英國的因應方案之一，亦即透過國際合作來反制海盜的規劃中，卻赫然發現：美國政府的態度影響此方案的成敗，但卻由於美國明確反對列強介入中國海盜事務，造成法、義等其他國家亦跟隨美國步伐，從而導致英國的國際合作反盜提案最終胎死腹中。由此引出一個相當啟人疑竇的迷思，亦即當各國商民均飽受中國海盜之苦，而企圖籌劃反制之道時，為何唯獨美國力排眾議，堅決表態反對？究竟美國政府是基於何種考量而不願與各國一同合作處理中國海盜問題？此外，當實際面對日益嚴重與層出不窮的中國海盜劫案時，美國駐華使領與海軍當局究竟如何因應？是維持向來對華親善的形象，以較為溫和隱忍的態度，默默承受中國內政失序所導致的海盜現象，還是像英國一樣採用武力高壓的手段來強制鎮壓？最後，藉由深入探究與分析美國處理海盜問題的態度與措施，或許可以略窺歐戰後美國對華政策的理想性及其現實之間的落差。

---

20 關於英國推動國際合作來處理中國海盜問題，可以參見應俊豪《英國與廣東海盜的較量——一九二〇年代英國政府的海盜剿防對策》（臺北：臺灣學生書局，2015），第6章，頁259-282。

三、長江航行安全問題與美國海軍武力介入

民國時期中國各地內戰頻繁，尤其位處長江上游地區的湖北、四川兩省更是戰爭不斷。據統計，從 1912 至 1932 年約 20 年間，四川省共發生了 478 次大小內戰，平均每年約 23.9 次戰爭，相當於每月就有兩次內戰，內戰頻繁之程度，冠於全國。[21] 其次，受到中國南北對立以及地方軍閥主義高漲等大環境的影響，四川、湖北之交幾乎成為戰爭與兵變的代名詞。例如 1920 年第一次宜昌兵變、1921 年第二次宜昌兵變、1922-1924 年的四川內戰與川鄂戰爭等。[22] 大量的部隊以及殘兵敗將充斥鄉間，形成土匪、強盜肆虐，內政秩序瀕臨瓦解的邊緣。而在長江上游航行的中外船隻，則成為這群兵匪魚肉的對象。〈通商海關華洋貿易全年總冊〉1922 年度即記載：「戰端與省爭，暨大規模之軍事行動，幾已成為川省年常經見者……（川軍內戰，敗軍）潰而四散……勝軍進佔重慶，自此以後，上下水輪運，全行被

---

21 李白虹，〈二十年來之川閥戰爭〉，收錄在廢止內戰大同盟編，《四川內戰詳記》（上海：廢止內戰大同盟會，1933；北京：中華書局，2007，重印版），頁 247-248。

22 應俊豪，《「丘八爺」與「洋大人」—國門內的北洋外交研究》（臺北：國立政治大學歷史學系，2009），頁 65-133；丁中江，《北洋軍閥史話》（臺北：時英出版社，2000），第 3 冊，頁 451-452，第 4 冊，頁 178-186；李白虹，〈二十年來之川閥戰爭〉，廢止內戰大同盟編，《四川內戰詳記》，頁 247-261；來新夏等著，《北洋軍閥史》（天津：南開大學出版社，2000），下冊，頁 649；文公直，《最近三十年中國軍事史》（臺北：文海出版社，1973，重印版），頁 284-287、413-414。

阻……約歷三星期之久」；1923 年度則有：「重慶一口，內亂頻仍，年中幾無寧日，境內貿易之發達，大受影響，運輸貨物，橫被阻礙」。[23] 兵匪們若非私設稅關勒贖保護費，就是打劫船隻洗奪財物。船隻一旦稍有不從，即換來槍彈攻擊。

> 1923、1924 年間，重慶至夔州間僅一日行程的水路，沿岸就有 80 多股土匪。例如酆都縣與石柱縣交界處的陳家場，有一股匪達 3,000 餘人，盤踞兩年有餘，官軍莫可奈何。他們打劫江上木船，以致三只五只不敢成行。至於輪船，無論上下水，凡經過匪徒麋集之地，必鼓足馬力，疾駛而過。但匪徒仍遙以槍擊，時有傷人斃命之事發生。洋商輪船均在兩舷設置鐵甲板，以禦槍彈；各船且配備機槍，用來自衛。[24]

有時就算軍隊不干涉正規航運，然而受到戰事拖累，碼頭苦力工人往往因為躲避戰爭或被軍隊徵調而無法前往碼頭工作。在缺乏苦力工人的情況下，輪船亦無法正常裝卸貨物，使得外商輪船公司遭遇重大損失。[25]

---

23 〈中華民國十一年通商海關各口全年貿易總論〉、〈中華民國十二年通商海關各口全年貿易總論〉，收錄在中國第二歷史檔案館、中國海關總署辦公廳編，《中國舊海關史料（1859-1948）》（北京：京華出版社，2001），第 92 卷（1922 年），頁 36-37，第 94 卷（1923 年），頁 44。

24 蘇遼編著，《民國匪禍錄》（南京：江蘇古籍出版社，1996），頁 265-266。

25 "Heavy Attacks on Chunking is Reported: City is Completely Cut Off

整體而言，由於長江上游極度不安全的情況，一再
出現的軍隊干涉騷擾、非法稅徵與土匪襲擊等，導致航
運花費大幅增加，間接使得外國商人在從長江上游等內
陸地區向海外市場輸出物資時成本隨之提高，從而削弱
競爭力，造成商業貿易上的大量損失。四川萬縣代理稅
務司安乃德在 1923 年下半年的報告中即提及內戰與土
匪問題所帶來的商務損失：

> 去年就（四川萬縣）貿易及稅收兩項觀察，均遠向
> 所未有之盛況，惟商人所獲贏利頗不與貿易相稱，
> 有種種原因使貿易不克更加發展，其總因為川省內
> 戰，由內戰而致捐稅繁苛，盜風大熾、商路阻塞，
> 否則地方平安，商務必更繁盛，可以斷言。[26]

《字林西報》（*The North China Daily News*）認為 1921
年由中國內陸地區輸往沿海港口與國外的物資總市價比
前一年高出近 600 萬兩，但在物資整體數量上卻未見明
顯提升，主要原因乃在於內陸地區的非法稅徵、土匪以
及長江上游高昂的航運成本，導致向外輸出的單位物資
成本價格提高，競爭力降低，使得相關外商蒙受相當大
的損失。[27]《上海總商會月報》1923 年底的報導更是
一語道破四川內戰後的景況：

---

as Result of Fray, Ichang Hears," *The China Press*, 18 September 1923.

26　〈各埠商情：萬縣〉，《上海總商會月報》，3 卷 8 期（上海，
　　1923.8），頁 16-17。

27　"Chinese Exports Increase," *The North China Daily News*, 24 July 1922.

自（1923 年）4 月 6 日楊森入重慶後，商界中人以
為交通可以恢復，輪舟可以開駛，商業可以復興
矣！不意此種希望，竟成泡影，全省戰爭迄未甯
息，匪亂四起，商務停滯。重慶、宜昌之間較為安
穩，然載來貨品祇及去年半數，且警報時聞，電信
不通，往來船隻，往往空不載物。春季棉紗交易，
僅及曩年五分之一，出口貨品外商購者甚少，例如
豬鬃，因地方上戰事未息，不能運出，價格高百
倍。四川羊毛向為重要商品，今几無市面，以存貨
在西部也！木油在重慶，略有出口，他處甚少……
雜稅甚多，瀘州等處即外貨亦強其繳納，而地方上
紳商，受軍閥之挾制，輸金助餉，時有所聞，此種
不規定之稅則，大足為商業害也！[28]

長江上游最重要的轉運城市宜昌，同樣深受其害：
1923 年「川戰忽起，輪船遭兵士槍擊，商業停頓，綜
計各航業公司獲利甚微」。[29]

但是美、英、日等列強卻不易以慣常的砲艦外交路
線，來改變當地極度不友善的態度。首先，四川軍閥分
裂割據，早已無視北京中央政府的號令，因此列強無法
以正規外交手段來解決問題。[30] 而且，每當長江上游發

28　茹玉，〈匪亂與商業〉，《上海總商會月報》，3 卷 12 期（上
　　海，1923.12），調查，頁 38-41。

29　〈各埠商情：宜昌〉，《上海總商會月報》，3 卷 8 期，頁 15-
　　16。

30　"Letter from Rear Admiral W.W. Phelps to the Senior Japanese,
　　British and French Naval Commanders on the Yangtze," 3 December

生戰亂危及航行安全時，北京政府外交部所能做的，
似乎僅限於照會各國駐華使領要求外商外僑暫勿前往
當地。[31]

　　其次，內戰期間，軍隊大舉調動，隨意封鎖河道，
對於自恃條約特權、無視軍事戒嚴令亟欲強行通過的外
國船隻，往往開火射擊，甚至連外國軍艦亦不能倖免，
淪為攻擊對象。歐戰後外國軍艦在長江上游四川、湖
北地區執行護航任務時遭到軍隊攻擊的情形，幾乎不勝
枚舉。例如 1921 年 9 月美國軍艦維拉羅伯斯號（USS
Villalobos）在宜昌遭到軍隊攻擊；1923 年 7 月，美國軍
艦蒙那卡西號（USS *Monocacy*）護航美輪大來喜號（SS
Alice Dollar），在重慶附近遭到軍隊攻擊；1925 年 7
月，英國軍艦小鳧號（HMS *Teal*）亦在執行護航任務時
在重慶遭到槍擊。[32]

　　再者，長江上游特殊的地理環境，以及遍布河道上
的急流淺灘，則構成列強軍事力量──海軍軍艦──不

　　1922, RIAC, 893.811/513.

31　〈中外要聞：勿遊歷長江上游，外部將照會外僑〉，《益世主日
　　報》，12 卷 48 期（天津、南京，1923），頁 16。

32　"Firing by Chinese Soldiers at USS *Villalobos* and Return therefore,
　　Report of," from Commanding Officer, USS *Villalobos* to Commander
　　in Chief, US Asiatic Fleet, 15 September 1921 & from Senior Officer
　　Present, USS *Elcano* to Commander in Chief US Asiatic Fleet, 16
　　September 1921, RIAC, 893.00/4158；"The Minister in China
　　(Schurman) to the Secretary of State," 27 July 1923, Department
　　of State (United States), *Papers Relating to the Foreign Relations of the
　　United States, 1923* (Washington: Government Printing Office, 1938)
　　（hereafter referred to as *FRUS*), Vol. I, pp. 745-746；外交部黃秘書
　　宗法接英館康參贊電話記錄，英字 40 號，1925 年 7 月 22 日，〈英
　　館會務問答〉，《北洋政府外交部檔案》，03-11-008-02-005。

易跨越的阻礙。關於長江上游險峻地勢與航行困難的情況，當時中外資料均有相當深刻的描述。例如歐戰後致力於經營長江上游輪船航線的美商大來公司老闆羅勃大來（Robert Dollar），在其遊華回憶錄中，表示「沒有其他地方比在長江上游從事輪船航行更為困難」；不僅夏季極高水位時期，還有為期 5 個月的冬季低水位期間，輪船均無法行駛；因此，要行駛長江上游地區，「理想的輪船要 200 英呎長、34 英呎寬，吃水約 8 英呎，以及超過 2,000 匹馬力，這樣才能有每小時 15 節的航速；即便有這樣的速度，在有些地方，仍無法在河中逆流而上，必須利用漩渦流速較小的地方」。[33]《中外經濟週刊》亦強調「川江漲落極大，江中江岸亂石甚多，故江底暗礁隨水之漲落不同，苟非有精密水圖，貿然航行，易遭覆滅之禍，損失殊大」。[34] 王洸的《中國水運志》，亦稱「自重慶至宜昌……又稱為川江航線……江寬僅三百公尺左右，舟行其中，咸具戒心……而船舶自宜昌上駛，在枯水位時，流急灘險，均賴絞灘上駛，同時航行上游之輪船，其馬力亦遠較中下游為大」。[35] 列強駐長江艦隊能夠克服水淺流急的挑戰，順利逆流而上行駛的軍艦實在屈指可數。在海軍軍力鞭長莫及的情況下，列強自然無法以強硬路線來改善航運安

33 Robert Dollar, *Memoirs of Robert Dollar* (San Francisco: W. S. Van Cott & Co., 1921), pp. 82-89.

34 〈四川之船業〉，《中外經濟週刊》，131（上海，1923.9），頁 1-5。

35 王洸，《中國水運志》（臺北：中華大典編印會，1966），頁 374-375。

全情況，只能消極地以護航保護方式，勉強維持正規航
運。歐戰後外人眼中麻煩的長江上游航行安全問題也就
由此產生。[36]

（一）美船在長江上游遭受攻擊的情況

1920 年代前期因湖北、四川地區內戰不斷，軍隊
頻繁調動，往來運輸除徵調華籍木船、輪船外，亦常
常強徵或騷擾外國輪船。[37] 但外輪自恃中外條約與列強
海軍的保護，往往拒絕軍隊染指，從而導致軍隊的仇
視。而地方軍隊的報復之法，則是肆意開槍攻擊往來
的外輪。久而久之，軍隊開槍攻擊外輪幾乎成為長江
上游常態。[38] 就美國來說，無論一般商用輪船抑或海軍
砲艦，幾乎均淪為中國軍隊攻擊或騷擾的受害者。例
如 1920 年 5 月，美商大來裕號輪船（*Robert Dollar II*）
先在萬縣遭到軍隊登船騷擾，之後又在夔府遭到駐軍攻
擊。同年 10 月，大來輪船公司又遭到從重慶敗退的黔
軍騷擾，要求保留所有的輪船客艙以運送黔軍將領及
其衛隊。[39] 1921 年 9 月，美國海軍軍艦維拉羅伯斯號

---

36 關於 1920 年代上半期長江上游航運安全問題的成因與華洋衝突
的情況，可以參見應俊豪，《外交與砲艦的迷思：1920 年代前期
長江上游航行安全問題與列強的因應之道》（臺北：臺灣學生書
局，2010），頁 15-118。

37 "The Civil War in Szechuan: The Defeated Second Army; A Renew
of the Struggle," *The North China Daily News*, 25 September 1922.

38 "Allan Archer, Acting Consul, Chunking to British Minister, Peking,"
17 July 1923, FO 371/9194.

39 1920 年川軍發動驅逐客軍（滇、黔軍）之戰，黔軍將領王文華不
敵，從重慶敗退，除大肆徵調木船外，亦要求大來輪船公司保留
客艙以運送軍隊。見 "Acting Consul Toller, Chunking to Mr. Clive,

則在宜昌被四川軍隊攻擊。1922 年 5 月，美孚煤油公司（The Standard Oil Company of New York）美灘號（SS *Mei Tan*）輪船亦在萬縣遭到軍隊開槍攻擊。1923 年 7 月，大來喜號及擔任護航任務的美國海軍軍艦蒙那卡西號，在行經長江上游時，即無故遭到中國軍隊的襲擊，共放 600 餘槍，造成蒙那卡西號有兩名水兵受傷，船艦受損；9 月美灘號在重慶遭到軍隊攻擊，大來裕號則在瀘州遭到軍隊強制登船；10 月美孚公司美仁號（SS *Mei Ren*）又在重慶遭到軍隊砲擊。依據中美相關檔案，歐戰後（1920 年代初期）美船在長江上游地區受害的大致情況如下表：

表 A-1　歐戰後美國船隻在長江上游遭到軍隊攻擊、
　　　　騷擾情況（1920-1923）[40]

Peking," 13 October 1920, FO371/6614.

40　本表僅整理美船受害情況，但必須強調 1920 年代前期軍隊騷擾攻擊外船乃一普遍現象，英、法、日等國船隻亦同受其害，並未專門針對美船。本表各美船攻擊事件的史料來源，依序參見："Recent Brigand Activities along the Upper Yangtze River," from American Consulate, Chunking to American Charge d'Affaires ad interim, 22 March 1920, RIAC, 893.00/3361; "Robert Dollar Company, Ichang to American Consul, Chunking," 21 May 1920, RIAC, 893.00/3402; "Political Events in Szechuan Province," from American Consulate, Chunking to the Secretary of State, 1 June 1920, RIAC, 893.00/3402; "Acting Consul Toller, Chunking to Mr. Clive, Peking," 13 October 1920, FO371/6614; "Firing by Chinese Soldiers at USS *Villalobos* and Return therefore, Report of," from Commanding Officer, USS *Villalobos* to Commander in Chief, US Asiatic Fleet, 15 September 1921, RIAC, 893.00/4158; "American Legation's Quarterly Political Report for the Quarter Ended September 1921," from American Minister, Peking to the Secretary of State, Washington, 26 January 1922, RIAC, 893.00/4240; "USS Palos to American Minister, Peking," 12 May 1922; "American Minister, Peking to Foreign Office,"

年月	地點	船隻名	公司	情況
1920.3	萬縣	煤油船	美孚公司	遭軍隊勒索保護費
1920.5	萬縣	大來裕號	大來公司	遭軍隊勒索保護費
1920.5	夔府	大來裕號	大來公司	遭駐軍攻擊
1920.10	重慶	大來喜 大來裕號	大來公司	遭軍隊騷擾
1921.9	宜昌	維拉羅伯斯號	美國海軍	遭駐軍攻擊
1921.9	宜昌	大來喜	大來公司	遭駐軍攻擊
1922.5	萬縣	美灘號	美孚公司	遭駐軍攻擊
1922.8	長壽 蘭市 李渡 涪州	大來喜號	大來公司	遭駐軍攻擊
1923.7	重慶 合江 瀘州	美灘號	美孚公司	遭駐軍攻擊
1923.7	重慶	美灘號	美孚公司	遭駐軍攻擊
1923.7	重慶	蒙那卡西號	美國海軍	遭駐軍攻擊
1923.7	宜昌	大來喜號	大來公司	遭軍隊登船騷擾

14 June 1922, RIAC, 893.00/4577; "Memorandum from Commander Geography Gerlett of HMS *Widgeon* to American Consul, Chunking," August 1922, RIAC, 893.00/4694; "G. W. Grum, Master of S.S. Alice Dollar, Chunking to American Consul, Chunking," 1 September 1922, RIAC, 893.00/4707; "Naval Protection Upper Yangtze River —China," from the Standard Oil Company of New York to the Secretary of State, 28 August 1923, RIAC, 893.811/574;〈美國駐華公使舒爾曼致中國外交總長顧維鈞〉，1923 年 9 月 10 日，收錄在美國駐華大使館美國教育交流中心藏，廣西師範大學出版社編，《中美往來照會集（1846-1931）》（*Selected Records of the U.S. Legation in China*）（桂林：廣西師範大學出版社，2006），第 16 冊，第 609 號，頁 295; "Fighting at Chunking, and Attack on SS *Alice Dollar* and USS *Monocacy* near Chunking," from American Consulate, Chunking to American Minister, Peking, 6 August 1923, RIAC, 893.00/5205; American Minister, Peking to the Secretary of the State, Washington," 3 August 1923, RIAC, 893.811/537; "Vice President of Standard Oil Company of New York to the Secretary of State, Washington," 2 November 1923, RIAC, 893.00/5265; "Firing on Ship, Subsequent Damage", from Master of S.S. *Mei Tan*, O. B. Morvik, Ichang to Marine Superintendent, Shanghai, 20 September 1923, RIAC, 893.00/5336; "Political Conditions in Szechuan," from American Consulate, Chunking to American Minister, Peking, 10 November 1923, RIAC, 893.00/5336; "Carrying of Soldiers," from master of SS *Robert Dollar II* to American Consul, Chunking, 8 September 1923, RIAC, 893.00/5288; "Political Conditions in Szechuan," from American Consulate, Chunking to American Minister, Peking, 10 November 1923, RIAC, 893.00/5336.

年月	地點	船隻名	公司	情況
1923.8	重慶　涪州	美灘號	美孚公司	遭駐軍攻擊
1923.8	重慶	大來喜	大來公司	遭駐軍攻擊
1923.9	巴東	美灘號	美孚公司	遭軍隊勒索保護費
1923.9	重慶	美灘號	美孚公司	遭駐軍攻擊
1923.9	瀘州	大來裕號	大來公司	遭軍隊登船騷擾
1923.10	重慶	美仁號	美順公司	遭駐軍攻擊
備註：本表各地點位置可以參見圖 A-1：長江上游沿岸重要城市。				

　　面對如此頻繁的軍隊攻擊與騷擾，美國海軍長江巡邏隊為了確保美船航行安全，只能採取積極作為來因應，並派遣軍艦進行巡邏與護航任務。

　　簡言之，歐戰後長江上游美船航行安全的最大敵人，就是湖北、四川等省的軍人。他們阻礙正常航運的手段，具有多樣化：如在岸邊砲擊、槍擊輪船，或私設關卡勒贖通行費，還包括軍人在外國輪船上肇事案件。尤其 1923 年 7、8、9 月間，更是中國軍隊騷擾、攻擊美船的高峰期，頻率之高讓在華美人深感憤怒。美國駐華公使曾為此向北京政府外交部提出嚴正抗議：

　　（中國軍隊）……無故攻擊友邦之兵艦，及擾亂本國商輪在楊子江合法之貿易……察看此等強暴之情形，可知其攻擊之舉，係屬出於有意，并係先有準備。其起因係在無紀律之軍隊，自由欲行此強暴之事，或係聚眾擬欲損傷本國人民生命財產。……近來因在宜昌大來喜輪船上有中國軍人攻擊船主及搭客情事……本公使必須聲明此等情形係屬異常重大……。[41]

　　上述美使所言的大來喜輪船中國軍人攻擊事件，即
為本書將處理的個案之一，也是長江上游中國軍人乘坐
輪船時任意開槍、干擾正常航運的一個非常重要案例。

圖 A-1　長江上游沿岸重要城市

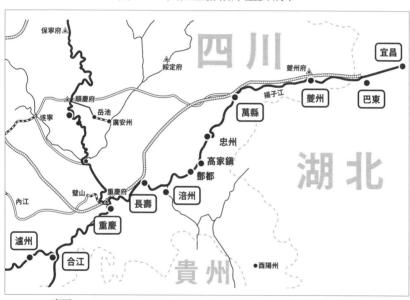

底圖：S. T. Tsao, "Road Map of Szechwan," December 1927, 中央研究院
近代史研究所檔案館藏，《外交部地圖》，四川區域地圖，館藏號：
14-01-12-001。重繪：民國歷史文化學社編輯部。

　　其實受到四川、湖北頻繁內戰的影響，一方面為了

41　〈美國駐華公使舒爾曼致中國外交總長顧維鈞〉，1923 年 9 月
　　10 日，《中美往來照會集（1846-1931）》，第 16 冊，第 609 號，
　　頁 295。

維護美國堅持中立、不涉入中國內戰的立場、二方面防止美船因涉入內戰事務而引起敵對軍事派系的仇視與攻擊，美國駐華使領與海軍官員早在1920年代初期即已多次重申長江流域美船不搭載軍人、不承運軍火的基本態度，也嚴格約束美商輪船公司。[42] 例如1921年美國駐重慶領事與海軍蒙那卡西號艦長即曾聯袂拜訪川軍將領，擔保美船的中立地位，絕不運送軍隊與軍火。[43]

（二）美國海軍的武力介入

筆者早年自執行國科會計畫「木船、輪船與砲艦：長江上游的航行安全與華洋衝突（1920-1925）」以來，一直持續關注與探究歐戰之後列強在長江航行安全問題上的外交舉措與動武方針。先前已正式出版《外交與砲艦的迷思：1920年代前期長江上游航行安全問題與列強的因應之道》一書，對於歐戰後列強眼中的長江上游航行安全問題已有相當廣泛的探究。其中，該書第四章曾初步分析美國海軍如何因應長江上游航行安全問題。但筆者一直認為美國在長江上游航行問題上的態度與作為值得進一步探究。尤其是歐戰後美國在東亞與中國事務上有著舉足輕重的角色，其強大的海軍艦隊與經貿實力，不但具備介入中國內政與實際動武的能力，同

---

42 "Political Conditions in Szechuan," from American Consulate, Chunking to American Minister, Peking, 11 August 1922, RIAC, 893.00/4677；〈收江科長密呈〉，1923年11月21日，中央研究院近代史研究所藏，《北洋政府外交部檔案》，03-06-005-02-010。

43 "The Vice Consul in Charge at Chungking (Bucknell) to the Secretary of State," 12 November 1921, *FRUS 1921*, Vol. I, p. 532.

時也在列強對華作為上起著關鍵性的影響與示範作用。
因此，乃決定以美國為切入點，繼續深入思考美國在處
理此問題的各個面向。[44]

　　回顧歷史，自華盛頓會議中國決議案以來，以美國
為首的列強決定尊重中國主權獨立與領土完整，且不利
用中國現況擴大在華利益；因此，歐戰後的中外關係，
大致呈現相當和緩的狀態，列強對華政策也較為傾向自
我克制，不輕言動用武力干涉中國內政。然而中國現況
的演變與惡化的速度，卻遠遠超乎列強所想像：各地割
據分裂、連年內戰，導致兵匪為禍，軍閥強佔地盤，任
意劫掠城市，干擾交通，阻斷船隻行駛，中國百姓固然
深受其害，即或享有條約特權的美、英、日、法等國在
華商民，也無法倖免，同遭毒手。尤其 1923 年發生在
山東臨城的劫車事件，不啻敲破外人對中國未來發展的
美好憧憬，加上各地內政失序的情況日益嚴重，屢屢損
及外商利益，終於引起外人的強烈不滿，各國在華的商
業團體等開始高聲呼籲政府應採取更為積極的作為來因
應中國現況，諸如國際共管中國鐵路與財政、強化在華
駐軍、擴編長江艦隊、強制解散中國軍隊等干涉中國內
政的對應方案紛紛出爐。列強駐華使領與海軍在對華事
務的處理上，也開始改弦易轍：華盛頓會議之後尊重中
國主權的風氣為之一變，取而代之的是嚴辭譴責中國的

44　應俊豪，《外交與砲艦的迷思：1920 年代前期長江上游航行安全
　　問題與列強的因應之道》，第四章，頁 119-179；亦可參見應俊
　　豪，〈長江上游航行安全問題與美國駐華海軍的因應之道（1920-
　　1925）〉，《國史館館刊》，第 20 期，頁 123-172。

混亂局面，聲言將以強硬方針與武力干涉來應對。《字林西報》一則「中國貿易的重大威脅」評論中，也強調列強武力干涉的重要性：

> 要恢復外國人以往的安全，只有一個方法，那就是
> 必須用極其明顯的方式，來提醒督軍與土匪們，
> 亦即除了外交照會與抗議之外，還要有嚴屬的軍事
> 武力。[45]

最明顯的例證之一，即為前述 1923 年 10 月美國在華商會聯合會決議案中的「中國匪亂案」與「美國對華政策案」。在「中國匪亂案」中，美國在華商會聯合會強調民國以來軍閥亂政，土匪四起，已成無政府狀態，不只危害遠東和平，亦是全世界和平之阻礙，為使中國認清軍閥、土匪之禍害，呼籲美國政府應「增添海陸軍備」、「厚集兵力」，增建軍艦與基地，強化太平洋艦隊與長江巡邏隊。其次，在「美國對華政策案」中，則有鑑於「中國國內之紛擾、形勢之嚴重」，建議美國政府應再次召集華盛頓會議與會國「共同討論，籌一保護僑民及改善中國現況之辦法」。[46] 美國在華商會聯合會的決議案，清楚體現出外人對中國現況的強烈不滿，以及由原先尊重中國主權，轉而鼓吹強化駐華軍備、干涉中國內政的動向。部分中國新聞輿論，即以此決議案為

45　"The Great Menace to China Trade," *The North China Daily News*, 31 May 1923.

46　〈美國商會聯合會決議錄〉，附載頁 1-3。

「少數美人盛唱武力干涉中國之說」，「其用意無非欲
以示威舉動或武力干涉，強迫中國遵守條約」。[47]

　　在中國各地動盪不安的局勢中，長江流域航行安全
問題亦是備受外人關注的重要議題之一。[48] 自 1920 年
代開始，長江中上游地區，因多年戰亂造就下的兵匪問
題日益嚴重，威脅列強在當地的商業利益與航行安全，
亟需海軍的武力介入與保護。尤其內戰期間，中國軍隊
沿長江上下往來調動征戰，往往任意攻擊或騷擾長江上
航行的外國船隻，構成嚴重的航行安全問題，非但人員
傷亡、船隻受損時有所聞，也阻礙了正規商貿活動的進
行。美國駐華海軍只能動用武力，來維持航運順暢與保
護外人生命財產安全。但是武力介入的時機與尺度，考
驗著美國第一線海軍官員的智慧與臨場判斷。[49] 與此同
時，受到威爾遜民族自決主張與布爾什維克反帝宣傳的
雙重啟發，戰後世界秩序有了很大的改變。[50] 中國民族
主義與國權意識也隨之抬頭，疑外、反外輿情也漸趨高
漲。[51] 列強武力介入行為稍有不慎，即可能刺激出中國

47　正華，〈評在華美商會聯合會決議案〉，《上海總商會月報》，
　　3 卷 12 期（上海，1923.12），叢載頁 12-15。

48　"Sir R. Macleay to the Marquess Curzon of Kedleston," 15 August
　　1923, FO 371/9194.

49　"China Station General Letter, No. 191," Commander-in-Chief,
　　China Station to the Secretary of the Admiralty, 10 November 1920,
　　FO371/6601；〈揚子江ニ於ケル帝國ノ通商航海保護シ関シ麾下
　　艦長ニ訓示〉，第一遣外艦隊訓示第三號，1922 年 12 月 1 日，《外
　　務省記錄》，5-3-2/ 5-1427。

50　Henry G. Gelber, *Nations out of Empires: European Nationalism and the
　　Transformation of Asia* (New York: Palgrave, 2001), pp. 150-192.

51　入江昭（Akira Iriye），〈美國的全球化進程〉，孔華潤（Warren
　　I. Cohen）主編，王琛等譯，《劍橋美國對外關係史》（*The*

人心中的「國恥」概念，隨之而起的「勿忘國恥」運動
勢將鼓動更為激烈的仇外現象。[52] 在兵匪為禍、列強海
軍介入、中國民族主義與國權意識強化等三股力量交會
下，當時中美關係呈現出複雜多變的面貌。

尤有要者，華洋衝突案件以及列強駐華海軍相對應
的作為與砲艦外交，往往是形塑當時中外關係最重要的
影響因子。歐戰之後，美國在列強對華事務上漸居主導
地位，中美之間衝突案件的善後處理模式，也因此具有
相當重要的指標意義。[53] 特別是案件處理過程中，美國
海軍介入時展現的溫和或強勢作風，非但直接影響中國
人對美國的複雜情感（親美 vs. 反美），也可能對其他
列強產生帶頭效應，從而在本質上改變歐戰後中外關
係。[54] 其次，華洋衝突的善後處置，也與外交交涉與訴
訟審判密切相關，但海軍的介入卻可能實質影響到外交
交涉與訴訟審判的過程與結果。換言之，美國海軍介
入的層次，並不侷限於直接動用砲艦等單純武力的施
展，還包括間接去主導之後的外交交涉與訴訟審判。

基於上述問題意識與研究動機，本書試圖反思幾個
重要的歷史問題。首先，1920 年代初期長江上游地區

Cambridge History of American Foreign Relations），下冊，第 3 卷（北京：
新華出版社，2004），頁 78。

52　Paul A. Cohen, *China Unbound: Evolving Perspectives on the Chinese Past*
(London and New York: Routledge, 2003), pp. 148-184.

53　Warren I. Cohen, *America's Response to China* (New York: Columbia
University Press, 1990), pp. 38-43.

54　關於 1920 年代列強對華砲艦外交的形成與實際運作情況，可以
參見筆者另外一篇論文的探討，見應俊豪，〈1920 年代列強對華
砲艦外交的分析研究〉，《多元視野下的中華民國外交》（臺北：
國立政治大學人文中心，2012），頁 1-26。

內戰不斷、情勢複雜，但是為了確保美國船隻在中國水域的航行安全，當遇到緊急情況時，美國海軍勢必得採取介入措施。然而，此類動用武力的準戰爭行動，不可避免地可能與當地實力派軍事力量發生某種程度的磨擦，其間所牽涉到的爭議，不只是條約與國際慣例之爭，甚至還包括雙方的武力對峙，而稍有擦槍走火，即可能造成中美之間的重大武裝衝突，如果再加上反帝宣傳的推波助瀾，還會引起中國群眾的反外情緒。美國政府內部，包括國務院、海軍部，以及駐華的外交使領機構以及海軍艦隊，對於此類問題的看法如何？彼此之間，又是否會有歧見與爭執？其次，本書也將深入探究美國在面對長江流域航行安全問題所遭遇到的兩難局面，亦即美國海軍武力保護對象的認定問題。凡是懸掛美旗的船隻，美國政府是否就該理所當然地提供武力保護？尤其對於僅涉及到部分美國利益，但背後卻體現著中國船商資本的船隻，美國是否仍應提供保護？換言之，本書將深入探究在長江航行安全問題上，究竟什麼叫做美國利益？認定的標準為何？擴張商業利益與維護美國國家尊嚴之間，美國究竟該以利益優先，還是維護國家尊嚴為重？再者，除了外交與武力政策面等較為原則通論性的探討外，為了更為深刻的觀察美國駐華官員如何在實際棘手案件中作出處置作為，並深入分析其行動背後的意涵，本書後半部將選擇幾個非常具有代表性與探討價值的個案作為範例，包括了當時報紙十分關注的大來喜案（軍人問題）、字水案（海盜問題）及其他商務、生計之爭等類型的個案。透過上述問題的釐清，本書將試圖呈現歐戰後美國視野下，一個相當不同的中國景況，並透過美國的反應與行動對策，來檢討當時美國對華政策的理想面與實際面。

因此，本書在第三與第四部分，將著重反思與檢討，處於日趨嚴重的社會失序與軍閥內戰所導致的動盪不安局勢下，當面對華洋衝突、商業糾紛與土匪危害等事件，美國政府與海軍究竟是否該重拾砲艦外交，動用武力解決問題？武力介入的分寸又該如何取捨？

四、研究回顧與相關史料

關於歐戰後國際體系與中國之間的互動關係，包括「華會體制」與國際聯盟如何對中國發揮作用與影響（反之亦然，即中國如何利用「華會體制」或國際聯盟提高自己的國際地位），已經有相當多的學術成果。例如對於「華會體制」，除了入江昭極具開創性的研究外，臼井勝美、王立新、唐啟華、川島真等學者也曾嘗試對此體制作過詮釋與分析。[55] 至於國際聯盟與中國的

---

55 關於華盛頓會議體制的實際運作情況，則可以參見 Akira Iriye, *After Imperialism: The Search for a New Order in Far East, 1921-1931*, pp. 18-22; Thomas H. Buckley, *The United States and the Washington Conference, 1921-1922*; Noel H., Pugach, "American Friendship for China and the Shangtung Question at the Washington Conference," *Journal of American History*, 64 (June 1977), pp. 67-86; Robert L. Beisner, ed., *American Foreign Relations since 1600: A Guide to the Literature* (Santa Barbara, CA.: ABC-CLIO, 2003), Vol. 1, pp. 854-855；臼井勝美，〈凡爾賽・華盛頓會議體制與日本〉，《中國をめぐる近代日本の外交》，陳鵬仁譯，《近代日本外交與中國》（臺北：水牛出版社，1989），頁 19-53；王立新，〈華盛頓體系與中國國民革命：二十年代中美關係新探〉，《歷史研究》，第 2 期（北京，

研究，則以唐啟華與張力的研究最具代表性。[56] 至於與
本書直接密切相關的北洋時期中美關係史研究，同樣也
有許多學者投身其中。例如吳翎君以中國南北對立場景
為切入點，觀察美國政府如何看待與因應當時處於分裂
政局下的中國，尤其著重參戰與北伐前後美國與南北兩
政府間的互動關係與承認問題。[57] 此點也是筆者近來研
究以及本書主要著重的觀點，亦即反向改從中國現狀本
身的演變為出發點，進而反思與檢視列強對華政策的底
蘊。項立嶺乃是探究歐戰後兩大國際會議上（從巴黎和
會至華盛頓會議），中、美、日三國針對山東問題之爭
的互動與角力過程，從而分析中國對於美國從期望、失
望到重新恢復部分希望的曲折歷程。王立新則是著眼於
晚清以來中國民族主義運動興起與美國之間的互動關
係，並以粵漢路爭議、抵制美貨、辛亥革命、護法之
爭、五四運動與國民革命等為歷史事件為觀察點，來分
析美國對華政策的底蘊。[58] 此外，唐啟華與川島真，雖
然並非專門研究中美關係，但是對於北洋時期整體中外

2001），頁 56-68；唐啟華，〈北洋外交與「凡爾賽－華盛頓體
系」〉、川島真，〈再論華盛頓會議體制〉，金光耀、王建朗主編，
《北洋時期的中國外交》（上海：復旦大學出版社，2006），頁
47-80、81-90。

56　唐啟華，《北京政府與國際聯盟 1919-1928》（臺北：東大圖書
公司，1998）；張力，《國際合作在中國：國際聯盟角色的考察
（1919-1946）》（臺北：中央研究院近代史研究所，1999）。

57　吳翎君，《美國與中國政治（1917-1928）：以南北分裂政局為
中心的探討》（臺北：東大圖書公司，1996）。

58　項立嶺，《中美關係史上的一次曲折——從巴黎和會到華盛頓
會議》（上海：復旦大學出版社，1997）；王立新，《美國對
華政策與中國民族主義運動》（北京：中國社會科學出版社，
2000）。

關係與互動，均有著非常重要的見解。[59] 而本書目的，則是在既有研究成果的基礎上，進一步探究歷經了巴黎和會與華盛頓會議，在所謂的新秩序與「華會體制」形成前後，美國駐華使領官員對於中國現況發展的瞭解與分析評估，從而反思美國在主導建立「華會體制」背後，可能影響到政策決定的其他重要因素。

歷史學界對於北洋時期中美外交史或中美關係史的探討，傾向著重以兩種研究取徑為重要切入點。其一，是從美國政府的角度，主要利用美國國務院對外關係文件，剖析華盛頓當局的中國與東亞政策；其二，是從中國政府的角度，主要利用北洋政府外交檔案，分析北京外交部的對美外交策略與籌劃；之後將兩者交叉比對，分析彼此外交施為的運作情況與影響，從而建構出當時中美官方往來互動的大致面貌。再者，如行有餘力，則再進一步查找與中美互動有著密切關係的英國、日本等國外交檔案，從旁觀者或是共同參與者的視野，更為全面性地觀察中美互動。上述研究取徑，強調至少利用兩國甚至多國外交檔案，也正是致力於華會體系與近現代美國東亞政策研究的先驅——美籍日裔學者入江昭所主張的多國檔案研究法。這套研究法，並不只適用中美外交史或關係史研究，但也同樣適用於其他中英、中日，而且更適合運用在多邊外交或是國際體系

---

59 川島真，《近代中國外交の形成》（名古屋：名古屋大學出版會，2004）；唐啟華，《被廢除不平等條約遮蔽的北洋修約史（1912-28）》（北京：社會科學文獻出版社，2010）。

的研究上。[60]

其次，歷史學界有關歐戰後中國海盜問題與列強如
何透過外交與武力途徑以為反制之道的研究，目前仍尚
待積極深入發掘。首先是關於中國海盜部分，早期如
A. D. Blue、Diana H. Murray 等的研究成果多半集中在
明清時期的海盜，切入點也大都是以社會史研究取徑的
方式，[61] 較少從外交史或海軍史的視野來探討列強政府
如何處理中國沿海的海盜問題。只有 Grace Estelle Fox
初步探究了 19 世紀中期英國海軍與中國海盜的互動經
過；香港大學龍康琪的碩士論文，也專門探究了英國政
府在香港建立殖民地初期，如何鎮壓緊鄰香港水域的中
國沿岸海盜勢力。[62] 至於中央大學歷史所江定育的碩士
論文，則是處理了民國時期東南沿海海盜問題，特別是
第三章約略探討了 1927 年列強如何透過國際合作的手
段來反制中國海盜問題，可惜史料來源過於集中單一的
日文檔案，故論述上較為偏向是日本理解下的海盜反制

---

60 Akira Iriye, "Internationalizing International History," in Thomas
Bender ed., *Rethinking American History in a Global Age* (Berkeley:
University of California Press, 2002), pp. 47, 60, note 1.

61 A. D. Blue, "Piracy on the China Coast," *Journal of the Hong Kong Branch
of the Royal Asiatic Society*, Vol. 5 (1965), pp. 69-85; Dian H. Murray,
Pirates in the South China Seas in the 19th Century (Ithaca, New York:
Connell University PhD dissertation, 1979); Dian H. Murray, *Pirates
of the South China Coast 1790-1810* (Stanford: Stanford University Press,
1987); Dian H. Murray, "Pirate in the Pearl River Delta," *Journal of the
Hong Kong Branch of the Royal Asiatic Society*, Vol. 28 (1988), pp. 69-85.

62 Grace Estelle Fox, *British Admirals and Chinese Pirates, 1832-1869*
(London: K. Paul, Trench, Trübner & Co., ltd., 1940); 龍康琪 (Lung,
Hong-kay), *Britain and the Suppression of Piracy on the Coast of China with
Special Reference to the Vicinity of Hong Kong 1842-1870* (Hong Kong:
Hong Kong University Master thesis, 2001).

問題，不太能夠具體反映出當時列強在處理中國海盜問題上所面臨的牽制與內部矛盾，特別是英國與美國政府的態度。[63]

筆者過去幾年來一直持續關注歐戰後列強駐華海軍在中國事務上所扮演的積極作用，及其與當時中外關係之間的密切聯繫。目前已分別處理過英、日等四國海軍面臨長江流域航行安全問題威脅時的反制與因應之道，[64] 以及英國政府與海軍處理廣東海盜問題的模式，分別從軍事進剿、防盜策略、粵英合作、海盜情況分析等四個不同面向來切入海盜問題。[65]

在既有先行研究成果以及過去數年來個人研究所得的基礎上，筆者已大致掌握歐戰後列強駐華海軍的行為模式，同時也相當瞭解當時中國海盜與長江航行安全問題猖獗的情況及其對列強在華商務活動所構成的嚴重威脅。因此，筆者接下來想進一步深入探究：處於歐戰

---

63 江定育，《民國東南沿海海盜之研究》（桃園：國立中央大學歷史所碩士論文，2012）。

64 筆者有關歐戰後英、美、日、法四國海軍在長江流域合作行動的研究：應俊豪，〈四國海軍因應長江上游航行安全問題採取的聯合行動（1920-25）〉，《東吳歷史學報》，第 22 期（臺北，2009.12），頁 169-224。專門針對英國海軍行動的檢討研究：應俊豪，〈戰亂威脅與砲艦政策：北洋軍閥統治後期英國在長江中下游地區的武力介入問題〉，陳支平、王炳林主編，《海絲之路：祖先的足跡與文明的和鳴》（廈門：廈門大學出版社，2018），第 1 輯，頁 446-471；應俊豪，〈1920 年代前期英國對長江上游航行安全的評估與檢討〉，《海洋文化學刊》，第 13 期（基隆，2012.12），頁 75-101。專門針對日本海軍行動的研究：應俊豪，〈1920 年代前期日本對長江上游航行安全問題的因應之道〉，《國史館館刊》，第 23 期（臺北，2010.3），頁 33-78。

65 應俊豪，《英國與廣東海盜的較量——一九二〇年代英國政府的海盜剿防對策》。

後新國際格局下的美國政府，歷經內部決策討論過程
後，究竟選擇以何種方式來因應或解決中國現況發展、
海盜與長江航行安全問題？而作為最直接受害者的美國
在華公眾，又是如何看待日益嚴重的中國社會失序現象
及其衍生問題？最後，則是去分析美國處理上述問題的
模式，有無特殊性？如與英國或是與其他地區的處置相
比，是否會有所差異？

　　最後，關於近代以來中美關係史的研究，仍然以
美國學者為主，且樹立許多重要的研究典範：從早期
費正清（John K. Fairbank）的西方衝擊與中國反應、
孔華潤（Warren I. Cohen）的美國回應中國，到後來柯
文（Paul A. Cohen）試圖修正為中國中心說、柯偉林
（William C. Kirby）提出中國的國際化等觀點。其趨勢
脈絡，大致上乃是從原先的西方中心觀出發，逐漸強調
中國在中美（外）互動上的主體性以及在國際化過程中
對於中國本身外部互動上的重要影響。近來以入江昭、
韓德（Michael Hunt）等為首的學者，則陸續主張要從
國際史的角度來重新理解外交史，跨越國家層次，不再
侷限於政府層次的外交交涉，而是往上擴及國際、往下
延伸各類團體與個人的互動往來，其研究視野自然又再
擴大到另外一個層次。這些學術觀點，自然也成為國內
外研究中美關係、中外關係者必須參考與對話的重要
研究典範。[66] 而本書的研究關懷即嘗試從上述研究脈絡

---

66 John K. Fairbank, *The United States and China* (Cambridge, MA:
　　Harvard University Press, 1948); Warren I. Cohen, *America's Response
　　to China: An Interpretative History of Sino-American Relations*; Michael

中，去重新思考在中美關係史上，十分重要但過去被學界忽視、偏向國家層次但又涉及到民間互動、屬於中國內政事務但卻是美國關注重點等議題。因此，筆者乃嘗試以中國現況觀察、海盜問題與長江航行安全問題為切入點，深入分析歐戰之後美國視野下的中國。

在史料方面，本書仍將從最原始的中美外交檔案著手。美國部分，美國國務院《中國國內事務檔案》中，保留有大量美國駐華公使館與各地領事館對於歐戰後中國局勢演變與中國人對外國的觀感等第一手觀察與評估報告，將是本書最為重要的史料來源。本書將仔細審視歐戰已降至華盛頓會議前後，美國使領官員關於中國現況的觀察評估報告，從中分析並歸納出他們眼中所看到與理解的中國形象，以及他們為此所作的政策建議。美國國務院檔案，目前在臺灣仍只有中研院近史所圖書館藏有微卷。至於中國方面史料，則是以中研院近史所檔

Hunt, *The Making of A Special Relationship: The United States and China to 1914* (New York: Columbia University Press, 1983); Paul A. Cohen, *Discovering History in China: American Historical Writing on the Recent Chinese Past* (New York: Columbia University Press, 1984); Paul A. Cohen, *China Unbound: Evolving Perspectives on the Chinese Past*; Akira Iriye, "The Internationalization of History." *The American Historical Review*, Vol. 94, No. 1 (1989), pp. 1-10; Michael Hunt, "Internationalizing U.S. Diplomatic History: A Practical Agenda." *Diplomatic History*, 15 (Winter 1991), pp. 1-11; William C. Kirby, "The Internationalization of China: Foreign Relations at Home and Abroad in the Republican Era," *The China Quarterly*, Vol. 150, No. 2 (June 1997), pp. 433-458. 關於前述美國學者對於近代以來中美關係史研究的典範，以及中美關係史可能的研究取徑，可以參考吳翎君的相關研究，見吳翎君，〈從徐國琦 Chinese and Americans: A Shared History 談美國學界對中美關係史研究的新取徑〉，《臺大歷史學報》，第 55 期（臺北，2015.6），頁 219-249；吳翎君，《美國人未竟的中國夢：企業、技術與關係網》（新北：聯經出版公司，2020）一書。

案館藏的北洋政府外交部檔案為最主要的參考資料。此
批檔案早已數位化並完成線上資料庫的建置，故在蒐集
史料上甚為便利。[67] 透過深入查閱上述中、美兩大政府
原始檔案，應該可以大致建構出美國駐華使領官員眼中
的中國現況，以及中美雙方官員在實際交涉互動過程中
所呈現出的權力關係。其次，美國軍事情報處（Military
Intelligence Division, MID）「中國的政治、經濟及軍事
情勢檔案」（Archive Unbound: Political, Economic, and Military
Conditions in China: Reports and Correspondence of the U.S. Military
Intelligence Division, 1918-1941, 以下簡稱 CMID），[68] 以及
《美國對外關係文件》等均已有線上資料庫，搜查甚
易，也將一併查閱相關資料，以瞭解美國軍方與國務院
高層對於中國現況的看法。[69] 此外，除了前述中、美兩
國政府檔案，本書也計畫同時查閱英、日兩國對於中國
現況，尤其是對於中美互動情況的觀察與分析評估。英
國部分將利用「英國外交部解密檔案：中國」（Foreign

67　中央研究院近代史研究所檔案館藏，《北洋政府外交部檔案》。

68　中央研究院已購買此套檔案的線上資料庫。

69　國內研究中美關係者，多半習慣使用《美國對外關係文件》，乃
　　因為該份資料已經過整理並出版成書，配合書末的索引檢索，相
　　當容易查到有關資料。但事實上，該系列外交文件所收錄的原
　　始檔案資料還是相當有限。例如以中美關係來說，該文件僅收錄
　　幾個重大外交事件的檔案，且多侷限於駐華使館與國務院之間的
　　往來電文。至於國務院內部有關中國問題的政策評估，以及第一
　　線駐華使領館的地方政情報告等，常常付之闕如。因此如要深入
　　分析美國對華政策與行為的真實底蘊，除了《美國對外關係文
　　件》之外，還應該進一步查閱美國《國務院中國國內事務檔案》，
　　才能夠從「知其然」，提升為「知其所以然」。不過，因為該批
　　檔案目前在臺灣仍然只有微卷，且收錄的檔案又極其龐大複雜，
　　使用上較為不便，故許多研究者往往望之卻步。

Office Files: China, 1919-1937）,[70] 日本方面則以亞細亞歷史資料中心所藏的外務省、防衛廳、國立公文書館所藏的檔案資料為主。[71] 中國方面的檔案資料,則仍以北京政府外交部檔案為主,藉以觀察中美兩國在處理長江航行安全問題的交涉過程。

除了政府檔案外,本書也大量利用當時外人在華報紙,例如《大陸報》（*The China Press*）、《北華捷報》（*The North China Herald*）、《字林西報》等。此外,中國方面的商業與海關資料,例如《上海總商會月報》、《海關華洋貿易總冊》以及相關中文報紙等也是本書重要的史料來源,有助於還原當時長江航運實際情況的大致背景。

其次,關於歐戰後美國駐華海軍活動的研究成果,早期的有 Bernard D. Cole 的 *The United States Navy in China, 1925-1928* 以及 Kemp Tolley, *Yangtze Patrol: The U.S. Navy in China*。[72] 至於較新的研究成果當屬 William Reynolds Braisted 在 2009 年出版的 *Diplomats in Blue: U.S. Naval Officers in China,*

---

70 中央研究院已購買此套資料庫,故查找英國外交部的資料預計將可以省去部分瀏覽微卷檔案（FO371）之苦。

71 日本國立公文書館アジア歴史資料センター,見 http://www.jacar.go.jp/。

72 兩書簡介及其與本書之間的關係與差異,筆者在〈長江上游航行安全問題與美國駐華海軍的因應之道（1920-1925）〉一文中已有討論,此處不再累述。見 Bernard D. Cole, *The United States Navy in China, 1925-1928* (Auburn: Auburn University Ph.D. Dissertation, 1978), pp. 278-291; Kemp Tolley, *Yangtze Patrol: The U.S. Navy in China* (Annapolis: Naval Institute Press, 1971), pp. 81-127, 177-212;應俊豪,〈長江上游航行安全問題與美國駐華海軍的因應之道（1920-1925）〉,頁 123-172。

1922-1933 的 第 6 章 "The Upper Yangtze"。[73] Braisted
主要是利用美國海軍部檔案（輔以國務院檔案），將長
江巡邏隊在長江上游所遭遇的問題與因應之道做非常詳
盡的討論。該書帶給筆者最大的啟發是：透過細部分析
美國在華海軍的諸多作為，或許可以發掘出不同於一般
外交層次的中美互動。[74] 筆者早年因執行國科會專題研
究計畫之故，開始研究美國長江巡邏隊在長江上游的
活動情況，並以「美國中國國內事務檔案」為主要史
料，但對於無暇前往美國直接參閱海軍部檔案，一直引
以為憾。*Diplomats in Blue* 一書的出版，讓筆者可以知悉
美國海軍部檔案中的長江巡邏隊概況，稍稍弭平上述遺
憾。不過仔細閱讀該書後，筆者深覺「美國中國國內事
務檔案」中收錄的美國駐華海軍活動紀錄，基本上與
Braisted 使用的海軍部檔案，並無多大差異，舉凡相關
海軍重要決策經過、往來電文等一應俱全。顯見《美國
中國國內事務檔案》收錄的檔案資料相當全面，不僅是
研究中美外交史的寶庫，也是探究美國駐華海軍活動史
不可或缺的資料來源。尤有要者，《美國中國國內事務
檔案》含括國務院、海軍部，以及駐華外交使領機構、
在華美國商會、公司、報紙、教會團體，還有其他美國

---

73 William Reynolds Braisted, "6 The Upper Yangtze," *Diplomats in Blue:
U.S. Naval Officers in China, 1922-1933* (Gainesville: University Press of
Florida, 2009), pp. 65-97. 關於此書，必須感謝國立臺灣師範大學
歷史學系吳翎君教授在 2009 年 4 月下旬從美國寫信告知 *Diplomats
in Blue* 一書的出版訊息，讓筆者能盡快掌握美國在華海軍的最新
研究成果。

74 William Reynolds Braisted, *Diplomats in Blue: U.S. Naval Officers in China,
1922-1933* (Gainesville: University Press of Florida, 2009).

社群的互動情況，更能建構出全面性的歷史場景與在華美國公眾的具體看法。其次，與 Braisted 的研究不同，本書重點並非要概論式地敘述美國海軍在長江上游所面臨的困境與反應，而是專門針對美國政府在長江執行武力護航行動的正當性與適切性進行深入分析與探討。

五、章節架構

在章節架構部分，本書共分四大部分。第一部分將整體探究歐戰後美國人眼中的中國現況發展與其可能的因應對策；至於第二以及第三、第四部分，則分別針對中國海盜與長江航行等關鍵問題，細緻分析美國官方與民間的不同看法。尤其將著重探究國務院、駐華使領、海軍官員間的歧異性，並剖析其各自考量的思維模式與反映的歷史意義。歐戰後的東亞國際秩序有很大的變化，1921-1922 年在美國的主導下召開了華盛頓會議，通過了《九國公約》，也確定列強之後對華政策的基本調性，故應將美國政府對於中國海盜與長江航行安全問題的應對之道，放到華盛頓會議體制的架構下進行討論，以反思當時美國對華政策的理想主義傾向及其與現實環境互動過程中的調適情況。其次，乃是去探究美國在華公眾對於中國海盜與長江航行安全問題的普遍看法。本書大量查閱歐戰後較能體現美國在華輿論風向的報紙，例如英文《大陸報》、《密勒氏評論報》等報，觀察其對中國現況的報導與評論。此外，也將關注美商團體與公司對於中國社會失序與盜匪現象的具體建議，

特別是美國在華總商會每年度的年會決議案。希望藉由
報紙報導與商會團體的活動，來分析當時在華美人對於
中國現況、海盜與長江航行安全等問題的感想，以及如
何因應的具體建議。

（一）第一部分　美國與中國現況篇

　　第一部分有三章，主要處理歐戰後美國視野下的中
國現況及其反思。前兩章分別從美國駐華使領與公眾的
角度，來探究他們眼中所看到的中國現況發展與相關建
言。第三章則是透過實際的華洋衝突問題，以檢討歐戰
後美國對華態度的轉變。

　　第一章「美國對中國整體情況的觀察與態度」。本
章主要藉由美國駐華各地使領官員的報告或觀察，尤其
是「每季政情報告」與「當前中國政情報告」還有其他
美國官方以及其他相關人士的報告，建構歐戰後美國對
於中國現況發展的基本認知，進而分析這些認知，與美
國在華會中對於中國事務問題的基本立場，以及後續美
國對華政策之間的關係。簡單來說，上述報告均指向了
一個事實，亦即歐戰後的中國現況發展，受到南北對立
與軍閥割據分裂的影響，確實仍持續走向惡化的趨勢。
因此，如何改變並挽救中國現況，並協助其建立一個穩
定的政府機制，則是美國對華政策以及華盛頓會議的重
要考量。

　　第二章「美國在華公眾對中國現況的觀察與建
言」。相較第一章偏向官方視角，本章乃是改從民間觀
察出發，選擇透過在華生活居住的美國僑民，瞭解其對

於歐戰後中國現況發展的實際感觸，以及針對中國門戶
開放政策的質疑與提出的具體建議。事實上，早在華盛
頓會議召開前，許多關注中國現況發展與商業利益的美
國商民，即嘗試透過種種途徑，向美國華盛頓決策階
層，申明其態度意向。其中即不乏美國知名企業的重量
級人物，以及對於中國現況與公眾輿論有一定話語權的
新聞記者。這些涉及中國現況的關鍵人士，他們對華盛
頓當局的遊說與關切言論，不但適足以反映當時美國民
間人士的中國觀，體現「在地」美國人的觀點，同時藉
由分析他們與美國政府官員之間的往來互動與意見交
流，還可以進一步探究與釐清歐戰後美國政府對華政策
的底蘊所在。

　　第三章「美國對華洋衝突問題態度的轉變」。本章
乃是以歐戰後的華洋衝突問題為著眼點，透過三個個案
分析，探究處於戰後國際新秩序之下，美國駐華使領在
處理事涉美國利益的華洋衝突問題上，是否能夠堅守中
國門戶開放政策與民族自決原則，尊重中國主權獨立，
避免干涉中國內政事務。第一個案例，是發生在華中地
區九江英租界的苦力工人暴動案。此案除了可以略窺美
國處理中國工人暴動問題的態度外，也能夠進一步探究
歐戰後美國對華進行武力介入的時機與標準。第二個案
例，是發生在西南邊區的美籍教士遭到綁架受害案件。
藉由該案的梳理，有助於瞭解美國對於發生在中國內地
的傳教安全問題、護僑措施尺度，以及對於中國社會失
序、盜匪化現象猖獗的反應及觀感。第三個案例，是發
生在華北地區、屬於宗教性質的教民受害案件。從此案

的基督教教民迫害事件、美國駐華使領的對策，以及後續的華洋訴訟問題，應能釐清美國官方對於在華傳教事務與保教問題的處理原則。本章主旨在藉由華北、華中、西南等三種不同地區、不同類型華洋問題的考證分析，以探究歐戰後美國因應中國現況問題的基本立場與態度，除了可以比較戰前與戰後的差異性外，也能夠與其他列強的舉措作進一步的參照研究。

（二）第二部分　美國與海盜問題篇

第二部分為第四章與第五章。第四章乃是從美國第一線駐華外交使領官員的角度，來評估、分析美國對歐戰後中國海盜問題的具體觀察情況。而第五章則深入探究美國政府，包括國務院高層、駐華使領與海軍官員等，在處理中國海盜問題上的反應態度與相關決策，尤其是如何看待英國力主推動的國際合作防制海盜方案。

第四章「美國對中國海盜問題的觀察與評估」。本章主要依據美國國務院外交檔案（駐華使領檔案），以中外關係史與外交史的研究視角，來分析美國人如何理解中國海盜問題。近代以來，美國因在華有重要商貿利益，故對於中國海盜問題一直保持相當程度的關注。歐戰後中國海盜問題，以廣東海盜最為活躍，而香港不但毗鄰廣東，且位於北往上海、南往新加坡的重要東亞航運樞紐位置，對外航線經常性受到廣東海盜的染指與襲擊，故香港實乃處在海盜威脅的前緣地帶，相關海盜情資也最為全面，是以美國駐港、澳總領事館遂成為美國方面獲取中國海盜資訊的主要管道。特別是香港總督府為了爭取美國政府對於英國處理海盜政策的支持，也積極將掌握到的第一手海盜情資轉告美國總領事館。藉由以駐港澳總領事館為主，廣州、福州等華南各領事館以及海軍情報處為輔的海盜情資蒐集網絡，美國政府對於1920年中國海盜問題的大致活動情況、犯罪手法及其嚴重性均有一定程度的認識。本章希望藉由觀察美國駐華外交使領官員眼中的中國海盜問題，來反思歐戰後作為中國社會現況惡化表徵的海盜現象，如何演變成為一個外交問題，從而影響到美國政府對華的觀感及政策。本章將詳細分析美國駐華官員對於中國海盜活動與特徵、劫案究責與損害求償爭議、防盜措施、武力剿盜報復行為等問題及其對策的觀察與檢討。

　　第五章「美國對於國際合作防制中國海盜問題的態度與反應」。本章主要處理美國政府對於列強海軍合作防制海盜計畫的態度。中國海盜猖獗的劫掠活動，嚴重威脅到條約列強在中國周邊水域的航行安全，乃是公認的國際公罪。因此，以英國為首的列強們，一直致力於謀求更為有效的震懾海盜之道。其中，看似最為有效的手段，莫過於各國海軍進行聯合行動。列強如能團結一致，藉由強大海軍實力的展現，不但可以直接鎮壓海盜活動，還能夠對於中國政府，形成一定程度的壓力，迫使其與列強合作，致力於海盜問題的澈底解決。故美國駐華公使館對於國際合作防盜，原先也曾表達出力挺的態度。然而，美國政府後來對於列強海軍合作防盜一事，卻抱有疑慮，甚至認為此舉恐有介入中國內政事務、牴觸《九國公約》之嫌。事實上，歐戰後美國國務

院對於中國海盜問題的外交決策依據之一，乃是參考遠
東司內部一份長達十幾頁、相當詳盡的中國海盜問題
評估報告。[75] 而這份報告的撰寫者，是美國前駐廣州總
領事精琦士（Douglas Jenkins, American Consul General,
Canton）。因為歐戰後的中國海盜問題，以廣東海盜
最為猖獗，也是列強關注的主要焦點，而精琦士先前在
駐廣州總領事任上（1923-1927），即因業務相關，曾
多次針對廣東海盜問題提出重要分析與報告。美國國務
院後來即以精琦士執筆的專業評估報告，作為美國政府
對中國海盜問題決策的最主要依據，從而推翻美國駐華
公使館的建議，拒絕參加以英國為首的國際合作防盜方
案，也導致該方案最後胎死腹中。從美國政府對於國際
合作防盜方案的態度，或許可以反思歐戰後美國對華政
策的理想色彩，及其與現實層面的落差。

（三）第三部分　美國與長江航行安全問題篇（一）：海軍護航

　　第三部分為第六章與第七章，比較屬於原則性與通
論性的探討，分別是第六章「美國在長江上游地區的護
航立場」，以及第七章「美國在長江上游地區的保護對
象爭議」。此部分旨在分析並歸納歐戰後，美國在長江
上游航行安全問題上的武力護航立場與原則，以及因此
衍生而出的諸多爭議，無論是與中國地方軍閥實力派之

---

75 "International Cooperation to Suppress Pirates in China," A Resume
by Douglas Jenkins, Division of Far Eastern Affairs, Department of
State, 21 November 1927, RIAC, 893.8007/28.

間的外部爭議，或是美國政府外交與海軍系統之間的內部歧見與爭議。其次，則是去探討美國政府在處理長江航行安全問題時，對於保護對象的認定問題。換言之，所謂美船的定義為何？美國海軍提供美商的保護，其範疇與界限又為何？

第六章「美國在長江上游地區的護航立場」。在此章中，將從幾個重要面向，去界定歐戰後美國政府在長江的護航立場。其一，是藉由深入比較四川內戰期間美國與川、鄂等地方軍閥在長江上游航行安全問題上的不同看法，來理解美國政府究竟如何看待此問題，以及他們不惜動用武力想要護衛的條約權利與國際慣例又是什麼。其二，則是探討美國在長江執行護航行動的基本立場與態度，並透過觀察美國駐華官員在動用武力介入航行安全問題時的實際作為，分析其軍事行動的前提、程序與限制。其三，則是更進一步去深入分析美國政府內部，尤其是駐華使領與海軍官員之間，對於護航行動原則的歧見與爭議。最後，則是以長江上游航行安全問題為切入點，檢討美國在中國內戰期間是否遵守中立原則及其具體作法，亦即當美國籌思要執行武力護航任務時，是否會優先顧及中立原則，並將其置於美商利益之上。

第七章「美國在長江上游地區的保護對象爭議」。此章將處理美船認定上的兩大爭議。其一是依據中美條約與國際慣例，由美商雇用運送貨物的中國船隻，是否可以認定為美船，而取得懸掛美國國旗的權利。其二則是對於此類承運美國貨物的中國船隻等背後體現有美

商利益的情況，美國海軍究竟是否應該提供保護。藉由
分析美國政府內部在處理上述兩大爭議時的政策討論過
程，將可以理解美國在執行武力護航政策時的侷限，以
及其對於條約爭議的彈性運用，這將有助於我們進一步
去瞭解美國在對華外交政策上的某些特徵。

（四）第四部分　美國與長江航行安全問題篇（二）：衝突現場

第四部分為第八章、第九章、第十章等三章，則是
處理長江航行安全問題範疇下，比較實際的中美衝突個
案問題，以及後續的美國海軍武力介入爭議，包括第八
章的「美國海軍在長江的武力介入爭議」，第九章的
「美國在大來喜案中的武力介入與外交折衝」，第十章
的「美國在字水輪案中的態度及其反思」。此部分希望
透過重要個案的詳實考證，具體呈現出美國在華第一線
外交使領與海軍官員在處理有關長江航行安全問題時的
行為模式。

第八章「美國海軍在長江的武力介入爭議」。本章
除了回溯探究晚清時期美國海軍的武力介入爭議，以作
為與歐戰後情況間的比較參照外，主要將處理美商在長
江上游地區三種不同類型的受害案件，包括桐油承運
案、債務催討案，以及船隻遇劫案。首先是當美商輪船
接受委託承運桐油等貨物，但卻遭到中國木船業者抵制
時，美國海軍艦艇究竟是否該強勢介入木船與輪船業者
間的商業競爭，透過武力的展現來壓制中國木船業者。
其次，是當美商業者遭到中國商家惡意積欠債務時，美

國海軍是否應該代為出面，以武力討回債務，從而確保美商的債權利益。其三，當美船在長江上游航行途中，如果遭到匪徒的暴力攻擊，美國海軍艦艇是否應該動用武力來報復那些攻擊美船的武裝團體。而美商對於美國海軍藉由武力壓制不法集團的作法，其態度又是如何。藉由前述三個案件的詳細考證，將可深入分析美國政府在面對木船與輪船生計之爭、一般商業債務糾紛、土匪劫持輪船等三種不同情況時，對於動用海軍武力介入的條件與標準。

第九章「美國在大來喜案中的武力介入與外交折衝」。究其實際，在本質上，大來喜案不過單純是一件中國軍人在美國輪船上的酒後鬧事糾紛。但是由於肇事的中國軍人隨身攜帶武器，且在與美籍船長爭執過程中任意開槍恫嚇，卻不幸造成船長以及船上其他美籍婦女遭到流彈波及受傷。美國海軍駐長江巡邏隊隨即動用武力介入，派兵登船強制拘留鬧事的中國軍人。原先單純的中國軍人酒後鬧事的民事糾紛事件，後來演變成中國軍人在美國船上開槍打傷美國人等嚴重違背中美條約、挑釁美國尊嚴的重大案件。再加上美國海軍的介入與強制拘留開槍的中國人犯，使得此案立即升級為中美重大衝突案件。除了中、美外交官介入斡旋處理外，美國海軍長江巡邏隊也在此案中扮演非常重要的角色。透過中美外交交涉過程，以及美國海軍長江巡邏隊的作為，將可以窺視美國外交與海軍官員如何看待與處理發生在長江上的美國航行安全問題。

第十章「美國在字水輪案中的態度及其反思」。嚴格來說，字水輪並非懸掛美旗的美船，而是中國商人擁有的華籍輪船，但是因為該船部分業務委託給美商大來洋行負責，因此該船仍然帶有美商利益的成分在內。此船在長江上游遭到不知名匪徒的暴力攻擊，英籍船長當場遇害，然而劫案真正原因卻眾說紛紜、莫衷一是。美、英等有關國家介入調查後，發現此案背景異常複雜，除了原先以為的海盜劫船殺人外，可能還牽涉到許多麻煩之處，諸如輪船與木船的競爭與衝突、以及內戰期間輪船違反中立原則所引起的軍隊殺人報復行為等。而透過觀察字水輪劫案後美國政府的態度與處置作為，則能呼應前述第七章的討論，藉由實際案例，進一步分析美國政府對於中國輪船是否可以懸掛美旗，以及此類部分體現美商利益的船隻，是否應該受美國政府外交與海軍雙重保護等的認定問題。

第一部
美國與中國現況篇

第一章　美國對中國整體情況的觀察與態度

一、前言

　　歐戰後，美國駐華使領館對於中國現況的演變態勢，一直抱持密切關注，並持續向美國國務院匯報，以作為戰後調整對華政策的重要參考。

　　至於美國對於歐戰後中國情勢發展最為詳盡、權威的評估觀察，莫過於美國駐華公使館依據各地領事館報告所彙整的中國政情報告。在這些按季提出的例行性報告中，具體且完整地呈現出當時美國駐華使領視野下中國現況的各類樣貌，包括北京中央政府的權力結構，以及各地方實力派之間競合關係。[1]雖然美國駐華使領所觀察的中國現況發展，與真正的實際情況，或許仍有不少出入，且有時帶有偏見。但毋庸置疑的，對於遠在大洋彼岸華盛頓的美國國務院決策者及其重要幕僚來說，主要乃是參酌這些政情報告，而對中國事務有了比較全面且深入的認知與理解，也才能擬定後續的對華政策與方向。因此，如要深入分析美國對華政策的演變脈絡，

---

[1]　美國駐華公使館會將各地領事館呈報的地方政情報告彙整後，按季送交給國務院參考。這些報告即是美國駐華使領檔案中的「每季政情報告」（Quarterly Political Reports）。

首先必須先瞭解當時美國人所理解的中國現況到底是怎麼樣的，而最佳的切入點，即是從這些美國駐華使領的例行性、常態性的中國政情報告中著手。

其次，華盛頓會議（以下簡稱華會）召開前，在 1921 年 8 月，美國國務院為了盡快掌握中國政情最新發展情況，乃緊急以電報訓令方式（telegraphic instruction），要求駐華公使館另外彙整更為具體完整的報告書，作為後續對華政策的參考。9 月中旬，美國駐華公使舒爾曼（Jacob Gould Schurman, American Minister Peking）正式向國務院提交了一份長達 30 頁的「當前中國政情報告」（The Present Political Situation in China）。[2] 此份報告，應該可以視為是華會召開前，美國國務院對中國現況發展最為重要的參考指標。藉由深入分析此份報告的內容，除了可以略窺當時美國駐華使領以及美國政府眼中的中國現況外，更可以進而探究後續美國在華會上對於中國事務處理原則的脈絡依據。

再者，美國國務院獲取中國現況發展的情資來源，除了仰賴駐華各地使領館的政情報告外，還有許多其他重要來源。美國駐華海軍部門亞洲艦隊（Asiatic Fleet）在中國沿海、長江流域等重要港口均派駐有艦船，並經常性執行巡邏勤務，以及必要時應領事之請登岸進行軍事護僑任務。他們對於中國各地政情發展，因任務需

2　"The Present Political Situation in China: Report Called for by the Telegraphic Instruction of the Department of State, NO. 223. of August 10, 1921, 3 p.m., to The American Legation at Peking," Jacob Gould Schurman, American Minister, Peking to the Secretary of State, Washington, 16 September 1921, RIAC, 893.00/4114.

要，均有相當深入的瞭解與掌握。透過這些海軍部門的報告，也可以探究美國駐華海軍視野下的中國情況發展。美國海軍部在收到此類海軍情資報告後，照例均會轉送美國國務院以作為政策參考。此外，在民間情資管道部分，包括美國在華經商的公司企業人士、擔任中國政府顧問的學者以及報社記者等，他們因實際旅居中國，工作又與中國現況密切相關，故都十分關注中國未來的發展情況。這些民間人士往往也掌握著重要的政商網路，他們個別的觀察與建議，也都會透過私人關係，直接或間接地，傳達給美國國務院，從而發揮一定程度的政策影響力。

二、美國視野下的中國現況（一）：美國駐華使領觀點 [3]

整體來說，從美國駐華使領館的各類報告中，均可

3　此節以下有關歐戰後對北京政府與中國各省情況的觀察與評估，主要資料來源，除特別加註之處外，基本上均參考自歐戰後（1919-1921）美國駐華公使館依據各地領事館報告彙整後，送交國務院的中國「每季政情報告」，以及美國駐華公使館應國務院之命，為了華會召開準備，而於 1921 年 9 月彙整的「當前中國政情報告」。見 "Report on Political and Economic Conditions for the Quarter Ending March 31, 1919," Paul S. Reinsch, American Minister, Peking to the Acting Secretary of State," 6 June 1919, *FRUS 1919*, Vol. I, pp. 328-341; "American Legation's Quarterly Political Report for the quarter ended December 31st, 1920," & "American Legation's Quarterly Political Report for the quarter ended March 31st, 1921," & "American Legation's Quarterly Political Report for the quarter ended June 30th, 1921," Albert B. Ruddock, Charge d'Affaires ad interim, Peking to the Secretary of State, Washington, 9 September 1921, RIAC, 893.00/4111-4113; "The Present Political Situation in China," Jacob Gould Schurman, American Minister, Peking to the Secretary of State, Washington, 16 September 1921, RIAC, 893.00/4114.

以看出中國現況發展極其不佳，北京政府也一直面臨嚴
重的內外困境。這或許跟自民國以來，北京政府自始即
不是立基於民意與各省支持，而是被那些擁兵自重的軍
閥所把持有所關連。在軍閥控制政府的情況下，無論是
國會或是總統都難以發揮真正的作用。總統任命各級官
員時，均是秉承軍閥意旨，內閣閣員同樣也是唯軍閥之
令是從。這些軍閥每年從國庫中拿走大量的經費，又攔
截地方稅收，用於給養大批的軍隊。然而軍隊卻只知效
忠軍閥，北京政府則無力控制軍隊。龐大的軍事開支、
官員的腐敗以及歷年積欠的外債，壓得北京政府幾近破
產。更悲哀的是，除了財政破產外，在政治上，北京政
府同樣也面臨破產窘境，因為各省均不聽其號令，也拒
絕向其繳納稅金。影響所及，「北京政府什麼都沒有，
也什麼都做不了，而終將逝去」。[4]

　　因此，美國駐華公使館認為在各省軍閥割據分權的
情況下，北京政府勢弱的情形已再明顯不過，平素甚少
介入地方事務，實則也無力干涉地方行政。甚至是在牽
涉中外國交等外交事務上，也有類似地方分權的情況。
例如每當美國公使館向北京政府外交部交涉有關地方事
務議題時，最後做出回覆多半不是北京外交部，卻是地
方各省的外交交涉員。美國公使館亦曾抱怨外交事務理
應由北京中央政府外交部進行回應，而非由地方省級處
理涉外事務的官員出面，這等於變相有些矮化美國公使

4　"Telegram from Jacob Gould Schurman, American Minister, Peking to the Secretary of State, Washington," 3 December 1921, RIAC, 893.00/4148.

館作為國對國對口單位的位階。然而，中國方面所提出
的解釋，卻是外交交涉員本身即是直屬於北京政府外交
部的官員，因此無所謂外交不對等的問題。但是，由省
級外交交涉員來處理外交交涉，經常會出現令美國不滿
的情況：因為地方首長或行政官員往往會運用權力干涉
中外爭議，以免有失地方政府的顏面，從而影響到外交
事務本身。北京政府對於由地方政府處理外交事務的怪
異現象，似乎也相當習以為常，而以漠然的態度處之，
除非此類外交事務涉及到財政收入或是軍事援助等重大
議題時，北京政府才會試圖介入處理。[5]

　　事實上，美國也已十分清楚自民國建立以來，中國
即處於體質嚴重不良的悲慘狀態，南北的對立，加上各
地軍閥亂政，更是逐漸呈現出分崩離析之勢，以及面臨
嚴重的財政危機。民國政府本身，就是一個十分尷尬的
存在。

　　　自民國政府建立十年以來，各省的分裂與革命即一
　　　直層出不窮。這種情況的出現，不只是因為孫中山
　　　及其黨徒持續反抗北京政權的，導致其他各省領導
　　　者的叛亂，還包括政府背後賴以支持政權的那些
　　　軍閥們，他們早已成為政府的太上領主，而非其
　　　公僕。民國政府自創建以來，即缺乏強而有力的
　　　公眾支持，地方軍隊與財政收入也被少部分野心

5　"The Present Political Situation in China," Jacob Gould Schurman,
　　American Minister, Peking to the Secretary of State, Washington, 16
　　September 1921, RIAC, 893.00/4114.

家所控制，而導致今天的情況：一個無法獲得全國普遍支持的政府，也無力承擔對內與對外的責任，僅能尷尬地且危險地仰仗祕密借款，勉強維持其存在……。[6]

　　只不過美國認為中國的分裂情況，似乎還是帶有一些其他特性。首先，各省雖然分立，但在彼此之間並未帶有顯著的仇恨情感，所以即使發生戰事，也不會造成太大的人員傷害。其次，受到普遍性內戰的影響，部分省分為了避免再受到南北對立與戰爭的波及，開始出現了聯省自治運動。美國公使館認為此種運動或許有助於消弭目前棘手的軍閥政治問題。再者，另外一個明顯的中國政情表徵，就是北京政府無論在行政還是財政上，都顯露出困難重重的窘境，在大權旁落情況下，中央勢弱與地方勢強的趨勢也將更為明朗化。

　　最後，在地方高度軍事主義化的影響下，由於軍隊數量暴增，但素質卻日漸低落，勢必對當時的中國現況以及中外關係，造成極其負面的影響。歐戰結束後，美國駐華使館 1919 年第一季的報告中，即注意到中國現況發展的一大隱憂，在內陸地區經常發生污辱傷害外國人情事，這意謂著中國對於外國人的尊重，已不如以往。而這種情況的始作俑者，其實也就是導致中國內部戰亂的元兇，軍人。中國軍人多半出自於社會下層，本身素

6　"The Present Political Situation in China," Jacob Gould Schurman, American Minister, Peking to the Secretary of State, Washington, 16 September 1921, RIAC, 893.00/4114.

質極其低落，軍隊又欠缺紀律管束，這也使得軍人成為
中國社會動盪不安的主要禍源。他們平素為禍鄉里，侵
凌百姓，對於外人，同樣也沒有差別待遇。美國公使館
即收到大量有關外人受害案件的報告，外人乘坐火車時
會遭到軍人的騷擾，甚至被拖出車廂，傳教士在傳教途
中，也時常遭到軍人的污辱。雖然這些零星發生在各
地的案件本身多半未造成重大傷害，看似無足輕重，
但是美國公使館還是強調這種現象的出現，終將會對外
人在華構成極其嚴重的威脅。列強在華建立的條約特權
體制，主要憑藉外國使領館與軍事武力等來維護。但中
國幅員極其遼闊，外國使領館與海軍武力又主要集中在
沿海沿岸地區，廣大的內陸地區，成為列強條約外交與
軍事武力鞭長莫及的範疇。所以外人在內地活動的重要
憑藉，主要仰仗近代以來列強在華樹立的權威形象，使
中國人知道要尊重外國及其人民。但是這層權威以及對
外國的尊重，在軍閥爭權與戰亂影響下，已逐漸蕩然無
存，軍人折辱外人之事頻繁發生。列強想要重新樹立權
威也並非易事，一來受制於軍力分布情況，無法及時動
用武力伸張權利，二來中國軍隊人數眾多，對於肇事軍
人，列強也不太可能從中找出元凶給予應有的懲罰。[7]

（一）北京政府與華北政局的情況

　　歐戰後美國駐華使領對於北京中央政府的施政，普

7　"Report on Political and Economic Conditions for the Quarter Ending March 31, 1919," Paul S. Reinsch, American Minister, Peking to the Acting Secretary of State," 6 June 1919, *FRUS 1919*, Vol. I, p. 335.

遍評價不高。例如在 1921 年給國務院的第 1 季中國政治報告中，美國公使館即認為北京政府內閣的行事風格，似乎不過只在隨波逐流，而且以「一種令人不滿，以及沒有目標的方式」來進行施政。對於國家大政，多半以「修修補補、漫不經心與投機主義式」的心態來應付，毫無實際的行動規劃。特別是由於財政資金的匱乏，常使得政府無法正常運作。財政總長一職，也因此就成為專門負責籌錢的差使。能夠順利籌到財政資金的財政總長，即能穩居其位；反之，如果無力籌措財源，隨即會失去權勢，黯然下臺。財政短缺的窘況，不但直接影響到財政總長的去留，更影響到北京政府內閣的整體穩定。因為財政收入入不敷出，北京政府無法支付軍隊的薪水，也無法償付國內外的債務利息，甚至連例行性的教育經費也沒有辦法籌措。例如北京公立大學教師薪水，即經常無法準時發放，從而導致學校沒法維持正常運作。1920 年 3 月時，北京各公立大學以及教育機構，一度曾因欠薪與經費短缺問題，而爆發教師與學生的罷教、罷課風潮。但北京政府卻擺出一副「麻木不仁、漠不關心」（callous indifference）的態度，無視教育界對於經費短缺問題的呼籲。

> 在過去一季裡，（北京政府）政治，特別是財政情況，是陰暗慘澹的。毫無疑問的，北京政府處境堪慮，而內閣也動盪不安。政府由於財政吃緊，拖延支付學校老師薪水，也造成老師罷工的情況出現。這不但影響了教育總長的地位，同樣衝擊了整個內

閣的穩定性。

除了棘手的財政問題外，北京政府還必須面對各省的掣肘、不同軍事派系的角力，以及檯面下政治陰謀運作等的挑戰，這些都是可能導致北京政府一直無法有效運作的重要原因。美國公使館即認為北洋軍閥的掌權，應該就是阻礙中國統一的主要因素之一，而且除非能夠一舉將軍閥政治澈底消除，否則目前的中國困境恐怕難以解決。

又例如歐戰後曾經喊的沸沸揚揚的全國裁兵以及廢督運動（裁撤各省督軍職位）等問題，同樣也是曇花一現，毫無實現的可能。雖然國務總理靳雲鵬多次重申將推動裁兵政策，並向各省喊話，如果不依計畫裁兵，中央政府將不會再提供所需的軍費，而需由地方自行負擔，但實際上成效極其有限，甚至還成立新的軍事編制與單位，而兵員則可能從自直皖戰爭以後所裁編的皖系軍隊中籌集。等於是換湯不換藥，亦即裁掉舊的編制，成立新的編制，而兵員卻還是沒有多大的變動。而且，事實上真正有能力主導北京政府施政與華北政局人事安排，也並非政府內閣，而是由主要華北地區軍事首腦參加的軍事會議。例如 1920 年 10 月時，直隸總督曹錕即在保定召開軍事會議，吳佩孚、馮玉祥、田中玉以及華北各省軍事高層官員均出席與會，連東北的張作霖也派遣代表與會，討論未來軍國大政的安排。11 月，曹錕又召集與奉系張作霖間的直奉軍事會議，商討裁軍問題，而會議的結論，也影響到北京政府對於裁軍的最終政策，決定裁軍範圍將不包括直、奉、魯、鄂等省，理由乃是前述諸省情況特殊，必須另做安排。這樣的裁兵決策明顯帶有派系考量，亦即將督促各省盡快裁減軍隊規模，然而最大的直、奉兩系軍隊卻不在裁兵之列。如此的裁兵政策，等於就是變相打擊政敵的手段，極難以服眾，最後也只能落得說一套、做一套，毫無有效落實的可能性。[8] 尤有要者，北京政府的財政困境本已無解，龐大的軍隊編制又無從裁撤，軍事開支自然難以因應，如此形成一種惡性循環，財政赤字更為擴大。也由於政府無力支應軍隊薪水，在欠餉的情況下，軍隊經常發生譁變與劫掠行動。例如 1920 年底，直隸地區即多次發生軍隊譁變、劫掠城市的事件。

至於原先擬議裁撤各省督軍職位，以落實還政於民、文人政治的廢督主張，則與聯省自治運動結合起來。兩湖蘇浙皖等省民間代表即曾相互結盟，痛斥督軍與軍閥政治是中國現有亂象的始作俑者，擬共同推動聯省自治運動，以便盡早實現地方自治，廢除督軍職位。

> 很明顯的，中國人民瞭解到，只要這些軍閥繼續控制大量的軍隊，他們的公民權利，以及籌組真正的政府，即不可能落實。但北京政府基於一些顯著的

---

8 也因此，美國公使館即認為除了直系軍閥外，奉系張作霖可能也要為華北政局亂象負很大的責任。特別是張作霖透過控制蒙古、綏遠、察哈爾等省以及北京警察局長等重要職位的人事權，將觸手伸進北京政府，並阻礙任何可能損害到其權力的軍事或政治改革。甚至謠傳張作霖有意仿效張勳，推動復辟，將滿、蒙、綏、察等省串起來成為一個獨立的國家。

原因，不太可能順從公眾的主張……。

　　上述所謂的顯著原因，無庸置疑地，就是那些控制政府、隱身幕後的軍事派系。果不其然，民間廢督的主張，最終就被前述的直奉軍事會議所推翻。北京政府後來也宣示裁撤督軍職位的計畫，將推遲至全國統一重整之後再做考量。所以軍閥政治的終結，自然又是遙遙無期了。

　　此外，關於中國南北對立問題，直奉軍事會議也決定未來不再視南方為一個整體，故不再與南方協商統一條件，而是逕自對於獨立各省，一省一省地採取行動，以推動統一大業。雖然直奉軍事會議並未直接言明將採取軍事行動來促成，但言外之意，可能就帶有以戰逼和的意味在內。北京政府原先的和平統一政策，可能開始調整為武力統一政策，這對未來中國局勢的發展，勢必又造成新的衝擊。

　　另外一方面，也相當令美國公使館擔心的，是在歐戰以後（約 1919-1920 年間）華北地區發生大旱，造成嚴重飢荒問題，更是雪上加霜。北京政府財政吃緊，根本無力救援災民，這也迫使列強必須介入處理華北地區飢荒問題。美國總統威爾遜（Woodrow Wilson）即曾任命組成一個籌款委員會，負責在美國境內籌措賑災善款。同時，美國公使館也協助在華成立一個賑災顧問委員會，以妥善處理後續善款賑災事宜。由於華北地區飢荒嚴重，除了美國外，北京外交團也決定介入斡旋處理，並擬議在海關關稅中，加抽 10% 的附加稅，專做

為賑濟災民之用。但是由於擔心中國當局無法有效利用
此筆賑災經費，恐有中飽私囊或挪用經費之舉，故北京
外交團堅持外人必須有權參與並監督附加稅賑災經費的
分配事宜。[9]

（二）其他各省情況 [10]

　　除了北京中央政府本身行政效能不佳、財政吃緊、
內閣不穩外，地方各省的情況，同樣多半也是非常不理
想。不過，山西或許是個例外。在美國公使館眼中，自
辛亥革命以來，山西是中國極少數能夠免除外部政治動
盪影響的省分之一。在「模範督軍」閻錫山的長期控制
下，山西呈現出相對穩定的局面。閻錫山除了保留一支
約數萬名的軍隊以維持地方秩序外，執政重心都放在百
姓的教育與經濟事務上。山西省議會也適度發揮其影響
力，控制省內財政情況。即是之故，美國公使館對於山
西省現況的評價相當的高，認為山西百姓或許除了對於
高稅率稍有微詞外，其他方面並無任何的不滿。

　　位居中國中心、貿易樞紐的湖北省，在督軍王占元

9　北京外交團最後決定委派英、美、荷三國公使為代表，與北京政
　　府財政與內務總長共同商議賑災經費委員會的組成。關於歐戰後
　　華北大旱與美國及外交團介入處理賑災事宜，亦可參見黃文德，
　　《非政府組織與國際合作在中國──華洋義賑會之研究》（臺北：
　　秀威資訊，2004）一書。

10　本節除特別引註外，均參考自 "American Legation's Quarterly
　　Political Report for the quarter ended December 31st, 1920," &
　　"American Legation's Quarterly Political Report for the quarter
　　ended March 31st, 1921," & "American Legation's Quarterly Political
　　Report for the quarter ended June 30th, 1921," Albert B. Ruddock,
　　Charge d'Affaires ad interim, Peking to the Secretary of State,
　　Washington, 9 September 1921, RIAC 893.00/4111-4113.

的控制下，雖然名義上效忠北京政府，實則已成為尾大
不掉、割據地方的實力派，大有抗衡北京政府的態勢。
特別是歐戰以後，王占元利用金錢攻勢，逐漸獲得四
川、雲南、貴州、湖南等省的支持，使其得以藉鄂、
湘、川、滇、黔五省共主之姿，向北京政府爭取更大的
活動空間與權力。影響所及，王占元在湖北人事權上，
也幾乎不太理會北京政府的節制，抗拒北京所任命的湖
北省長人選。事實上，美國公使館還認為王占元在湖北
實行個人獨裁統治，以強力手段鎮壓各種反對勢力，包
括學生運動等。但是另外一方面，王占元雖然汲汲於擴
大勢力範圍與獲取更大的政治權利，但是對於湖北軍隊
本身的欠餉問題，卻一直沒有提出有效的解決方案，
以至於在 1920、1921 年間爆發極其嚴重的軍隊譁變情
況。湖北宜昌、武漢地區先後發生兵變，不但造成華商
與一般百姓的重大損失，連外商也無法倖免。尤其是日
本商社遭受極大的損失，日清商船會社倉庫慘遭焚毀，
日本在宜昌地區的 24 個會社產業中，也有高達 14 個遭
到兵變洗劫與破壞。最後還是由地方商人代為出面籌措
資金，支付欠餉的軍隊，譁變情況才告緩和。湖北兵變
因損及外商利益，免不了引起中外糾紛，外國政府勢必
介入處理。[11]

---

11 1920-1921 年間，湖北宜昌、武漢地區先後發生兵變，嚴重波及到
　　外商利益，列強後來即介入處理，除要求賠償外，甚至還提出擬
　　在宜昌設立租界，或是成立軍事中立化地區等較為激烈的主張，
　　王占元最後也在列強的強力干涉與施壓下，被迫去職。關於湖北
　　兵變所引起的諸多問題，可以參見應俊豪，《「丘八爺」與「洋
　　大人」──國門內的北洋外交研究（1920-1925）》，頁 65-133。

　　湖南的情況，同樣令人堪慮。由趙恆惕控制的湖南，表面上獨立於南北之外，與北京政府以及廣州政府均保持距離，實際上則大玩縱橫之術，同時接受南北雙方的賄賂。不過究其實際，趙恆惕也無法有效控制整個湖南省，境內軍頭林立，十幾個大小軍閥各擁地盤，呈現半獨立狀態，不太理會趙恆惕的命令。大致上說，湖南省北部地區的軍閥，因地緣因素，在立場上較偏向北方，受湖北督軍王占元的影響也較深，然而南部地區的軍閥，則與廣東孫中山政權維持著較為密切的關係。尤有要者，趙恆惕在湖南大力推廣省憲自治運動，除了表明超然於南北之爭外，也訴諸要建立省級的代議政治，以為中國各省表率。但在美國公使館的眼中，所謂的湖南省憲運動，也不過是一場騙局。因為在趙恆惕的軍事統治下，致力於整肅異己，殺害政敵，湖南不太可能建立有系統的代議政府。況且湖南政權在本質上仍然不脫軍閥政治，主要依靠強徵稅收以及放縱非法的鴉片貿易來獲得財源。趙恆惕本人即從湖南省庫中，掠奪不少金錢，中飽私囊，而湖南軍隊以及其近親盜匪，則依然持續剝削湖南老百姓的血肉。簡言之，湖南的情況實在不甚理想，百姓除了偶爾受天災摧殘外，更多的是人為所帶來的禍害，政治現狀不佳、治理失當、軍事上的動盪不安等，都使得湖南情況更形惡化；再加上湖南試圖在南北對立的格局下，透過省憲運動，追求政治上的獨立，難免又使得情況更趨複雜與惡化，從而造成湖南比其他飽受軍閥亂政之苦的省分，處境上又更為悲慘。

　　相較於兩湖局勢複雜，浙江的情況，則顯得較為平緩。在皖系督軍盧永祥的領導下，浙江致力於與北京政府維持較為友善的關係，但同時也避免涉入北京與廣州之間的對立；換言之，浙江試圖在南北對立的大環境下，維持獨立自主的地位。如同湖南一樣，浙江在表面上也積極推動省憲自治運動，表明超脫南北對立，但盧永祥仍然大權在握，緊緊抓住軍隊的控制權。不過根據美國公使館的觀察，整體而言，地方百姓對於浙江平緩的時局，大致上是相當滿意的。

　　江蘇方面，原先由督軍李純所控制，其勢力範圍一度含括蘇、皖、贛三省，擔任三省巡閱使，成為所謂的「超級督軍」（super-tuchun）。不過，在直皖戰爭後，由於李純一直無法有效控制其派系內部爭權傾軋，以及受到南北對立等問題的折磨，竟選擇自殺身亡。李純遺留下來的三省巡閱使職位，因控制華東精華地區，成為各方人馬爭奪角力的目標。原先在大總統徐世昌、直隸督軍曹錕以及吳佩孚的支持下，擬由王士珍接任，至於江蘇督軍，則由齊燮元代理。但奉系張作霖卻趁此時機，將影響力伸入此三省，試圖介入蘇皖贛巡閱使職位的安排，並透過代理人在江南地區煽動示威抗議，以阻止王士珍接位。換言之，由於李純之死，直、奉兩系在長江下游地區競逐權力，從而導致政局極其不穩。

　　福建也同樣處於南北對立的尷尬格局下。督軍李厚基為了擺脫盤據在福建南部的粵軍陳炯明，決定與孫文方面合作，支持陳炯明率軍重返廣東，以驅逐當時控制廣州的桂系軍隊。但另一方面，李厚基也與北京政府保持相對友善的關係，並利用北方軍隊以控制福建。然而，福建卻有很大的隱憂，百姓也無法安居樂業，部分乃因為李厚基並不能完全控制其麾下的北方軍隊，且其軍紀甚差，經常有騷擾百姓的劣行出現，再加上福建社會失序，地方盜匪化的情況也日益嚴重，對於百姓的危害，也日甚一日。[12]

兩廣的情況，最為複雜。早自 1917 年成立初始，廣東的護法軍政府因為組成極其複雜，內部經常陷入嚴重的權力鬥爭。1918 年，軍政府改組，以七總裁制（唐紹儀、唐繼堯、孫中山、伍廷芳、林葆懌、陸榮廷和岑春煊）取代原先的大元帥制，孫文的權力被架空，故乃離粵赴滬，廣州政權由桂系與滇系共同控制，並由岑春煊主導政府。1920 年時，又爆發新一波的權力鬥爭，桂系與滇系爭權，岑春煊被迫下臺，遂與兩廣巡閱使陸榮廷、海軍司令林葆懌結合，宣布取消軍政府的獨立，重新歸附於北京政府，故名義上南北暫時又復歸統一。[13] 但孫文則與另外三位總裁唐紹儀、伍廷芳、唐繼堯等人結合，共同聲明反對。在 1920 年時，廣東情勢

12　例如早在 1919 年 6 月，美國駐福州領事館即曾回報在福建西北閩江上游的拿口地區，曾多次遭到土匪的洗劫。當地雖駐有來自北方的駐軍，但也無力抵抗土匪而被迫撤退。美國基督教會在拿口的華籍牧師及其家屬等人也只能連夜逃離。美國領事即稱百姓無力應付土匪與士兵的劫掠，只能像羊群一樣到處逃難。見 "Political Conditions in North Fukien," G.C. Hanson, American Consul, Foochow to Paul S Reinsch, American Minister, Peking, 4 June 1919, RIAC, 893.00/3194.

13　美國公使館即認為岑春煊等人宣布向北方效忠、結束南方獨立狀態一事，對於北京政府來說，也不見得能真正帶來好處。因為南方其他省級軍事實力派，不太可能屈服於北方領導。也因此，北京政府還是必須透過政治交涉，來與那些軍事實力派斡旋，而最後的結果，可能也只是妥協，繼續默認既有的獨立狀態。

又有新的變化，粵人治粵的聲浪日益強大，反對桂系軍閥控制廣東。之後，第一次粵桂戰爭爆發，盤據在閩南的陳炯明部奉孫文之命，回師廣東，擊敗桂系的督軍莫榮新，由孫文領導的護法軍政府也重新恢復對廣東的控制權。

　　根據美國公使館的觀察，廣東軍政府重掌政權後，開始採行較為民主開明的方式治理廣東，包括禁止賭博賽馬以及鴉片生產、擴大貿易活動、重新召集國會、給予廣州市政府特許狀以推廣市政、任用當地人來主管地方等，令人耳目一新，故中外人士均對軍政府給予較高的評價。但是廣東財政短缺情況，依然問題重重，本來即體質不良，自推動上述新政後，更是雪上加霜，面臨嚴重考驗。延續先前對外政策路線，孫文仍將財政解套方案放在關餘上，要求海關稅務司將桂系軍閥控制廣東期間所扣的關餘，約 250 萬兩白銀，全數撥交給軍政府，從而導致中外關係陷入新一波的對立情況。基本上，北京政府主張關餘分配權係屬中央政府職權，地方政府不得任意截留，否則如各省仿效，紛紛截留關餘，勢必衝擊中央財政，也將導致中國政府無力償付外國借款。但孫文與軍政府領導者卻認為，各國駐華公使團（以下簡稱北京外交團）應同意，凡是在廣東所收的關稅結餘，在扣除債務抵押擔保後，應依照比例，全數移交給廣東當局支配。為了進一步遊說北京公使團，孫文一度派遣軍政府參事兼宣傳局局長郭泰祺前往北京，與各國公使直接交涉關餘撥付問題。郭泰祺強調廣東護法軍政府為中國唯一能夠體現現代民主理念的政府，反觀

北京政府非但不符合代議民主制度且又貪污腐敗，故列
強應同意將廣東關餘撥交給軍政府。但北京政府則主張
其是外國所共同承認的合法中央政府，有權自由處置關
餘問題，外國不得干涉。由於北京外交團消極處理廣東
方面的請求，將關餘爭議視為中國內政問題，不願介入
處理，故軍政府外交部部長伍廷芳出面，在 1921 年 1
月中，正式照會各國駐華公使，重申立場，強調廣東護
法軍政府不但「事實上」（de facto）控制南方諸省，
且是唯一「合法」（legal）政府，不應由北京政府來處
理廣東關餘分配問題，故軍政府決定自是年 2 月 1 日
起，將正式接管南方各省海關行政，相關海關人員應遵
守軍政府命令，至於原先外國借款擔保部分，也將由軍
政府負責。不過，北京外交團在經審慎考慮後，仍決定
不介入廣東關餘分配爭議，同時也聲明海關行政絕不容
廣東方面的任意干涉等，亦即等於正式拒絕軍政府參與
海關行政以及分配關餘的要求。這也間接造成列強與廣
東當局間的緊張情勢，因為屆時一旦軍政府強制收回海
關行政，勢必與列強爆發嚴重衝突。英籍海關總稅務司
甚至下令將廣州海關辦公處所直接遷至英國沙面租界，
由英軍提供保護，以防止廣東軍政府採取強硬手段，逕
自收回廣東海關控制權。所幸軍政府最終僅是口誅筆
伐，並未採取實際軍事行動收回海關，也避免了中外間
可能的衝突。[14]

---

14 關於這批約 250 萬餘兩的關餘分配問題，北京外交團內部各國公
使間有不同的意見。但美國駐華公使則奉國務院訓令正式表態，
並照會北京外交團以及中國南、北兩政府外交部長，主張外人

　　至於廣西方面，則仍繼續處於南北對立的烽火線上。自 1920 年第一次粵桂戰爭後，由於原桂系廣東督軍莫榮新作戰失敗，廣西督軍陸榮廷也失去對廣東的控制權，故乃轉而尋求北京政府的援助，雙方關係因此為之強化，北京政府除提供金錢上的援助外，也給予其省長與督軍等正式任命。不過，美國公使館認為陸榮廷乃是舊體制的遺緒，企圖利用與北京政府的結盟關係，獲得財政上的奧援，以恢復對廣東的控制權。這也為未來兩廣形勢埋下不安的伏筆。

　　陝西則是深陷南北對立的情況下。陝西督軍陳樹藩雖然立場偏向北京政府，但在陝西境內卻有屬於南方于右任統率的靖國軍存在，以及鄰省的客軍（如河南鎮嵩軍、豫軍）控有地盤。除此之外，還有其他眾多的小軍閥盤據各地。也因此陝西政局依然呈現不安的情況，督軍陳樹藩為了壓制于右任以及其他軍閥勢力，必須維持龐大的軍隊，這也導致該省財政必須面對軍事開支極大的負擔。

　　雲南的情況，則更為惡化，陷入極其嚴重的內部紛擾之中。雲南原本長期在督軍唐繼堯的控制下，政局相對穩定。但是近年來為了滿足其個人野心，以及擴大滇

不應介入干涉關餘分配，而應由中國政府（亦即北京中央政府）自行決定。美國此舉自然獲得北京政府外交部的肯定與感謝，而廣東方面則提出聲明大加駁斥。無論如何，美國的主張獲得北京外交團接受，故決定不理會廣東態度，而由北京外交部出面針對此批關餘提出用途分配。最後，經北京政府外交部與外交團協商後，前述廣東關餘用途規定如下：42 萬兩保留由廣東支配、70 萬兩供中國外交領事業務開支、120 萬兩由海關稅務司用以支應中國國內借款擔保、20 萬兩用以處理華北瘟疫災情。

軍的勢力範圍，並獲取更多的財源，唐繼堯多次派軍
介入川、黔、粵等鄰近省分事務。但長年對外用兵，忽
略了本省的治理，容易招致內部的不滿。龐大的軍隊給
養與戰費開支，也是地方不滿的另外一個重要因素。即
是之故，原為唐繼堯下屬的顧品珍遂趁勢發動政變，率
軍反攻雲南，驅逐唐繼堯，取得雲南控制權。但唐繼堯
不甘心地盤被奪，亟思調動軍隊，並結合其他勢力，反
攻雲南。雲南戰事勢不可免，自然也會為雲南未來的局
面，埋下動盪不安的伏筆。

　　四川則延續民初以來的內部分裂格局。姑且不論早
先川軍與客軍（滇軍）之間的戰鬥外，川軍本身內部，
也是鬥爭極其嚴重，彼此相互爭權、爭地盤。北京政府
為了穩定四川情況，一度試圖讓主要川軍巨頭各居其
位，例如讓熊克武任省長、劉存厚為督軍、劉湘為重慶
護軍使等，但四川政局實際上依然矛盾不穩。熊克武由
於與南方廣州政府關係密切，故接受其任命為四川督
軍，並拒絕北京政府的省長任命。之後熊克武、劉存厚
與劉湘間又陸續爆發激烈的川軍內部地盤之爭，從而導
致四川陷入連年內戰。雖然四川戰局曾經一度趨於緩
和，但多年的動盪不安，早已造就各地大小軍閥林立，
盜匪也橫行於四川與外部聯繫的主要幹道長江上游地
區，嚴重影響四川的商務發展與穩定。例如根據美國駐
重慶領事館在 1919 年底給公使館的報告，即強調四川
盜匪現象極度猖獗，特別是在長江宜昌至重慶段（宜渝
段），每股約上百至數百名的盜匪集團到處充斥在此水
域，動輒劫持往來船隻。而重慶再上游的水域，同樣也

是盜匪為患，地方當局還曾派遣一支 500 人的軍隊前往
征討，並與盜匪間爆發激烈戰鬥。所幸的是，當時盜匪
危害的對象多以中國人為主，尚未有攻擊外人船隻的情
事出現。其次，「川土」（鴉片）問題在四川也是相當
嚴重，四川每年產製大量的鴉片。根據一位美國傳教士
給重慶領事館的密報，在其穿越四川、貴州邊界時，曾
親眼遭遇一支由千人組成的運送隊伍，每人身上都背了
80 個鴉片盒。而四川、貴州邊界地帶，也到處種滿著
罌粟花，卻少見糧食作物，且該地區人民也幾乎都是鴉
片成癮者，顯見四川地區鴉片種植、吸食與走私販賣等
情況均已相當氾濫。[15]

甘肅的政局，由於該省境內回族人口不少，故經常
受到回族因素所牽動。特別是受到當時「甘人治甘」運
動影響，甘肅督軍張廣建的權威與合法性，受到很大的
質疑與挑戰，蔡成勳、陸鴻濤、馬福祥等地方軍事實力
派將領，均有意爭取督軍一職，造成政局動盪不安。不
過由於甘肅距離北京較遠，北京政府對於甘肅人事的主
導權影響力相當有限，在很大程度上，地方勢力有時能
夠抗衡來自北京的命令。所以美國公使館評估北京政府
如要更動甘肅督軍人事，還必須結合其他鄰近省分的兵
力，以軍事實力共同進行介入，方能得以成功。此外，
在甘肅地方實力派將領中，出身回族馬家軍的馬福祥，

15　四川盜匪肆虐與鴉片氾濫問題，見 "Political Conditions in Chunking
　　Consular District," Samuel Sokobin, American Vice Consul in
　　Charge, Chunking to Charles D. Tenney, Charge d'Affaires ad
　　Interim, Peking, 20 December 1919, RIAC, 893.00/3304.

尤其為美國公使館關注，認為馬福祥其人「名聲甚佳，即使在外人圈中，亦是如此」。

西北的新疆，也由於遠離中原地區，則與中國政局似乎沒有太多的互動。楊增新長期控制新疆，因此政局堪稱平穩。不過因為新疆境內有很大比例的回族百姓，因此還是不時受到內外局勢的影響，而呈現出動盪。此外，因為俄國對於新疆抱有領土野心，也會導致新疆情況的變化。

（三）學運與社會情況

五四以後，中國各地學生運動大起，在學生組織的策劃下，各大城市紛紛出現以反日、抵制日貨以及打倒賣國賊為訴求的運動。學生參與群眾運動，固然多是基於愛國熱誠，從而自發性集會結社，匯聚民間力量，但是在運動背後，可能還是帶有政治勢力運作的痕跡。[16]從美國駐華使領館各地的觀察報告中，也很早即注意到此一現象，不管是打壓學生運動或是鼓動學生運動，背後可能都隱含著政治黨派勢力的迂迴運作。特別是在當時南北割據分立的大環境下，基於政治考量，從而壓制或教唆學運現象的出現，更是難以避免。就北京政府及其背後的皖系軍事派系而言，學生運動強烈的對日主張，質疑政府的親日賣國行為，極可能動搖到其政權的穩定，也會造成日本的不滿，形成外交上的壓力。所

16　關於五四運動以後政治黨派介入學生運動的情況，可以詳見呂芳上，《從學生運動到運動學生（民國八年至十八年）》（臺北：中央研究院近代史研究所，1994）。

以，如何有效鎮壓學生運動，但不致於過度引起反政府運動，自然是北京方面的重要考量。反之，對於與北京政府敵對的西南割據勢力來說，參與並支持學生反日運動，不但可以獲得名聲與爭取民心向背，更能夠利用學生運動的強大號召力與群眾動員力，來抗衡軍事上居於優勢的北京政府。

1. 北京政府的反學運手段

以上海學生運動來說，因其多以公共租界為主要活動範圍，不屬北京政府控制的範圍內，加上上海外人雲集，學生活動動輒足以影響到整體國際觀瞻，尤其是英美等西方國家的對華態度。所以就北京政府來說，上海方面學生運動必須予以密切注意。美國駐上海總領事館根據某位中國政要的密報，掌握到北京政府擬對上海學運動手的情資。根據該政要的密報，北京政府已利用外交部特派駐滬交涉員前往北京的機會，私下給予其高達約 40 萬銀元的政治活動經費，作為因應上海局勢的費用，特別是針對山東主權問題爭議所引起的上海學生運動。上述經費運作的方式，可能即擬用於影響上海公共租界巡捕房（International Police Force at Shanghai），讓其出面應付學生運動。由於此事關係到上海公共租界，茲事體大，美國駐上海總領事館雖然無從判斷情資的真實性，但還是立即向北京公使館與美國國務院回報。[17]

17　"Political Conditions- Report that the Special Envoy for Foreign Affairs at Shanghai has Received Money from the Peking Authorities to Be Used in Connection with Conditions at Shanghai," Thomas

2. 南方反北京政府的運作手段

　　至於福建學運活動情況，美國駐福州領事館即觀察到，該地學生運動似乎並非單純的反日運動，背後恐怕還帶有政治動機，且有衝著福建督軍李厚基而來的趨勢。李厚基出身北洋軍，效忠北京政府，雖然早先率兵入主福建，但與西南各省顯然格格不入。李厚基即經常懷疑學生運動似乎不只是反日，而隱含有反北京政府的意圖。究其實際，在當時南北對立的大環境下，南方割據勢力的領導者，自然也不會放棄此一良機，亟思利用學運騷動，來為己方張勢。而從最近福州學生所張貼的一份名為「致外國友人」（To Our Foreign Friends）的文宣內容，即可以印證確實如此。

> 全國的學生與商人示威運動，實際上乃是要致力於解決我們目前國內的政治問題。無論是商界還是教育界，將會持續示威抗議，直至政府同意全國百姓所求。在此期間，我們將會竭盡全力，維持和平與秩序。相信我們的外國友人將會領解並同情我們的愛國動機。[18]

Sammons, American Consul General, Shanghai to Paul R. Reinsch, Peking, & the Secretary of State, Washington, D.C., 5 July 1919, RIAC, 893.00/3190.

18　不過，美國駐福州領事館認為此份文宣恐非福建當地學生所印製，很明顯是上海學生所為。見 "Attention!!! To Our Foreign Friends," A handbill Issued by Local Students, Enclosure of "Political Conditions at Foochow," G.C. Hanson, American Consul, Foochow to Paul S Reinsch, American Minister, Peking, 21 June 1919, RIAC, 893.00/3197.

而就福建的情況來說，學生組織即可能致力於分化福建軍政要員，例如福州即盛傳學生意圖慫恿海軍將領薩鎮冰，希望他能夠出面對抗並驅逐李厚基，所以李厚基也相當緊張，積極拉攏薩鎮冰等海軍勢力。因此美國領事館認為，就目前的反日運動來說，只要再有其他刺激因素出現，或許學生運動即能由原先的反日，轉為對抗北京政府的行動。[19]

3. 中國社會與人民的整體情況

至於廣大的中國百姓，面對每況愈下的中國政治情況以及各地日趨高漲的軍事主義以及軍閥亂政，其態度又是如何呢？中國百姓有無可能在既有惡劣環境的刺激下，自己採取行動甚至推動革命，以謀求現況的改變？美國公使館認為答案應該是否定的。因為中國百姓雖然早已厭倦各類政治宣傳，但對於軍閥亂政所造成的社會貧困，顯然無力改變。除非情況繼續惡化下去到絕望狀態，在最後逼不得以的情況下，中國百姓才有可能試圖推翻政府。無論如何，中國百姓更為重視的，乃是自身的安全，而非獲得自由。[20]

19　"Political Conditions at Foochow," G.C. Hanson, American Consul, Foochow to Paul S Reinsch, American Minister, Peking, 21 June 1919, RIAC, 893.00/3197.

20　不過，也有觀點認為中國社會有其自我調適的功能。例如當時擔任國務總理的靳雲鵬，即曾樂觀地向美國公使表示，中國高漲的軍事主義現象根本無庸擔心，雖然各省致力於擴編軍隊數量，但是一旦當地方收入無力支應軍隊開支時，即會導致欠餉，而軍隊則會譁變，屆時過於龐大的軍隊自然就會崩潰。地方軍隊解體後所省下來的多餘經費，則可以用於協助穩定政府機制。

三、美國視野下的中國現況（二）：
其他觀點

　　歐戰結束後，巴黎和會召開前夕，美國知名政治經濟學者威羅貝（W. W. Willoughby），遞交一份中國政情觀察報告給美國國務院，在這份報告中，威羅貝曾針對歐戰後中國政局發展，進行評估。基本上，威羅貝對於中國國內局勢演變是相當悲觀的，特別是他並不認為中國人在沒有外國的援助下，有能力自行從目前的政治混沌中走出來。雖然中國眼下的麻煩，很大程度上都與日本脫離不了關係，但是即使暫時先排除日本因素，在短期內，中國依然不可能解決中央勢弱、省級軍閥跋扈的情況。社會上，地方兵匪化的現象也有愈演愈烈的趨勢，鐵路沿線各處充斥著毫無軍紀的士兵，土匪同樣也肆虐於鄉間。僅是山東一省，兵匪人數可能就不少於三萬人。在財政上，各省則幾乎都將收支自行截留於地方，根本不會上繳中央，這也導致北京政府苦於財政短絀，僅剩鹽餘收入與其他雜項收入勉強支撐，但不可能因應所要必要開支。如再加上貨幣問題，如銀價波動、日圓匯入、銀行暫停給付等導致的通貨膨脹，則財政問題更形雪上加霜。再者，以南北對立問題而言，雖然在歐戰結束後，北京政府與廣州當局雙方試圖召開一次協商會議，以解決彼此歧見，但威羅貝以為是否能就此達成共識、消弭對立仍有很大的不確定性，況且即使真的達成共識，他也不預期中國現況會有很大的改善。因為在軍閥政治的大背景下，文人政府不太可能凌駕於軍閥

之上。北京政府的財政困境，也在很大程度上影響了其
行政能力，無力改變現狀。唯一較為可期的前景是，如
果順利解決南北對立局面，或許外國給予中國的經濟援
助與借款，將可以用於正途，而不用擔心其投諸於內部
爭鬥。[21]

　　其次，在 1920 年 2 月，美國海軍亞洲艦隊總司令
葛利維斯（Admiral Albert Gleaves, Commander-in-chief,
Asiatic Fleet）也提交了一份極其重要的遠東情勢觀察報
告給美國海軍部以及國務院。[22] 在這份報告中，葛利維
斯針對歐戰後的中國現況，也做了相當詳盡的評估分
析。葛利維斯認為自民國以降，中國雖然推翻了君主專
制、建立共和制度，但實際上不過徒具共和之名罷了，
整個國家分崩離析，18 個省分幾乎都呈現出半獨立的
狀態，各省都由大小軍閥控制，擁兵自重，無視於北京
的中央政府。各省雖然都維持大大小小約數萬名的軍
隊，但在缺乏火炮等重武器的情況下，戰力有限，根本
無力與其他外國作戰。至於南方各省的軍隊情況，則更
等而下之，連基本的軍事物資都無法自給。[23] 而北京政
府本身由於嚴重的財政赤字問題，早已自顧不暇，其日

21　"Observations With Reference to Political Conditions in Japan and
　　China," Second Report of W. W. Willoughby, 30 January 1919, RIAC,
　　893.00/3305 1/2.

22　美國海軍部收到此份報告後，也將其送交給國務卿與國務院遠東
　　司參考。見 "Navy Department to the Secretary of State," 9 March 1920,
　　RIAC, 893.00/3314.

23　葛利維斯評估當時中國軍隊的總人數約有 788,000 人，其中屬於
　　北方各省的軍隊有 425,000 人、南方各省軍隊有 300,000 人，另
　　外在滿洲有 60,000 人、西伯利亞有 3,000 人。

常行政開支幾乎都仰賴外國借款，但是依然入不敷出，
北京政府轄下的軍隊也經常陷入缺餉的窘境。北方各省
軍閥均靠強收釐金與特別稅捐，以維持軍隊開支，但卻
甚少將所收稅金上交給北京政府。而重要的關稅收入，
則早已成為晚清以來戰爭賠款的擔保，在扣掉賠款本息
後，每年僅有少數盈餘能夠提供給北京政府。再加上受
到不平等條約的束縛，海關關稅只能維持相當低的稅
率，除非獲得相關條約列強的一致同意，否則不可能提
高稅率，增加海關收入。尤有要者，民國以來又再度重
演了中國歷史上常見的南北對立局面，兩大陣營以長江
為界，彼此敵視交戰。而名義上的北京中央政府對於北
方各省的控制力尚屬薄弱，遑論要去約束南方省分。在
當時軍閥割據分裂的中國現況中，葛利維斯倒是相當
肯定大總統徐世昌的為人，認為其備受國民愛戴。[24] 不
過，他認為中國最有實力的軍事強人，莫過於段祺瑞，
他不但擁有最大的軍事派系，且戰功彪炳，武漢起義之
初即在武漢成功壓制革命軍，張勳復辟時則率軍挺身而
出，撲滅保皇勢力，恢復北京秩序。除了軍事實力外，
在政事上，段祺瑞亦曾多次組閣，有豐富的行政經驗，
因此葛利維斯評估在大總統徐世昌之後，最有可能接掌
總統之位的，應該就是段祺瑞。而在南方各省，則是以
廣州的軍政府為主，採取七總裁制，執掌日常行政，其

24　美國海軍亞洲艦隊總司令葛利維斯曾經三度與大總統徐世昌進行
　　晤談，他認為徐世昌是一個十分有教養的人，關注中國未來的發
　　展，特別是農業部分。在晤談中，徐世昌也誠摯地向葛利維斯表
　　達希望能夠強化並增進中美兩國之間的理解與關係。

勢力範圍含括廣東、廣西、雲南、貴州，並兼及四川、
湖南、福建等省。不過，葛利維斯認為廣州軍政府的七
總裁制，恐怕也只是徒具形式，因為如同北方一樣，南
方各省的實權，也是由督軍所控制。歐戰後世界重新恢
復和平，中國人受到激勵，也試圖致力於南北和談，希
望消弭對立與戰亂，讓南北復歸統一，但是目前困難重
重，成效如何，則不易評估。事實上，北京政府之所以
大力推動南北議和，除了受到國際和平輿情刺激外，可
能還帶有財政上的考慮，亦即希望能夠與南方各省達成
協議、復歸統一，如此也才能盡快以和平建設中國為名
目，向國外取得貸款。[25]

　　繼葛利維斯之後接任亞洲艦隊總司令的史透斯
（Admiral Joseph Strauss, Commander in Chief, Asiatic
Fleet），在親自造訪中國多個地方後，在 1921 年 11 月
給海軍部的報告中，也提出他的見解與觀察。史透斯曾
經造訪包括廣州、煙臺、北京、上海、宜昌、漢口等城
市，但除了廣州較為進步外，其餘城市的主政者或多或
少均無心推動城市的現代化。而且矛盾且弔詭的是，這
些城市的主政者，一方面既不思積極推動現代化，但同
時卻又屈從於無力抵抗的外國（公眾輿論）力量。史透
斯評估許多中國統治階層既畏懼西方國家，但似乎卻又
延續晚清時期對於西方的蔑視，不願積極推動西化。其
次，中國絕大部分的工人與農民，顯然對於國家政府的

25　"Observations on the Situation in the Far East," Commander-in-
　　Chief, Asiatic Fleet, Vladivostak, to the Secretary of the Navy, 1
　　February 1920, RIAC, 893.00/3314.

整體現況，表現出相當漠然的態度。史透斯認為這可能與處於社會底層的中國人生活條件極為惡劣，只能勉強維持生計，故也只能汲汲於如何生存，而無力顧及其他。因此，未來中國的改進之道，應該在於籌思如何能夠讓大部分中國人不再持續陷於生活匱乏與死亡之中，而無力自拔。此外，中國的南北分裂，很明顯已導致中國現況進一步的惡化。史透斯認為中國的完整統一，才符合美國的利益。故他建議美國政府或許可以考慮作為協調者，嘗試介入斡旋南北歧見。不過，另外一方面，雖然對中國現況發展感到悲觀，但史透斯還是覺察中國未來改變的新生力量。他稱之為「年輕中國」（Young China），隨著中國智識人士的覺醒，尤其是從西方留學歸國的年輕中國人開始發揮影響力，他們將致力於推動國家的現代化，並檢討中國主權被侵害情況。此外，也有部分商人階級，同樣不排斥向西方取經，尋求外來援助，以改革目前的中國。最有名的例子即發生在宜昌，該地商人呼籲在宜昌設立外國租界，並由外國軍隊負責提供保護。[26]

報界部分，任職美國在華重要報紙上海英文《大陸報》商務編輯的美國記者瑋柏（Charles Herbert Webb, business editor），也在其給美國國務院的信件中，提出他對中國現況的觀察。瑋柏認為中國陷入的南北對立之爭，無論是北方還是南方的官員，顯然都是腐敗而且欠

---

26 "Political Conditions in China," Admiral Joseph Strauss, Commander in Chief, Asiatic Fleet to the Secretary of the Navy, Navy Department, Washington, 13 November 1921, RIAC, 893.00/4171.

缺愛國心的。瑋柏甚至認為如果從美國的角度與標準來
看，中國官員都是毫無榮譽感與原則的。也由於如此，
他們極容易遭到日本的收買或威脅恫嚇。其次，瑋柏也
注意到中國公眾輿論發展並不成熟，尚未出現有足夠聲
譽的大報，也沒有產生傳統上的民族意識。目前充斥中
國的，只有數以百萬計的士兵與盜匪，兵匪不分的盜匪
現象幾乎主宰著整個國家。北京政府雖然名義上有總
統、國會與內閣，但事實上都受到軍閥勢力的控制。所
以瑋柏指出中國依然只是沉迷於過去歷史的榮景，而遲
遲未能正視眼下的困境。如果美國等歐洲列強束手不
管，或是漠視日本為所欲為，中國恐怕永遠沒有機會發
展成為一個現代的國家。[27]

　　商界部分，在華有重要商業利益的美國五金公司
（American Metal Company），在其 1921 年給美國國
務院的中國政情分析報告中，也認為中國處境堪憂，政
治情況陷入混亂。[28] 北京政府在法理上是列強承認的中

27　"The Trouble in China," Mr. Webb, Business Editor, *The China Press*,
　　Shanghai to the Department of State, Washington, 3 August 1919,
　　RIAC, 893.00/3201. 瑋柏當初陪同美國人米勒（Tom Millard）離
　　美前往中國，並協助後者在上海籌組《大陸報》。在米勒離開
　　《大陸報》後，瑋柏則依然留在該報任職，並長期居住在上海。
　　見 "Memorandum by Division of Far Eastern Affairs to the Third
　　Assistant Secretary, Department of State," 11 August 1919, RIAC,
　　893.00/3201.

28　此份報告乃是由美國五金公司創辦人之子哈克司恰爾德（Harold
　　H. Hochschild）於 1921 年 3 月在中國北京所撰寫，5 月時該
　　公司將此份報告送交給美國國務院遠東司司長馬慕瑞（John V.
　　MacMurray）參考。見 "Canton Mint Notes," Harold H. Hochschild,
　　Peking to the Executive Department, The American Metal Company,
　　Ltd., New York," 20 March 1921 & "Frank L. Polk, Stetson Jennings
　　& Russell to John V. MacMurray, Department of State," 12 May 1921,
　　RIAC, 893.00 P81/2.

國中央政府，但其合法性一直備受質疑。尤其是北京政府令不出北京政府，沒有實際控制全國的權力。北京國會在政治上的作用也微不足道，而且不論是國會還是大總統徐世昌，在憲政體制與代表性上，可能都有很大的問題。徐世昌懦弱無用，國會則毫無權力。該公司並引述當時中國報紙的報導，稱北京國會是一個「生病的議會」，因為稍有自尊的議員，均紛紛稱病，不願出席議會執行職權。此乃因北京政府背後，由佔有華北地區的重要軍事派系所控制，他們驅使著政客，掌握政權。1920 年直皖戰爭後，皖系倒臺，北京政府實際上受到直系軍閥曹錕、吳佩孚以及東北奉系軍閥張作霖所遙制。至於中國其他地方，則被各地大大小小的軍閥及其軍隊所瓜分佔領。這些軍閥對北京政府的效忠程度，完全取決於北京政府能夠支付他們多少軍餉而定。但由於北京政府既無權也無錢，因此中國各地現況惡化成叢林法則，軍閥們在各自佔有的地盤上，自行強徵稅收以給養軍隊，彼此競爭，直至被其他更為強大的軍閥驅逐併吞而失勢為止。不過，即使在內戰中競爭失敗、失去地盤，這些軍閥依然可以過著非常富足的退休生活，因為他們早已從對地方的橫征暴斂中，累積了足夠的財富。其次，中國財政情況相當不佳，積欠許多外商債務。中國財政急遽惡化，自然與民國成立以來，大量透支的軍事開支有關。由於財政收入短絀，又積欠大批外債，北京政府各部門均無充分財源可以維持日常開支，其中可以掌握部分稅源的交通部或財政部等，可能情況尚屬勉強，但其他如司法、教育等部分則是嚴重缺乏經費。處於如此財政窘況，北京政府自顧不暇，當然無力支應龐大的外債，僅是對日本一國，可能就高達 1,500 萬元的債務。也因此，美國五金公司認為中國中央與地方當局對於外商債務的處置態度，普遍都是能拖則拖，除非列強政府代為出面向有關當局施壓，否則外商很難能夠索討欠款。為了解決中國的財務情況，歐戰結束後，列強曾共同籌組國際銀行團，以提供中國足夠的內政經費，然而卻一直無法達成共識。此乃因國際銀行團與中國之間，彼此存有嚴重歧見。列強基本上希望新的借款，必須確保只用於改善內政與建設用途，不得用於軍事目的，但這自然不為北京政府背後的軍事派系所樂見。尤有要者，歐戰後受到五四運動的刺激，中國銀行家與商人們普遍不相信外國銀行團，認為其延續近代以來英、法、日等列強對華的長期剝削，嚴重損害到中國的主權與資源。特別是日本要求國際銀行團必須先確保日本在南滿東蒙地區的優勢地位，這更加深中國人對於日本以及國際銀行團的不信任感。[29]

此外，美國也十分關注其他國家對於中國現況發展的評估。1919 年 7 月，上海英文《字林西報》刊載了一份名為〈中國：怎麼樣的未來？〉的社論。美國駐上海總領事館隨即將該社論報導的簡報資料，做成「政治情況：英國報紙編輯對於中國未來的觀察」的報告，送交美國駐華公使、美國海軍亞洲艦隊總司令以及美國國

---

29 "Canton Mint Notes," Harold H. Hochschild, Peking to the Executive Department, The American Metal Company, Ltd., New York," 20 March 1921, RIAC, 893.00 P81/2.

務卿參考。顯見，美國駐上海總領事館對於此份英報社論的重視。[30] 在這份社論中，《字林西報》強調雖然該報一再呼籲中國改變目前的困局，必須「澈底掃除所有的政治陰謀與嫉視，並勸告身居高位的中國領導人們，應慎重考慮其行動舉止，否則外國的介入終將迫在眉睫」。但無論如何，言者諄諄、聽者藐藐，中國顯然沒有絲毫的改進，南北議和會議同樣一事無成，故短時間內不可能解決分裂局面完成統一。而中國未來必須面對更為嚴酷的考驗，則是在軍事主義的高漲及其所造成的龐大預算開支問題。過度擴張的軍隊規模，導致每年政府預算中，入不敷出，超過一半以上必須用於支付軍隊開支，再加上地方軍閥截留稅款，不上繳給中央，造成北京政府收入嚴重不足，無法因應日常行政開支，面臨嚴重赤字問題，瀕臨國家財政破產。而萬惡的淵藪，其實就是民國創建共和以來，惡名昭彰的軍事主義現象，導致中國逐步走向衰敗、自取滅亡。世界各國也都十分知曉中國現今軍事主義過度高漲的現況。諷刺的是，革命黨人當初推翻清朝專制，譴責帝制的腐敗與暴政，然而共和以來各種的亂象，卻是遠遠超過晚清時期，相當令人啼笑皆非。[31]

---

30 "Political Conditions- British Newspaper Editor's Observations on the Future of China," American Consulate General, Shanghai to the Secretary of State, Washington & Paul S. Reinsch, American Minister, Peking, 2 July 1919, RIAC, 893.00/3192. 至於給美國海軍亞洲艦隊總司令的報告，則是透過美國海軍駐上海資深海軍軍官代為送交。

31 "China-What of the Future?" *The North China Daily News*, 2 July 1919.

四、美國對中國民族意識發展與
　中外關係演變的觀察

（一）國權與公眾意識

　　華盛頓會議開會期間，1921 年 12 月，在美國駐華公使舒爾曼給美國國務卿休斯的電報中，曾建議休斯在會議討論上，應該關注中國日益高漲的民族主義與愛國主義情緒。舒爾曼認為，晚清時期中國人對於列強瓜分中國等事普遍流露出漠不關心的態度。但是時至今日，中國人的民族意識已有很大的改變，念茲在茲的都是國家主權的獨立與領土完整。至於所謂「中國」的概念，也不僅止於民族上的，還包括領土上，並廣及至滿洲、蒙古與西藏等區域。也因此，中國人對於外國勢力入侵中國，會表現出異常敏感與敵視的情況。他們不僅反對日本人侵略中國，對於英國在西藏以及蘇聯在蒙古的活動，也感到深惡痛絕。[32]

　　例如早在 1921 年初，中美之間發生的一件爭議，也引起美國駐華公使館的關注，也適足以體現歐戰後中國國權意識的高漲。當時作為美國屬地的菲律賓，曾立法通過一項規定，要求所有會計帳簿制度，必須以英文、西班牙文或是菲律賓當地語文來記載。這項立法，造成中國政府的不滿，認為帶有排華意圖。因為菲律賓境內有大量華人居住，他們均以中文來進行會計記帳，

32　"Telegram from Jacob Gould Schurman, American Minister, Peking to the Secretary of State, Washington," 3 December 1921, RIAC, 893.00/4148.

是以如果有關當局將中文排除在官方會計制度文字外，
勢必對於該地華人商業活動造成極大的影響。除了北京
政府外交部已透過正式外交照會，表達對此項立法的不
滿外，中國商會代表同樣也向美國駐華公使館提交了陳
情書。即是之故，美國公使館乃將中國的意見，轉知給
美國駐菲律賓殖民當局考慮。[33] 從此案爭議，可以略窺
歐戰後的中國商民團體以及政府外交官，對於任何可能
影響到國權的議題，即使是有關海外華人的商業活動，
均有著相當敏銳的注意力，並試圖透過外交與請願手
段，以挽回並改變現有的不利困境。

美國駐南京領事館也觀察到類似情況，即在長江下
游地區中國人的國權意識與反外情緒，有異常高漲的趨
勢。甚至還持續出現排外暴動的謠言，聲稱如果在華盛
頓會議上，中國不能爭回應有的權益，在長江下游地
區將會發生排外暴動。美國領事館雖然對於謠言的可信
度存疑，但是認為這些謠言的一再出現，還是必須給予
額外的關注，尤其是近來中國人在心態上已有很大的轉
變，許多受過教育、思想較為進步的中國人，愈來愈傾
向將中國目前的苦難，歸咎於是外國所造成的。不過美
國領事館指責這些中國人顯然搞錯了導致中國現況惡化
的原因，並非是外國人引起的，而中國人自己造成的。
如果中國人繼續漠視那些當政的軍、政官僚剝削整個國

---

33 "American Legation's Quarterly Political Report for the quarter ended March 31st, 1921," Albert B. Ruddock, Charge d'Affaires ad interim, Peking to the Secretary of State, Washington, 9 September 1921, RIAC, 893.00/4111.

家，或是依然以上下其手、中飽私囊的方式來處理公部
門資金，中國是不可能重建一個強有力的政府。畢竟中
國真正救贖的力量，還是必須仰賴真正愛國的年輕一輩
的覺醒，致力於對抗中國本身的腐敗力量，而不是一昧
地嚴詞抨擊那些想像出來的外國暴行。[34]

　　其次，歐戰後，中國整體國權意識日漸高漲，固然
是不爭的事實，但是就未受過基本教育的一般百姓來
說，對於政治事務的理解與主動參與程度，在部分美國
人眼中，似乎還是相當低落。這也導致國家大政被軍閥
政客把持，而理應作為國家主體的絕大部分人民，卻擺
出冷漠與無動於衷的態度。例如美國五金公司給國務院
的報告中，即指出百姓的政治意識低落，可能是當今中
國面臨最為嚴重的問題。中國百姓雖然大多本性純良，
但至今依然欠缺西方國家所擁有自我尊重的政治與愛國
意識。若非中國百姓開始發展此類政治意識，中國現況
很難有改善的可能。不過，較為例外的，可能是南方廣
東的情況。由於廣東地區與西方接觸較早，近代化與教
育程度相形之下較為發達，故受過教育階層的比例，遠
遠超過其他各省，這也導致廣東人民對於政治事務的覺
醒意識，冠於全中國。[35]

　　雖然一般中國百姓參與公眾事務的意願不高，但是
美國駐華公使館卻觀察到在學生與智識階級的積極推動

34　"Kiansu Political Notes," from Consul Nanking, 14 December 1921,
　　RIAC, 893.00/4198.

35　"Canton Mint Notes," Harold H. Hochschild, Peking to the Executive
　　Department, The American Metal Company, Ltd., New York," 20
　　March 1921, RIAC, 893.00 P81/2.

下，中國財政圈、銀行圈等商界人士的公眾意識已有明顯覺醒的情況。例如 1921 年 10 月在上海召開的中國總商會年度會議上，已呈現出有意處理國家政治議題的傾向，而非傳統只關心經濟與商業議題。這可能與中國政府日益嚴重的財政困難有關，在利益攸關的情況下，商界人士最終不得不出面關切政府事務。商界人士並與教育界召開聯合會議，共同討論政治問題，並在雙方攜手下，呼籲召開公民會議，邀請省議會、農會、銀行協會、記者協會、律師協會等一起共襄盛舉。而召開公民會議的主要目的，則在於化解內部對立，強化民國的團結。透過上述各類民間團體的出面發聲，尤其是農會的參與，某種程度上，或許也能夠代表其他沉默大眾的心聲。事實上，美國駐華公使館認為中國人無論在「智識、產業以及財政上的能力」都十分健全，且應該可以獲致重大成就。只不過中國人在忽然推翻了實行幾千年的封建專制後，一時之間迷失了方向，不知道該如何因應新體制與治理新政府。而民國以來過於膨脹的政府體制，早已超越晚清時期，暴增的公職，則多半淪為有權之人私相授受與攘奪利益的工具。[36]

（二）對中外關係的觀察

1. 中美關係

　　就歐戰後中國與各國關係的發展情勢來講，中美關

36　"Telegram from Jacob Gould Schurman, American Minister, Peking to the Secretary of State, Washington," 3 December 1921, RIAC, 893.00/4148.

係的進一步強化似乎最值得期待。近代以來，中美關係
素稱相當友善，這部分究因於由於美國對華本沒有殖民
領土野心，較少涉及到侵略行動，之後則提出中國門
戶開放政策，揭明反對列強瓜分中國的態度，再加上又
率先歸還多餘的庚子賠款，投入教育文化事業，培養出
不少親美知識分子；也因此，中國人對於美國總是懷抱
著親切的觀感。歐戰期間，在日本進兵山東以及提出
二十一條要求的步步進逼下，當時尚未參戰的美國，又
是唯一可以作為中國堅實後盾的外國。歐戰結束前美國
總統威爾遜提出的十四項和平建議，民族自決以及公平
對待殖民地人民等主張，又在刻意的宣傳活動下，深深
影響著中國知識階層，中國人企盼與仰望美國支持的程
度，也就更甚以往。雖然巴黎和會有關山東利權歸屬的
決議，最後仍然讓中國人極度失望，但無論如何中國渴
望美國助華之心，依然相當熾烈。特別是對於部分中國
知識分子與政府官員來說，引進美國勢力，也就成為中
國得以抗衡其他外國的重要憑藉。不只在外交上的「聯
美」策略，即使在產業、軍事上，中國也相當希望與美
國加強合作。美國亞洲艦隊總司令葛利維斯在訪華期
間，即充分感受到中國人對於美國介入中國事務的由衷
期盼。當時北京政府某顧問即清楚告訴葛利維斯，美國
過去在華太過克制，以致於錯過許多的投資機會，而歐
戰之後的新局面，正是美國可以大肆發展對華商貿、產
業與投資的絕佳機會，並藉此擴大美國在華的影響力。
在軍事方面，歐戰後中國也十分希望能夠發展新型態的
軍備：飛機，故希望能從外國進口飛機，以發展軍事用

途。但是美國為了避免違背限制軍火輸華、助長內戰的
禁令，故遲遲不願批准美商涉入其間。也因此，讓美國
憑白失去了一次接獲大筆飛機訂單的機會，而被英國商
人所拿走。除了飛機外，葛利維斯認為中國政府也希望
在海軍與陸軍方面，能與美國政府有更進一步的合作：
中國歡迎美國軍官來華充當軍事教官，也想要派遣年輕
軍官前往美國軍校學習。但顯而易見的，當時美國政府
似乎不太願意在軍事上與中國政府有過多的合作，因此
多次婉拒中國方面的請求。葛利維斯因此建議美國軍
方，應該妥善看待中美軍事合作的重要性，特別是美國
駐華公使館應該同意中國軍事官員的赴美學習，而不是
反對，如此不但能夠進一步博取中國對美國的好感，也
能夠擴大對華的影響力。特別是在海軍合作部分，當美
國自我設限、故步自封之時，英國卻積極與中國發展關
係。葛利維斯認為值此中國渴望外援之際，美國應該展
現善意，給予其適當的協助。[37]

　　美商廣益公司駐北京代表托倫斯（D. J. Torrance,
Representative of American International Corporation,
Peking），也從五四事件後中國人對於山東問題主權爭

37　葛利維斯還注意到一項細節，當他前往中國海軍俱樂部參訪時，
　　曾發現該場所有陳列一艘漂亮的英國巡洋艦模型，但卻沒有美國
　　海軍的文物。因此他建議海軍部應該盡快同意致送中國海軍總長
　　一些美國最新艦艇的照片，這些「禮物」理應會受到歡迎的。從
　　上述葛利維斯的反應來看，當時美、英在軍事上的競爭情況似
　　乎是相當微妙的。葛利維斯不太願意落居英國海軍之後，而希
　　望美國能夠加強與中國之間的海軍合作，擴大對華的影響力。見
　　"Observations on the Situation in the Far East," Commander-in-Chief,
　　Asiatic Fleet, Vladivostak, to the Secretary of the Navy, 1 February
　　1920, RIAC, 893.00/3314.

議的反應，來分析歐戰後中美關係的重要性。托倫斯注
意到，在巴黎和會決議由日本繼承德國在山東的權益
後，中國感到極大的失望。主要原因還是由於美國給予
中國過大的期望。也因此在獲悉無法收回山東權益後，
中國人除了失望之外，也攙雜著複雜的反外情緒。尤其
他們不太理解為何威爾遜總統在巴黎和會上針對義大利
阜姆問題據理力爭，但卻未能在山東問題上堅持立場。
不過，無論如何，托倫斯認為，中國畢竟還是對於美國
抱持著期待，相信美國終將帶領他們找回公道，也寄望
未來成立的國際聯盟會替中國主持正義。但是如果未來
中國還是一再遭遇挫折，未能順利收回山東利權的話，
托倫斯擔心中國的期望恐怕會轉為巨大的失望，並對歐
戰後建立的新秩序以及威爾遜所宣揚的國際理念產生排
斥與厭惡感，而這或許會對未來的世界，造成難以預測
的影響。其次，托倫斯也認為中國各方面都有長足的進
步，但未來會走向何方，很大的部分依然還是取決於
美國的態度。中國人極度關注美國的態度，並以之作
為重要的參考依據，例如美國參議院議員博拉與強森
（Senators William Edgar Borah and Hiram Johnson）、[38]
學者詹克斯教授（Professor Jeremiah Whipple Jenks）[39] 等

---

38 博拉與強森都是美國共和黨參議員，他們均是屬於參議院「不妥
　協派」（Irreconcilables）的領導人物，對《凡爾賽和約》（*Treaty*
　of Versailles）持批判性立場。因為「不妥協派」勢力的運作，美
　國最終沒有批准《凡爾賽和約》，也未能加入威爾遜總統心心念
　念創建的國際聯盟。關於美國參議院「不妥協派」，可以參見
　Ralph A. Stone, *The Irreconcilables: The Fight Against the League of Nations*
　(Lexington: University Press of Kentucky, 1970) 一書。

39 詹克斯是美國康乃爾大學經濟學教授，歐戰後他曾發表演說，論

人對於山東問題的評論，也都在中國引起關注。影響所及，無論是中國人，還是在華的外國人，似乎都普遍相信美國學者的觀點，山東問題如果無法公正處理，將會造成重大悲劇，甚至早晚會因而引起戰爭。[40] 簡言之，從托倫斯的報告中，不難看出中國對外的動向，幾乎都深受美國（無論是政府官員、國會議院，還是學者個人等）的影響，所以美國整體的對華態度，不但將決定中國未來發展走向，也會在很大程度上影響到整個世界的演變。

此外，美國五金公司則認為美國政府應該調整對華政策，改變原先以北京政府為主要對象的中美關係，進而開展與南方廣東政府與人民之間的關係。此乃因歐戰後雖然中國各省情況普遍不佳，但美國五金公司還是評估南方的廣東政府，可能在將來的中國政局裡，扮演相當重要的角色，而其統轄的廣東省，也是中國最進步的省分之一。自晚清中國革命運動肇始，主要支持並推動革命事業的，尤以廣東人民以及海外的廣東籍僑民為最重要的力量。他們對於政治被少數人把持，天生帶有對

述美國自參戰以來的重大責任，鼓吹美國應對中國等未開發國家進行大規模的投資，以改善當前財政現況。關於詹克斯對於中國問題的看法，可以參見 "Big Responsibilities of U.S. Since War," *The New York Times*, 21 February 1919, p. 19; "Says Japan Was in War For Self," *The New York Times*, 23 April 1919, p. 3.

40 美商廣益在紐約的總公司在收到駐北京代表的報告後，也將內容轉告美國國務院，以作施政參考，見 "D. J. Torrance, Representative of American International Corporation, Peking to F. M. Dearing, New York," 31 July 1919, RIAC, 893.00/3223; "F. M. Dearing, American International Corporation, New York to Breckinridge Long, Department of State, Washington D.C.," 7 September 1919, RIAC, 893.00/3223.

抗意識。然而美國對華政策，卻只承認法理上的中央政府，堅持一切只能視北京政府為交涉方，這可能使得美國與中國南方的關係惡化，同時嚴重損害到美商公司在該地區的利益。例如在 1921 年的關餘分配爭議等問題上，美國國務院基於只承認北京政府為唯一中國代表的立場，反對依比例將關餘分配給廣東政府，這大大衝擊了廣東民間對於美國的觀感。在過去廣東人民的心中，美國在所有外國列強中，一直是地位最崇高、最無私心的。廣東人民的親美傾向，可能源於絕大多數旅居美國的華人都是來自廣東，以及美國在廣東地區多年致力於推動教育與宗教事業有成等情況，有著極為密切的關係。也因此，廣東人民向來渴望美國的援助，但在關餘問題上，美國敵視廣東而力挺北京的作為，則大寒廣東人心。尤其是當其他列強紛紛改變原先立場，願意將部分關餘給予廣東，以便讓其從事內政建設事業之際，美國卻力排眾議，堅持關餘必須全數給予北京政府。而對於廣東爭取關餘分配權的企圖，美國政府甚至還不惜動用砲艦外交予以鎮壓。該公司分析，美國國務院此項一面倒的高壓決策，將大幅削弱廣東政府對抗北方的力量，不但使其無力繼續向北京政府施加壓力，以推動政治上的改革，同時也將會使得廣東政府缺乏穩定財源，進行省內建設。換言之，美國五金公司認為在中國南北對立問題上，美國政府不該只支持被軍閥所控制的北京政府，而應給予較為進步的南方適當的關注與協助。[41]

41　美國五金公司尤其推崇廣東領導人之一的陳炯明，認為他行事低

2. 中日關係

　　歐戰後，美國涉華事務官員已觀察到，在歷經五四政治運動的洗禮後，中國民間對於北京政府高層的親日勢力頗有疑懼，普遍認為其已遭到日本收買，政府內部恐怕也早已被日本間諜所滲透。例如美國海軍即覺察皖系軍閥就與日本關係匪淺，段祺瑞的親信徐樹錚在其統率的西北邊防軍內即聘請日本上校軍官擔任講師。[42] 美商廣益公司也懷疑北京政府內部的親日派勢力，可能正在與日本進行京漢鐵路借款的秘密磋商。但是由於五四以後中國社會上充斥反日情緒，這才使得北京政府官員不敢過於張揚，擬待風聲過去後，再繼續進行借款事宜。[43]

　　調、名聲不外揚，以致於外界提及廣東政府領導班子時，只知有孫文、伍廷芳、唐紹儀等人，而不知陳炯明。但實際上真正做事、不爭聲名的陳炯明，才是推動廣東進步的關鍵人物。美國五金公司分析，陳炯明雖在名氣上遠不及北方的吳佩孚與南方的孫中山等人，然而卻一直默默地致力於從事廣東的建設。「任何熟知他的人，都會認為他具有良好品格，真正想將廣東打造成一個好的政府」，例如他關閉賭場，解散過多素質不佳的軍隊。而且不像孫中山只想征服中國，陳炯明則促進廣東的現代化，企圖透過廣東省的自治與改良，以緩進的方式來推動中國的統一，故他暗中掣肘孫中山的北伐軍事企圖。伍廷芳、唐紹儀等可能也在幕後支持陳炯明的作為。美國五金公司分析美國政府只承認北京政府，而不願與廣東政府打交道，甚至採取打壓立場的態度，可能會強化廣東激進派孫中山的地位，而不利於穩健派陳炯明的施政。見 "Canton Mint Notes," Harold H. Hochschild, Peking to the Executive Department, The American Metal Company, Ltd., New York," 20 March 1921, RIAC, 893.00 P81/2.

42　"Observations on the Situation in the Far East," Commander-in-Chief, Asiatic Fleet, Vladivostak, to the Secretary of the Navy, 1 February 1920, RIAC, 893.00/3314.

43　不過美商廣益公司駐北京代表也分析，由於北京政府財政極度吃緊，入不敷出，只能仰賴關餘與鹽餘的小額收入勉強支撐。而歐戰後新組成的國際銀行團又遲遲無法達成共識，給予中國新的貸

也因此，歐戰後美國駐華公使館即相當關注中日關
係的後續演變與發展。特別是影響到巴黎和會山東問題
交涉的中日軍事協定換文，向來被中國人視為是罪魁禍
首之一，也因此民間要求撤廢此協定的呼聲，在之後數
年間，一直發酵醞釀著。歐戰後，為了消弭中國南北對
立的和平會議上，作為南方代表的唐紹儀，即曾提出撤
廢中日軍事協定，乃是南北會談的重要前提。在此股聲
浪的持續壓力下，美國公使館注意到北京政府外交部終
於在 1921 年初照會日本駐華公使館，要求撤廢中日軍
事協定。但是這也導致北京政府內部不小的爭議，因為
時任內閣總理的靳雲鵬，在 1918 年時即是代表北京政
府與日本簽署此軍事協定之人。[44] 而靳雲鵬本人，也因
此備受外界質疑與批判。

其次，歐戰期間，日本利用歐洲戰事牽制、主要列
強無暇東顧之際，大肆擴張其在華特權，除了提出惡名
昭彰的二十一條要求外，也利用金錢貸款支助中國特定
軍事派系，以換取與中國事務的影響力。但受到巴黎和

款。在如此情況下，或許也只有日本願意給予北京政府大筆貸
款。廣益公司代表認為中、日正在秘密磋商京漢鐵路借款，可
能高達 2,000 萬元。見 "D. J. Torrance, Representative of American
International Corporation, Peking to F. M. Dearing, New York," 31
July 1919, RIAC, 893.00/3223.

44 靳雲鵬於袁世凱小站練兵時投身軍旅，畢業於天津武備學堂，晚
清時期曾任北洋軍參謀，民國以後歷任北洋軍第五師師長、山東
都督等職，在軍系上屬於皖系，效忠於段祺瑞。1918 年時，靳雲
鵬以參戰軍參謀處處長身分，代表北京政府與日本簽署「中日陸
軍共同防敵軍事協定」（簡稱「中日軍事協定」）。1919-1921
年間，三度出任國務總理。見徐友春主編，《民國人物大辭典》
（石家莊：河北人民出版社，1991），「靳雲鵬」條，頁 1249-
1250。

會山東問題爭議與五四政治運動的推波助瀾，中國公眾對於日本的猜忌與仇恨之心日益濃烈，這也導致戰後當中、日兩國開始正視並處理戰時高達 1.5 億日圓沒有擔保的貸款時，北京政府官員也必須極度小心謹慎。例如美國駐華公使館即注意到，1921 年時北京政府為了避免「觸犯眾怒」，不太敢在協商貸款問題時，接受符合日本要求的條件。[45] 這也意謂著歐戰後的中日關係開始出現一種新的面貌，特別是受到五四政治運動「內除國賊」、「外抗強權」的輿論壓力下，北京政府官員在處理對日問題時，必須時時謹慎，以免引起公眾怒火。

3. 中俄關係

　　另外一個美國十分關心的問題，是北京政府外交部利用戰時俄國發生革命與戰後局勢的變化，藉由重新架構中俄條約權利關係之際，順勢挑戰與更動列強在華所建立的條約特權體系。事實上，1920 年 10 月 9 日的北京外交團會議中，列強已作成決議，授權外交團領銜公使正式出面要求北京政府外交部書面承諾，無論如何調整現有的中俄條約權利關係，或是撤廢俄國的條約特權，都只是權宜之計，應待俄國內部紛爭（白俄與赤俄之爭）解決後，再與俄國的新政權協議未來兩國的條約關係。而在此之前，北京政府應與外交團共同以暫訂協

45　"American Legation's Quarterly Political Report for the quarter ended June 30th, 1921," Albert B. Ruddock, Charge d'Affaires ad interim, Peking to the Secretary of State, Washington, 9 September 1921, RIAC, 893.00/4111-4113.

議方式，來處理俄國在華享有的條約權利關係。美國駐
華公使館即十分擔心中國在調整中俄關係時，可能引起
中外之間的猜忌與誤解，因此即曾照會北京政府外交
部，希望以謹慎小心的態度來處理中俄關係及其相關的
條約權利。美國公使館尤其擔心當時俄共派至北京的特
使，及其向來的反資本主義活動，可能進一步強化布爾
什維克對中國的影響，例如極可能針對外國領事裁判
權，提出挑戰與質疑，從而影響到當時列強在華享有的
司法特權。根據美國公使館的報告，北京政府司法部次
長張一鵬即在 1920 年 10 月時前往東北吉林，以安排由
中國法庭來接收俄國設在中東鐵路的法庭。與此前後，
哈爾濱市市長也已拜會該埠的各國領事，表達中國將收
回俄國法庭之意，但是會盡量在中國法庭內任用俄籍官
員。不過，美國公使館顯然還是對於中國法庭制度不抱
太大的希望，指責其效率低落，「因循苟且、遇事閃
躲、狡詐、欺騙」等就是其顯著特徵。[46]

　　無論如何，歐戰後俄共布爾什維克在中國的影響力
與日俱增，確實已是不爭的事實。例如以五四學生政治
運動來說，雖然其本質上是基於愛國熱誠所驅使，但不
容否認的，部分學生團體可能也同時受到布爾什維克勢

---

46 美國公使館會特別關注中國擬收回東北俄國中東鐵路法庭之事，
乃因當時有美國毛皮商人正與反共的俄國哥薩克騎兵隊領袖
Gregori Semenoff 有業務糾紛，美商指責 Semenoff 涉嫌竊取其毛
皮貨物，故希望能夠透過司法途徑，將 Semenoff 存放在中華懋業
銀行（Chinese-American Bank of Commerce）的存款，作為抵帳。
見 "American Legation's Quarterly Political Report for the quarter
ended December 31st, 1920," Albert B. Ruddock, Charge d'Affaires
ad interim, Peking to the Secretary of State, Washington, 9 September
1921, RIAC, 893.00/4112.

力的運作。[47]

五、小結─兼論美國評估中國未來可能的改進之道與外部協助

　　美國駐華公使舒爾曼在華會期間給國務院的評估報告中，認為中國擺脫目前的惡劣現況，恐非易事，必須面對重重困難，諸如學習如何自我治理，解散過多的軍隊以壓制督軍，償付龐大的債務，以及處理地方上的革命叛變等。教育或許有助於中國人，但需要仰賴於緩進的改變與進步。因此列強應該給予中國充分的時間與機會，來進行改革。舒爾曼認為中國目前的問題，只有中國人以中國人自己的方式，才有可能逐步化解。列強唯一能夠做的，僅限於鼓勵並刺激中國的改革。國際共管中國絕非有效的解決方案。因為不但會引起中國人的消極抵抗，也會在列強間引起爭執猜忌，更為棘手的是，列強如果強制介入並主導中國事務，最後一定會讓中國的近鄰，亦即日本，坐收漁翁之利。至於列強對於中國的財政管制，也應該是有限度，僅限於確保債權，以及監管新貸款的用途，而不該無限上綱。雖然列強不應過度介入中國事務，但華會還是可以籌思提供其他外部援助，來幫忙中國人儘速解決當前的困境。第一項，華會可以協助中國制定裁兵政策。中國高達百萬以上的軍隊

---

47 "Observations on the Situation in the Far East," Commander-in-Chief, Asiatic Fleet, Vladivostak, to the Secretary of the Navy, 1 February 1920, RIAC, 893.00/3314.

毫無用處，既無力自我防衛，也沒有維持國內秩序的能
力。吳佩孚即曾坦承以中國目前的國力與財政情況，即
使要裝備與組訓現有軍隊五分之一數量的能力都沒有。
因此，如果由華會出面宣示支持中國的裁軍運動，應該
對於中國會有十分正面的作用，中國本身應該也不會反
對。但舒爾曼並不贊同由列強借款給中國來裁軍，因為
外人要去監視中國裁軍現況，根本是不可能之事。所以
最好的解決方案，乃是採取嚴格措施限制外國軍火武器
與裝備輸入中國。特別是歐戰後外國軍火走私到中國的
情況乃非常猖獗。[48]

　　究其實際，歐戰後，為了避免列強軍火物資大量進
口中國，助長中國內部的戰亂與動盪，因此列強間彼此
協調約束，開始實施較為嚴格的軍火禁運措施。[49] 根
據美國公使館的觀察報告，不時仍有少部分違法之徒在
進行著軍火走私活動，或是以商務貿易來掩飾軍火交
易。例如南方的廣東政府即曾以商務名義，輾轉向美
國公司購買了飛機，但事實上卻將其使用在軍事用途
上。為此，北京政府外交部還曾向美國公使館遞交抗議
照會。[50] 反之，北京政府也曾從事類似勾當，透過美商

48　"Telegram from Jacob Gould Schurman, American Minister, Peking
　　to the Secretary of State, Washington," 3 December 1921, RIAC,
　　893.00/4148.

49　關於歐戰後列強對華的軍火禁運政策，參見陳存恭，《列強對中
　　國的軍火禁運（民國八年至十八年）》（臺北：中央研究院近代
　　史研究所，1983）一書的研究。

50　據美國公使館的調查，該批飛機原先乃是由 Guy Slaughter and
　　Company 自美國購買，爾後賣給在澳州與廣州經商的法國承包
　　商，作為飛機展示與商業之用。但該法國承包商後來又將飛機賣
　　給廣東政府，並被挪用在軍事用途。

Davis Company [51] 從美國進口一批機械，因該機械可用於生產軍火與彈藥，故引起美國公使館的關注，並一度擱置此進口案。北京政府外交部則多次向美國使館遞交抗議照會，希望儘速完成機械的進口。無論如何，即使不時仍有類似上述的狀況發生，美國公使館依然認為歐戰後列強實施的軍火禁運措施，基本上來說，確實還是發揮很大的成效，大規模軍火交易，很明顯地已受到遏制。特別是就美國政府來說，隨著歐戰結束，由於美國國會已正式收回總統的戰時特權，故美國總統威爾遜當初以戰時特權所下達的軍火禁運中國的命令，也因此失效。然而，美國行政部門依然力圖遵守軍火禁運中國的原則，不准許戰略物資輸入中國。[52]

舒爾曼認為華會可以提供的第二項外部協助，乃是在基於中國人自己的利益，而非外國的利益，來推動中國在政治上的統一。雖然統一的平臺仍須由中國人自行決定，但是華會還是可以採取一些手段，來加速統一進程。華會可以用列強是否將繼續承認北京政府為條件，迫使北京政府在重要原則上做出讓步，例如制定臨時性

---

51 Davis Company 於 1918 年在香港組成，並在美國紐約、加州等地設有辦公室。該公司主要營業項目，乃是從事進出口貿易，但亦涉足建築、鐵路、開礦、港口改良、汽車以及軍火製造等。關於該公司簡介，可以參見 "Davis Company Ltd. Records: A Guide," DeGolyer Library, Southern Methodist University (http://legacy.lib.utexas.edu/taro/smu/00368/smu-00368.html)（擷取時間：2020 年 12 月 31 日）。

52 "American Legation's Quarterly Political Report for the quarter ended March 31st, 1921," Albert B. Ruddock, Charge d'Affaires ad interim, Peking to the Secretary of State, Washington, 9 September 1921, RIAC, 893.00/4111.

的憲法以及代議制的委員會,並以選舉方式推選執行委
員,以及讓部分省分自治,且公正地任命省長等。[53]

---

53 "Telegram from Jacob Gould Schurman, American Minister, Peking
to the Secretary of State, Washington," 3 December 1921, RIAC,
893.00/4148.

第二章　美國在華公眾對中國現況的觀察與建言

一、前言

　　自 1899 年美國國務卿海約翰提出中國門戶開放政策（Open Door Policy）起，維持中國領土完整，反對劃分勢力範圍與瓜分中國，主張列強在華投資機會均等等主張，一直是美國對華與遠東政策的主要內涵。此類觀點，雖然在提出之時，受限於當時美國國力與世界地位，經常被其他歐洲列強鄙視為外交口號或是美國一廂情願的主張，故表面上聲稱理解，實則並未給予過多的重視，自然也不太可能獲得真正落實。但是歷經歐戰，歐洲列強因長期的僵持戰況，國力嚴重損耗，而美國則參戰較晚，且在戰爭後期過程中，扮演決勝的關鍵性角色，展現出強大傲人的軍事與經濟實力，故逐漸躍居世界首強之列。同時，藉由美國總統威爾遜揭櫫的十四項原則，更表明美國準備大張旗鼓介入國際政治，重新形塑世界秩序的強烈企圖心與欲望。[1] 即是之故，歐戰後美國的對華政策，也不再像過去，僅被視為是美國本身

1　季辛吉（Henry Kissinger），顧淑馨、林添貴譯，《大外交》（臺北：智庫文化，1998），上冊，頁 299。

的觀點，在美國強大的國力與影響力運作下，歐洲與日本等其他列強也不得不正視美國的主張。1922 年華盛頓會議《九國公約》（Nine Power Treaty）中國決議案的出爐，即印證美國的中國門戶開放政策已非美國一國的主張，而是透過國際公約的形式，由與遠東與中國事務相關的九國彼此同意，形成國際認同接受的共同規範：列強尊重中國主權獨立與領土完整，不干涉中國內政，彼此維持在華投資與貿易機會均等，也不利用中國現況發展擴大在華利益等。[2] 自此開始，直到日本關東軍發動九一八事變，公然挑戰《九國公約》，強佔中國東北地區，破壞東亞秩序為止前，這充分體現著美國歷來對華門戶開放政策，亦即所謂的華盛頓會議體制，乃成為兩大戰期間（戰間期）列強對於處理中國事務的重要規範與指標之一。

然而聞名遐邇的美國對華門戶開放政策，其真實底蘊及成效究竟如何？尤其對於實際居住生活在中國的美國商民來說，歐戰後中國內部秩序漸趨紊亂，南北的對立、各省的獨立分裂、軍閥內戰的層出不窮，以及各地「兵匪」現象的出現，[3] 不但嚴重危及到外人在華生命

2　"A Treaty between All Nine Powers Relating to Principles and Policies to Be Followed in Matters Concerning China," U. S. Naval War College, *International Law Documents: Conference on the Limitation of Armament with Notes and Index, 1921* (Washington: Government Printing Office, 1923), pp. 342-351.

3　關於民國時期兵匪現象的成因及其樣貌，可以參見下列專書：Phil Billingsley, *Bandits in Republican China* (Stanford: Stanford University Press, 1988)；陳志讓，《軍紳政權——近代中國的軍閥時期》（香港：三聯書店，1980）。

財產的安全，也不時影響到日常商貿活動的進行。[4] 因此，美國在華公眾對於看似較為消極、反對介入中國內政事務的門戶開放政策，自然也會有不同的看法。換言之，歐戰後親身經歷日益惡化的中國現況，美國在華公眾如人飲水、冷暖自知，逐漸感受到美國政府層次的外交決策，可能與中國實際現況之間，有著重大落差，故開始反思其他可行的解決對策。美國在華公眾對於終究該如何因應中國目前的戰亂與困境，紛紛提出各種觀察與看法，以供美國駐華使領與政府參考，作為未來調整對華政策的重要依據。是以，或許相當令人諷刺的是，當美國政府正汲汲於向其他列強推銷中國門戶開放政策之際，美國在華公眾可能卻率先自行提出了不同意見，呼籲政府針對中國現況發展，修正並調整對華政策。

關於中國南北對立、軍閥割據時期美國官方的態度與因應作為，學界已有相當深入的探討。[5] 本章則嘗試改變切入點，不再以政府層次為主要著眼點，而改從民間視角，藉由實際旅居在華的美國僑民們的核心關懷出發，檢視他們對於歐戰後中國現況發展的擔憂，以及對於美國中國門戶政策的質疑與調整建議。事實上，歐戰

4　美國駐華公使館早在 1919 年第一季的中國政情報告，即清楚點出中國軍閥政治的各種亂象，以及軍閥混戰所造成的社會失序，對於外人在華生命財產的重大危害。見 "Report on Political and Economic Conditions for the Quarter Ending March 31, 1919," Paul S. Reinsch, American Minister, Peking to the Acting Secretary of State," 6 June 1919, *FRUS 1919*, Vol. I, p. 335.

5　可以參見吳翎君，《美國與中國政治（1917-1928）：以南北分裂政局為中心的探討》一書。

後，在華盛頓會議召開前，一些居住在中國、關心東亞局勢發展，尤其在中國有商業利益的美國公眾與商民，有可能提前知悉此國際會議就列強對華政策與外人在華地位等中國事務問題，做出普遍性與原則性的規範，即紛紛透過各種管道，特別是有力人士，向美國華盛頓高層，寫信表達其態度意向。從美國特有的政商結構來看，這些有能力向政府高層表態的涉華商務人士，意謂著可以直接或間接「上達天聽」，對於歐戰美國對華決策的形塑，或多或少有一定程度的影響力。畢竟他們多半是美國大企業的重要代表人物，有著綿密的政商關係，又或是知名記者，對於中國現況發展有話語權，甚至能夠影響外人在華公眾輿論的走向。他們筆下的中國現況，究竟是怎麼樣的？他們如何分析中國未來可能的發展路線？又該如何調整美國目前對華政策，以因應上述發展態勢？對於歐戰後日益嚴峻的中國處境，以及漸趨複雜的中外關係演變，美國又該如何評估與自處？直言之，某種程度上來說，這些書信相當具有代表性，其內容應該適足以反映歐戰後實際接觸中國事務的美國民間人士的中國觀。而此類中國觀，也格外具有時代意義，其向上可以跟美國政府高層進行意見溝通與提供建議，向下則清楚體現出第一線的「在地」觀點。

　　在檔案史料部分，本章主要利用美國國務院《中國國內事務檔案》（RIAC）的微卷檔案；該檔案收錄不少在中國有重大商業利益的美商公司，或是非常關心中國現況發展、實際旅華生活的美國僑民或記者，送交給美國國務院的書信。透過這些書信，以及美國國務

院遠東司（Division of Far Eastern Affairs, Department of
State）對於書信的內部備忘錄，我們可以略窺這些所
謂「在地」美國人的觀點，以及美國政府官員對這些觀
點的分析與檢討。

二、中國現況問題的反思

（一）揭露中國現況的惡化：列強不應放棄既有的特權地位

傑克森女士（Mrs. G. F. R. Jackson）長年居住中
國，其夫婿則在美商布魯納蒙德公司（Brunner-Mond
Company）任職，該公司在中國有著重要商業利益，在
許多省分均經營著大量廠房。傑克森女士本身也是一位
作家，對中國社會觀察入微，且在華外人圈內交友廣
闊，故相當熟悉外人在華所面臨的各種實際情況。[6]

在給美國政府的陳情信中，傑克森女士對於中國現
況發展與外人在華處境，表達深深的憂慮，強烈反對在

6　傑克森女士的父親，為美國大企業懷俄明頓信託公司董事會主席溫徹
斯特（James W. Winchester, Chairman of the Board of Wilmington
Trust Company）。在收到女兒書信後，溫徹斯特深覺對於中國
現況感到極度不安，故透過其多年好友，當時任職美國參議院
的杜邦（Thomas Coleman du Pont），將陳情信轉呈美國國務院。
見 "James W. Winchester, Chairman of the Board of Wilmington
Trust Company to Thomas Coleman DuPont, United States Senate,
Washington," 13 January 1922, RIAC, 893.00 P81/013; "Thomas
Coleman DuPont, United States Senate to Charles E. Hughes,
Secretary of State, Washington," 20 January 1922, RIAC, 893.00
P81/013; "Henry P. Fletcher, Under Secretary to Thomas Coleman
DuPont, United States Senate, Washington," 20 January 1922, RIAC,
893.00 P81/013.

未來召開的華盛頓會議中，同意中國的請求，撤出列強在華駐軍部隊，以及放棄外人在華所享有的領事裁判權與租界。傑克森認為美國政府高層並不瞭解中國實際情況，而易被中國人所誤導。特別是中國外交官顧維鈞、施肇基等人所宣稱中國的進步形象，不過乃是空中樓閣，遠遠脫離了現實。一旦西方列強遭受矇騙，在華盛頓會議上決定放棄領事裁判權、租界，撤廢既有的外國領事法庭，在華外人的命運將會是相當悲慘的。

傑克森強調，領事裁判權是外人在華居住生活的重要依持，如若放棄，恐將威脅到外人的安全。因為中國的法庭幾乎形同虛設，如果失去了領事裁判權的保護傘，外人不但無以立足，甚至會被丟入中國設置的黑牢中，孤立無援，陷入豬狗不如的境地，死活無人聞問。至於外國在華租界問題，傑克森坦承租界確實有一些負面麻煩，例如部分有權勢中國人將租界視為避難天堂，一旦出事，即遁入租界窩藏。然而即使如此，傑克森堅信仍不應讓中國觸手深入租界內，而造成外人失去保護憑藉。此外，如果列強再同意撤出駐華軍隊，則在中國生活的外國人更將會失去所有的保護。中國社會情況不佳，土匪橫行，軍隊惡名昭彰，向來目無法紀，他們非但不會保護平民，反而四處危害鄉里，勒索錢財，中飽私囊。他們唯一忌憚的，就是列強在華的駐軍，故外國軍隊一旦撤出，中國軍隊勢將更為肆無忌憚，恣意騷擾惹事。屆時，中國將絲毫無安全之地，可以供外人生活營生，工廠商店也將面臨倒閉的命運。軍閥與政客則將成為新的主宰，予取予求。傑克森並強調，上述看法並

非其一己之見，而是在華外人的普遍看法。中國人本身
尚無法自治，談何有餘力治理外國人。況且中國現況極
其惡劣，內部派系複雜、鬥爭激烈，財政情況也不甚
佳，債務赤字爆表，部分國營銀行早已瀕臨破產的邊
緣，軍隊也因長期欠餉而呈現出不穩定甚至譁變的狀
態。縱使美國以及華盛頓會與會諸列強正籌思如何調整
中國現況，也不排除尊重並給予中國應有的地位與權
益，但是無論如何，均不應該放棄對在華外人生命財
產安全與商業活動的保護手段，尤其駐軍、領事裁判
權與租界等，均應是列強絕對不可放棄與退讓的重要
條件。[7]

　　簡言之，傑克森認為中國人致力於在未來的華盛頓
會議中，藉由收回部分條約特權，以調整外人在華的地
位，而其手段，即是利用美國與其他列強的同情態度，
刻意營造中國進步文明的假象，誘騙列強接受放棄駐
軍、租界與領事裁判權。然而中國外交官對外所宣稱
的，卻與實際情況間，顯然有著極大的出入。例如顧、
施兩人言過其實，過於美化中國的美麗願景，意圖詃騙
列強，放棄既有的條約特權體制。傑克森即是唯恐美
國政府高層在不瞭解中國現況發展的情況下，被中國
外交官所誤導，故特地撰寫陳情信，希望影響美國對
華政策。[8]

7　"Extract from Letter of Mrs. G. F. R. Jackson, Tientsin, North
　　China," 7 December 1921, RIAC, 893.00 P81/13.

8　傑克森女士對於中國外交官刻意美化中國現況的譴責並非特例，
　　早在 1921 年 1 月英文《京津泰晤士報》一篇名為〈中國外交的
　　事實〉（The Truth of China- Diplomacy）的評論中，也有類似

（二）解決歐戰後的中國軍事主義高漲問題

北洋時期在華知名美籍人士安特生（Roy Anderson），曾被譽為當時「中國消息最靈通的記者」（the best informed newspaperman in China）以及「全能中國通」（all round China Hand），他精通各省方言，熟悉中國官場文化與文人禮儀，也長期穿梭在西南各省軍事領導者間居中調停，對中國現況以及軍閥政治，有非常深刻的體驗。歐戰期間曾擔任美國公共新聞委員會（Committee on Public Information, CPI）[9] 中國地區代理人的克羅（Carl Crow），[10] 對於其有非常深刻的描述：「（安特生）他的非正式職務，是中國各地軍閥以及高官的總調解人、顧問與外交代理人」；他是極少數能處理中國各種疑難雜症的外國人，因為他幾乎「能夠使用中國各省方言」，由於出生在中國，又是知名傳教

的指控，痛訴中國派駐在外國的外交官經常昧於現實，不惜撒謊，在各國首都致力於妝點中國門面，從而使得各國外交官受到誤導，相信中國現況正在逐漸改善。見 "The Truth of China XI-Diplomacy," *The Peking & Tientsin Times*, 24 January 1921.

9　成立於歐戰期間的美國公共新聞委員會，為負責美國戰時宣傳的重要機構，其主要職務乃是處理戰時世界與國內輿論，一方面篩選過濾對於美國不利的新聞輿論，另外一方面大力推動對於美國有利的輿論。關於美國公共新聞委員會，見 James R. Mock and Cedric Larson, *Words That Won the War: The Story of the Committee on Public Information, 1917-1919* (New York: Russell & Russell, c1939).

10　克羅為記者出身，其在華最大的成就，乃是形塑出美國總統威爾遜在中國的偉大與完美形象。關於克羅及其歐戰以來所策動的美國對華輿論宣傳策略，見 Carl Crow, *I Speak for the Chinese* (New York: Harper & Brothers, 1937); Carl Crow, *China Takes Her Place* (New York: Harper & Bros., c1944); Paul French, *Carl Crow: A Tough Old China Hand – The Life, Times and Adventures of an American in Shanghai* (Hong Kong: Hong Kong University Press, 2006).

士之子，「中文是母語，英文反而是後來才學的」；他也是當時全中國「消息最靈通的記者」，經常穿梭在各省間調整軍閥糾紛與內戰，不屬於任何一個陣營，也沒有擔任任何公職，但卻又備受各地中國政要的信任，因為他對於所介入處理之事都守口如瓶。克羅甚至恭維安特生在北洋時期家喻戶曉的程度，幾乎類似後來國民政府時期的蔣介石。[11] 從主掌美國在華輿論宣傳的克羅對於安特生的高度評價，不難得知安特生對於當時中國現況的觀察與建言，極具有政策上的參考價值。

　　1919 年 7 月底，在安特生給美國駐華公使芮恩施（Paul Reinsch, American Minister, Peking）的信件中，他建議要協助中國人擺脫現有困境，美國不應該再置身事外，而必須挺身而出，與英國等西方列強共同解決中國亂象。中國的戰禍問題，肇因於軍隊過剩，所以列強必須堅定立場，要求中國各軍閥裁撤過剩的軍隊。歐戰後，列強以國際銀行團的借款為誘因與條件，要求南北

11　安特生可謂是北洋時期最具全國知名度的美籍中國通，他出生且成長在中國，嘗自詡為「中國之生死至友」，其父親為基督教傳教士，與中國關係密切，曾參與東吳大學的創建。安特生後來最廣為人知之事，乃是其積極介入處理 1923 年臨城劫車案的善後事宜，甚至充當保人，負責與抱犢崮綁匪之間的談判與斡旋。專門研究近代在華外國人士的英國作家 Paul French，乃稱其為「全能中國通」。關於安特生生平，特別是克羅對於安特生的個人評價，乃是出自於 Paul French 所蒐集到的克羅未刊檔案。參見 Carl Crow, "The Most Interesting Character I Ever Knew," cited from Paul French, "Carl Crow and Roy Anderson- The Most Interesting Character I Ever Knew," http://www.chinarhyming.com/2011/02/24/carl-crow-on-roy-anderson-the-most-interesting-man-i-ever-knew/（擷取時間：2019 年 4 月 17 日）。至於安特生介入臨城劫車案的人質釋放事宜，可以參見應俊豪，《「丘八爺」與「洋大人」─國門內的北洋外交研究》，頁 268-271。

雙方必須化解敵對、復歸和平。但是安特生認為此舉只可能會造成兩種結果。其一，由於南北軍閥均欠缺軍費，在財政窘迫的情況下，他們可能迫於列強壓力，勉強達成軍事和平協議，但這可能只是軍閥權宜性所達成的表面上和平，並非真正的和平。其二，如果南北軍閥最終無法達成和平協議，列強因此採取軍火禁運，並拒絕提供貸款，但是在欠缺軍費的情況下，由於軍閥無力支應士兵軍餉，部隊可能譁變，並分散成小股部隊，淪為土匪，而肆虐鄉間。這兩種結果，應該都不是美、英等列強所樂見。即是之故，安特生認為新國際銀行團設立的目的，必須真正帶給中國和平，而不應容許腐敗軍閥政府的存在。如果國際銀行團將貸款給予軍閥政府，在中國現有不安的情況下，演變為列強以貸款收買軍閥，而軍閥則為了貸款討好列強，彼此交結，從而變相成為新的列強「勢力範圍」。所以，要給予中國實質上的援助，安特生建議美國政府，必須以國際銀行團為手段，打破現有的軍閥政府，而不是一味地催促與推動南北統一。因為這樣徒具型式的統一，只會帶給中國更多的災難，軍閥勢力依然會繼續宰制中國。因此，作為列強在華代表的北京外交團（Diplomatic Corps），不應該再繼續奢談中國的和平，那只是籠統虛幻的假象，而必須具體地採行措施，致力於推動中國軍火禁運，並裁減過剩士兵。這對於列強來說，也是極有利之事，因為無論南北，在高度軍事主義化的情況下，外人在華的商

貿活動與生命財產都經常受到威脅。[12] 所以公使團應該
以國際銀行團貸款為條件，推動南北雙方共同落實裁軍
運動，解散過剩的軍隊，而非只是虛名無意義的統一
和平。雖然日本可能從中作梗，但是在美、英、法等
列強齊心下，日本即使不願意也必須配合眾意。安特
生認為過去西方列強太過顧慮「日本鬼子」（Japanese
Bogey）的態度，而忽略中國真正的需求與西方國家的
責任。[13]

（三）鼓吹合作政策：列強應彼此協調 積極介入中國事務

　　1921 年 10 月，美國紐約知名商業投資律師事務所
的合夥人羅素（Lindsay Russell, of McLaughlin, Russell &
Sprague, New York），[14] 寫信給美國國務卿休斯（Charles
E. Hughes, Secretary of State），表達其對遠東事務的看

12　安特生並略帶諷刺地表示，中國現況之糟糕，無論是中國人還是
　　外國人，要在中國內地旅行遊歷，都是相當危險的。而唯一不用擔
　　心害怕遭到騷擾的區域，也只剩各省的省會。為了要保護各省督軍
　　的安全，在每一省的省會，都部署有足夠的軍隊，以維持秩序。

13　"Extract from A Letter from Mr. Roy Anderson," 31 July 1919, RIAC,
　　893.00/3225. 安特生的觀察見解，某種程度上引起美國駐華公
　　使芮恩施的關注。因為就列強正致力於推動的南北議和問題來
　　說，此份報告提供了美國政府相當及時的資訊，可以瞭解西南
　　軍閥的實際情況，故芮恩施乃將其送交給美國國務院參考。見
　　"Paul Reinsch, American Minister, Peking to the Secretary of State,
　　Washington, D.C.," 19 August 1919, RIAC, 893.00/3225.

14　羅素是當時美國知名的商業投資律師，畢業於密西根大學，其相
　　關背景，可以參見：Alumni Association of the University of Michigan,
　　ed., The Michigan Alumnus (Ann Arbor, Michigan: Alumni Association
　　of the University of Michigan Publisher, 1913-1914), Vol. XX, p. 174;
　　The Wall Street Journal (New York, 27 May 1922), p. 4.

法。在信中，羅素強調他對遠東情況已關注了數年之久，並有些許觀察的結論，評估中國門戶開放政策成功與否，不僅受到列強之間能否達成共識、彼此相互協調，以合作取代競爭有關，也取決於中國政府是否有能力維持其本身的門戶開放。他認為美國向來主張的中國「門戶開放」政策，僅依賴列強彼此協議乃是難以維持的，因為列強之間本質上利益是互相衝突的。例如在商務部分，對各國輸華商品來說，即使維持相同的關稅稅率，且在鐵路運輸上收取相同的費用，也是難以確保真正的門戶開放。因為各列強在華幾乎無所不用其極地透過各種方式，諸如給予回扣、走私、低報等不公平的手段，以取得商業競爭上的優勢地位。如果美國人不能以身作則，擺脫上述惡質的競爭文化，勢必也會被中國人視為是對中國帶有敵意的洋人。屆時，美國恐將難以擺脫類似罵名，而中國人也會認為美國與其他列強相比，不過是一丘之貉罷了。而如要去除遠東地區上述惡質、不公平的商業競爭模式，羅素認為，從銀行家與商人的角度來說，必須以合作取代競爭。特別是歐戰的爆發，即與列強彼此的競爭，有著密切關係。因此以合作取代競爭，也是預防戰爭發生的一種良方與安全閥機制。特別是羅素認為自美國倡議中國門戶開放政策以來，列強在商貿活動已經有很大的變化。以前類似單兵作戰，個別商行各自努力追求商業利潤的時代似乎已經過去，而代之以集體、團隊戰。所以就像機器取代手工一樣，在國際貿易上，小商號的作用與影響力日漸低微，而大企業甚至以一國為整體的貿易考量，成為主流。是故，在對外貿易等國際貿易上，十分強調要齊一陣線、集中全力的商業作戰模式。而此種則商戰思維，也在中國形塑出所謂的勢力範圍，並講求結盟策略，以及如何影響政府決策。在遠東地區從事商業活動的美國企業家，恐怕也不可能免俗，未來也勢必與其他列強，諸如英國或是日本等競爭對手，一同合作，以追求商業利潤。

其次，就中國內部而言，中國官僚對於權位與地盤的爭奪、軍閥的割據分裂，以及習慣性挾外制內，利用以夷制夷、驅虎吞狼策略，在前述列強在華彼此競爭與利益攘奪特性的外部環境背景下，自然雪上加霜，更加促成中國現況進一步的分崩離析，民生疾苦。

換言之，中國本身的內部局勢動盪，以及列強外部的競逐利益，在內憂外患的雙重掣肘與強化效應下，導致中國民不聊生的悲慘處境。即是之故，羅素建議，一方面，這些在中國有利益的列強，應該派出代表，共同商議籌組一個委員會，另外一方面，則由在中國以及其他在華沒有利益關係的國家，諸如瑞士、挪威等，籌組另外一個委員會，由外而內，共同思考如何才能讓中國現況逐漸趨以穩定。[15]

（四）關於如何改革中國的問題

歐戰後在華積極進行各種活動，關注中國現況發展的美國重要民間社群，為「在華美國大學俱樂部」，又

---

15 "Lindsay Russell of McLaughlin, Russell & Sprague, New York to Charles H. Hughes, Secretary of State," 17 October 1921, RIAC, 893.00 P81/6.

稱「美國俱樂部」（American University Club of China, or American Club）。這個由美國大學畢業生所組成的菁英團體，主要以上海為活動中心，與美國政界、駐華使領、商會等關係密切，也和中國各省政要、知識分子（特別是曾留學美國者）往來頻繁，扮演著促進中美關係，強化親善合作的重要角色。[16] 他們透過經常性舉辦例行餐會，邀請重要中、美政商人士演講，探討中國現況與遠東局勢發展，凝聚共識，針砭美國對華政策，並透過上海美系英文報紙諸如《大陸報》、《密勒氏評論報》等，表達各種言論與看法。美國國內各大報有關中國與東亞局勢的諸多評論，也有不少直接轉載自此類報紙，以充作第一線報導，因此其對新聞輿論的影響力，甚至可以遠及美國國內本土。

1919 年一篇由《大陸報》編輯出面署名，給美國國務院的書信，即針對美國該如何因應與處理歐戰後日益惡化的中國現況，提出具體的建議。此封書信中所提出的諸多觀點，被美國國務院遠東司評估，相當足以體現出上述上海美人社群的普遍想法。在信中，上海美人社群強烈建議美國政府應該挺身而出，積極介入處理中國事務，以引領中國從當前的困頓危局中走出來，邁向現代國家之路。因此，他們建議以美國為首的西方列強應主動推動並規劃中國的改革路線，逐一審視中國現況的各種窘境，以擺脫貧窮與落後。簡單來說，就是要破

---

16 關於「美國大學俱樂部」的組成與活動，見 "Paul S. Reinsch, American Minister, Peking to the Acting Secretary of State," 26 May 1919, *FRUS 1919*, Vol. I, p. 694.

舊立新、大破大立，一方面必須整頓諸多腐敗的政府官僚與部隊，解決盜匪問題，去除不合時宜的商業體制，另外一方面，則力求建立符合現代國家應有的各種制度。至於具體作為，則應由中國人主動向未來的國際聯盟（以下簡稱國聯）提出援助要求，由國聯派出各類專家，協助改造中國。例如在軍事上汰弱留強，並給予充分的訓練與適當的薪資，使其成為現代化的軍警部隊，並以此武力為基礎，澈底清除肆虐於全國各地的盜匪。美國在上海的社群相信，在國聯與美國等的戮力協助下，幾年之內，中國現狀一定會有顯著的改善，而最終目的，就是改造中國，使其能夠邁向真正的自立自足。

其次，在改造中國的過渡期內，國聯也將協助中國重新建立現代的政府體制，培養出有能力的行政官僚。事實上，行政體制的改造方向，就是仿效海關與鹽關制度的作法，在外人控制與主導下，訓練中國人學習如何以現代的作法，順利執行各種任務。如果沒有外人的指導，中國人不可能自行完成政府組織的再造。因此在行政體制改造過程中，中國政府應任命一位外國官員（最好是由美國或是英國人）來擔任執行長（Chief Administrator），給予高薪（年薪約 15-20 萬美元），全權主導中國的改造與建設，再由國聯諸國推薦適當的人才，來擔任行政體制改造中的高級官員。雖然在改造體制中，也會聘任職位類似的華籍官員，但是他們應該隸屬於外籍官員之下，接受其領導與訓練，以便有朝一日，具備自行執行任務的能力。上海的美人社群認為，如同海關與鹽關一樣，在國聯以及美國等西方列強的帶領下，中國一定可以改造成功，成為真正的現代國家。

究其實際，上海美人社群普遍對於現有中國政府體制不抱持信心，也不太認同中國式的改革路線，亦即由中國自己領導，僅聘請外人充當顧問的傳統作法。他們認為此類模式不但無助於改造中國，反而會使情況更加惡化。此乃因由中國自行主導、僅以外人備顧問的改革模式，從晚清以來的自強、變法等西化運動中，早已證明澈底失敗，故必須破釜沉舟，仿效海關與鹽關制度，重新建立真正由外國領導、中國學習的模式，才能成功改造中國。而在擁有良好聲譽以及卓越能力的外籍執行長領導下，澈底推動政府組織再造，同時也致力於推動中國的各項現代化建設，諸如鐵路、電信、工廠、河道、農業等。

總而言之，上海美人社群認為，近代以來中國面臨西力的入侵與時代的大變局，猶如瞎子摸象，懵懵懂懂地探索著國家未來的方向，可惜幾百年來，卻一直未能找到正確的道路；而歐戰後的中國，卻依然還是掙扎於未來該何去何從的十字路口上。此時此刻，中國不應該繼續沉迷於過去幾千年的光輝榮景下，這些驕傲的歷史，完全無助於將中國推向一個現代化的國家。中國現有的體制，同樣也不符合現代世界所需。長此以往，中國只會陷入萬丈深淵、受困泥沼而無法自拔。不過，廣大勤勉努力的中國百姓，依舊保持著無限的潛力與希望，只要中國能夠下定決心切割過去的歷史、澈底改變體制，並由衷地在西方的領導下，學習現代化，二十年左右中國必定可以重新站立起來。[17]

三、關於中國南北對立問題：關餘
分配爭議

　　歐戰之後，美國礦產大企業美國五金公司，為了
該公司與廣東鑄幣廠之間的本票兌付（商務欠款）爭
議，即曾就廣東關餘分配爭議與美國對華政策等問
題，向美國國務院提出建言。在此份給美國國務院的
中國政情分析報告中，撰寫者哈克司恰爾德（Harold
H. Hochschild），[18] 認為美國政府應該調整既有對華政
策，以更為務實的態度，與其他條約列強協商改變目前
的關餘處置，並將部分關餘收入給予廣東當局，以便確
保廣東有能力支付其鑄幣廠所開出的商業本票。

　　回顧過去歷史，自廣東護法軍政府成立之後，
為了分配關餘，經列強駐華公使組成的北京外交團
（Diplomatic Corps）商議，獲南北雙方同意，於 1918
年底決定依照各省所轄比例，將屬於廣東軍政府所控制

17　以上上海美人社群的觀點，見 "America's Position," Mr. Webb,
　　Business Editor, *The China Press*, Shanghai to the Department of State,
　　Washington, 3 August 1919, RIAC, 893.00/3201.

18　哈克司恰爾德為美國五金公司創辦人、德裔礦業巨擘 Berthold
　　Hochschild 之子，畢業於耶魯大學，1913 年進入美國五金公司
　　任職，歐戰後曾前往北京、廣州等地考察中國情況。哈克司
　　恰爾德後來，也繼其父親，接掌美國五金公司。關於哈克司恰
　　爾德與美國五金公司的背景，可以參見："Obituary" *The New York
　　Times*, 25 January 1981; Mira Wilkins, *The History of Foreign Investment
　　in the United States to 1914* (Cambridge, MA.: Harvard University Press,
　　2004), pp. 260 & 269-274.

領域內的關餘按月撥付給廣東（約佔總關餘的 14%）。
但是 1920 年初，廣東政府內部發生分裂，桂系軍閥掌
權，孫中山、伍廷芳等領導人則離開廣州避往上海，北
京外交團遂以南方軍政府分裂為由，授意關總稅務司暫
時停止支付關餘配額給廣東政府，並將款項存放於上海
與香港的銀行。1920 年底，孫中山等人重返廣東，驅
逐桂系軍閥後，乃又要求北京外交團與海關稅務司應繼
續撥付關餘，並將先前暫時扣留約一年的關餘約 250 萬
兩銀子，歸還廣東政府。此時與南方廣東政府敵對的北
京政府，推翻先前的決議，不但表態反對將前述扣留的
關餘撥付給廣東，甚至要求以後所有的關餘均應支付給
法理上的中國中央政府，亦即北京政府。[19]

　　面對此爭議，在北京外交團內居關鍵地位的美、
英、日、法四國公使等，歷經多次討論，但仍是議而未
決。基本上，美國公使立場偏向北京政府，主張關餘應
支付給法理上的中國中央政府，英國公使亦持類似態
度。日本公使則在南北雙方立場間游移，持中立態度。
唯獨法國公使力持反對意見，不贊成將關餘全數交給北
京政府。1921 年初，不耐等候的廣東政府準備採取強
力措施，以直接接管廣東境內的海關稅關為手段，迫使
北京外交團讓步。但此舉卻遭到美國政府的強烈反對，
透過駐華使領館正式照會廣東政府，表示必要時將動用

19　關於北洋時期的關餘問題交涉，學界已有許多深入的研究，參見
　　呂芳上，《民國史論》（臺北：臺灣商務印書館，2013），中冊，
　　第六章，頁 716-752。本章不再累述關餘交涉細節，而著重探究
　　美商五金公司與美國國務院（含駐華使領）之間的歧見，及其對
　　美國對華政策的不滿與質難。

海軍砲艦反制廣東方面的接管海關行動。處於此中外與中國南北之間的對峙僵局，英國公使改變原先的立場，提出妥協之道，建議將廣東配額的關餘給予廣東方面，但不得用於政治目的，而必須用於民生經濟，例如廣東珠江流域的河道改善工程。英國態度的改變，也在北京外交團內部引起波瀾，造成美國公使一定程度的壓力，乃提出另外一個替代方案，即將廣東關餘配額優先用於償付中國南北分裂前所借的外債。然而此方案不但遭到廣東政府的反對，美國國務院也明確表態，要求美國駐華公使必須堅持原先立場，關餘應全部支付給北京政府。北京政府方面，為了爭取盡快獲得所有關餘配額，也向外交團提出了承諾，表示在獲得暫扣關餘款項後，將會優先用於三項用途：支付外債利息、駐外使領開支以及廣東西江水道整治工程。美國公使則還是重申前議，強調美國政府立場維持不變，主張法理上的中國中央政府有權支配所有關餘，美國政府並不會介入干涉中國政府在使用關餘上的決定。

為了維護美國五金公司的債權利益，哈克司恰爾德曾與美國駐廣州副領事普萊斯（Ernest B. Price, American Vice Consul, Canton）協商，並在其協助下，輾轉向美國公使館陳情，希望能影響美國在關餘問題上的處置作為，但顯然成效不彰，因為美國公使館完全無意在此議題上有所更張。哈克司恰爾德甚至不惜專程前往北京，與美國公使館有關官員面對面商討此問題，但使館官員依然只是重申美國國務院對於關餘問題處理的基本態度，強調沒有可以介入或著墨的空間。哈克司恰爾德一度將希望寄託於北京政府，認為作為對外代表中國中央政府的北京政府，理應概括承受並支付這些由廣東製幣廠所開出的本票。

事實上，哈克司恰爾德在中國親自深入瞭解關餘分配問題等爭議後，分析美、英、日、法四國在處理此問題上的態度與作為，認為各國決策背後，可能有著非常複雜的政策性與利益考量。他認為法國自始即態度明確，反對將所有關餘交給北京政府，理由也非常清楚，因為北京政府雖然在法理上是中國的中央政府，但是由於南北分裂的關係，北京政府在實際上卻未能有效治理與代表整個中國。至於日本，表面上雖看似立場中立，實則可能已經與廣東方面達成秘密共識，以放手不介入此問題，來換取廣東當局承認先前與日本諸銀行之間的借貸關係。至於英國，從原先支持美國立場，到後來改變態度，轉而傾向依照 1918 年的協議，將暫扣押的關餘款項歸還廣東，用於改善民生經濟，其實背後也有著政治盤算。因為英國與廣東之間一直有著煤礦與鐵路問題的爭議，英國原先之所以贊成將扣押關餘給予北京政府，不乏希望透過北京政府來承認與處理煤礦與鐵路爭議。但後來英國赫然發現，妄圖跟名義上的中央政府，亦即北京政府，交涉處理廣東地區的煤礦與鐵路爭議，根本是不切實際的。無論如何，英國唯有務實地跟真正控制該地區的廣東當局打交道，才有可能獲得想要的結果。況且英國在珠江流域航運交通上有著重大商業利益，如果能以關餘歸還問題，換取廣東方面對於改善西江水道的承諾，也將有利於進一步強化英國在華南地區的航運與通商利益。再加上先前被暫時扣押的廣東關餘款項，乃是存放在英商所控制的匯豐銀行，而整治西江河道的專款帳戶同樣也是開設在匯豐銀行，因此對於英國來說，款項的轉移，不過乃是在同一家銀行內不同帳戶間的移轉，依然受到英國的監控。換言之，日本與英國均基於現實利益的考量，在與廣東政府秘密協商，進行檯面下的利益交換，並彼此有了默契後，才在關餘問題處置上有所退讓。

　　唯獨美國，在此議題處理上，顯然過於墨守原則，且理想陳義過高，完全不切實際。哈克司恰爾德在詳閱美國國務院給駐華公使館的指示後，分析國務院對於關餘問題爭議有幾項重要的基本原則：其一，依據中國政府與北京外交團的原始協議，外交團僅是受委託管理關餘，待付清特定債務後，即須將剩下關餘歸還給中國政府，因此國務院認為美國無權介入後續的關餘處置；其二，列強唯一承認的中國政府是北京政府，因此美國等列強只能跟北京政府交涉處理關餘問題；其三，為了遵守不介入中國內政事務的重要原則，美國等列強不應跟北京政府以外的其他省級政府交涉處理關餘問題；其四，國務院目前認定當初 1918 年將部分關餘分配給廣東政府的協議，乃是違背上述原則，是錯誤之舉，因此現在不應該再重蹈覆轍；其五，美國至今依然認定北京政府是中國唯一享有相對權利義務的合法政府，目前沒有考慮變更對華政策的需要。依據上述原則，美國似乎只是一昧地強調尊重中國主權、不干涉中國內政的對華處理原則，主張將關餘收入全部支付給名義上的中央政

府，但卻忽略了美商在中國也有著重大利益，特別是美
國五金公司與廣東鑄幣廠間的商業本票支付問題能否解
決，很大程度上取決於廣東政府是否能取回關餘，以及
是否有財力來償付票據債務。其次，哈克司恰爾德也發
現美國在關餘問題決策上的自我荒謬之處。美國國務院
聲稱北京政府是列強承認唯一合法的中央政府，故關餘
只能交給北京政府；其次，美國又堅持不干涉中國內
政，所以對於關餘該如何使用，美國完全尊重北京政府
的意願，不會進行介入。那麼，對於地方當局（廣東造
幣廠）所開出的商業本票，作為中央政府的北京政府，
理應也擔負起責任，概括承受債務。但是如果北京政府
拒絕承擔這些責任時，美國在不干涉中國內政的大原則
下，似乎也沒有其他有效手段，可以促使其負責。如
此，很明顯的，美國政府在關餘問題上的作法，將會使
得北京政府可以堂而皇之地接受好處，但同時卻逃避掉
應負的責任。在美國強勢主導的政策影響下，縱使法國
反對，北京外交團可能為維繫了列強對華立場的一致
性，被迫選擇接受美國所堅持的作法，但其結果卻將會
是：北京政府一方面享有全中國的關餘收入，不論這些
地方是否歸北京政府管轄，但北京政府卻可能會故意無
視地方政府所積欠外商的貨款，理由則是北京政府沒有
實質治理這些地方，故無須負責。如此相互矛盾的情
況，自然將使得美國五金公司無力索討債權。直言之，
美國政府一方面既不願將關餘歸還廣東，讓其有財力償
付債務，二方面對於領走所有關餘的北京政府，卻又囿
於不干涉中國內政原則，不願迫使其將關餘用於償還美

商公司的欠款。哈克司恰爾德即諷刺道，難道美國五金公司僅能憑藉著北京政府對於美國政府力挺其獲得所有關餘的感激之情，來期盼其盡道義上的責任嗎？

事實上，北京政府並非易與之輩，最終也沒善盡所謂的道義責任。當美國五金公司在美國公使館中文參贊的協助下，與北京政府財政部磋商廣東造幣廠商業本票問題時，其所提出的解決方案，非常明顯地即毫無兌現的可能。財政總長建議美國五金公司，可以將原先與廣東造幣廠的交易，轉移至上海造幣廠執行，由美國五金公司提供白銀作為造幣的原料。但這項新交易案即使成真，一碼歸一碼，也不能償付之前廣東造幣廠所積欠美國五金公司的白銀貨款，況且上海造幣廠至少還需要 20-24 個月後，才能夠進行與美國五金公司之間的交易。而針對哈克司恰爾德的質疑，北京政府財政總長則另作暗示，如果美國可以出面協助北京政府取得遭暫扣的部分關餘（市值約 48 萬港元），則北京政府願意承認這些本票，並透過司法途徑，代為向廣東造幣廠求償貨款。但是哈克司恰爾德認為一來他們無權協助解禁關餘，二來他們也不認為北京政府有可能僅憑司法手段，即向廣東造幣廠取得所欠貨款。毋庸諱言，美國五金公司與北京政府財政部的交涉，從頭至尾都是一場空，並無取得貨款的可能。哈克司恰爾德甚至認為北京政府財政不佳，只要能取得現金，似乎無所不用其極亂開口頭上的空頭支票。美國公使館似乎也相當清楚中國實際情況的棘手之處，故後來嘗對美國五金公司表示，以目前南北分裂的現況來說，美商要兌現廣東造幣廠開出的本

票並取得貨款，與其向北京政府提出要求，倒不如直接
向廣東政府交涉來得有效。而且美商公司與北京政府交
涉廣東之事，似乎也只會增加廣東政府的惡感，無助於
問題的解決。

　　另外一方面，哈克司恰爾德除了嚴辭抨擊美國國務
院在對華政策上過於理想不切實際外，也對美國駐華公
使館在維護美商利益上的消極與不作為頗有微詞。早在
1921年1月，當關餘問題爭議初起，一切尚未定論時，
美國五金公司即已告知美國公使館有關該公司與廣東鑄
幣廠之間的債務與本票問題，希望公使館能提供協助確
保美商債權。但公使館卻遲遲未有動作，只是單純將美
商的陳情轉送國務院參考。美國公使館後來解釋當初之
所以不作為的理由，乃是美國國務院絕對不可能同意公
使館代替美國五金公司出面，與北京政府私下商討交換
條件：以協助其取得關餘，換取優先償付美商債務的條
件。公使館強調，國務院的立場自始即主張尊重中國主
權、不干涉中國內政的對華政策原則，故絕不會同意介
入北京政府取回關餘後的用途；況且如果美國一旦採取
此項作為，勢必會造成模仿效益，其他列強也會跟進採
取類似作為，要求優先償付其商民的債務，如此將導致
列強共同瓜分關餘的結果。不過，哈克司恰爾德卻痛批
美國公使館的說詞明顯是強詞奪理，因為該公司始終認
為，只要美國公使館願意出面向北京政府曉之以情，使
其明瞭廣東方面與美商公司的債務糾紛，以及廣東政府
由於關餘被扣而無力償還債務的情況，相信北京政府會
同意在收到關餘之後，將部分款項優先用於償還美商債

務。此外，哈克司恰爾德也不認為美國公使館出面與北京政府私下談條件，會產生外交上的負面影響。因為廣東方面的主要外債，除了美商外，只有日本銀行，而日本方面則早已經與廣東方面有了檯面下的安排與解決默契，因此，其他列強應不致於反對美國出面為美商公司解決與廣東政府的債務問題。況且中國各當局乃是習慣性拖欠債款，唯有當列強政府出面施壓後，才會勉為其難答應支付欠款。英、法、日，甚至歐戰前的德、俄等國，也都是透過類似外交施壓的手段，才順利協助其商民索回中國所積欠的債款。

更為重要的是，哈克司恰爾德指出美國在關餘爭議中表現出力挺北京政府而反對廣東政府的態度，可能在未來造成相當不好的結果。因為他認為在中國所有省分中，廣東不但是最進步的，可能也是最重要的。而美國對於關餘問題的立場，主導了外交團的最後決策，使得廣東爭取關餘分配權的企圖完全化為烏有。相形之下，其他列強則或多或少與廣東政府保持接觸，也盡力確保了各國商民在廣東地區的商業利益。至於美國力挺的北京政府，則看不出其對於美國有太多的感激之情，也無意願彌補美商的損失。所以在關餘爭議的處置上，美國承擔了所有的惡果，卻沒有絲毫的好處，因為未來美國勢將招致廣東方面主要的怒火，從而與這個中國未來明日之星的省分關係惡化，而更可悲的，是也沒能夠確保美商的利益。換言之，美國政府的作為，既得罪了南方，也未能獲得北方的感激，同時還把美商利益給賠了進去，滿盤皆輸。[20]

在持續未能獲得美國官方有力外交奧援的情況下，美國五金公司曾與廣東政府進行私下接觸。而根據哈克司恰爾德的評估，廣東方面雖然因為美國政府在關餘爭議上的敵對態度而感到不滿，但也相當理解國際形勢，也就是說，如果廣東不承認支付之前廣東製幣廠所積欠的債務，同時並取得美國政府的默許，廣東根本不可能獲得北京外交團的同意，取回遭扣的關餘。也因此，廣東政府務實地傾向承認支付美國五金公司的欠款，以交換關餘支配權。故哈克司恰爾德認為廣東省長陳炯明表示願意承認先前廣東鑄幣廠積欠美國五金公司的債務（但書是必須延長支付期限），應該是真誠實意的，並非只是敷衍。然而無論如何，美國五金公司似乎也已認清到，以中國目前的現狀與中外形勢，除非中國局勢有很大的變化，或是美國政府願意調整既有的對華政策，直接向中國有關當局施壓，否則該公司要順利取回欠款，實非容易之事。也就是說，在現有情況下，如果沒有美國政府的介入與施壓，美國五金公司不太可能取回欠款。[21]

---

20 以上有關觀點，參見 "Canton Mint Notes," Harold H. Hochschild, Peking to the Executive Department, The American Metal Company, Ltd., New York, 20 March 1921, RIAC, 893.00 P81/2; "Frank L. Polk, Stetson Jennings & Russell to John V. MacMurray, Department of State," 12 May 1921, RIAC, 893.00 P81/2; "John V. MacMurray, Department of State to Frank L. Polk, Stetson Jennings & Russell," 12 May 1921, RIAC, 893.00 P81/2.

21 尤有要者，當時廣東當局極度缺乏現金，美國五金公司確保其債權，還必須面臨許多挑戰。因為廣東所屬的公共資產，不少均已作為外債的抵押品，例如廣東鑄幣廠產業在先前桂系軍閥陸榮廷

　　總結來說，哈克司恰爾德認為美國對華政策似乎建立在一項錯誤的基礎上，亦即承認北京政府是中國唯一法理上與事實上的合法中央政府，故只願意與北京政府打交道，而排斥跟其他省級政府進行交涉。然而，姑且不論北京政府在法理上是否稱得上合法的中央政府（因北京國會的代表性早已備受質疑，在政治上也沒有發揮代議功能），在事實上，北京政府也沒有力量控制整個中國，命令根本無法出北京城。美國錯誤的對華政策，也導致美國在處理美國商民利益受損事務時，立場顯得進退失據，而沒有辦法提供在廣東地區活動的美國商民們足夠的保護。因為美國唯一承認的北京政府無力過問廣東之事，而實際管轄廣東的地方政府，美國卻不承認也不願與之牽涉過深。[22]

四、小結：兼論歐戰以來美國的中國門戶開放政策

　　自十九世紀末期美國首次揭櫫中國門戶開放的大旗以來，中國門戶開放政策幾乎被視為是二十世紀美國對

　　主政時，即已將之抵押給日本所屬的臺灣銀行。美國五金公司即評估，日本大量借款給廣東政府，而作為擔保而抵押公有產業，約高達 600 萬銀元，其中 150 萬元以鑄幣廠為抵押，另外 450 萬元則以水泥廠為擔保。這也使得美國五金公司要確保其債權的困難度極高。不過，也正因為如此，如果廣東政府能夠另外獲得遭扣押的關餘款項，或將有現款可以支付給美國五金公司。

22　"Canton Mint Notes," Harold H. Hochschild, Peking to the Executive Department, The American Metal Company, Ltd., New York," 20 March 1921, RIAC, 893.00 P81/2.

於中國以及遠東事務規劃的主要圭臬。許多中國知識分子極力恭維美國中國門戶開放政策的偉大成就，因為它非但使中國免去了被列強瓜分的危機，也間接確保了中國的領土完整與主權獨立，進而給予中國一個難得的喘息機會，能夠在近代以來帝國主義侵華的強大浪潮中，繼續摸索自立自強之道。然而，在實務上，所謂的中國門戶開放政策，究竟是美國歷經慎重其事的規劃，構想出真正可以為中國困境解套的有效方案？抑或，充其量不過是一種脫離現實，甚至麻痺人心、華而不實的宣傳口號？特別是，隨著歐戰以來東亞國際局勢的瞬息萬變，歐洲列強勢力逐漸消退，日本則取而代之，甚至變本加厲，成為謀劃獨佔中國市場與利益的主要推手；以及由於中國本身現況的急遽惡化，南北持續對立，各地軍閥割據分裂，內戰不斷，社會失序，外人在華的條約權益與生命財產安全，也受到嚴重威脅。在這樣的內、外環境影響與挑戰下，聞名遐邇的中國門戶開放政策，是否能夠依然以不變應萬變，作為主導中國事務發展模式的基本路線？

　　從美國在華人士的民間視角出發，可以清楚看到他們對於中國現況惡化的極度憂心，質疑門戶開放政策的不切實際。尤其是對於實際生活在中國的美國商民來說，由於切身相關，自然感觸最深，他們不少對於中國目前的改革進程，表達出負面悲觀的態度，強烈質疑中國能否僅憑己力就自立自強。也因此，他們紛紛提出建言，呼籲美國政府不該繼續局外旁觀，而應該挺身而出，儘速修正既有對華政策，積極介入中國事務，並在美國的指導下，壓制既有軍閥亂象，引領中國人有效推動西化改革，真正走向富強之路。

然而，另外一方面，美國政府顯然並不完全認同上述民間觀點的主張，雖然接受部分建議，但大體上還是反對美國等外國勢力的輕易介入中國內政事務，因為此舉不一定能夠改變目前現況，反倒可能會出現更為嚴重的後果，如同打開潘多拉的盒子一般，使得中國開門揖盜，畢竟言者無心，聽者則未必無意。雖然美國本身並無染指中國的野心，但其他列強卻未必如此，很可能見縫插針，致力於擴大在中國的勢力範圍與地盤，甚至重演晚清時期列強競相爭奪中國市場與利益的亂象。因此，後來在美國主導下，華盛頓會議中國問題決議案，亦即《九國公約》，依然堅持重申中國門戶開放政策，在不干涉中國內政的前提下，給予中國一個完整無礙的機會，發展出一個強而有力的中央政府。[23]

可惜的是，華盛頓會議之後，不過短短幾年的時間，隨著更加頻繁的內戰，以及漸趨失序的內政與兵匪問題，在在均印證中國政府對於建立穩定政權的保證，似乎已經宣告破產。尤有要者，縱使美國政府口口聲聲為了維護中國門戶開放政策，無意介入中國內政，但是該政策所強調的諸多原則，是否就能夠獲得確保了嗎？關鍵在於，美國是否有意願與能力制止其他對中國懷抱

23　關於華盛頓會議對於中國門戶開放政策的探討，見 "Washington Conference, 1921-1922: The Open Door in China; Note by the Board of Trade Section, Preliminary Discussion," 13 March 1922, FO371/8014.

有擴張企圖的國家，遵守中國門戶開放政策與《九國公約》，而不利用中國現況惡化的機會，擴大在華利益？歐戰以來，自日本提出二十一條要求，又透過西原借款，拉攏並控制中國的軍閥勢力，日本對於中國事務發展的介入干涉能力，早已大幅躍升，而日本對華野心，似乎也因此昭然若揭。即是之故，姑且先不論中國本身情況的惡化，美國如果無法有效制衡日本進一步的擴張行動，則不論美國多麼約束自律，以身作則，恪遵不干涉中國內政的原則，但只要日本持續有「破窗」之舉，「華盛頓會議體制」以及中國門戶開放政策最終恐怕還是會逐漸宣告破產。

　　事實上，早在歐戰期間，作為美國總統威爾遜密友的豪斯上校（Colonel E. M. House），在 1917 年即曾向威爾遜分析，當美國在處理日本移民問題上，已明顯擺出封鎖態勢（美國加州對於日本移民及購買土地的限制），日本自然會將對外發展的重心轉向西邊，往亞洲中國大陸發展，但美國如果此時卻對日本的轉向依然重加阻攔，勢必將會面臨反彈，並引起不必要的麻煩，美國也可能付出代價。因此，豪斯建議美國的中國門戶開放政策，似乎也可以有所調整，設計成既能兼顧中國主權獨立與領土完整，同時又能滿足日本一定程度的需求。[24] 所以，不難理解的是，1919 年當巴

24　柯里・羅伊・沃森（Roy Watson Curry），張瑋瑛、曾學白譯，《伍德羅・威爾遜與遠東政策》（北京：社會科學文獻出版社，1994），頁 169。或許也因此，在巴黎和會上日本將豪斯列為「朋友」。見 Russell H. Fifield, Woodrow Wilson and the Far East: The Diplomacy of Shantung Question (New York: Thomas Y. Crowell

黎和會上正在針對種族平等議題以及中日山東問題之爭
而吵鬧不休之際，已成為美國代表團五全權代表之一的
豪斯上校，為何會大力贊同威爾遜在山東問題上與日本
妥協，竭盡所能避免日本退出和會。[25] 不過，由此也可
以看出，所謂的中國門戶開放政策，或許還是有其務實
與彈性妥協的一面。1921 年，甚至有部分美國學者嘲
諷所謂的中國門戶開放政策，或許只是一種「惰性的修
辭學」（idle rhetoric），[26] 美其名尊重中國主權獨立與
領土完整，口號喊得響徹雲霄，實則乃是什麼也不做，
又或者什麼也做不了！英國的中國問題專家暨知名報人
伯爾格（Demetrius C. Boulger），[27] 也有類似的指控，
在 1921 年亦曾撰文諷刺美國的中國門戶開放政策，充
分印證了口惠而實不至的標準「美式話術」（American
formula）。文中指稱美國口口聲聲要維護中國的主權
獨立與領土完整，視此為歐戰後世界的重要任務，甚至
聲稱不惜因此問題而拒絕加入國際聯盟。不過，美國將
中國問題提升到如此高的位階，其結果卻適得其反：其
他列強即由於感到拯救中國的任務過於棘手與沉重，而

Company, 1952), p. 141；瑪格蕾特・麥克米蘭，《巴黎・和會：締
造和平還是重啟戰爭？重塑世界新秩序的關鍵 180 天》，頁 403。

25　"From the Diary of Colonel House," 26 April 1919, Arthur Stanley
Link, ed., *The Papers of Woodrow Wilson* (Princeton: Princeton
University Press, 1966-1994), Vol. 58, p. 153.

26　"Must the U.S. Fight Japan?" *The Millard's Review of the Far East*, 16
April 1921, p. 352.

27　伯爾格創辦《亞洲每季評論》（*Asiatic Quarterly Review*），亦著
有關於中國歷史的重要著作，對於歐戰前後關心亞洲事務發展
的英國公眾，有相當程度的影響力。見 "Mr. Demetrius Charles
Boulger," *The Times*, 17 December 1928, p. 7.

選擇退縮，並將中國事務的主導權，全部交給美國決定，希望在美國的引領下，真的可以帶中國走進康莊大道；然而諷刺的是，歐戰後中國內部陷入南北對立、各省割據分裂、戰禍不斷的亂象，勢必嚴重衝擊到美國一再標榜的中國主權獨立與領土完整，可值此關鍵時刻，美國反倒顯露出一副束手以觀的態度，慣常性地迴避掉其應負的責任。因此，伯爾格指控，美國的中國門戶開放政策，非但未能鞏固中國的主權獨立與領土完整，反而放手使其更加分崩離析。[28]

28　伯爾格甚至嘲諷在維護中國主權獨立與領土完整上，「英日同盟」所發揮的作用，或許還大於美國的中國「門戶開放」政策。事實上，日本商業勢力之所以能夠大舉入侵中國，在某種程度上，部分也是受惠於美國強調的中國門戶開放，對日本大開投資方便之門。伯爾格的觀點，見 Demetrius C. Boulger, "The Anglo-Japanese Alliance," *The Contemporary Review*, September 1920, cited from "The Anglo-Japanese Alliance," *The Millard's Review of the Far East*, 14 May 1921, p. 563.

第三章　美國對華洋衝突問題態度的轉變

一、前言

　　歐戰期間，美國總統威爾遜提出十四項和平建議，揭櫫民族自決、平等對待殖民地人民等原則，力求在戰後重新建立新的世界秩序。[1] 雖然威爾遜提出這些和平建議，有其特定的時空背景，主要目的在於解決戰後歐洲可能面臨的棘手問題，故適用於這些建議與原則的區域，多半也侷限在歐洲國家。然而這些建議，後來經由美國公共新聞委員會的運作，有計畫地向全世界進行宣傳，自然也深深地影響到中國人民，期望也能夠藉此良機，以戰勝國之姿，擺脫被殖民、被侵略的境地。[2] 再加上，美國自 1899 年即提出中國門戶開放政策，反對列強瓜分中國，主張應尊重並維護中國主權獨立與領土完整。雖然中國門戶開放政策，當初在列強彼此勾心鬥角、競逐在華利益的情況下，並未真正落實。[3] 但是隨

1　李辛吉（Henry Kissinger），顧淑馨、林添貴譯，《大外交》，上冊，頁 299。

2　James R. Mock and Cederic Larson, *Words That Won the War: The Story of the Committee on Public Information, 1917-1919* (New York: Russell & Russell, c1939), pp. 1-4; Carl Crow, *China Takes Her Place* (New York: Harper & Bros., c1944), pp. 113-114 以 及 Carl Crow, *I Speak for the Chinese* (New York: Harper & Brothers, 1937), p. 16.

3　郭廷以，《近代中國史綱》（香港：香港中文大學出版社，1989），

著美國參戰並主導歐戰的勝負與走向後，美國對於世界局勢的影響力，早已遠遠超越 1899 年之時，也更有機會與立場繼續推動並貫徹中國門戶開放政策。於是似乎可以預期的，歐戰之後，在美國的強勢主導下，無論是東亞地區，甚至對於整個世界秩序而言，可能都將會有很大的變動。影響所及，列強對華政策與行為模式，似乎也將會有新的遊戲規則。[4]

職是之故，本章計畫以歐戰後的華洋衝突問題為著眼點，透過個案分析，探究在戰後新世界秩序的格局下，美國駐華使領是否以新的視野看待中國事務？特別在事涉美國利益的華洋衝突問題上，美國的因應之道，是否能夠堅持門戶開放政策與戰前和平建議，尊重中國主權與民族自決原則？

為了嘗試探究並回答上述疑問，本章選擇發生在歐戰後（1920 年）三個與美國有關的華洋衝突案例作為初步的觀察點，藉此分析美國駐華使領官員的因應對策與處置態度。第一個案例是發生在華中地區九江英租界的苦力工人暴動案。此乃因美國海軍長江巡邏隊應英國九江領事之請，就近派遣一艘海軍砲艦趕往馳援，並讓水兵登陸以武力介入處理租界工人暴動。由於此案牽涉到美國動用武力介入處理租界工運問題，故一度引起外界關注，部分輿論即質疑美國此舉有違反中立、干涉中

頁 275-285。

4　Akira Iriye, *After Imperialism: The Search for a New Order in Far East, 1921-1931*, pp. 1-22；白井勝美，〈凡爾賽‧華盛頓會議體制與日本〉，《中國をめぐる近代日本の外交》，陳鵬仁譯，《近代日本外交與中國》（臺北：水牛出版社，1989），頁 19-53。

國內政事務的嫌疑，並指稱這意謂著美國在歐戰後可能
準備改變對華政策，並在中國事務問題處理上，展現比
以往更為強硬的作為。而透過此案發生後美國使領的反
應，除了可以略窺美國對於處理中國境內外國租界工人
問題的態度外，也能夠進一步探究歐戰後美國對華進行
武力介入的時機與標準。第二個個案，則是發生在西南
邊區四川、雲南間的美籍教士遭到綁架受害案件。雲南
位處中國西南內地，且民國以來即經常獨立於北京政權
之外，無論中國還是美國政府力量均鞭長莫及，故發生
於此地區的美國人受害案件，美國駐華使領與軍事官員
必須採取其他額外的管道來進行援救。而透過檢視事發
後美國駐華使領與軍事官員的各種援救手段，將可以分
析美國對於發生在中國內地的傳教安全問題、護僑措施
尺度，以及對於中國社會失序、盜匪化現象猖獗的反應
及觀感。第三個例子，則是發生在華北地區、屬於宗教
性質的教民受害與華洋衝突案件。自近代以來，中外之
間因教案問題所引起的民教衝突案件早已屢見不鮮，到
了民國時期仍不時傳出類似事件。而在五四運動以後，
中國國權與民族意識日漸高漲，反基督教思維與主張同
樣也在上述過程中醞釀加溫。這使得原先的民教衝突更
趨複雜，部分甚至沾染上反帝色彩。透過探究北京基督
教教民迫害案件後美國駐華使領的舉措，以及後續的華
洋訴訟問題，應能進一步釐清美國對於在中國傳教事務
與保教問題的處理原則。簡言之，藉由華中地區的租界
工人暴動（租界事務與工運）、西南邊區的社會綁架案
（治安與內地傳教）、華北地區的教民迫害案（教案

與華洋訴訟）等北中南三種不同類型華洋問題的細部
考證與分析，將可以初步形塑出美國對於看待與因應
歐戰後中國現況問題演變的基本立場與態度。本章希望
透過上述三案的實證研究與分析，比較歐戰後美國駐華
使領官員在處理華洋衝突問題上的行為模式，與以往
有何異同，同時也可與其他列強的類似因應作為做參照
研究。

　　在檔案的使用上，本章將以美國政府外交檔案作
為最重要的參考資料與史料來源，包括已經公開出版
並在網路上提供全文檢索的《美國對外關係文件》
（FRUS），以及美國國務院有關中國內政事務的詳細
使領報告《中國國內事務檔案》（RIAC）。此外，除
了美方檔案外，本章也將參考《北洋政府外交部檔案》
以及其他中英文史料與報紙，以評估此類華洋衝突案件
背後，可能隱藏的重要歷史意義。

二、美國駐華使領處理九江英租界苦力工人暴動的態度

　　1920 年 3 月間，因九江英租界巡捕踢傷小米搬運
工人引發工潮，英國領事乃緊急就近請求美國海軍出動
水兵鎮壓暴動工人，衝突中部分工人遭水兵刺刀所傷，
遂引起群眾更大的憤怒。危急時，所幸當地軍警緊急趕
到租界，隔開美兵與工人，勉強控制局勢，幸未釀成嚴
重死傷。

本年三月十四日，九江租界巡捕胡進恩踢傷負米小
工，發生風潮。英領召集美兵登岸，刃傷陳鴻美等
三人。當時胡捕逞兇，激動公憤，美兵登陸復刃傷
三人，苦工愈肆咆哮，其勢幾釀鉅禍。（後經當地
駐軍團長）……會同警察韓廳長向眾宣言，毋稍暴
動，一面命令軍隊趕到租界鎮壓一切，勸退洋兵各
回兵艦。[5]

但工人們依然憤恨難平，協調發動罷工抵制運動，
拒絕替碼頭內的輪船進行裝卸貨工作，九江當局則宣布
戒嚴，由軍隊控制市區，防止工人對租界巡捕展開報復
行動。[6]

　　詭異的是，此案發生後，竟然是由美國駐日本東京
大使館率先向國務院提出報告。在其給國務院的報告
中，駐日使館提醒美國政府應注意一份有關質疑美國海
軍在華行動的報導。因為據東京報紙報導引稱，在江西
九江英租界，由於發生苦力工人暴動，華籍巡捕無力處
理，美國海軍陸戰隊乃因英國領事之請派兵登陸，鎮壓
過程中，卻不幸導致兩名苦力工人的死亡。後來在九江
當局的請求下，美國海軍陸戰隊才又撤回艦上。但此一
暴力鎮壓事件，由於造成人員傷亡，故已在當地引起敵
視英美的民族情緒。獲悉此事件的美國國務院，感到事

5　〈陸軍部呈大總統核議辦理九江租界交涉案內出力團長李生春等
　　傳令嘉獎〉，《政府公報》，1920 年 9 月 26 日，第 1659 號，頁
　　15-17。

6　"Serious Fracas at Kiukiang: Marines Landed," *The Shanghai Times*, 19
　　March 1920, p. 7.

態嚴峻，乃要求美國駐華公使館必須進行調查並報告事件經過。[7]

關於事件經過，在英國駐華公使館給美國公使館的報告中，認為乃是發生在九江英租界的一次華洋衝突案件。3 月 14 日，因為一名中國苦力工人違反租界規定，在人行道上搬運米袋，故租界華籍巡捕出面制止，不料卻遭到該名苦力的拒絕，雙方於是發生衝突，租界巡捕一度將苦力推倒在地。此次衝突事件中，因有苦力工人倒地受傷（不過英國公使館根據報告，認為該名工人應該是佯裝受傷），故造成租界內其他苦力工人的不滿，遂引起暴動，他們開始聚集攻擊租界巡捕，共有 4 名巡捕被毆打，1 名英籍警監也被苦力工人從公署拖出，慘遭腳踹與虐待，並被送至九江當地的中國衙門處置。英國領事因為擔心情況失控，恰好當時美國軍艦愛爾卡諾號（USS *Elcano*）正停泊在九江，故商請該艦艦長派遣海軍陸戰隊登岸協助。英國駐九江領事認為美國海軍陸戰隊登岸後以謹慎且有技巧的方式妥善處理工人暴動，故鎮壓過程中，除了 2 名工人因逃避不及而被刺刀擦傷外，並無其他傷亡，可謂是圓滿化解工人暴動。為此，英國公使館代辦藍浦生（Miles W. Lampson, British Charge d'affaires, Peking）還特地代九江租界的英國社群，向美國公使館表達對愛爾卡諾號艦長的感謝之意。[8]

7　"The Secretary of State to O. C. Tenney, American Charge d'affaires, Peking," 26 March 1920, *FRUS 1920*, Vol. I, p. 794.

8　"Miles W Lampson, British Charge d'affaires, Peking to O. C. Tenney,

　　不過，租界衝突發生後，九江局勢一度相當緊張，由於當地工人行會隨即發動罷工抵制，拒絕搬運貨物，造成抵埠輪船的例行起卸貨物工作均因此受阻。為避免再度爆發衝突，經九江當局與英國領事雙方緊急協調，同意先由華兵進入租界三日維持秩序，巡捕則暫時撤離城區，以避免工人尋釁生事，但由於租界內部對峙局勢依然嚴峻，且贊成罷工與反對罷工的工人團體間似乎也有歧見，持續衝突不斷。之後，又由於中、英雙方對於肇事責任與善後條件等問題各持己見、僵持不下，只好決定先將華兵自租界撤出，僅固守華界與租界交界處，至於租界內則由英國另調英兵嚴加防守，但過程中還是不幸發生部分中國士兵遭到英國領事館衛兵解除武裝等情事。[9]

　　事實上，1920 年的九江英租界工人暴動問題，可能並非單一事件。在美國駐漢口總領事韓思敏（P. S. Heintzlemen, American Consul-General, Hankow）給北京公使館的其他報告中，已提及該地社會失序情況相當嚴重，美國海軍艦船已兩度派遣陸戰隊登岸協助維持秩序。而且除了前述的愛爾卡諾號外，薩瑪號（USS

American Charge d'affaires, Peking," 29 March 1920, *FRUS 1920*, Vol. I, pp. 803-804; RIAC, 893.00/3359. 英文《上海泰晤士報》（*The Shanghai Times*），也刊登出九江英租界工人暴動的衝突細節，大致與英國公使館的調查報告類似，均強調是工人不服巡捕執法取締，過程中巡捕雖曾將一名工人推倒在地，但並其未受傷，工人則藉此聚眾茲事，攻擊巡捕，甚至挾持到場的英籍警監，美國軍艦才緊急派遣水兵登岸驅散群眾。見 "The Recent Riot at Kiukiang," *The Shanghai Times*, 27 March 1920, p. 1.

9　〈九江新交涉續紀〉、〈九江交涉案尚未解決〉，《申報》（上海），1920 年 3 月 21 日第 7 版、3 月 31 日第 8 版。

Samar）同樣亦曾派兵登陸。[10] 此外，根據美國海軍亞
洲艦隊總司令（Commander-in-Chief, Asiatic Fleet）給海
軍作戰部（Office of the Chief of Naval Operations, Opnav.）
的電文報告中，也提及由於九江發生暴動，故應英國領
事之請，先後從薩瑪號與愛爾卡諾號兩軍艦上派遣陸戰
隊登岸，在英國租界內執行鎮壓。在報告中，亞洲艦隊
總司令提及群眾暴動原因，乃是由於租界華籍巡捕推倒
一名苦力工人的推車所引起的。因為該名苦力工人假裝
嚴重受傷，故引起群眾的不滿與聚集，並開始攻擊租界
巡捕，過程中有一名英籍警監遭到工人群眾的控制。由
於情況緊急，在諮詢英國領事後，美國海軍愛爾卡諾號
艦長決定派遣士兵登陸，動用刺刀將堤防邊上聚集的群
眾驅散。稍後因中國官員率領約一百名士兵趕到，美國
水兵乃將現場交由中國官員負責，並於登陸約兩小時後
即撤回艦上。據稱在美國海軍鎮壓行動中，有三名中
國苦力工人因而受傷住院。而英國海軍方面，則在暴
動兩日後，亦即 3 月 16 日，始派遣蚊蚋號砲艦（HMS
Gnat）趕抵九江，並派兵登岸，執行巡邏任務。[11]

　　由於在鎮壓過程中，美國海軍陸戰隊士兵確有刺傷
苦力工人的事實，江西省長戚揚除了兩度抗議美國方面
的軍事行動，也要求愛爾卡諾號與薩瑪號兩軍艦艦長，
除了應該查出實際動手的美國士兵，給予其應有的懲

10　"P. S. Heintzlemen, American Consul-General, Hankow to the
　　Legation, Peking," 18 & 20 March 1920, *FRUS 1920*, Vol. I, p. 795.

11　"Commander-in-Chief, Asiatic Fleet to Opnav.," 17 March & 12
　　April, 1920, RIAC, 893.00/3338.

處外，也必須負擔受傷人員的醫療花費以及支付賠償慰問金。[12] 但英國駐九江領事柯爾克（Claud C. A. Kirke, Consul, Kiukiang）[13] 則認為，無論是英國九江租界工部局，抑或是美國海軍，均無須負擔暴動事件中受傷中國工人的責任，因為這些人乃是在暴動中受傷，且其受傷原因可能只是他們在驅離行動中未能及時撤離所致。故柯爾克建議美國總領事韓思敏可以無須理會中國方面的訴求。[14]

---

12 "Chi Yang, Civil Governor of Kiangsi to P. S. Heintzlemen, American Consul-General, Hankow," 19 & 20 March 1920, *FRUS 1920*, Vol. I, p. 795; RIAC, 893.00/3353.

13 在擔任九江領事前，柯爾克曾擔任英國駐蕪湖領事。見 *The London Gazette*, 2 August 1918, p. 9110.

14 不過，英國駐九江領事柯爾克也表示，受傷工人的醫療費用相當便宜，故英國九江租界工部局已代為支付。至於賠償慰問金部分，則完全不做考慮。事實上，柯爾克認為僅是負擔其醫療費用，也已給予這些受傷的中國人員「超過其應得的待遇」。此外，柯爾克也就其本人以及代九江英人社群向美國總領事表達對於美國海軍官員此次協助義舉的感謝之意。見 "Claud C. A. Kirke, British Consul, Kiukiang to P. S. Heintzlemen, American Consul-General, Hankow," 1 April 1920, *FRUS 1920*, Vol. I, pp. 795-796.

圖 3-1　介入 1920 年九江英租界工人暴動案的美國海軍
長江巡邏隊艦船

USS *Elcano*	USS *Samar*

規格：砲艦、排水量 620 噸、 編制 101 員	規格：砲艦、排水量 243 噸、 編制 28 員

說明：此二艦均為美國從 1898 年美西戰爭中擄獲的戰利品。
圖片與資料來源：NavSource Online: Gunboat Photo Archive (http://
www.navsource.org/archives/12/09038.htm, 09041.htm，擷取時間：2016
年 12 月 15 日)

　　也因此，美國駐漢口總領事韓思敏在給江西省長戚
揚的答覆中，遂參考英國領事柯爾克的論點，並未回應
中國方面的賠償要求。不過，為了表示善意，韓思敏還
是強調，受傷的中國苦力工人已經受到醫療照顧，目前
已康復，相關醫療費用也已由九江英租界工部局支付。
至於美國海軍部分，乃是受英國領事之請派兵登岸維持
秩序，故相關責任不應由美國負責。但為了展現善意，
韓思敏表示業已通知美國海軍長江巡邏隊指揮官（T. A.
Kearney, Commander, Yangtze Patrol），往後在處理類
似的民間動亂時，應更加小心謹慎。[15] 與此同時，美國

---

15 "P. S. Heintzlemen, American Consul-General, Hankow to Chi Yang,
　Civil Governor of Kiangsi," 6 April 1920, cited from "Chi Yang,
　Civil Governor of Kiangsi to P. S. Heintzlemen, American Consul-
　General, Hankow," 5 June 1920, *FRUS 1920*, Vol. I, p. 805; RIAC,
　893.00/3410. 關於 1920 年代初期美國海軍長江巡邏隊的活動

駐北京公使館也向北京政府外交部遞交照會，除詳述事件經過外，也解釋暴動發生時，因苦力工人在英租界內大肆破壞，並對英籍警監施暴，且將其從租界公署內拖走，考量事態緊急且當時並沒有英國軍艦在港，無法立刻馳援，因恰好有兩艘美國海軍軍艦停泊九江，故英國領事乃轉而請求美國軍艦派兵登岸協助恢復秩序，並保護租界內外人生命財產的安全。[16]《申報》亦稱美國海軍愛爾卡諾號艦長在事發後，曾特地私下拜訪當地道尹，針對此次在租界內動武一事，表示歉意：

> 聞美艦哀可羅、司馬等艦長，前謁道尹，謂中美邦交向敦睦誼，此次為租界懸有危險旗，不能不遣兵援救，乃驟然登岸，致誤傷華人性命，殊為抱歉，現將軍艦移駛他處，以全國交。[17]

江西省長戚揚似乎也感受到美國方面的誠意，故在給韓思敏的回信中，認為既然九江英租界工部局已支付相關受傷人員的醫療費用，且英國領事也已與九江地方

情況、任務及其動武尺度，可以參見 Dennis L. Nobel, ed., *Gunboats on the Yangtze: The Diary of Captain Glenn F. Howell of the USS Palos, 1920-1921* (Jefferson: McFarland & Company, Inc., 2002); Bernard D. Cole, *Gunboats and Marines: The United States Navy in China, 1925-1928* (Newark: University of Delaware Press, 1983)，以及筆者先前的論文：應俊豪，〈長江上游航行安全問題與美國駐華海軍的因應之道(1920-1925)〉，頁 123-172。

16　"O. C. Tenney, American Charge d'affaires, Peking to the Secretary of State," 12 April 1920, *FRUS 1920*, Vol. I, p. 803; RIAC, 893.00/3359.

17　〈九江新交涉近訊：英領與傳道尹之非正式談話〉，《申報》（上海），1920 年 3 月 22 日第 8 版。

當局完成善後交涉，圓滿處理此案，故他同意有關賠償問題到此為止。至於美國海軍的行動部分，戚揚也相信美國方面的誠意，長江巡邏隊各艦艦長已經收到指示謹慎注意並小心行事，在後續動亂的處置中，也未再產生類似爭端。換言之，戚揚相當滿意美方的處置，故不再追究美國海軍陸戰隊動武傷人之事。[18]

另外一方面，美國駐華公使館代辦坦尼（O. C. Tenney, American Charge d'affaires, Peking）在早先給國務卿的電報中，即已表示日本東京報紙報導過於誇大，強調並無人員死亡等情事。[19] 在接到漢口總領事館的後續調查報告後，坦尼再向美國國務院呈報，強調美國海軍陸戰隊登陸介入九江英租界工人暴動的時間不過幾個小時，待中國當局派兵鎮壓暴動、維持秩序後，隨即撤離，過程中除兩名中國工人受傷外，並無其他嚴重情勢發生。[20] 稍後，美國駐漢口總領事韓思敏也向美國國務卿送交詳細報告，指控日本東京報紙的相關報導，很明顯是誇大其詞。首先，在鎮壓過程中雖有人員受傷，但絕未有死亡情況發生。其次，事件後在九江當地也並未出現所謂的反美或反英情緒。其實，近來在九江的外國人，包括美國海軍官員以及英美等外國商民等，均曾向

---

18 "Chi Yang, Civil Governor of Kiangsi to P. S. Heintzlemen, American Consul-General, Hankow," 5 June 1920, *FRUS 1920*, Vol. I, p. 805; RIAC, 893.00/3410.

19 "O. C. Tenney, American Charge d'affaires, Peking to the Secretary of State," 31 March 1920, *FRUS 1920*, Vol. I, p. 794.

20 "O. C. Tenney, American Charge d'affaires, Peking to the Secretary of State," 12 April 1920, *FRUS 1920*, Vol. I, p. 803; RIAC, 893.00/3359.

韓思敏報告，九江百姓以及政府當局均未流露出反外傾向。[21] 而在收到江西省長戚揚的正式答覆後，韓思敏也再次向美國國務院呈報此案已妥善處理，並強調美國海軍在九江英租界的行動，並未引起中國官員或民間針對美國海軍本身或居住該地美國商民的任何不滿情緒。[22]

　　簡言之，從上述美國駐華使領針對美國海軍介入鎮壓九江英租界工人暴動事件的後續處置來看，似乎並未展現任何砲艦外交應有的強勢作風，也沒有向英國駐九江領事追究工人肇事責任，且一再流露出對工人暴動的輕蔑不屑之意，認為其受傷乃是自取其辱，提供照顧醫療遠已足夠。相反地，在美國駐漢口總領事館給江西省長，以及駐華公使館給北京政府外交部的照會中，雖然並未確切明言，但還是可以看出美方對此事件的遺憾之意，澄清美國海軍介入，只是被動應英國領事之請，且陸戰隊登陸時間為時甚短，一俟中國官兵出面處理後，美國海軍隨即撤離，並未故意滯留；況且美國方面也以此次事件有工人受傷為鑑，檢討處置手法，要求海軍軍艦艦長在處理類似事件時，應更加小心因應為是。

　　如進一步分析九江英租界工人暴動案後，美、英兩國官員的反應，可謂差距甚大。相較美國使領與海軍官員的低調克制與私下表示歉意，英國駐九江領事柯爾克

21　"P. S. Heintzlemen, American Consul-General, Hankow to the Secretary of State," 6 April 1920, *FRUS 1920*, Vol. I, pp. 794-796; RIAC, 893.00/3353.

22　"P. S. Heintzlemen, American Consul-General, Hankow to the Secretary of State," 12 June 1920, *FRUS 1920*, Vol. I, p. 804; RIAC, 893.00/3410.

則顯得相當氣勢凌人。據《申報》報導，衝突發生後，九江當地最高地方行政官員潯陽道道尹（管轄江西北部九江等二十餘縣）傅春官即曾與英國領事多次會商討論善後處理之法，但英國領事態度始終強硬，不認為處置有錯，導致雙方激烈辯論，未得解決要領。事實上，在交涉過程中，英國領事即一再追究工人肇事責任，嚴辭質問英籍警監遭到暴民攻擊並被強制押送一事，且要求九江當局必須懲治涉案暴民，以儆效尤，但對於工人反抗背後的主要動機，以及美兵應召動武造成工人受傷等事則不願深問。後在傅春官剴切分析晚清以來民教等華洋衝突的嚴重性後，英國領事方始稍加節制。[23] 再加以暴動事件後，工人罷工，影響洋商利益甚鉅，英國領事最終才同意妥協，革退引起此次衝突的租界巡捕，以平息民怨。[24]

23　《申報》稱潯陽道尹傅春官對英國駐九江領事云：「此次肇事，乃因租界巡捕逞兇，以致民氣憤激。敝道尹忝任地方，正擬調查清楚，向貴領事正式交涉。今貴領事既談及此，請先將逞兇之巡捕，治以應得之罪，復將平日租界對於華工種種不合，力求改革，方為根本解決。人民之感情日洽，即國家之友誼日親，一切意外，不至發生。否則今日交涉即勉強了事，恐民氣積過愈甚，異日一觸即發，更為不幸……否則彼此斤斤，終屬客氣用事。且二十年前南昌教案，敝道尹身與其役，殷鑒不遠，自應鄭重辦理。」見〈九江新交涉近訊：英領與傳道尹之非正式談話〉，《申報》（上海），1920 年 3 月 22 日第 8 版。

24　〈九江交涉案解決消息〉，《申報》（上海），1920 年 4 月 3 日第 7 版。

三、美國駐華使領處理雲南美籍傳教士綁架受害案的作為

　　晚清、民初以來，隨著美國傳教活動陸續深入雲南等西南內地後，即不時發生當地土流官與美籍教士之間的衝突案件，並造成教會教產、教民遭到華人危害情事。[25] 歐戰後，受到藏、川、滇邊界戰事頻傳的影響，在四川巴塘的美國教會即擔心遭到戰亂、土匪活動的波及，又緊急致函美國駐華公使館，希望轉請北京政府令雲南派兵保護川、滇之間美、英、法等國教士傳教活動的安全。[26] 果不其然，在 1920 年 1 月初，美國基督會差會（Foreign Christian Missionary Society）傳教士薛爾頓醫生（Dr. A. L. Shelton），在從四川巴塘返回雲南昆明的途中，即遭到一群為數約 600 人的土匪勢力

25　例如 1917 年初，美國駐華公使館即曾向北京政府外交部抱怨美籍教士在雲南地區的傳教活動，遭到地方官的非法阻擾，故希望北京政府能嚴飭雲南省政府加強對美國教堂與醫院等的保護。見 "Paul S. Reinsch, American Minister, Peking to Wu T'ing-fang, Minister for Foreign Affairs," 5 January 1917；〈收美芮使函：雲南順寧府反對美教徒及美教堂擬購地建堂請飭地方官保護由〉，1917 年 1 月 8 日；〈美教會在猛連等處設堂傳教希飭保護由〉，外交部致雲南督軍、省長電文，1917 年 1 月 8 日，中央研究院近代史研究所檔案館藏（以下略），《北洋政府外交部檔案》，03-07-001-03-008、009。關於晚清、民初時期美籍教士在雲南傳教活動始末，可以參見外交部特派雲南交涉員張翼樞的調查報告，見〈收雲南特派員張翼樞呈報美牧師擬在猛連等處設立教堂經過情形由〉，1917 年 6 月 23 日，《北洋政府外交部檔案》，03-07-001-03-013。

26　〈收巴塘美教士惡旬致美使館電〉，1919 年 2 月 4 日、〈收美國使館轉來美國教士惡旬（Ogden）君由巴塘來電〉，1919 年 2 月 14 日，《北洋政府外交部檔案》，03-28-011-03-005、03-28-011-03-008。

綁架，並勒索贖金。由於情況緊急，美國駐華公使館乃
直接以電報要求雲南督軍唐繼堯展開援救行動，但又因
美國未在該地派駐有領事官員，故只好先行委託法國駐
昆明領事館代為處理後續事宜。[27] 不過，因為薛爾頓醫
生被綁架的地點位於昆明西北方的武定縣，軍事情況相
當複雜，為了有效因應當地特殊情況，美國駐華公使館
又緊急下令當時尚在越南西貢的使館武官德雷斯戴爾中
校（Lieutenant Colonel W. S. Drysdale, Military Attaché,
American Legation, Peking）立刻趕往雲南與地方當局交
涉，就近指揮援救行動。[28]

---

27 "O. C. Tenney, American Charge d'affaires, Peking to the Secretary of State," 8 January 1920, *FRUS 1920*, Vol. I, pp. 793-794.

28 "O. C. Tenney, American Charge d'affaires, Peking to the Secretary of State," 27 January 1920, *FRUS 1920*, Vol. I, p. 794.

圖 3-2　雲南美籍教士薛爾頓被綁架案地圖

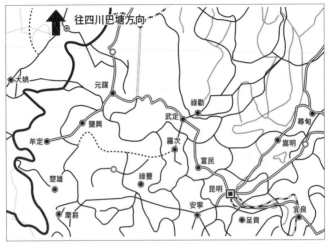

說明：美籍教士乃是從四川巴塘返回雲南昆明途中，遭到不明土匪勢力綁架。元謀縣為土匪關押美籍教士之處。武定縣為雲南當局援救人質的前進指揮地。
底圖：〈雲南全省新興圖〉（1918），中央研究院近代史研究所檔案館藏，《外交部地圖》，館藏號：14-01-16-006。重繪：民國歷史文化學社編輯部。

　　然而當時德雷斯戴爾已由西貢返抵香港，但由香港前往昆明，最快的路線乃是從香港經海路前往越南海防，再轉陸路前往昆明。由於受到輪船船班限制，德雷斯戴爾無法即刻啟程，乃又透過私人關係，聯繫在昆明的英商亞細亞石油公司駐昆明經理人桑頓（J. P. Thornton, Manager of Asiatic Petroleum Company, Yunnanfu）代為先查看目前援救進度，以及是否有必要直接前往昆明。而據桑頓給德雷斯戴爾的回覆電報，滇軍雖然已派遣近四千名軍隊前往武定縣進剿，並包圍涉入綁架案的土匪集團根據地，但情況仍十分危急，故建議德雷斯戴爾仍應盡快趕往昆明為宜。為了強化處理援救行動力道，德雷斯戴爾乃透過美國駐廣州總領事伯格賀茲（L. A. Bergholz, American Consul-General, Canton），由其先以措辭相當強硬的電報，通知雲南督軍唐繼堯，表達美方對於此案的關注，並要求雲南當局必須盡快與土匪展開交涉，以確保薛爾頓的獲釋，否則萬一其遭遇不幸慘遭殺害，美國將追究唐繼堯在此事的全部責任。[29] 而在給美國總領事的回覆中，唐繼堯強調薛爾頓目前情況無虞，並已透過特殊管道與其保持聯繫，但因為土匪開出的勒贖條件太過苛刻，故交涉相當棘手，但是雲南方面還是會在近日內盡一切所能說服土匪，以確保人質獲釋。[30]

1920 年 2 月下旬，德雷斯戴爾終於趕抵雲南昆明，並立刻與英、法兩國駐昆明領事官員、傳教士以及美國商民團體取得聯繫，商討其他可能的營救方式。他們給這位美國軍官的建議，大致類似，均是認為援救人質的最佳作為仍是應由雲南當局派出軍隊直接進剿土匪，而不應接受土匪的條件，否則土匪將予取予求，屆時雲南恐永無寧日，外人綁架案件也可能會層出不窮。特別是在英國駐昆明領事歐提威爾（H. A. Ottewill, British Consul, Yunnanfu）給英國駐華公使的報告中，也認為「要確保外人安全，以及維護雲南的和平，唯一

---

29 "L. A. Bergholz, American Consul-General, Canton to Tang Chi Yao, Military Governor, Yunnan," 24 January 1920, *FRUS 1920*, Vol. I, p. 797.

30 "Tang Chi Yao, Military Governor, Yunnan to L. A. Bergholz, American Consul-General, Canton," 29 January 1920, *FRUS 1920*, Vol. I, p. 797.

辦法，就是對土匪採取最強硬的行動」。[31]

　　根據德雷斯戴爾在昆明蒐集到的相關情資，他認為此起綁架案可能內情並不單純，或許還涉及到滇軍內部派系之爭。因為前駐粵滇軍將領李根源似乎在策劃推倒唐繼堯的秘密行動，不久前甚至還曾發生暗殺行動。或許薛爾頓醫生的綁架案件，也與李根源推動的倒唐運動有所關連。[32]

　　另外一方面，有鑑於唐繼堯所部滇軍援救人質行動不力，德雷斯戴爾也開始思考其他可能的救援管道。[33]他認為雲南高山環繞，相當不利於滇軍部隊展開圍剿土匪的軍事行動，況且一旦發生戰鬥，也不見得能夠有效確保薛爾頓醫生的安全。因此德雷斯戴爾建議應該由美方人員直接與土匪建立溝通管道，斡旋處理其與滇軍之間的矛盾衝突。而最好的解決之道，莫過於由美國出面交涉，使滇軍鬆開包圍網，讓土匪部眾能夠順利從雲南撤至四川，以交換薛爾頓的安全獲釋。德雷斯戴爾相信雲南督軍唐繼堯應該也不會反對此解決方案，因為這股

31　"H.A.Ottewill, British Consul, Yunnanfu to the British Minister, Peking," Date Unknown, cited from *FRUS 1920*, Vol. I, pp. 797-798.

32　駐粵滇軍原歸李烈鈞統率，但後來經政學系的運作，遂改由李根源負責，但唐繼堯仍希望由李烈鈞統率滇軍，雙方爆發戰鬥，駐粵的桂系軍隊也參戰協助李根源，故獲得勝利，李烈鈞則失敗下臺。換言之，滇軍將領李根源立場與政學系靠近，而與唐繼堯敵對。見郭廷以，《近代中國史綱》，頁471。

33　根據外文報章的分析，綁架案發生後，唐繼堯即派遣軍事代表與綁架勢力接觸，但由於該代表率領大批護軍隨行，土匪擔心其中有詐，故不願與其接觸。而在唐繼堯援救無力後，北京政府似乎也想從四川方面下手，希望在巴塘的駐軍，也能夠參與援救人質的行動。見 "Endeavors To Secure Release of Kidnapped Missionary," *The Shanghai Gazette*, 26 January 1920, p. 5.

土匪撤出雲南，對於恢復該省的內部秩序而言，同樣也是好事。此外，在德雷斯戴爾抵達昆明，亦曾先後與外交部駐雲南特派交涉員以及當地駐軍指揮官進行交涉，希望獲知目前援救行動的進度，以及與土匪的交涉情況，但是交涉員與指揮官的態度則相當不合作，也不願告知相關資訊。因此，為避免延誤時機，德雷斯戴爾主張還是應該由美方直接與土匪方面進行接洽。故他稍後即以美國駐北京公使館武官以及特別代表（Military Attaché and Special Representative of the American Legation, Peking）的身分，正式致函雲南督軍唐繼堯，表明立場，並計畫以下列條件與土匪進行交涉：

> 雲南當局同意寬恕土匪先前所犯的所有罪行。
>
> 雲南當局保證匪首及其部眾安全，並讓其在適當武裝護衛陪伴下，撤往四川。
>
> 如果匪首及其部眾願意繼續留在雲南和平營生，則應保障不受干擾與懲罰。
>
> 雲南當局應給與土匪一定數量的金錢，以便讓其可以和平營生。
>
> 如果匪首願撤往四川，則雲南當局應任命其為營長，繼續指揮並重組其部眾。

不過，一旦土匪在限期內拒絕談判或是在談判過程中失信、出爾反爾，未釋放人質，並意圖脫逃，則德雷斯戴爾同意雲南當局可以在通知美方人員後，隨即展開軍事圍剿行動。[34]

　　而在給德雷斯戴爾的回信中，唐繼堯表明同意其計畫，也授權美方人員以上述條件與土匪展開交涉，並將此事通告雲南各軍政官員知曉，以提供必要的協助。唐繼堯並向美方聲明，無論是剿是撫，雲南當局均會以人質薛爾頓醫生的安危，為第一優先考量。同時，為了避免美方、滇軍與土匪在談判過程中發生誤解，滇軍將派出一名聯絡官陪同美方人員一同前往土匪根據地進行談判。不過，唐繼堯還是提醒德雷斯戴爾，在先前滇軍與土匪的談判中，即曾提出過類似條件，但因土匪過於奸詐，遲遲未能達成協議，故也應特別注意此類情況的發生，以防不測。此外，唐繼堯也堅持一旦土匪接受美方所提條件，答應放下武器，則無論其是願意留在雲南或是前往四川，最後土匪的安置地點以及人數，還有其前往四川的路線，則仍應由雲南當局做最後的定奪。[35]

　　在獲得唐繼堯同意後，德雷斯戴爾也開始籌組美方交涉團。因考量到昆明駐軍司令以及交涉員的對美態度不太友善，德雷斯戴爾決定自己留在昆明，居中聯繫，以便使雲南各軍政當局嚴格貫徹唐繼堯所同意的交涉方針，而委派熟悉雲南事務的友人桑頓為全權代表，前往武定縣與土匪直接交涉。

34　"Lieutenant Colonel W. S. Drysdale, Military Attaché and Special Representative of the American Legation, Peking to Tang Chi Yao, Military Governor, Yunnan," 27 February 1920, *FRUS 1920*, Vol. I, pp. 799-800.

35　"Tang Chi Yao, Military Governor, Yunnan to Lieutenant Colonel W. S. Drysdale, Special Representative of the American Legation, Peking to," 27 February 1920, *FRUS 1920*, Vol. I, pp. 800-801.

表 3-1 美國公使館武官德雷斯戴爾所擬定的美方交涉團
成員組成

姓名	背景	身分	備註
桑頓 （J. P. Thornton）	商人	英商亞細亞石油公司駐昆明經理（美籍公民）	作為美國公使館武官與特別代表德雷斯戴爾的全權代理人
歐思古德醫生 （Dr. Osgood）	傳教士	隸屬於基督會差會	人質薛爾頓醫生的同事
史密斯 （Frederick A. Smith）	記者	《芝加哥論壇報》（Chicago Tribune）特派員	
雲南當局所派隨行人員		官方代表 書記 密探 軍方武裝護衛人員	

　　在美方交涉團抵達武定縣後，隨即派出兩組密探攜帶信函，試圖聯繫盤據在武定縣山區的土匪勢力。在信函中，美方代表強調已經抵達當地，並已取得雲南督軍的同意，準備與土匪首領進行交涉，以便和平解決薛爾頓醫生綁架案，故希望土匪方面也能派出代表，共同協商處理。與此同時，武定縣縣長也派出 20 至 25 名的密探，前往山區打探消息，希望能夠查明薛爾頓的拘留位置。然而，就在美方信函尚未送達土匪手中前，事情就有相當戲劇化的變化。因為武定縣派出的密探中，其中一名竟在武定縣以西的元謀縣的小村莊，意外發現薛爾頓被囚禁於此村的穀倉之中，而由一名土匪以及三名當地土著村民看守。該土著村莊顯然與土匪集團之間有著合作關係。所幸該名土匪不久後即離開村莊，前往土匪據點聯繫後續事宜。武定縣密探即趁此良機，順利將薛爾頓營救出來，並護送至元謀縣駐軍處，從而化解了美國傳教士綁架案危機。美方代表原先擬議介入斡旋的交

涉談判與條件，也就無庸再提出了，因為接來下的後續事宜，顯然與美方無關，並將由雲南軍事當局自行處置。[36]

圖 3-3　遭雲南土匪綁架的美籍傳教士薛爾頓醫師

Missionary Tells Grim Story Here.

Dr. A. L. Shelton, Peacemaker of the Orient.

薛爾頓醫師獲釋返美後，還特地在美國一場宗教場合，發表個人談話，論述他在中國傳教的歷程，以及此次遭到綁架的實際經驗。在談話中，他表示已在中國傳教 17 年，且主要是在西藏（川藏）地區傳教。他一直致力於調和該區的漢藏糾紛，也獲准在拉薩建立了一所醫院，並教授百姓醫藥知識。其次，他認為雲南與西藏（川藏）間戰事，可能是導致他被綁架的原因之一。至於被綁架期間，土匪提供他米飯與豬肉當作食物，並一直逼著趕路逃亡，直至他身體不堪負荷後，才將其關押在一間屋舍內。

圖片與資料來源：“Held Prisoner by Chinese: Missionary Tells Grim Story Here,” *The Los Angeles Times*, 3 September 1920, p. II5.

究其實際，1920 年前後雲南政局異常複雜，粵軍、桂軍、滇軍、川軍等競逐西南地區的領導權，彼此之間爾虞我詐，各軍內部也是矛盾不斷，叛變倒戈與客軍結

36　以上有關美方援救人質行動的過程，均參見美國使館武官德雷斯戴爾中校給公使館的詳細結案報告，見 “W. S. Drysdale, Military Attaché and Special Representative of the American Legation, Peking to O. C. Tenney, American Charge d'affaires, Peking,” 8 April 1920, *FRUS 1920*, Vol. I, pp. 796-803.

盟的情況，也時有所聞。加以川滇鄉間種植罌粟花，以輸出鴉片獲取暴利，黑白各方勢力錯綜複雜。外人在當地，有意無意間只要稍有不慎，即可能捲入複雜軍事派系與利益的爭戰之中，也因此對傳教團體造成相當大的威脅。事實上，除了前述滇系將領李根源可能在背後策劃綁架案，以抵制雲南督軍唐繼堯外，可能的主謀，還包括當地盤據地方、反政府的土匪勢力。薛爾頓夫人在倖免於難逃至雲南府後，即稱其丈夫被綁架案，背後應帶有反對唐繼堯的企圖。而根據英文《北華捷報》（*The North China Herald*）的分析，涉入此案的首謀應該就是楊天福（Yang Tien-Fu，音譯），他是雲南的大土匪頭子，擁眾近五千人，他近日曾向雲南當局請求招安，但卻遭到督軍唐繼堯的拒絕，所以懷恨在心，有意挾怨報復。[37] 事實上，根據事後其他外國傳教士的瞭解，也認為策劃此次綁架案的匪徒勢力龐大，遍及整個雲南，所以綁架外籍傳教士的動機並不單純，應是帶有政治動機，主要意圖還是在讓地方當局「丟臉」，以達到反對雲南督軍唐繼堯的目的。[38] 此外，在薛爾頓醫生營救成功後不久，又傳出該批土匪又成功綁架另外一名

---

37 匪徒在綁架薛爾頓醫生後，也對外宣稱會善待人質，直到雲南當局為此事作出善意回應為止。見 "Brigands Capture American Missionary Doctor," *The Canton Times*, 10 January 1920, p. 1; "American Missionary Held for Ransom," *The North China Herald and Supreme Court & Consular Gazette*, 10 January 1920, p. 65.

38 "Shelton's Captor to Make War On Governor Tang: Yang Tien-Fuh, Bandit Leader, Making Preparations for Trouble in Yunnan," *The Canton Times*, 24 April 1920, p. 6.

英國傳教士的消息。[39]

另外一方面，因雲南地處偏僻，當時美國在該區利益仍以傳教團體為主，並無常駐外交與軍事官員。故當發生美籍傳教士薛爾頓遭到綁架案件後，美國駐華公使館也苦無施力之處，只能緊急命令武官直接前往當地處理。但作為北京使館武官的德雷斯戴爾，與雲南當地並無淵源，也不熟悉地方情況，所以在援救人質的過程，其實均仰賴其他國家的幫助。尤其是英國與法國自晚清時期起，即已在中國西南地區發展商業利益與傳教士事業，故有較深的人際網絡。德雷斯戴爾在給北京公使館的結案報告中，也坦承此案能夠順利解決，很大程度要歸功於英國與法國在該地領事、英商亞細亞石油公司的美籍經理桑頓，以及其他法籍神父等的居中協助。

此外，德雷斯戴爾中校也相當肯定雲南督軍唐繼堯在處理此案時的積極態度，給予美方人員很大的援助。雖然唐繼堯麾下的昆明駐軍司令以及交涉員態度消極，但在唐繼堯本人對於此案的關注，以及其迅速發布的命令，則還是促使其他軍政官員努力協助援救人質的行動。[40]

---

39 "Dr. Shelton Released," *The Shanghai Times*,12 March 1920, p. 1.

40 "W. S. Drysdale, Military Attaché and Special Representative of the American Legation, Peking to O. C. Tenney, American Charge d'affaires, Peking," 8 April 1920, *FRUS 1920*, Vol. I, pp. 796-803.

四、美國駐華使領處理北京迫害華籍教民案的態度

　　1920 年初，在北京（京兆地方）寶坻縣發生一件引起美國駐華公使館極度關切的華籍教民遭迫害案件。在 7 月 16 日美國駐華公使克蘭（Charles R. Crane, American Minister, Peking）給北京政府外交部代理總長陳籙的照會中，強調此案嚴重涉及對華籍教民權益的一系列侵害，包括公然破壞教民家庭的財產、言詞恐嚇、人身攻擊，甚至還公然提供懸賞 500 元取教民的性命，原因只是這些華籍教民一直堅持其基督教信仰。根據該縣美國傳教士關於此迫害案的報告，在寶坻縣有兩戶華籍教民家庭，但他們同時遭到宗教上的迫害，雖然傳教士已將此案上報寶坻縣有關當局，但顯然未受到應有的重視，縣衙也沒有召開審判庭，也未拘捕嫌犯。反之，迫害教民的主謀及其跟隨者依然盛勢凌人，在街道上公然叫囂，指控教會無權獲得正義，並惡意污衊教會與教徒。他們甚至吹噓早已買通縣衙法庭官員，並將窮盡一切手段，將教會趕出寶坻縣。更令教會與教民感到恐懼的，是在 1920 年 6 月下旬，寶坻縣 12 個村多達千餘人聚集在基督教會產業前遊行示威，公然指責教會違反道德，並聲稱華籍教民在入教前都是正直之人，但在入教後則會成為惡棍，故所有教徒都是沒有道德之人。之後，當縣衙拘捕帶頭毆擊華籍教民及破壞產業的兩名主謀後，這些群眾竟然又在縣衙外聚眾，要求立即釋放被捕之人，同時也要求縣衙傳喚避居在教會內的華籍教

民，以便供彼等洩恨。[41]

美國公使館認為上述惡行，已嚴重牴觸《中美天津條約》第 29 款的規定：

> 耶穌基督聖教，又名天主教，原為勸人行善，凡欲人施諸己者亦如是施於人。嗣後所有安分傳教習教之人，當一體矜恤保護，不可欺侮凌虐。凡有遵照教規安分傳習者，他人毋得騷擾。[42]

美國公使館指控這些欺凌華籍教民的群眾，乃是受到 11 位為首主謀者的蠱惑，才會採取如此惡劣的行動，干擾美國在華的傳教事業，因此要求北京政府外交部應立即通知京兆尹，懲處違法的肇事者，並提供美籍教士與華籍教民應有的保護。特別是根據美方的情資，寶坻縣知事雖然有意替教會與華籍教民主持公道，但是由於畏懼上述群眾領導者在地方上的權威，以致不敢輕舉妄動，故希望由其上級單位給予更多的支援。[43]

---

41 "Letter from Mr. William B. Stelle and Dr. Arthur H. Smith to the American Legation," cited from "Charles R. Crane, American Minister, Peking to Chen Lu, Acting Minister for Foreign Affairs," 16 July 1920, RIAC, 893.00/3976.

42 〈中美和好條約（中美天津條約）〉（1858 年），收錄在黃月波、于能模、鮑釐人編，《中外條約彙編》（上海：商務印書館，1935），頁 126-129

43 "Charles R. Crane, American Minister, Peking to Chen Lu, Acting Minister for Foreign Affairs," 16 July 1920, RIAC, 893.00/3976.

圖 3-4 京兆（寶坻縣）地圖

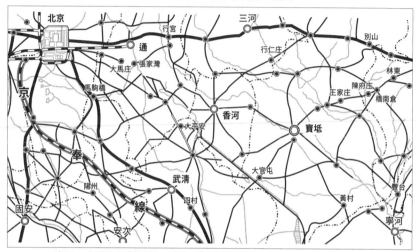

底圖：參謀本部製圖局，〈全國性分幅輿地圖：北京〉（1918 年），
中央研究院近代史研究所檔案館藏，《經濟部地圖》，館藏號：13-
01-01-056。重繪：民國歷史文化學社編輯部。

　　由於一直未收到北京政府外交部的回應，美國公使
館又在 9 月 8 日再度照會北京政府外交總長顏惠慶，要
求明確告知準備採取何種措施，來加強保護華籍教民的
人身與財產安全。尤其根據美國傳教士的報告，寶坻縣
對於教民的迫害行動不但未有收斂，反而更變本加厲，
因此美國公使館急切要求北京政府外交部，必須極其
慎重地看待此問題，並立即採取有力行動，以確保教民
安全。[44]

　　在 9 月 13 日給美國公使館的照會中，北京政府外

44　"A. B. Ruddock, American Charge d'affaires, Peking to W. W. Yen,
　　Minister for Foreign Affairs," 8 September 1920, RIAC, 893.00/3976.

交部解釋在收到美使館 7 月 16 日第一份照會後，即已
通知京兆尹調查此案，並懲處相關人員，但是因尚未獲
得京兆尹的調查報告，故遲遲未能給予美國使館答覆。
而在收到美使館第二份照會後，外交部乃又再度通知京
兆尹，督促其應盡快採取行動調查此案、懲處人員，
並提供華籍教民適當的保護。[45] 然而，一直要到 10 月
初，京兆尹才正式將調查報告通知外交部。在京兆尹的
報告中，卻揭露出與前述美方報告完全不同的情事。寶
坻縣群眾與華籍教民之間的糾紛，也並非單純的宗教迫
害問題，而是牽涉到河堤工程的責任歸屬問題。而教民
財產的毀損，乃是由於融冰後河水水位高漲，因堤防工
程施工不良，以致河水漫過堤防造成損害。換言之，教
民與非教民之爭，乃在於爭論潰堤的責任，而非有關迫
害教民之事。京兆尹並強調，寶坻縣知事已公正處理此
案，務使雙方各安其位，不致再生事端。[46]

　　另一方面，美國公使館卻始終堅信此案並非京兆尹
所稱的堤防爭議，而屬於宗教迫害問題，故在其 1921
年 1 月給北京政府外交部的第三份照會中，即重申有關
迫害的「證據似乎是非常清楚，且毫無疑問的」；況且
事實就是，華籍教民以及美國傳教事業，均遭到違反
《中美天津條約》規定的「威脅與干擾」，而中國政府

45　〈外交總長顏惠慶致美國公使照會〉，1920 年 9 月 13 日，見 "A
　　Note from the Minister of Foreign Affairs to the Honorable Charles R.
　　Crane, American Minister," 13 September 1920, RIAC, 893.00/3976.

46　關於京兆尹給外交部的調查報告，參考自〈外交總長顏惠慶致美
　　國公使照會〉，1920 年 10 月 6 日，見 "A Note from the Minister
　　of Foreign Affairs to the Honorable Charles R. Crane, American
　　Minister," 6 October 1920, RIAC, 893.00/3976.

方面，卻遲遲沒有採取關鍵行動，來抑制非法行動。由於此迫害案件未來可望由寶坻縣衙移交給北京檢察廳以及審判廳處理，為免冗長的司法訴訟拖累，美國公使館希望北京政府外交部通知司法部，應秉持公正無私的精神，儘速調查此案，以維護美國所享有的條約權利。[47]不過，根據寶坻縣衙的報告，卻強調此案仍由該縣調查中，且不會移交給審判廳處理。京兆尹也已再次督促寶坻縣盡快採取行動處理此案。[48]

　　美方的質疑，部分原因或許可能來自於事發地的寶坻縣，在清末義和團運動期間，確實發生過嚴重排外與攻擊教民行動。事實上，到了民國時期，該縣教民依然與寶坻縣當局對於義和團運動期間所造成的教民財產損害與賠償問題爭執不休，甚至對簿公堂，訴訟至高等審判廳，並由大理院出面解釋法理原由。顯而易見，教民與寶坻縣當局之間關係不睦的情況，即使到了民國時期似乎依然持續。[49]

---

47 "A. B. Ruddock, American Charge d'affaires, Peking to W. W. Yen, Minister for Foreign Affairs," 25 January 1921, RIAC, 893.00/3976.

48 京兆尹給外交部的第二次報告，參考自〈外交總長顏惠慶致美國公使照會〉，1921 年 2 月 16 日，見 "A Note from the Minister of Foreign Affairs to the Honorable Charles R. Crane, American Minister," 16 February 1921, RIAC, 893.00/3976.

49 1920 年一份大理院給京師高等審判廳函中，即提及寶坻縣當局控訴該縣教民拒絕償還修繕房屋所借磚塊之事。此乃因義和拳亂期間，一名教民由於房屋受暴動波及損害，乃向該縣衙門借用 3,900 塊磚塊，用以重新修繕房屋，但事後教民卻拒絕償還磚塊。雙方爭執的焦點在於，因拳亂導致的教民房屋毀損，是否適用於善後賠償。此批磚塊，在定位上，究竟是屬於賠償還是借用的問題。如是前者，自然不用償還，如是後者，則應償還。見〈大理院復京師高等審判廳函〉，統字 1300 號，1920 年 5 月 22 日，《政府公報》，公文，1920 年 5 月 3 日第 11543 號，頁 18。

　　而從上述中美雙方針對寶坻縣迫害教民案件的交涉經過來看，很明顯地已淪為各說各話的情況。究其實際，美國在華傳教活動雖然受到《中美天津條約》的保護，不過因此案爭執兩造雙方均為華人，故並不涉及華洋訴訟問題，美國使領館依約也未享有觀審權利。換言之，無論如何，此案在性質上乃屬於中國地方司法案件，雖然自晚清民國以來，中國已開始著手進行司法改革，陸續設立新式審判廳以處理司法案件，但實際上直隸全省也才僅有 4 個審判廳，故絕大部分司法案件仍多由縣知事衙門來兼理司法。[50] 根據 1914 年公布的〈縣知事兼理司法事務暫行條例〉、〈縣知事審理訴訟暫行章程〉，「凡未設法院各縣之司法事務委任縣知事處理之」、「凡未設審檢廳各縣，第一審應屬初級或地方廳管轄之民刑事訴訟均由縣知事審理」。[51] 也因此美國方面希望藉由審判廳的介入，來還原此案事實真相的希望，可能不易實現。其次，從京兆尹與寶坻縣知事的處置態度，也可以發現他們極力試圖淡化此案，並寄望以單純的民事糾紛來敷衍美國公使館。不過，從美國教士方面言之鑿鑿的報告來看，案情應該不單純，多少應有涉及到宗教迫害等問題。不過，誠如以上所言，此案屬華民糾紛，美方並未擁有介入中國司法審判的權利，

50　H. G. H. Woodhead ed., *The China Year Book, 1924-1925* (Tientsin: The Tientsin Press,1925), p. 261.

51　〈縣知事兼理司法事務暫行條例〉，教令第 45 號、〈縣知事審理訴訟暫行章程〉，教令第 46 號，1914 年 4 月 6 日，收錄在蔡鴻源主編，《民國法規集成》（合肥：黃山書社，1999），第 31 冊，頁 8-30、頁 79-98。

因此除了循外交管道提出抗議外，並無太多可以著力的地方。

五、個案分析與歷史意義

從九江英租界工人暴動問題上，姑且不論事情的原由，亦即日本東京報紙報導九江衝突事件，強調美國海軍鎮壓工人暴動導致死傷，並引起華人反美情緒等渲染字句背後，是否帶有日本政府的輿論宣傳與刻意操作（即日本方面可能試圖利用中美矛盾，來淡化五四運動後中國日漸嚴重的反日問題），但僅純就美國國務院對此事件的關注程度，即可看出美國已不太願意再複製晚清時期列強對華砲艦外交的標準手法，來處理中國社會暴動。而美國駐華使領對於動用海軍武力來處理中國工人暴動，也展現出異常謹慎的態度，極其關注處置過程中是否有造成工人傷亡等細節問題。再者，美國駐華使領在事後給中國中央與地方當局的照會中，也並未理直氣壯地指責或追究工人暴動中所造成的外人受害程度，以為砲艦外交或海軍動武作出合理化的辯解，相反地，而是去強調美國將來會檢討因應作為，以更為節制的態度來處理類似事件，以避免再度造成不必要的人員死傷。由此觀之，歐戰後美國政府在對華問題上，確實有一定程度的改變。[52]

---

52 美國對於中國工人等群眾運動的態度，在歐戰後基本上乃是偏向理性克制，避免介入處理，以免刺激到五四後漸趨強烈中國民族主義情緒。不過，到了 1920 年代中期，隨著布爾什維克反帝宣

其次，在處理雲南美籍傳教士綁架案的過程中，也可以看出幾點訊息。因美國在當地並未設有領事館，美國公使館雖然委託英國駐昆明領事館代為協助，但畢竟事關人命，且還必須與雲南當局斡旋，故仍是得另外派遣人員直接進入當地處理。德雷斯戴爾之所以臨時受命執行此任務，可能因他當時人在越南，離昆明較近，可以盡快趕往有關，但是更為重要的，是他軍職的身分。否則，如要派遣一般美籍交涉人員前往，事實上即可由廣東等鄰近省分的領事館抽調人員前往處理即可。作為美國公使館武官以及特別代表，德雷斯戴爾所體現的，不僅是作為美國駐華機構的外交代表，也象徵著背後的美國軍事武力。德雷斯戴爾抵達昆明前，英國與法國領事等已代為協調多時，滇軍也聲稱派遣近四千人圍剿近月，卻一直未有明確成效。然而，德雷斯戴爾抵達後，不但很快即敲定交涉策略，也獲得唐繼堯的全力支援。也是在這樣的背景下，事發地的武定縣當局，才會派遣20餘名密探前往鄰近山區蒐集消息，也才能夠提早發現人質薛爾頓醫生的囚禁處，使得綁架危機迅速解決。德雷斯戴爾以美國軍人身分，跟同樣軍職出身的唐繼堯交涉，或許是雙方很快就能夠達成突破與共識的重要原

傳活動的加溫，以及五卅後反英風潮的刺激，美國的態度乃轉趨強硬。這可以在北伐期間美國在因應上海工人暴動與後續南京事件的因應處置中略窺一二。關於1920年代美國以及其他列強在對華態度以及砲艦外交運作模式上的轉變，可以參見筆者先前的研究，見應俊豪，〈一戰後美國對「中日山東問題爭議」後續效應的觀察與評估〉，中國社會科學院近代史研究所，《近代中外關係史研究集刊》（北京：社會科學文獻出版社，2017），第7輯，頁145-169；應俊豪，〈1920年代列強對華砲艦外交的分析研究〉，頁1-26。

因之一。[53] 事實上，根據德雷斯戴爾給公使館的報告，當他向唐繼堯提出由美方介入交涉並以安撫手段作為交換人質條件的計畫時，唐繼堯幾乎是在當日就做成了同意的答覆，並立即下令提供了極大的支援。這在 1920 年代的中外交涉場景中，也是相當少見的，特別是在北京政府鞭長莫及的西南地區。就某種程度來說，德雷斯戴爾的出場，也可謂是某種美國溫和型砲艦外交的展現，只是並非真的派出砲艦，而是以象徵性的軍事力量來介入處理外交事務。

　至於京兆寶坻縣宗教迫害一案，如就結果論之，美方似乎只能無奈地接受中國方面的處置結果，但是此案對於美國公使館事後的觀感來說，卻有兩個重要影響。其一，中國司法制度依然不夠健全，由欠缺現代法律背景的縣知事兼理司法案件，流弊不少，特別是在縣知事審理此案過程中，調查冗長費時，歷經半年餘竟尚未完成調查。這在美國公使館眼中，自然是在拖延、敷衍了事，從而會影響美國對於中國希望盡快撤廢領事裁判權的支持。其二，由於事件調查拖延、真相不明，中國方面提不出令人折服的證據，美方則又堅決認定此案係屬宗教迫害案件。所以此案或許會讓美國人以為，即使到了民國時期，部分中國人對於基督教及其教徒的排斥

53　與薛爾頓同樣隸屬基督會差會、且參與營救行動的傳教士歐思古德醫生，在事後接受報紙訪問，即非常稱讚德雷斯戴爾中校，認為他是促成人質成功獲釋的最主要關鍵。見 "Shelton's Captor To Make War On Governor Tang: Yang Tien-Fuh, Bandit Leader, Making Preparations for Trouble in Yunnan," *The Canton Times*, 24 April 1920, p. 6.

與敵意依然不減。在某種程度上，中國人似乎仍然不時
帶有排外傾向，也容易使美國人聯想到晚清時期的義和
拳精神，對歐戰後的中美關係，並非好事。然而即使如
此，美國最終依然還是選擇在條約範疇內處理宗教迫害
問題，尊重中國主權，避免過度干涉中國內政。

六、小結

　　歐戰後東亞國際秩序的顯著特徵之一，即是美國的
崛起及其涉入遠東事務能力的強化。從戰時提出十四項
和平建議，強調民族自決原則、平等對待殖民地人民，
以及後來屢次重申中國門戶開放政策，呼籲列強應尊重
中國主權獨立與領土完整，均顯示美國對中國事務的發
言權與日俱增。如果要進一步評估歐戰後美國遠東政策
的變化，並重新檢視美國對華外交是否有所謂的「新」
作為，傳統的研究途徑大多是以上層政府路線為主，亦
即從華府決策者以及當時列強之間國際角力模式作為觀
察點，來分析討論。不過，本章則嘗試從下層路線著
手，透過在場第一線美國駐華外交使領的視角，探究美
方對於華洋互動與衝突案件的處理態度，藉此省思美國
對華外交作為的實際運作情況。總結來說，從本章的三
個個案研究，可以清楚看出歐戰美國對華外交的幾項重
要特徵，一是以慎重的態度處理華洋衝突事務，防止傷
害中美感情；二是盡量避免採取過於激烈的「砲艦外
交」，而以較為溫和、象徵式的軍事外交，來處理有關
的美人受害案件；三是秉持中外條約辦事的基本原則，

尊重中國主權，不任意介入中國內政事務。而這些特
徵，似乎恰巧可以呼應前述傳統研究途徑的上層政府路
線，歐戰後的美國，無論是「不在場」的上層華府決策
者，抑或是「在場」的第一線外交使領官員，均確實試
圖以新秩序、新思維來看待中國事務，而不願重蹈近代
以來列強對華動輒文攻武嚇且帶有侵略性質的老路。

第二部
美國與海盜問題篇

第四章　美國對中國海盜問題的觀察與評估

一、前言

　　中國海盜問題一直是歷史研究者關注的焦點，但研究重心多集中明清時期的海盜活動上，[1] 而較少觸及民國時期，[2] 且多未從外國政府的角度來檢視他們如何看待與處理海盜問題。事實上，受到民初南北對立與軍閥割據分裂的影響，中國海盜問題在歐戰後呈現出極

1　關於明清及其以前風帆時代海盜活動的研究成果甚豐，如 A. D. Blue, "Piracy on the China Coast," *Journal of the Hong Kong Branch of the Royal Asiatic Society*, Vol. 5 (1965), pp. 69-85; Dian H. Murray, *Pirates in the South China Seas in the 19th Century* (Ithaca, New York: Connell University PhD dissertation, 1979); Dian H. Murray, *Pirates of the South China Coast 1790-1810* (Stanford: Stanford University Press, 1987); Dian H. Murray, "Pirate in the Pearl River Delta," *Journal of the Hong Kong Branch of the Royal Asiatic Society*, Vol. 28 (1988), pp. 69-85；Stephen Turnbull, *Pirate of the Far East 811-1639* (Oxford, New York: Osprey Pub., 2007); Robert J. Antony, *Pirates in the Age of Sail* (New York: W. W. Norton & Co., 2007)；Robert J. Antony, ed., *Elusive Pirates, Pervasive Smugglers: Violence and Clandestine Trade in the Greater China Seas* (Hong Kong: Hong Kong University Press, 2010)；松浦章，卞鳳奎譯，《東亞海域與臺灣的海盜》（臺北：博揚文化，2008）；上田信，高瑩瑩譯，《海與帝國：明清時代》（桂林：廣西師範大學出版社，2014），頁 417-428。

2　對於民國時期中國南方海盜活動情況有較深入介紹，為安樂博（Robert Antony）的研究，見安樂博，張蘭馨譯，《南中國海：海盜風雲》（香港：三聯書店，2014），頁 86-98。此外，還有江定育的碩士論文，以民國時期華南海盜問題為主題，見江定育，〈民國東南沿海海盜之研究〉。

度惡化的現象，往來華南沿海水域的船隻經常遭到海盜的襲擊。華籍船隻深受其害固然自不待言，但外國船隻同樣也不能倖免，淪為海盜攻擊與劫掠財物的對象。尤有要者，中國海盜的活動範圍，還蔓延到東南亞地區，造成北起上海、南至新加坡這一片廣袤的東亞水域，均成為中國海盜可能犯案的高危險地區。

晚清時期的海盜問題，雖然即已成為中外交涉的重點之一，[3] 但是其運作模式，還是與歐戰後的海盜問題交涉，在本質上有相當大的不同。一來晚清時期中國起碼還有一個大權較為集中的中央政府，故很多棘手之處可以透過總理各國事務衙門、海關等居中協調，列強比較容易與地方政府交涉妥協出較為可行的方案。但是歐戰後的 1920 年代是民國史上中國內政最混亂時期之一，各省軍閥割據分裂，先有北洋軍閥內戰，後有國民革命軍北伐，北京中央政府往往令不出北京，各省實力派也擁兵自重、聽封不聽調。因此在海盜問題交涉上，無論是形式與格局，都與晚清時期有非常大的不同。也因此，歐戰後外國駐華使領官員，即經常慨嘆無法以過

3　早自 1850 年代的中英修約交涉中，英國即已提出要雙方共同處理海盜問題的要求。歷經了英法聯軍之役，在稍後的《中英天津條約》，也正式將中國海盜問題的處理原則寫入條約之中。見賈楨等修，《籌辦夷務始末・咸豐朝》（北京：中華書局，1979，重印版），第 1 冊，頁 343-347；黃月波等編，《中外條約彙編》（上海：商務印書館，1935），頁 6。關於晚清時期海盜問題與中外關係的研究，可以參見下列研究者的成果。見 Grace Estelle Fox, *British Admirals and Chinese Pirates*; 龍康琪 (Lung, Hong-kay), *Britain and the Suppression of Piracy on the Coast of China with Special Reference to the Vicinity of Hong Kong 1842-1870*; 村上衛，《海の近代中國―福建人の活動とイギリス・清朝》（名古屋：名古屋大學出版會，2013），第三章，頁 136-181。

去的方式來處理海盜問題。[4] 二來，歐戰後列強對華政
策的主流，在歐戰後華盛頓會議體制與布爾什維克反帝
運動與宣傳的雙重影響下，基本上是以尊重中國主權獨
立、不干涉中國內政、不任意對華動武為主要方針。雖
然歐戰後英美等列強仍不時籌思動用砲艦外交來處理中
外交涉，但不論規模與性質，均與晚清時期傳統的帝國
主義式砲艦外交，有著非常大的不同。[5] 三來，歐戰後
海盜犯案模式，也與晚清時期有非常大的不同，新型態
內部劫掠的公海海盜案件，已逐漸成為 1920 年代的主
流劫掠模式。中國海盜不再像晚清時期成群結隊地公然
打劫船隻，而是化整為零，隱身在一般乘客中，乖乖購
票登船，待船隻航行至公海時，趁隙從輪船內部發動突
襲，控制船隻，再將其劫往廣東沿海。此種劫掠手法，
實在難以從外部偵察、防堵；尤有要者，歐戰後中國海
盜活動範圍也比晚清時期擴大許多，幾乎遍及整個東亞
水域，這也導致中國海盜問題的解決，必須牽涉到更為
複雜的層面。[6]

　　其次，以美國來說，在國際政治上，為了反制英、
法、德、俄、日等國瓜分中國、各自劃分勢力範圍，

4　"Memorandum Respecting Piracy Suppression Received from
　　Sir Miles Lampson," dispatch No. 1030, 21 September 1927,
　　CAB/24/202: 0024.

5　關於晚清時期與 1920 年代列強對華砲艦外交的差異，可以參見：
　　應俊豪，〈1920 年代列強對華砲艦外交的分析研究〉，頁 1-26。

6　香港警方與英國海軍對於 1920 年代中國海盜的新型態犯罪手法
　　的詳細調查報告，見 "T. H. King, Director of Criminal Intelligence
　　to Captain Superintendent of Police," 30 April 1927, CO129/507/3.
　　"Anti-Piracy Measures," by Rear Admiral, Hong Kong, June 1930,
　　CO129/521/3.

自 20 世紀初始美國即提出中國門戶開放政策，鼓吹以合作代替競爭，以機會均等取代各自壟斷，希望能夠與其他列強共享在華利益。到了歐戰前期，美國因尚未捲入歐戰紛擾，又利用歐洲列強無暇東顧之機，積極發展在華商貿與航運市場。歐戰結束後，美國總統威爾遜在巴黎和會上強勢介入處理中日山東問題之爭，雖未獲致圓滿解決，但已充分體現出美國對於未來中國事務安排的積極關注。[7] 1921 年底美國又出面召開華盛頓會議，一方面處理戰後五國海軍力量平衡問題，正式向世界宣告美國「不輸任何國家」（second to none）、與英國並列為世界第一等的海權國，二方面處理遠東及太平洋問題，規範往後列強對於中國事務處理應有基本態度，三方面則會外協調斡旋解決山東問題，消弭中日因德國租借地問題而產生的利權之爭。[8] 如此種種，均體現出美

---

7 關於巴黎和會山東問題與美國總統威爾遜介入斡旋中日之爭，可以參見下列研究：Roy Watson Curry, *Woodrow Wilson and Far Eastern Policy, 1913-1921*, Ch. 9；應俊豪，《公眾輿論與北洋外交——以巴黎和會山東問題為中心的研究》，頁 197-244；唐啟華，《巴黎和會與中國外交》，頁 165-205。

8 究其實際，歷經歐戰的洗禮，美國海軍實力已超越英國，成為世界最強大的海權國，但為了避免重演戰前的海軍軍備競賽，美國自願削減新式主力艦、航母等艦船噸位數，以與英國保持相等，至於日本則位列二等，法、義為三等。因此，美、英、日、法、義五國海軍實力比被定為 5:5:3:1.67:1.67。關於美國主導的華盛頓會議如處理五國海軍、遠東與太平洋問題，以及山東問題，可以參見筆者先前的另外一篇研究，見應俊豪，〈談判桌上的海權劃分：五國海軍會議(1921-1922)與戰間期的海權思維〉，《國立政治大學歷史學報》，第 30 期（臺北，2008.11），頁 119-168。至於近代美國海權興起、美日海軍對抗及其對東亞事務影響，亦可參見日本學者麻田貞雄的相關研究，見 Sadao Asada, *From Mahan to Pearl Harbor : The Imperial Japanese Navy and the United States* (Annapolis, MD.: Naval Institute Press, 2006).

國在東亞與中國事務上的影響力與重要性與日俱增。[9]
當時部分英文報紙甚至戲稱華盛頓會議的顯著作用之
一，就是美國將「門羅主義」適用到東方來。[10] 換言
之，美國正試圖將其對華政策的框架與價值判斷套用到
中國事務。所以，美國駐華使領對於中國海盜問題的觀
察與態度，將可以藉以檢視美國如何看待此問題，從而
進一步去反思美國與其他列強（尤其英國）對於海盜問
題的理解差異。即是之故，如要對歐戰後環繞在中國海
盜問題的中外互動與爭執情況有更為全盤與整體性的
了解，實有必要探究美國對於中國海盜現象的觀察與
態度。

　　而在商務貿易上，美國更早自近代以來，即跟著
英、法等國腳步，開拓亞洲市場。究其實際，美國在

9　基本上，近現代中外關係史與外交史學界的普遍共識，均認為在
　　歐戰後，美國在東亞事務，尤其中國事務上的發言權已逐漸凌駕
　　英國之上。當然，英國在對華事務上仍然有著舉足輕重的重要
　　性。但不容否認地，華盛頓會議的召開、九國公約的簽署與所謂
　　「羅脫四原則」的確立，均與美國政府的主導密切相關。換言
　　之，美國試圖修正 19 世紀中期以來英國在中國事務上所樹立的
　　遊戲規則，不再動輒訴諸武力，也不再區分勢力範圍，而是強調
　　門戶開放與機會均等，並尊重中國現狀、主權與領土的完整，
　　反對列強介入中國內政事務。至於日本，同樣也是利用歐戰的時
　　機，大幅擴大在東亞與中國事務的影響力。二十一條要求、西原
　　借款，均是日本對華積極政策的展現。但是歐戰期間，日本對華
　　積極政策所流露出的擴張意圖，也引起美國政府的忌憚。美國出
　　面召開華盛頓會議，推動九國公約的簽署，促使英日同盟告終，
　　其背後的意圖均帶有制衡日本的色彩。所以美日制衡，也是歐戰
　　後維持東亞秩序平衡的重要特色。這也促使日本在 1920 年代前
　　期調整對華政策，開展與美國等協調的「幣原外交」。關於歐戰
　　後美、英、日等國與東亞秩序的關係，可以參見 Akira Iriye, *After
　　Imperialism: The Search for a New Order in the Far East, 1921-1931*；臼井
　　勝美，陳鵬仁譯，《近代日本外交與中國》。

10　"Transition from Strong to Weak Diplomacy," *The China Weekly Review*,
　　12 September 1925.

東亞的航運實力早在 19 世紀後半期即已逐漸顯露。
例如 1867 年後，美商太平洋郵船公司（Pacific Mail
Steamship Company）陸續開通上海航線（橫濱——
長崎——上海）與中國航線（舊金山——橫濱——香
港）。[11] 1898 年美西戰爭中取得菲律賓後，美國更
是以馬尼拉為根據地，積極發展在華的貿易與商業利
益。1902 年起，後繼的大來輪船公司（Dollar Oriental
Steamship Company），也開始投身於太平洋航線，特
別是一次大戰期間以及 1920 年代建立的美國總統客
輪，更成為當時橫跨太平洋最具指標性的航運事業。之
後，大來輪船公司更將觸角伸到長江流域，成為 1920
年代長江上游航運市場相當重要的外國船商之一，與
中、英、日、法等國競逐商業利益。[12] 航運事業之外，
美商在華的各項投資活動也在歐戰前後期間大為擴
張，影響所及，美國在華整體商業利益的重要性，已日
漸凸顯。[13]

11　關於太平洋郵務公司的發展情況與歷史，可以參見 Fessenden
　　Nott Otis, *Isthmus of Panama* (New York: Harper & Brothers, 1867), pp.
　　149-167.

12　Robert Dollar, *Memoirs of Robert Dollar*; David H. Grover, *American
　　Merchant Ships on the Yangtze, 1920-1941* (Westport: Praeger Publishers,
　　1992), pp. 76-83；江天風主編，《長江航運史（近代部分）》（北
　　京：人民交通出版社，1992），頁 235；公私合營民生輪船公司
　　匯編，《川江航運發展史參考資料》，油印本，頁 4，引自聶寶璋、
　　朱蔭貴編，《中國近代航運史資料》（北京：中國社會科學出版
　　社，2002），第 2 輯（1895-1927），上冊，頁 374-375；應俊豪，
　　《外交與砲艦的迷思：1920 年代前期長江上游航行安全問題與列
　　強的因應之道》。

13　關於歐戰前後美國在華商務與投資發展情況，見吳翎君，《美國
　　大企業與近代中國的國際化》。

而依照晚清 1858 年簽訂的《中美天津條約》第 13 款規定，中國官府對於轄下水域內的美國商船負有保護之責，如遭遇海盜劫持，應出兵剿盜，拯救美船，並將追回之贓品交還美商。

> 大合眾國船隻在中國洋面遭風觸礁擱淺，遇盜致有損壞等害者，該處地方官一經查知，即應設法拯救保護，並加撫卹，俾得駛至最近港口修理，並准其採買糧食、汲取淡水。倘商船有在中國所轄內洋被盜搶劫者，地方文武員弁一經聞報，即當嚴拿賊盜，照例治罪，起獲原贓，無論多寡，或交本人，或交領事官俱可，但不得冒開失單。至中國地廣人稠，萬一正盜不能緝獲，或起贓不全，不得令中國賠還貨款。倘若地方官通盜沾染，一經證明，行文大憲奏明，嚴行治罪，將該員家產查抄抵償。[14]

即是之故，依照條約規定，自晚清開始，當美國在華航運事業受到海盜威脅時，中國政府即負有保護與緝凶之責。

到了民國時期，受到中國內政不安、社會失序的連帶影響，海盜問題逐漸失控，而美國商民經商往來中國沿海各口岸間，更時常處於可能遭到劫持洗劫的恐懼陰影下，美國政府自然也就日益關注中國海盜問題的事態發展。美國政府如何理解與評估當時的中國海盜問題，

14　黃月波等編，《中外條約彙編》，頁 126-129。

也必然關係到其後續準備如何因應與處理。這些議題均值得進一步深入探究。

二、美國對中國海盜問題的觀察（一）：整體情況

　　每當中國水域有重大海盜劫案發生時，鄰近的美國領事館即會蒐集劫案情資與報導，將詳情回報給駐華公使館以及華府國務院，以便讓美國政府當局瞭解中國水域的海盜現況。其中又以美國駐香港、澳門總領事館（以下簡稱美國駐港澳總領事館）最為重要。因為中國海盜問題泰半集中在華南水域、犯案者也多來自廣東，而鄰近的香港則成為掌握中國海盜情資最主要中心。透過梳理這些使領報告以及相關海盜報導，將可以大致建構出當時美國眼中的中國海盜問題。

　　首先，中國海盜的活動範圍，依據美國駐港澳總領事館引述香港總督府的資料，主要分布下列水域：（一）珠江，（二）西江及兩廣內河水域，（三）兩廣水域，（四）臺灣水域，（五）北起上海、南至新加坡的東亞沿岸。[15] 顯而易見，中國海盜劫掠範圍極大，幾乎遍及整個東亞水域，包括中國東南沿海各省，以及

15　"Regulations Made by the Governor in Council under 7 of the Suppression of Piracy Ordinance, 1868, Ordinance No.1 of 1868, as Amended by the Suppression of Piracy Amendment Ordinance, 1927, Ordinance No. 15 of 1927, on the 15th Day of March 1928," Enclosure to "New Piracy Prevention Ordinance," Roger Culver Tredwell, American Consul General, Hong Kong & Macao to the American Minister, Peking, 19 March 1928, RIAC, 893.8007/47.

兩廣內河水域等。

其次，以中國海盜的劫掠模式來說，在美國駐港澳總領事館給國務院的報告中，曾根據香港總商會 1926 年的報告，將中國南方水域海盜問題分為兩大類型，其一是「內部海盜案件」（Piracies from Within）、其二則是「外部海盜案件」（Piracies from Without）。在第一種「內部海盜案件」中，海盜往往偽裝成一般乘客，挾帶武器登船，之後利用適當時機，以武力壓制船長、船員，再將輪船駛往廣東沿海大亞灣水域一帶。最後，海盜再使用船上小艇或是其他接駁木船，將洗劫的財物以及部分華籍人質運送上岸。在第二種「外部海盜案件」中，海盜則多自行乘坐小型船隻，劫掠騷擾在中國各內河水域間航行的木船、拖船、漁船或是其他類型船隻。[16] 事實上，上述「內部海盜案件」，即是前言中所指的中國南方沿海水域海盜案件，劫掠對象多半以近海輪船為主，犯案場域則集中在東南各省外海等公海水域附近，故又稱公海海盜案件。而「外部海盜案件」則一般多是指廣東珠江三角洲以及長江上游水域海盜案件，劫掠對象以傳統木船、漁船、內河客輪為主。

再者，以海盜的活躍程度來說，美國駐港澳總領事館在 1927 年 2 月 1 日、4 月 29 日兩度提交有關中國海盜問題的報告，分別為「中國水域海盜案件」（Piracy in Chinese Waters）以及「中國南方水域海盜案件」

---

16 "Piracy in South China Seas," Roger Culver Tredwell, American Consul General, Hong Kong & Macao to the American Minister, Peking, 29 April 1927, RIAC, 893.8007/24.

（Piracy in South China Seas），統計了 1921 年至 1927
年 3 月期間中國水域內的重大海盜案件，包括大亞灣海
盜輪船劫案、其他輪船劫案（僅出現在 4 月份報告），
以及木船劫案。基本上 2 月份的報告較為簡要、4 月份
的報告則較為詳細，並且補充了 2 月份統計時所遺漏的
部分劫案，同時也將統計時間延伸到 1927 年 3 月。此
兩份報告除了送給美國駐華公使館外，也送交給美國國
務院（2 月份報告還另外送給美國駐倫敦大使館、駐廣
州總領事館）。至於報告中引述的各項統計數據，應該
來自於香港警方的資料。[17]

表 4-1　美國駐港澳總領事館統計的中國水域海盜輪船
劫案（1921-1927.3）

年度	1921	1922	1923	1924	1925	1926	1927（前3月）	小計
大亞灣海盜劫案數	3	3	2	1	2	8	3	22
其他海盜劫案數	0	0	3	4	1	2	1	11
小計	3	3	5	5	3	10	4	33

資料來源："Piracy in Chinese Waters," & "Piracy in South China Seas,"
Roger Culver Tredwell, American Consul General, Hong Kong & Macao
to the American Minister, Peking, 1 February & 29 April 1927, RIAC,
893.8007/22, 24.

　　尤其自 1926 年起，很明顯地可以看法出廣東大亞

17　"Piracy in Chinese Waters," & "Piracy in South China Seas," Roger
Culver Tredwell, American Consul General, Hong Kong & Macao to
the American Minister, Peking, 1 February & 29 April 1927, RIAC,
893.8007/22, 24.

灣海盜比往年更加活躍，劫案數是前幾年的數倍，幾乎
每隔一至兩個月就有一起輪船劫案發生。雖然劫案所造
成的實際損失難以精確計算，但根據美國駐港澳總領事
館的初步統計資料，以 22 起大亞灣海盜劫案來說（其
他海盜劫案並未統計損失情況），如果扣除 7 起損失不
明的劫案，剩餘 15 起一共損失約 89 萬餘元，平均每一
起輪船劫案就造成約 59,556 餘元的損失。至於人員死
傷情況，則造成 3 死（2 名印度警衛、1 名舵手）10 餘
傷，被綁架人數不詳。（詳細遭劫航班與損失統計，詳
見表 4-2。）[18]

18　人員、財物損失情況不明的劫案部分，分別為 1922 年的 1 起
　　劫案，以及 1926 年的 6 起劫案。見 "Bias Bay Affairs," & "Other
　　Piracies of Steamers," Enclosure to the Despatch "Piracy in Chinese
　　Waters," Roger Culver Tredwell, American Consul General, Hong
　　Kong & Macao to the American Minister, Peking, 1 February 1927,
　　RIAC, 893.8007/22.

表 4-2　美國駐港澳總領事館統計大亞灣海盜輪船劫案
損失表（1921-1927.3）

時間	受害輪船	航班	估計損失情況（元）
1921.1.21	Steam Launch *Kung Hong*	香港汕尾	22,000
1921.12.12	Steam Launch *Wah Sun*	香港汕尾	21,000
1921.12.15	*Kwong Lee* (China Merchants)	上海香港	120,000
1922.5.22	Steam Launch *Wah Sun*	香港汕尾	5,000
1922.10.4	*San On*	香港大鵬	不詳
1922.11.19	*Sui An* (H.K. and M.S.B.Co.)	澳門香港	34,000
1923.10.27	*Sunning* (Shiu Hing S. C. Co.)	香港江門	20,000
1923.12.27	*Hydrangea*	香港汕頭	23,369+10,000
1924.10.3	*Ning Shin*	上海福州	97,000 兩（約 134,722 元）
1925.1.13	*Hong Hwa* (Ho Hong S.S. Co.)	新加坡香港	53,360
1925.12.15	*Tung Chow*	上海天津	30,000
1926.2.8	*Jade* (Shun Cheung S.S. Co.)	廣州灣香港	82,900
1926.3.6	Steam Launch *Tai Yau*	汕尾汕頭	不詳
1926.3.25	*Hsin Kong*	上海廣州	不詳
1926.7.13	*Kwang Lee* (China Merchants)	上海廣州	200,000
1926.8.17	*Hoi Nam*	上海廣州	不詳
1926.8.21	*Sandviken*	廣州上海	不詳
1926.10.1	*Hsin Fung*	上海天津	不詳
1926.11.15	*Sunning*	上海香港	不詳
1927.1.5	*Wing Wo*	香港廣州灣	30,000
1927.1.27	*Seang Bee*	新加坡香港	100,000
1927.3.21	*Hop Sang*	上海香港	7,000

資料來源："Piracy in Chinese Waters," & "Piracy in South China Seas,"
Roger Culver Tredwell, American Consul General, Hong Kong & Macao
to the American Minister, Peking, 1 February & 29 April 1927, RIAC,
893.8007/22, 24.

　　如果噸位數大、航速快、安全性高且多半懸掛外旗
的輪船都無法免於海盜的攻擊，那麼抵抗能力更弱的傳
統木船航運，損失恐怕更為慘重。根據美國駐港澳總領
事館統統計，僅是 1926 年一年中國水域所發生的木船
海盜劫案，可能就高達 30 起：

表 4-3　美國駐港澳總領事館統計的中國水域木船海盜
　　　　劫案數目（1926 年）

月份	1	2	3	4	5	6
劫案數	1	1	6	1	6	1
月份	7	8	9	10	11	12
劫案數	1	2	5	2	2	2

資料來源："Piracy in Chinese Waters," & "Piracy in South China Seas," Roger Culver Tredwell, American Consul General, Hong Kong & Macao to the American Minister, Peking, 1 February & 29 April 1927, RIAC, 893.8007/22, 24.

　　上述 30 起木船劫案，如以遭劫木船的類型作區分，其中漁船（Fishing Boats）劫案 7 起、貨船（Cargo Boats）劫案 6 起、貿易船（Trading Junks）16 起、海關所屬船隻（Customs Launch）劫案 1 起。在損失部分，扣除損失不明的 4 起劫案，剩餘 26 起劫案共造成損失約 49,603 元，平均每起劫案損失約 1,907 元。如進一步細部區分，其中漁船劫案損失 1,484 元（共 7 起，平均每起漁船劫案損失約 212 元）、貨船劫案損失 3,935 元（共 5 起，平均每起貨船劫案損失約 787 元）、貿易船劫案損失約 44,184 元（共 14 起，平均每起貿易船劫案損失約 3,156 元）。從細部損失情況，不難理解為何貿易船對於海盜而言，比漁船、貨船更具吸引力。美國駐港澳總領事館認為「木船貿易（因海盜劫案）在貨物與金錢上的損失，比例上（比輪船貿易）更為嚴重」。除了財物上的損失外，這 30 起木船劫案還約造成了 11 死（其中 1 死為歐洲人）8 傷 67 被綁架的悲劇。[19]（1926

19　除了 1926 年全年外，美國駐港澳總領事館還另外呈報了 1927

年木船劫案詳細損失情況，見表 4-4）

表 4-4　美國駐港澳總領事館統計的中國水域木船海盜
劫案損失表（1926 年）

時間	遭劫木船類型	損失估計（元）	人員情況 （死／傷／被綁架）
1.28	漁船	601.5	
2.2	漁船	18	
3.1	貨船	不詳	1 死 3 傷
3.3	貨船	800	11 綁
3.3	貨船	2,500	14 綁
3.4	漁船	200	1 綁
3.12	漁船	260	
3.24	貿易船	848	3 傷
4.20	貿易船	1,724	1 傷
5.3	貿易船	660	1 綁
5.15	貿易船	540	
5.16	貨船	240	1 傷 1 綁
5.19	貿易船	758	
5.20	貿易船	3,000	6 綁
5.31	漁船	70	6 死
6.20	貨船	250	
7.14	貨船	145	
8.9	貿易船	不詳	3 綁
8.26	貿易船	230	
9.3	貿易船	不詳	1 綁
9.8	貿易船	30	
9.12	漁船	235	
9.25	海關汽艇	不詳	4 死（1 歐人）
9.30	漁船	100	1 綁
10.26	貿易船	5,300	12 綁
10.28	貿易船	17,000	1 綁
11.15	貿易船	3,554	1 綁

年 1 月的木船劫案數目，共 4 起，其中 1 起漁船劫案、1 起貨船
劫案、2 起貿易船劫案。見 "Junks Pirated During 1926" & "Junks
Pirated During 1927," Enclosure to the Despatch "Piracy in Chinese
Waters," Roger Culver Tredwell, American Consul General, Hong
Kong & Macao to the American Minister, Peking, 1 February 1927,
RIAC, 893.8007/22.

時間	遭劫木船類型	損失估計（元）	人員情況 （死／傷／被綁架）
11.18	貿易船	6,835	8 綁
12.10	貿易船	1,530	6 綁
12.31	貿易船	2,175	

資料來源："Piracy in Chinese Waters," & "Piracy in South China Seas," Roger Culver Tredwell, American Consul General, Hong Kong & Macao to the American Minister, Peking, 1 February & 29 April 1927, RIAC, 893.8007/22, 24.

　　從美國駐港澳總領事館統計的輪船與木船劫案數目以及人員財物損失情況，不難看出歐戰後中國水域海盜問題已相當棘手，且有愈來愈嚴重的趨勢。無庸諱言，上述美方統計數字極可能僅是中國水域實際發生劫案的一小部分而已，真正的海盜猖獗情況自然更為驚人。

　　在 1927 年 8 月美國駐廣州總領事館給北京公使館的報告中，亦指稱其轄區內「每條河、每個河口幾乎都有（海盜）寄生攀附、阻礙貿易」，特別是沒有武裝的當地木船，在進出港口時每每深受海盜荼毒。美國駐廣州總領事館甚至還引述一份中國統計報告，粗估廣東當地海盜人數可能高達 6 萬人。此份統計報告是廣州軍事當局感於海盜活動過於猖獗，為嘗試有效遏止起見，乃下令所有縣長及地方軍事指揮官呈報各地海盜集團分布、武裝、人員數量以及船隻情況。美國駐華公使館認為此類盜匪激增、遍布鄉野的現象，顯然即是因為當地政治持續動盪不安所致。而且除了內河水道海盜廣布以及層出不窮的木船劫案外，輪船劫案同樣也是頻傳，美國公使館統計從 1927 年 1 月至 8 月間，在中國南方水域就有高達 7 起輪船劫案發生，海盜問題有日益惡化的趨勢。[20]

　　尤有要者，中國海盜活動範圍並不止於內河與沿海水域，由於廣東是中國往東南亞移民的主要僑鄉，百姓乘船往來廣東與南洋地區頻繁，廣東海盜即利用此層關係，混身於粵籍同鄉之間，將劫掠活動範圍往南延伸到南洋航線上。美國駐新加坡總領事館在 1927 年 5 月給國務院的報告中，即強調中國南方水域海盜問題已逐漸波及新加坡往來香港與中國各港的輪船航線上。總領事邵撒德（Addison E. Southard, American Consul General, Singapore）並分析由於東亞水域的中國海盜問題嚴重，英國海軍已準備介入處理，而當時新加坡海軍基地的擴建計畫，其中一個附屬目的，可能就是為了有效處理東亞水域的中國海盜問題。[21]

三、美國對中國海盜問題的觀察（二）：劫案特徵

　　根據美國駐華使領館的報告，中國海盜執行劫掠行

20　"American Consul in Charge, Canton to the American Minister, Peking," 10 August 1927 & "Piracy in Chinese Waters," The Chargé in China (Mayer) to the Secretary of State, 22 September 1927, RIAC, 893.8007/27.

21　中國海盜問題在新加坡也日益受到關注，當地重要報紙《海峽時報》（The Strait Times）即經常報導中國海盜劫案情況。因此美國駐新加坡總領事館在報告中，還附上《海峽時報》一則有關防盜問題的報導。見 "Piracy Prevention," The Strait Times, 6 May 1927 & "Piracy in the China Sea," Addison E. Southard, American Consul General, Singapore to the Department of State, 16 May 1927, RIAC, 893.8007/25.

動時，往往有一些相當特殊的行為特徵，而與世界上其他海盜劫案略有差異。以下將分別從內部海盜案件與外部海盜案件，論述其特徵。

（一）內部海盜案件

　　內部海盜案件，以公海海盜案件為主，其中又以廣東大亞灣海盜案件最為著稱，即是海盜偽裝乘客登船，暗中挾帶武器，待輪船航行至近海、公海等水域時，伺機發動攻擊行動。而根據美國駐港澳總領事館的觀察，海盜多是利用夜色掩護，在夜間航行時，發動攻擊。一般而言，近海輪船在夜間航駛時，執勤人員最少，除船長外，只有一名航務人員在艦橋區以及一名輪機人員在輪機室執勤。此時海盜只需兵分兩路，分別制服在艦橋與輪機值夜的航務與輪機人員，即可輕易控制全船。海盜在發動攻擊之初，會隨意亂開幾槍，以嚇阻船員可能的反抗行動。海盜集團分工也相當細膩，有分走私組（負責挾帶武器）、把風組（觀察輪船情況，發動攻擊時負責把風），至於真正執行攻擊行動的人員則多半不超過 12 名。[22]

　　此外，美國駐福州領事館在 1924 年的一份劫案報告中，亦提及中國海盜在犯案時相當具有特色的一面。1924 年 10 月，一艘華籍輪船（SS *Nienshin*，聯勝輪）

---

22 "Piracy in South China Waters," Roger Culver Tredwell, American Consul General, Hong Kong & Macao to the American Minister, Peking & the secretary of State, Washington, 27 & 30 January 1928 , RIAC, 893.8007/44.

在從上海前往福州途中，遭到偽裝乘客的海盜攻擊，過
程中一名舵手不幸身亡。海盜則在控制聯勝輪後，洗劫
全船，並將其駛往廣東大亞灣水域，再登岸逃逸。聯勝
輪被海盜鎖定的原因，極可能與船上載有美商福建美豐
銀行（American-Oriental Bank of Fukien）委託運送的
大批銀錠有著密切關係。這批銀錠最後遭海盜洗劫一
空，損失相當慘重，不過該批銀錠已事先進行保險，將
會獲得完全理賠，故不致造成美豐銀行損失。劫案後，
美國駐福州領事普萊斯（Ernest B. Price）根據聯勝輪船
長與其他乘客事後的報告，發現劫案過程中有兩點值得
關注：其一是海盜似乎特別禮遇外籍乘客，其二是海盜
登岸離船前給予船長、船員金錢補償與撫卹。海盜控制
輪船後，即要求船上服務員指出外籍乘客所屬的艙房、
行李與物品，以便與華籍乘客區分。海盜僅洗劫華籍乘
客，對於外籍乘客及其所屬財物則幾乎秋毫無犯。其
次，在抵達大亞灣後，海盜於離船前竟給予聯勝輪船長
100 元，並要求其代為替身亡的舵手購買棺材，同時也
給予其船員金錢，司爐每人 30 元、服務員每人 5 元，
以獎勵其過程中的辛勞與合作。[23] 事實上，根據聯勝

---

23 此外，美國駐福州領事在給北京公使館與華府國務院的報告中，
　 研判此案應為單純劫案，並無「任何的政治意涵」。其次，因船
　 上除了美豐銀行銀條外，還有相關美人信件，故美國駐福州
　 領事也曾與當地郵務官員交涉此案，但該官員卻表示「信件絕
　 對是原封不動」。換言之，海盜只對銀條有興趣，並不會搶奪
　 船上運送的信件。見 "Pirating of the SS *Nienshin*," Ernest B. Price,
　 American Consul, Foochow to Edward Bell, American Charge d'
　 Affaires ad interim, Peking & the Secretary of State, Washington, 13
　 October 1924, RIAC, 893/8007/14. 其次，依據 1920 年代廣東海
　 盜活動慣例，在劫掠輪船時，往往會刻意區分華洋國籍，基本上

輪船上美籍乘客、同時也是福建美豐銀行職員布朗（J. Warner Brown）的報告，也有類似情況。布朗表示海盜並未騷擾與強劫外籍乘客，只要求他們必須待在艙房中直至海盜離船為止。雖然有一名外籍乘客確曾遭搶走25元，但布朗認為應該僅是某海盜成員個人之舉，海盜首領顯然並不知情。尤有要者，當聯勝輪駛抵廣東大亞灣附近時，大約有15艘小型漁船前來接應海盜並運送掠奪品上岸，過程中漁船上的漁民竟也想要登上聯勝輪進行洗劫，所幸海盜首領出面怒斥並開槍制止，從而保護聯勝輪免於遭受二度災難。[24]

　　也因為中國海盜劫船目的普遍在於搶劫財物而非傷害人命，故早在美國駐華公使館1924年4月給國務院報告中，即曾引述報紙報導指稱，一來海盜劫財不害命、二來海盜偽裝乘客登船的突襲手法實在難以預防，

　　多會避免劫掠外籍船員與乘客的財物，而只劫掠華籍人員，這應該是為了避免因劫掠外人而引起列強海軍的介入。因此，乃形成一種相當詭異的現象：海盜雖然也常劫外籍輪船，但除了突襲期間會殺害任何抵抗的中外人士外，一旦控制輪船後，就不會再為難船上外籍船員與乘客（只要他們不向外求援），也不會劫掠其財物，更不會將其擄為人質，事後也會將其放回。關於此種現象的出現，可以參見上海英國海事調查庭針對一次英輪劫案的報告，見 "At A Naval Court at Shanghai, on 29th December 1925, John Johnson Being Called Sworn and Examined, Deposed as Follows," Annex No.4 of "Report of the Proceedings of A Naval Court Convened by Captain J.C. Hamilton, Commanding *HMS Durban*," FO371/11670.

24　聯勝輪劫案後，布朗撰寫了一份備忘錄，詳述劫案經過，並送交給美國駐福州與廈門領事館。此份備忘錄被當作附件，後來也送交給北京公使館與華府國務院。見 "Facts Re-SS *Nienshin* Piracy," A Memorandum by J. Warner Brown, American-Oriental Bank of Fukien to Ernest B. Price, American Consul, Foochow, October 1924, RIAC, 893.8007/14.

故部分外籍船員甚至準備當未來遇到海盜事件時，將完全不再抵抗。[25]

關於中國海盜首領的出身背景，也可見於其他領事報告。美國駐港澳總領事館在 1927 年 2 月的報告中，曾引述報紙報導，稱新寧輪劫案（SS *Sunning* Piracy）為首者「不但衣著體面，部分甚至還能講英語」，而且「沒有騷擾外籍乘客」的行為；[26] 1928 年 4 月的報告中，則引述一份船員供詞，稱新華輪劫案（SS *Hsin Wah* Piracy）的「海盜都相當體面有禮貌，並且他們對於乘客及船員等也都很尊重」。[27]

從上述美國使領與美商報告，不難推估海盜首領並非一般殺人放火、逞強鬥狠的亡命之徒，相反的，似乎擁有相當知識水平與道德良知。首先，海上貨運一般而言多有保險，故搶奪船上銀錠，原則上並不會直接造成外商損失。但如果洗劫甚至傷害到外籍乘客性命，則可能造成劫案的複雜化，進一步引起列強政府的干涉與行動。這意謂著海盜首領可能具一定程度的國際觀，不願劫案事態擴大。其次，從海盜撫卹亡者、獎賞船員以及保護輪船免於二度洗劫的詭異行為，也反映出海盜在犯案時避免殃及人命的良知底線，亦即盜亦有道。劫船

---

25 "Jacob Gould Schurman, American Minister, Peking to the Secretary of State, Washington, D.C., 25 April 1924, RIAC, 893.8007/12.

26 "Piracy in Chinese Waters," Roger Culver Tredwell, American Consul General, Hong Kong & Macao to the American Minister, Peking, 1 February 1927, RIAC, 893.8007/22.

27 "Piracy of the SS *Hsin Wah*," Roger Culver Tredwell, American Consul General, Hong Kong & Macao to the American Minister, Peking, 19 February 1927, RIAC, 893.8007 Hsin Wah/1.

目的僅在奪財而非傷人，同時對於被劫的輪船也負有保護的道義責任，故對於攻擊過程中誤傷人命之事似乎感到內疚，也才有撫卹死者、給予金錢補償的奇怪行為出現；二來則是盡力確保聯勝輪能夠平安返航，不會再遭受他人荼毒。

不過另外一方面，海盜雖志在奪財，不會隨便傷害人命，但是如有遭遇反抗或是有外來攻堅行動發生時，依然會以殺人來作壓制。海盜劫持並控制商船後，動輒會以死亡恐嚇船員與乘客，以使其澈底失去反抗意圖。如航行途中，有其他船隻靠近，海盜即會威脅要處死人員。美國駐港澳總領事在給駐華公使館的報告中，即坦承「要去援救遭劫的船隻，是一件極端危險之事」，他並引述英國高級海軍官員的說法，「在絕大多數劫案中，（援救行動）只會導致乘客與船員的死亡」。[28]

（二）外部海盜案件 [29]

外部海盜案件，以內河海盜案件為主，而根據美國海軍亞洲艦隊情報官的調查報告，中國內河海盜問題最嚴重的地方在廣東珠江支流西江水域以及長江宜昌上游水路。此兩處水路部分區段水位低淺、航道複雜，航行難度較高。特別是較大型的內河客輪，為確保航行安全，必須避免夜間航行，故日落後即暫泊岸邊，這也讓

---

28 "American Consul General, Hong Kong to American Legation, Peking," 23 November 1926, RIAC, 893.8007/18

29 必須強調的，內河水域海盜問題雖以外部模式為主，但也有部分案件屬於內部海盜模式。換言之，海盜亦可能偽裝乘客登上內河輪船，待其航行中或夜晚停泊時，發動攻擊、洗劫全船。

海盜易於利用夜色掩護，從外部發動突襲，洗劫船隻。因為美商（例如美孚煤油公司、捷江輪船公司 Yangtze Rapid Navigation Company 等）在西江與長江宜昌上游等內河水域均有重要商業活動，故此兩水路的海盜問題，某種程度上也影響了美國商業利益，故必須由海軍提供適當的保護。

但事實上，美國人眼中的海盜，並非全是橫行鄉里的民間亡命之徒，更多可能是「穿著軍服的武裝人員」。例如在長江宜昌上游水路所謂的海盜問題，許多均非一般屬性的海盜案件，而是由地方軍隊所為。當地內戰頻繁，為籌措軍費，駐軍往往於水道要衝之處私設攔檢站，向往來船隻非法強行徵收過路費、保護稅，商船稍有不從即會遭到開槍攻擊。美國商船即深受其害，故此類情況美國亦視為是海盜行為。[30]

至於廣東西江水域則是因為支流廣布、水路異常複雜，海盜極易下手劫掠，加上該水域還有著眾多所謂「蚊子船」的海盜船隊（mosquito fleet）四處橫行，故內河海盜問題相當嚴重。而且這些海盜集團大都有著嚴密的組織，控制與經營地方村莊也有數年之久，根深蒂固，不易打破。尤有要者，海盜團體跟附近的駐軍之間，可能也都有所勾結。甚至連駐軍本身情況也不太樂觀，只要廣州當局未能準時發放薪水，駐軍隨時即有可能譁變而成為海盜，或是與海盜同流合污。換言之，駐

---

30 "Intelligence Report: China, Canton, Commerce, Piracy," by Intelligence Officer, Asiatic Fleet, 4 January 1928, RIAC, 893.8007/46.

軍與海盜之間的界線並非十分清楚，欠餉時駐軍隨時可能化身海盜，當環境改善時，又會從海盜變回成為政府軍隊。這種情況長期存在於廣東社會，幾乎已屢見不鮮。所以海盜勾當也就逐漸成為一種被默許的利益來源，而地方當局則自然選擇與海盜活動妥協。即是之故，海盜活動日趨猖獗，僅廣東一省的海盜數目可能就高達 6 萬人，這也意謂著最後縱使廣州當局有心要處理海盜問題，恐也絕非易事。[31]

　　美孚公司所屬的煤油船即曾多次遭到廣東海盜船的襲擊。例如 1927 年 8 月初，美孚駁船布魯克林號（Lighter *Brooklyn*）以及與拖船老鷹號（Steam Tug *Eagle*）從香港出發、預計前往廣州途中，當夜間停泊在黃浦附近時，遭到乘坐小型舢舨船的海盜襲擊。老鷹號後來僥倖逃脫，但布魯克林號則慘遭掠奪。8 月底時，美孚另外一艘駁船羅埃號（Motor Lighter *Raieigh*）在廣州石牌附近遭到兩艘海盜船鎖定，所幸及時逃離。9 月時，又有另外一艘駁船貝密斯號（Motor Lighter *Bemis*）在從廣州前往容奇途中，遭到海盜船襲擊，船

31　關於廣東地方社會日趨海盜化的情況，美國駐廣州總領事館即曾引用一位法籍神父的證言，強調情況惡化之嚴重。這位法籍神父在許多年以前曾於廣東西江水域附近村莊傳教，之後返回歐洲，最近又重返廣東，卻赫然發現廣東「西江三角洲幾乎每一個村落不是成為海盜的根據地，就是被迫向這些掠奪者支付保護費」。"Piracy in Kwangtung Province," J.C. Houston American Consul in Charge, Canton to Ferdinand L. Mayer, Chargé d'Affaires ad interim, American Legation, Peking, 21 October 1927, RIAC, 893.8009/40; "Prevention of Piracy," Roger Culver Tredwell, American Consul General, Hong Kong & Macao to the American Minister, Peking & the Secretary of State, Washington, 7 November 1927, RIAC, 893.8007/39.

上所運煤油被劫掠一空。大致來說，珠江（西江）水域海盜的攻擊模式，均是乘坐海盜船（多為小型舢舨船或汽艇）在西江支流小溪附近選擇劫掠對象，先駛近受害商船，隨即喝令停船並肆意開槍威嚇，待商船停船後，海盜再登船搜刮船員財物與船上貨物、設備等。在上述貝密斯號駁船劫案後，美國海軍一度欲派艦趕往營救，但因劫案發生的地點在西江支流的狹小水域內，吃水較重的美國砲艦無法駛入，只能放棄馳援任務。[32]

（三）其他類型海盜案件

除了前述內部與外部海盜模式外，美國駐華使領館報告中，亦曾提其他類型的劫案。例如福建沿海漁民有搶奪往來遇難船隻的特有行為，即為其一。所謂的「搶船」，即是當船隻因觸礁、擱淺失去動力後，附近漁民趁機將遇難船隻財物搶劫一空。[33]例如 1928 年 11 月，輪船招商局所屬新濟輪，從上海出發預計前往福州的途

---

[32] 美孚煤油船三次劫案的細節，可以參見美孚公司給美國駐廣州總領事館的報告。見 "M.O. Clark, Attorney, Canton, Standard Oil Company of New York to J.C. Huston, American Consul in Charge, Canton," 11 August 1928, RIAC, 893.8009/40; "Piracy ML *Bemis*," F.H. Tyson, Attorney, Canton, Standard Oil Company of New York to J.C. Huston, American Consul in Charge, Canton, 14 September 1927, RIAC, 893.8009/40. 至於美國海軍因吃水問題被迫放棄營救任務，則可見美國駐廣州總領事館給北京公使館的報告。見 "Piracy in Kwangtung Province," J.C. Houston American Consul in Charge, Canton to Ferdinand L. Mayer, Chargé d'Affaires ad interim, American Legation, Peking, 21 October 1927, RIAC, 893.8009/40.

[33] 漁民搶奪遇難船隻的「搶船」習慣，不只發生在福建沿岸地區，清代臺灣北部沿岸漁村亦有類似行為。可以參見林玉茹的研究，見林玉茹，〈清末北臺灣漁村社會的搶船習慣：以《淡新檔案》為中心的討論〉，《新史學》，20 卷 2 期（臺北，2009.6），「地域社會專號」，頁 115-165。

中，於福建外海不幸觸礁擱淺，附近漁民見狀即大量聚集在新濟輪擱淺處，先後兩度洗劫船上財物。部分漁民甚至不理會船長警告，自行攜帶火炬進入船艙搜刮財物，卻不幸引起火災，導致新濟輪慘遭焚毀的悲劇。此類海盜，美國領事館稱之為「漁民海盜」（fishermen-pirates），但並非有組織的犯罪。[34]

四、美國對於海盜問題究責與損害求償的態度

（一）美國領事館對於中國地方當局處置海盜問題的觀感

在美國駐華領事館的報告中，對於中國地方當局在海盜處置行動的評價，似乎比較傾向是消極負面的。

1. 美國駐港澳總領事館的觀感

例如 1923 年 5 月泰順輪劫案（SS *Tai Shun* Piracy）發生後，雖然該船為懸掛華旗的華輪、船上也並無任何的美籍船員或乘客，故與美國利益完全無關，但是美國駐港澳總領事館還是決定將此案簡報呈交給美國國務院，並強調此案乃是「中國現況失序以及缺乏行政控制力的又一次展現」。[35] 1926 年 11 月的英船新寧輪劫

---

34 "Brigandage and Piracy," George Atcheson, jr., American Consul in Charge, Foochow to the Secretary of State, Washington, 4 December 1928, RIAC, 893.8007/55.

35 泰順輪隸屬於中國輪船招商局，1923 年 5 月在從香港出發前往上海途中，在汕頭附近遭到偽裝乘客的海盜襲擊。因泰順輪船上

案後，美國駐港澳總領事館在報告中，認為廣州當局一方面拒絕英國與香港政府的請求，不願意與英軍採取共同行動來處理廣東大亞灣區域的海盜巢穴，二方面廣州當局本身卻也沒有如外界所預期的，立即採取軍事行動根除海盜巢穴，因為相當「明顯的，海盜盤據區域並未為遭到攻擊，而對於海盜的軍事進剿行動也沒產生任何正面性的結果」。[36] 在 1927 年 1 月的雙美輪劫案（SS *Seang Bee* Piracy）後，[37] 美國駐港澳總領事館又質疑廣州當局剿盜的決心，因為他們雖然表現出「相當關注劫案，但目前卻不太清楚是否已經思籌採取進一步的行動，來對抗日益嚴重的罪惡」。[38] 1927 年 10 月，在廣州總領事的報告中，甚至直接表示，雖然海盜問題長期困擾著中國百姓，但他卻認為中國當局「沒有能力根絕此種邪惡」。[39]

並未部署有武裝警衛，也沒有任何的防盜措施，故海盜輕易即取得輪船控制權，過程中有歐籍大副與一名華籍水手受傷。海盜將船上乘客財物以及承運的大批銀元洗劫一空（總價值約 60,000-65,000 港元）後，即攔截一艘行駛中的漁船攜帶掠奪品離去。見 "The Piracy of the Chinese Steamer *Tai Shun*," American Consul General, Hong Kong & Macao to the American Minister, Peking, 15 May 1923, RIAC, 893.8007/6.

36 "Piracy in Chinese Waters," Roger Culver Tredwell, American Consul General, Hong Kong & Macao to the American Minister, Peking, 1 February 1927, RIAC, 893.8007/22.

37 雙美輪隸屬於仰和公司，為懸掛英旗的輪船，在從新加坡前往香港途中，遭到偽裝乘客的海盜襲擊，後被劫持至廣東大亞灣。見 H. G. W. Woodhead, ed., *The China Year Book, 1928* (Shanghai: The North-China Daily News & Herald, 1912-1939).

38 "Piracy in Chinese Waters," Roger Culver Tredwell, American Consul General, Hong Kong & Macao to the American Minister, Peking, 1 February 1927, RIAC, 893.8007/22.

39 "American Consul in Charge, Canton to the American Minister,

　　此外，關於廣東海盜責任歸屬問題，也曾一度在中
（廣州當局）英（香港總督府）之間引起爭議。美國駐
港澳總領事對於此爭議的態度，則是明顯站在香港方
面，認為中國有關當局還是必須為海盜問題承擔最大的
責任。此乃因當香港總督府一再督促廣州當局必須有效
解決海盜問題時，廣州當局反倒指出海盜組織其實都隱
藏在香港，而大亞灣海盜據點不過只是負責執行任務。
香港總督府雖然否認此類指控，但是也坦承無法有效控
制香港華人的出入問題，因此海盜極易潛入以及潛出香
港。換言之，究竟有無香港華人在幕後主導劫案，難以
確切查證。但是美國駐港澳總領事依舊認為海盜為害
肆虐，中國百姓深受其害，廣州當局當然要負最大的
責任，而中國方面卻從未提出海盜組織窩藏在香港的
確切證據；況且，香港方面也已曾多次表態願意合作，
共同致力於解決海盜問題，但廣州當局方面顯然態度
消極。[40]

2. 美國駐福州領事館的觀感

　　美國駐華使領館對於中國當局無力處理海盜問題最
詳細的評估報告，或許可以從前述 1928 年 11 月的輪船

　　　Peking" 21 October 1927, cited from "Piracy in South China Waters,"
　　　Roger Culver Tredwell, American Consul General, Hong Kong &
　　　Macao to the American Minister, Peking & the secretary of State,
　　　Washington, 27 & 30 January 1928, RIAC, 893.8007/44.

40　"Piracy in South China Waters," Roger Culver Tredwell, American
　　　Consul General, Hong Kong & Macao to the American Minister,
　　　Peking & the secretary of State, Washington, 27 & 30 January 1928,
　　　RIAC, 893.8007/44.

招商局新濟輪劫案過程中得到答案。如前所述，新濟輪
劫案並非典型海盜劫案（海盜主動發動攻擊），而是觸
礁擱淺後，遭到當地漁民與部分船員的趁機洗劫，屬於
「漁民海盜」類型的搶船模式。該輪雖然為華輪，但因
船上有三名美國籍乘客，故引起美國駐福州領事館極大
的關注。[41] 在給國務院、駐華公使館的報告中，美國駐
福州領事館則指責中國有關當局，特別是海軍方面態度
消極，未能善盡保護輪船之責。事實上，新濟輪在福建
外海觸礁擱淺時，船上正好有一隊海軍官兵，但他們卻
坐視部分船員與附近漁民第一波的搶劫行為，完全不去
制止，僅自顧自的登岸。[42] 後來中國鹽關巡邏艇趕到失
事現場，並曾派員登岸戒護守船，但隔日卻又不管輪船
安危，自行離去。鹽關巡邏艇離去後，聚集在新濟輪擱
淺附近的漁民海盜又展開新一波的搶劫行動，並因擅帶
火炬進入艙房，導致輪船毀於火災。一直要到英國海軍

---

41 新濟輪上共有4名外籍乘客，3名美國人、1名英國人。3名美國
人中，2位是循道會（Methodist Mission）傳教士、1位是美國國
外保險協會（American Foreign Insurance Association）職員；至於
英國人則是上海海關英籍關員之妻。所幸外國籍乘客後來證實被
一艘荷蘭籍輪船營救，並被載往上海。此外，在新濟輪劫案發生
前一個多月，在1928年9底時，美國駐福州領事本人小阿奇遜
（George Atcheson, Jr.）亦是乘坐新濟輪前往福州。

42 根據美國福州領事館的報告，此隊海軍官兵乃是充當新濟輪上一
名華籍婦女的私人保鏢，且還有一名海軍軍醫隨行看護。美國領
事稱該名婦女為出身海軍少將、時任外交部福州交涉員之母，故
有一隊海軍官兵隨行充當護兵。經查當時外交部特派福建（福
州）交涉員為許建廷，畢業於福州（馬尾）海軍學校，曾赴英國
留學，回國後曾任海軍訓練員、湖鷹魚雷艇艇長、聯鯨砲艦艦長、
第二艦隊司令等職，後於1927年12月由國民政府任命為閩海關
監督兼外交部特派福建交涉員。許建廷經歷，見徐友春主編，《民
國人物大辭典》，許建廷條，頁838；國民政府秘書處編，《國
民政府公報》，第17期（南京，1927.12），頁3。

驅逐艦賽拉皮斯號（HMS *Serapis*）趕到後，情況才受到
控制，該艦並當場逮捕參與搶劫行動的兩艘中國漁船，
以及查扣部分贓物。馬尾海軍當局所派遣的江元艦，則
在英艦賽拉皮斯號到後隔日，方始抵達現場，負責處理
後續善後事宜。新濟輪劫案中，雖無人員傷亡，但乘客
私人財物以及船上貨物均遭到劫掠，特別是該輪還裝載
有中華民國政府所屬約 680 袋郵政信件，最後亦遭大火
焚毀。

表 4-5　美國駐福州領事館關於輪船招商局新濟輪劫案
　　　　日程表（1928 年）

日期	情況
11 月 8 日	新濟輪在福建外海擱淺，當日即遭部分船員以及漁民洗劫，挪威籍船長以及俄羅斯籍大副無力制止。船上恰巧有一隊海軍官兵乘坐，雖目睹劫案發生，但並未介入處理。華、外乘客暫時登上擱淺處的小島上等待援助。
	馬尾海軍當局派出江元艦馳援，但因天候惡劣折回。
11 月 10 日	外交部特派福建交涉員許建廷之母及其隨行護衛的海軍官兵從他處弄來兩艘木船，並自行乘船前往福州。其餘外籍、華籍乘客仍困在島上。
	輪船招商局發布消息，聲稱新濟輪船上乘客、貨物均安，乘客現已由木船運往福州，海軍亦已派出一艘砲艦前往保護。
11 月 11 日	一艘荷蘭輪船趕往援救，將外籍乘客載往上海。
	鹽關巡邏艇趕到，但僅護衛一晚，隔日即離去。
11 月 12 日	鹽關巡邏艇離去後，大量聚集的漁民開始再度洗劫輪船，卻不幸引起火災，新濟輪慘遭焚毀。
11 月 13 日	英國海軍驅逐艦賽拉皮斯號趕到，扣留兩艘參與搶劫的中國漁船及船上財物。
11 月 14 日	中國海軍江元艦趕到，賽拉皮斯號隨即將兩艘漁船等移交給江元艦作後續處理。

說明：此表為筆者整理自美國駐福州領事館給國務院、駐華公使館報
告資料。

　　美國駐福州領事館在報告中，強調從新濟輪劫案處
置過程，可以看出中國官方明顯有失職之處。新濟輪擱

淺遭劫地點，距離最近的福州馬尾海軍基地僅約三個多
小時航程，但馬尾的海軍當局雖曾在事發當日即派出一
艘砲艦江元艦前往營救，但隨即以天候惡劣為由折回，
而遲至事發六日後，江元艦才駛抵現場處理。儘管當時
天候不佳，但參與援救行動的鹽關巡邏艇、荷蘭籍輪船
以及英國海軍軍艦卻都比江元艦早到現場。馬尾海軍當
局在事後調查報告中，竟還意圖隱藏事實，完全未提及
海軍僅因為天候不佳，即撤回救援船艦一事，從而使得
新濟輪船上乘客與貨物備受海盜威脅。簡言之，美國領
事認為從一開始新濟輪上的海軍官兵、中期趕到的鹽關
巡邏艇，以至於馬尾海軍當局，均未能善盡保護之責，
以致新濟輪從原先單純的觸礁擱淺，最後卻慘遭洗劫、
焚毀。[43]

3. 美國駐廣州總領事館的觀感

美國駐廣州總領事館則認為廣東海盜問題正急劇惡
化，在「過去幾年中，已深深影響到一般人們的社會與
經濟生活」，但是外人無論如何向廣州當局反應，似乎

---

43 美國駐福州領事館有關新濟輪劫案相關詳情，乃是根據幾份重要
的資料，包括輪船招商局在 11 月 10 日發布的援救報告、趕往現
場營救的英國海軍賽拉皮斯號艦長所作的報告（此報告經英國領
事轉交給美國領事參考）、參與營救外籍乘客的荷蘭籍輪船船長
的電報、馬尾海軍當局事後的調查報告。見 "Piracy and Burning
of SS *Hsinchi*," George Atcheson, jr., American Consul in Charge,
Foochow to the Secretary of State, Washington, & "Wreck, Piracy
and Burning of SS *Hsinchi*," American Consul in Charge, Foochow to
J.V.A. MacMurray, American Minister, Peking, 16 November 1928,
RIAC 893.8007/54; "Brigandage and Piracy," American Consul in
Charge, Foochow to the Secretary of State, Washington, 4 December
1928, RIAC, 893.8007/55.

也都無濟於事。因為當地的中國當局，只知忙於軍事
鬥爭以及爭奪地盤，卻完全不顧作為一個文明國家應該
負的治安責任。例如前述 1927 年 8、9 月間，美孚公司
布魯克林號駁船、貝密司號駁船兩劫案後，美孚公司代
表認為因劫案發生地點附近即有廣州政府所屬軍隊或是
軍艦駐防，應可順利拘捕海盜、追回贓物，故請求美
國駐廣州總領事館與廣州當局展開交涉。但在美國駐
廣州領事主管休斯頓（J. C. Huston, American Consul in
Charge, Canton）與廣州當局領導人、粵軍司令李濟深
會商後，雖然李濟深「允諾會採取有力行動清剿劫掠美
船的海盜」，但休斯頓還是認為情況並不樂觀，主要受
到當時廣州政局動盪的影響，就算有李濟深的承諾，但
應該還是不太可能會有好的結果產生。[44]

（二）美國對於海盜劫案商業損失求償問題的態度

　　首先，關於海盜所造成的商業損失求償問題，以美
商美孚石油公司（Standard Oil Company）為例，該公
司曾因廣東海盜劫掠事件而擬向廣州當局提出求償要
求；其邏輯思路乃是海盜劫掠造成美商損失，而海盜猖
獗則是由於廣州當局失職、未能剿滅海盜之故，因此廣
州當局應為海盜問題負最大之責任，所以美商應該有權
向廣州當局要求究責，並賠償損失。關於美商在華遭

---

44 "Piracy in Kwangtung Province," J.C. Houston American Consul in
　　Charge, Canton to Ferdinand L. Mayer, Chargé d'Affaires ad interim,
　　American Legation, Peking, 21 October 1927, RIAC, 893.8009/40.

遇海盜劫掠的後續處理原則，依照前言所述之 1858 年
《中美天津條約》第 13 款規定，中國官府並不負商損
賠償之責，但如果證明地方官員與海盜劫掠事件有所勾
結，則須嚴行治罪，並應償付海盜所造成的商損。不
過，上述條文中較具爭議性的即為「倘若地方官通盜沾
染，一經證明，行文大憲奏明，嚴行治罪，將該員家產
查抄抵償」。[45] 民國時期廣東海盜猖獗，與廣州當局長
期的默許與縱容有很大的關係，但是否能因此認定為
「通盜沾染」則不無疑義。因此每當發生海盜劫持外商
船隻事件之後，關於中國地方當局是否應該究責賠償問
題，往往造成中外之間相當大的爭執。對於此類問題的
處理方式，美國政府在 1927 年初有了基本的共識：除
非中國地方政府官員證明直接涉入海盜事件，否則美國
不應為此向廣州當局提出商損賠償要求。美商美孚石油
公司也同意以後的掠奪損害求償，將只限於軍隊的劫掠
或是地方當局與海盜搶匪有勾結的情況。美國駐廣州總
領事與美國駐北京公使均表態「樂見」此類作法，因為
持續要求中國地方官員為海盜損害賠償，是「無法達到
有用的目的」。[46] 美國國務院最後也批准了此作法，即
往後駐華使領毋須再為一般海盜問題（無官員涉入的海
盜案件）提出商業損害賠償的要求。[47]

---

45 黃月波等編，《中外條約彙編》，頁 126-129。

46 "The Chargé in China (Mayer) to the Secretary of State," 19 January
1927, *FRUS 1927*, Vol. II, pp. 330-331.

47 "The Secretary of State to the Minister in China (MacMurray)," 4
April 1927, *FRUS 1927*, Vol. II, p. 331.

　　既然不準備向廣州當局求償，為了避免美國船隻再次遭到海盜劫掠而有所損失，美國駐廣州總領事只能建議強化美國海軍對美船的保護。因為美船被劫掠地點多在珠江水域支流之處，水位低淺，但美國軍艦吃水較深，故往往無法及時上駛馳援。所以廣州總領事建議不如在美國海軍砲艦駐防的港口配置兩艘武裝汽艇。一旦發生美船遭劫事件，即可由美軍砲艦調派 1 名軍官率領 12 名水兵攜帶快槍與機槍乘坐汽艇前往救援。[48]

　　簡單來說，由上述美國對於中國海盜商損求償問題的決策，可以得知：一方面美國政府並未將廣東海盜事件視為重大外交問題，因此除非證明事涉官員勾結，否則無須外交使領積極介入處理；二方面美國政府基本上傾向將廣東海盜的猖獗與廣州當局的責任歸屬兩者拖勾處理，並不願將廣東海盜的善後處理無限上綱到廣州當局。

五、美國對於防盜措施的觀察與檢討

　　根據美國國務院遠東司內部備忘錄的資料，為了防範中國水域的海盜攻擊事件，現行輪船採行幾種重要的防盜措施。其一是將艦橋、船員艙房區與輪船其他部分

48　美國駐廣州領事建議每艘武裝汽艇必須長約 70 呎、寬 16 呎，馬力 200-250 匹，航速約 18-20 節，如此即應能處理發生在珠江流域支流地區的海盜事件。見 "The Minister in China (MacMurray) to the Secretary of State," 16 December 1927, *FRUS 1927*, Vol. II, pp. 339-341.

分隔開來，並以鐵絲網作防護。其二是將三等艙房，亦即華人乘客所在艙房裝設封閉裝置，包括鋼門或艙板等，以便在必要時可以將艙房上鎖。其三是在輪船上部署武裝警衛，負責防護船上重要區域，同時歐籍船員幹部亦隨身攜帶武器以應不時之需。其四，則是準備在未來於輪船上裝設無線電裝置，以便當遇到海盜攻擊時，能在第一時間向外求助。[49] 上述幾項措施，其實也就是英國、香港當局自 1914 年以來在防範海盜章程中，所逐漸調整規劃出的防盜架構。

除了上述強化輪船防盜能力之外，也開始思考如何預防海盜登船，亦即改從港口碼頭下手，透過例行性的登船檢查措施，嚴格搜查乘客行李，過濾可疑的乘客，以避免海盜偽裝乘客挾帶武器登船。為執行上述措施，則必須強化各港口警察的權力，授權其對所有來往船隻進行搜查，尤其載有華籍乘客的客輪。商船如受委託承運貴重物品時，也應事先通知駐港警察，以便採取預防措施，嚴格搜查乘客行李。對於凡是未經搜查，或是警

---

49 "International Cooperation to Suppress Pirates in China," A Resume by Douglas Jenkins, Division of Far Eastern Affairs, Department of State, 21 November 1927, RIAC, 893.8007/28. 事實上，為了確保艦橋區與輪機室的安全，必須要在往來通道加裝能夠自動上鎖的鐵窗匣門，並部署 4 名武裝警衛看守。至於武裝警衛的數量，美國駐港澳總領事館則認為，一艘輪船可能需要部署約 12 名的武裝警衛，分為三班，每班 4 人，輪班執勤，每天共執勤兩次、每次執勤 4 個小時。換言之，亦即每班執勤 4 小時、休 8 小時，再執勤 4 小時、休 8 小時，如此才能夠有效防護商船安全。見 "Piracy in South China Waters," Roger Culver Tredwell, American Consul General, Hong Kong & Macao to the American Minister, Peking & the secretary of State, Washington, 27 & 30 January 1928, RIAC, 893.8007/44.

察認為有必要進一步調查的船隻，可不准其啟航。[50]

　　再者，1927 年 11 月美國駐港澳總領事館針對美國在華航商業者進行一項問卷調查，諮詢其對既有海盜問題與防盜措施的看法，同時也籌思可能的改善建議之道。[51] 在此份調查報告中，美國總領事館綜合航商等意見，認為現行商船管制措施相當鬆散，因此廣東海盜可以輕而易舉地以乘客或是船員身分混入輪船上。此外，海盜劫船的目的，無非在於船上財物，故輪船是否載運有貴重物品，則是其是否被海盜鎖定的最主要關鍵。特別是當輪船受委託承運貴金屬貨幣（如銀圓）時，海盜劫掠的風險也就大幅提高。反之，如果輪船未承運貴金屬貨物，遭遇海盜劫持的風險自然也就大幅降低。最有名的例子，即是荷蘭航運公司經營的爪哇——中國——日本航線（Java China Japan Line）輪船，他們從不接單承運貴金屬貨幣，因此即使在防盜措施比不上英國、挪威、法國或是中國籍的輪船，但該公司輪船卻從未受到

50　"New Piracy Prevention Ordinance," Roger Culver Tredwell, American Consul General, Hong Kong & Macao to the American Minister, Peking, 19 March 1928, RIAC, 893.8007/47.

51　此問卷由香港領事團防盜非正式會議歷經一系列會議討論後擬定，原設計有七大重點，但美國總領事崔德威爾認為多數重點實際上與美國航商業者關係不大，乃自行剔除其中五項，故在後來給美國航商的問卷中，只有二項重點：1. 當輪船停泊在港口時，有什麼辦法可以防止海盜攻擊，或是防止海盜登上輪船；2. 當海盜已經登上輪船，並預備在海上犯案時，船長在其可支配的範圍內，有何辦法可以防止海盜發動攻擊。見 "Proposed Questionnaire," November 1927, RIAC, 893.8007/44; "Piracy in South China Waters," Roger Culver Tredwell, American Consul General, Hong Kong & Macao to the American Minister, Peking & the secretary of State, Washington, 27 & 30 January 1928 , RIAC, 893.8007/44.

海盜的青睞。一般來說，輪船受銀行委託承運貴金屬貨幣之事，多會保持機密，以確保航運安全。但是海盜卻似乎總是有辦法掌握此類貨運情報，而得以事先安排劫船行動。所以，明顯有知曉內部機密之人與海盜勾結，故意走漏消息。至於洩密的管道則無外乎兩種，其一是委託運送貨幣的銀行方，其二則是承接貨運的輪船方。因此，美國駐港澳總領事分析最有可能涉入洩密即是銀行內的華籍職員，或是航運公司負責售票事宜的華籍買辦。而這兩方對於海盜劫案一直有恃無恐的原因，乃是由於貴金屬貨幣承運時，往往均會事先投保，故縱使遭遇劫案，仍可獲得保險公司的理賠。所以，如要改正此疏漏之處，最好的辦法，即是修改現行保險政策，保險公司不再承接此類保險業務，將航運安全之責歸諸於委託方與承運方，則應可避免貴金屬貨幣貨運消息走漏，降低劫案發生率。[52]

　　但是在美國官員眼中，對於此類措施的成效評估，顯然是相當悲觀的，因為「沒有任何一個措施證明有令人滿意的結果」。[53]事實上，無論是強化艦橋區的防護、華人艙房的看管，或是船員與警衛的武裝化，均無法有效阻止劫案的發生。可以緊急對外求援的無線電裝置，在後來的劫案案例中，同樣也證明是沒有多大的用

---

52 "Piracy in South China Waters," Roger Culver Tredwell, American Consul General, Hong Kong & Macao to the American Minister, Peking & the secretary of State, Washington, 27 & 30 January 1928, RIAC, 893.8007/44.

53 "International Cooperation to Suppress Pirates in China," A Resume by Douglas Jenkins, Division of Far Eastern Affairs, Department of State, 21 November 1927, RIAC, 893.8007/28.

處，因為海盜往往會在攻擊第一時間即破壞無線電設備。尤有要者，一旦歐籍船員選擇以武力積極抵抗，在多數情況中，其下場往往更為悽慘，海盜甚至會不惜縱火商船，以玉石俱焚的方式來反制，往往徒然造成更多的人員傷亡，同時也無法有效嚇阻海盜。[54]

　　至於港口搜查措施同樣也是沒有發揮太多的作用。現行船商公司除了自行售票外，也透過其他各種管道販售船票，包括代理商、仲介人、買辦等，故無法詳細確認購票旅客的背景。也因此，在乘客登船時，船商公司無從核實旅客背景，只能夠採取認票不認人的作法，讓其登船。所以較為可行的挽救之道，乃是對所有登船乘客，進行嚴格的行李搜查制度。然而，不論多嚴密的搜查措施，海盜似乎總是有辦法將武器挾帶上船。現實的情況即是：即使香港方面執行多麼嚴密的乘客與行李搜查措施，均無助於防制海盜劫案的發生；因為香港與中國沿岸各口岸來往密切，但是除了香港以外，中國各港口均缺乏類似嚴密的搜查制度，因此海盜只要避免在香港登船，而改選擇從其他中國港口登船，即可通過檢查，順利挾帶武器。屆時僅需十幾個擁有武器的海盜，就能夠輕而易舉地突破商船防禦架構，取得控制權。

　　而透過調整航運保險政策以避免海盜劫案的方案，

54　美國駐港澳總領事館即曾舉 1914 年的泰安輪劫案（SS *Taion Piracy*）為例，說明船員的抵抗只是激怒海盜縱火燒船，造成超過百名乘客命喪大海。"Piracy of the SS *Sunning*," American Consul General, Hong Kong to the Secretary of State, Washington & J.V.A. MacMurray, American Minister, Peking, 23 November 1926, RIAC, 893.8007/18.

更是茲事體大，牽涉到保險商、航運商等的龐大商業利
益，恐怕也不是能夠輕易更張。[55]

六、 美國對於武力剿盜報復的態度：以對英國剿盜行動的評估為例

1925、1926 年由於廣東海盜劫案頻傳，特別是
1926 年 11 月英船新寧輪劫案發生後，香港輿情激昂，
一方面極度畏懼廣東海盜對於華南水域航運的危害，[56]
二方面則益發無法容忍其劫掠行徑，除痛惡廣州當局消
極敷衍的不作為態度外，鼓吹自行武力解決的呼聲也響
徹雲霄，特別是高漲的輿情也間接造成香港政府極大

---

55 "International Cooperation to Suppress Pirates in China," A Resume
by Douglas Jenkins, Division of Far Eastern Affairs, Department
of State, 21 November 1927, RIAC, 893.8007/28; "Piracy in
South China Waters," Roger Culver Tredwell, American Consul
General, Hong Kong & Macao to the American Minister, Peking &
the secretary of State, Washington, 27 & 30 January 1928, RIAC,
893.8007/44.

56 根據美國駐港澳總領事館的觀察，香港方面對於海盜問題似乎已
出現不理性、過度反應的傾向。例如近海輪船一旦有承運銀元、
銀條等貴金屬，遭到海盜鎖定、劫掠的風險即大幅提高，也因此
航運保險費率自然也會隨之提高。在新寧輪劫案後，由於極度
恐懼海盜劫案，香港地區承運貴金屬的輪船保險費率竟然大漲
400%。然而同時期承運貴金屬的其他跨洋輪船，諸如鐵行輪船
公司（Peninsular and Oriental Steam Navigation Company）、加
拿大太平洋輪船公司（Canadian Pacific）、大來輪船公司（Dollar
Line）等，其保險費率只不過調漲 20%。兩者調漲差幅竟高達 20
倍，顯見香港對於華南水域的海盜問題與航運風險的強烈反應。
見 "Piracy of the SS *Sunning*," American Consul General, Hong Kong
to the Secretary of State, Washington & J.V.A. MacMurray, American
Minister, Peking, 23 November 1926, RIAC, 893.8007/18.

的壓力，必須以更積極作為來因應廣東海盜問題。[57]美
國駐港澳總領事館即觀察到此一現象：

> 無論是官方還是民間輿論，香港普遍相信必須採取
> 一些史無前例的措施，來終止此一形式的恐怖主
> 義，以及避免後續人員的傷亡。許多人鼓吹由英國
> 政府動用武力來解決，除非廣州當局自行採取措施
> 或是尋求外國政府的協助來制止海盜暴行。

換言之，香港方面日益傾向由英國海軍採取軍事行
動，直接進剿位於廣東大亞灣沿岸的海盜巢穴。

不過，美國駐港澳總領事崔德威爾（Roger Culver
Tredwell, American Consul General, Hong Kong and
Macao）卻並不看好此辦法。他認為武力進剿方案必須
有廣州當局的參與方能奏效。因為廣東海盜雖然普遍利
用大亞灣沿岸作為犯罪基地，但實際上海盜們真正的藏
身處多半不在沿岸而在更為內陸的地區。所以即使英國
逕自對大亞灣沿岸地區展開軍事進剿行動，但若不能深
入內陸地區，還是不太可能根除海盜勢力。而廣州當局
雖曾表示待省港大罷工等問題解決後，即會著手處理大

---

57 "Piracy in the Waters of South China," American Consul General,
Hong Kong to J.V.A. MacMurray, American Minister, Peking, &
the Secretary of State, Washington, 7 & 16 December 1926, RIAC,
893.8007/19. 美國駐港澳總領事館在報告中，還特別摘錄香港英
文報紙《孖剌西報》（*The Hong Kong Daily Press*）兩篇社論的部分
內容，來說明香港公眾輿論對於廣東海盜問題以及廣州當局的態
度。經過筆者查找，此兩篇社論為："A Joint Raid on Bias Bay,"
The Hong Kong Daily Press, 29 November 1926, p. 6; "The Bias Bay
Pirates," *The Hong Kong Daily Press*, 29 November 1926, p. 6.

亞灣海盜問題，但目前顯然也沒有落實的打算。[58]

　　1926 年 12 月下旬，香港總督金文泰又向美國駐港澳總領事崔德威爾抱怨廣州當局剿盜不力，又拒絕外國協助的惡形惡狀：廣州當局先前曾一度同意與香港政府合作，共同掃蕩廣東境內的海盜巢穴，故金文泰乃派遣香港警察司胡樂甫（E.D.C. Wolfe, Captain Superintendent of Police）、助理警司巴訓（H. F. Bloxham, A.S.P.）等人前往廣州商議合作之事，但後來卻發現廣州當局毫無合作誠意。廣東外交特派交涉員甚至表明無意尋求香港的協助，也不願商討任何合作剿盜與援助計畫，只表示會立即派遣軍隊進剿大亞灣沿岸地區的海盜根據地，並保證將來不會再有海盜劫案發生。但事實上，根據香港方面掌握的情資，廣州當局僅派出一支小部隊前往廣東南部地區，而其攻擊的對象也非一般海盜，而是盤據在惠州地區的陳炯明殘部。香港地區的醫院也證實，在粵軍攻擊行動後，許多陳炯明殘部敗兵湧入香港境內尋求治療。廣州當局的軍事行動目的乃是攻擊敵對軍事派系，而非真正有意解決惠州南部、大亞灣沿岸的海盜據點。因此，金文泰表示未來再也無法容忍嚴重危害香港對外航運貿易的海盜行為，故已以「最強烈的方式建議」（recommend most forcibly）英國政府，如再有英國商船遭到廣東海盜的劫掠，英國應採取海、陸軍事行動來進剿海盜，並暗示英國政府現已接受他的建議，授

58　"Piracy of the SS *Sunning*," American Consul General, Hong Kong to the Secretary of State, Washington & J. V. A. MacMurray, American Minister, Peking, 23 November 1926, RIAC, 893.8007/18.

權採取後續軍事行動。金文泰也解釋英軍進剿行動並不會任意殺害中國人，除非是海盜在犯案現場遭抓獲。

在給國務院、駐華公使館的報告中，崔德威爾研判情勢可能已相當急迫，因為從香港總督與前述英國海軍「中國艦隊」司令的談話中，不難看出如果廣州當局未能解決海盜問題，英國將會採取「積極措施」（active measures）來自行處理。特別是港督金文泰素以「和平主義者」（pacifist）著稱，此時態度卻轉趨強硬，顯然具有重大意義。崔德威爾表示將密切注意香港方面的後續行動。[59]

果不其然，正如崔德威爾所預期的，在 1927 年 3 月英輪合生輪劫案（SS *Hopsang* Piracy）發生後，英國駐香港海軍隨即組成特遣艦隊，前往廣東大亞灣進行報復攻擊行動。此次行動由英國海軍少將波爾（Rear Admiral William Boyle）統率，納編重巡洋艦、航空母艦等五艘各類型船艦，在香港警官、警探與翻譯的協助下，針對大亞灣沿岸龜洲、海洲等部落展開襲擊行動。[60] 根據美國駐港澳總領事館掌握到的情資，英國海軍此次行動的目的有三：一是營救先前劫案中遭擄去

---

59 "Piracy in South China Waters," American Consul General, Hong Kong to J.V.A. MacMurray, American Minister, Peking & the Secretary of State, Washington, 21 & 24 December 1926, RIAC, 893.8007/20.

60 特遣艦隊的五艘艦艇分別為：HMS *Frobisher*、HMS *Hermes*、HMS *Delhi*、HMS *Marazion*、HMS *Foxglove*。關於此次軍事行動過程，請參見筆者另外一篇論文：應俊豪，〈1927 年英國海軍武力進剿廣東海盜研究〉，《國立政治大學歷史學報》，第 41 期（臺北，2014.5），頁 149-210。

的人質、二是燒毀海盜聚落、三是破壞海盜聚落周遭的木船等其他船隻。在行動過程中，英國海軍受命必須盡可能避免傷害人命，在燒毀村落屋舍前也需給予村民時間讓其收拾值錢財物，同時也要避免破壞具有宗教性質的房舍。在行動完成後，英國海軍還在各村落發布中文告示，強調此次報復行動乃是因為懲罰這些村落曾涉入先前的英船劫案，同時也警告如果各村落再度涉入類似劫案，英國海軍仍將重返並再次執行懲罰行動。英國海軍此次軍事行動，過程中並未遭遇村民的抵抗，雙方也無人員傷亡。

軍事行動結束後，美國駐港澳總領事崔德威爾曾數次與負責執行此項行動的英國海軍少將波爾討論此事。波爾表示軍事行動中在大亞灣沿岸龜洲、海洲等村共計焚毀約 140 間石製房舍、破壞 50 艘左右的木船與舢舨船，但他「保證絕對沒有人員傷亡，且（燒毀屋舍前）也盡力讓村民能夠將其個人財物搬出」，同時也強調已有「確切證據」證明這些村民曾經與海盜合作犯案。波爾也向崔德威爾解釋，先前英國已多次向「所謂的國民政府」表達善意，希望雙方合作共同掃蕩大亞灣沿岸地區的海盜巢穴，但卻未獲同意，外交部長陳友仁即曾告知香港政府，表示「國民政府不會（與英國政府）合作進剿海盜」。因此，「英國當局有責任，也有權利自行派遣海軍船艦前往大亞灣」。稍後崔德威爾又與香港總督金文泰以及其他政府官員討論此事，他們均向崔德威爾表示並不認為這次的軍事懲罰行動，就能夠有效嚇阻海盜劫案的繼續發生，只是希望透過此次懲罰與警告，能讓海盜知所節制，有一段時間不致再劫掠英船。金文泰等香港官員同時也向崔德威爾強調，鄰近水域未來只要再有劫案發生，英國還是會派遣艦隊前往執行報復行動。[61]

在崔德威爾事後給國務院、駐華公使館的報告中，雖然詳述英國海軍軍事懲罰行動過程，也轉述英國海軍與香港總督府等主其事官員對於軍事行動的說明，但崔德威爾本人卻未在報告中對於此事多做評論。不過，由於其報告中曾多次陳述英國動武的理由以及提及行動「無人員傷亡」，可以推測英國海軍與香港當局在行動後即已向崔德威爾多方疏通，解釋必須行動的理由，且已顧及人道問題，而在某種程度上崔德威爾可能也已相當諒解英國此次行動的必要性。

1927 年 8 月底、9 月初，先後又發生兩起英輪劫案：遭大亞灣海盜攻擊的日陞輪劫案（SS *Yat Shing* Piracy，8 月 28 日），以及遭西江海盜襲擊的高州輪劫案（SS *Kowchow* Piracy，9 月 1 日）。[62] 兩劫案發生後，英國海軍即對廣東大亞灣以及西江海盜據點，分別採取懲罰性軍事行動，武裝人員登岸燒毀房舍，艦艇則砲轟村莊。英軍懲罰性報復行動自然又再度引起美國駐華使領館的關注。美國駐北京公使館在英軍攻擊行動見報後，即將

61　"Punitive Expedition to Bias Bay," American Consul General, Hong Kong to J.V.A. MacMurray, American Minister, Peking & the Secretary of State, Washington, 9 April 1926, RIAC, 893.8007/23.

62　日陞輪是在從香港前往上海途中，遭到廣東海盜的攻擊，後被劫往大亞灣。高州輪則是在從香港前往梧州途中，在西江水域遭到海盜洗劫。

剪報資料通知美國駐港澳總領事館。[63] 而美國駐港澳代
理領事遜慈（Harold Shantz, American Consul in Charge,
Hong Kong）在給公使館的報告中，認為由這三次英軍
行動，可以確信英國有關當局已下定決心動用武力報復
任何一艘英輪劫案。遜慈引述 1927 年 5 月 2 日英國駐
廣州總領事給廣州外交部長的照會中，明言警告「大亞
灣海盜不可能再掠奪英國航運業，而不受懲罰」，故可
推知「英國當局已決定以強硬措施來對付廣州」。事實
上，英國軍方也已確實開始積極介入處理廣東海盜問
題，除了海軍負責執行報復行動外，空軍同樣也參與防
盜任務。雖然英國方面並未公開軍事行動的細節，但是
遜慈由某位英國空軍軍官口中得知機密情報：在這一段
期間內，英國派駐在九龍的航空機隊，幾乎每日清晨均
會派遣一至數架飛機前往大亞灣水域巡航，監視該水
域情況。英國當局的強硬態度，同樣也反映在香港當
地英文報紙，例如《南華早報》（The South China Morning
Post）、《德臣西報》（The China Mail）的報導中，似乎
亦嗅出類似訊息，益發對於國民黨人抱持不友善的態
度。[64] 即是之故，美國駐港澳總領事崔德威爾研判：
「有鑑於香港周遭水域海盜劫案的增加，英國當局顯然
已下定決心，只要中國當局無法根除大亞灣的海盜巢

---

63 美國駐北京公使館特地將英文《京津泰晤士報》（The Peking &
    Tientsin Times）有關日陞輪劫案後英軍報復行動的剪報資料，送交
    駐港澳總領事館。

64 "Recent Piracies and British Reprisals," Harold Shantz, American
    Consul in Charge, Hong Kong to Ferdinand Mayer, Charge d'Affaires
    ad interim, American Legation, Peking, 26 September 1927, RIAC,
    893.8007/29.

穴，英國就會採取報復行動」。[65]

　　最後，美國駐港澳總領事館也試圖評估英國三次懲罰性軍事剿盜行動的成效。1927 年 9 月下旬，在前述美國駐港澳代理領事遜慈給公使館的報告中，曾表示自該年 3 月合生輪劫案起，遲至 8 月底才又發生日陞輪劫案，「不尋常地」近 5 個多月沒有英輪劫案發生，英軍報復行動似乎已有一定效果。[66]

　　但是之後在香港周遭水域又陸續密集發生一連串海盜劫案，諸如興合輪劫案（SS *Shing Wo* Piracy）、合發興輪劫案（SS *Wo Fat Shing* Piracy）、愛仁輪劫案（SS *Irene* Piracy）等，雖然此類劫案受害者均為華輪而非英輪，但顯而易見，海盜勢力並未因為英軍行動而削弱。故同年 10 月下旬，在美國駐港澳總領事崔德威爾給國務院的報告中，改口稱「儘管英國海軍當局在 3 月、9 月兩度對大亞灣進行報復行動，但之後在香港鄰近地區仍然有許多海盜劫案發生」。[67]

　　11 月時，崔德威爾又引述部分英國船商的看法，認為軍事懲罰行動僅有短期嚇阻的效果，因為「就長遠

65 "Piracy in South China Waters- Attitude of the Hong Kong Government," Roger Culver Tredwell, American Consul General, Hong Kong to the Secretary of State, Washington, 25 October 1927, RIAC, 893.8007/30.

66 "Recent Piracies and British Reprisals," Harold Shantz, American Consul in Charge, Hong Kong to Ferdinand Mayer, Charge d'Affaires ad interim, American Legation, Peking, 26 September 1927, RIAC, 893.8007/29.

67 "Piracy in South China Waters- Attitude of the Hong Kong Government," Roger Culver Tredwell, American Consul General, Hong Kong to the Secretary of State, Washington, 25 October 1927, RIAC, 893.8007/30.

來看，軍事懲罰行動在防盜上效果極其有限」。[68] 尤有
要者，崔德威爾也掌握部分英國海軍內部對於軍事懲罰
行動的觀感，認為無論是第一線的登岸執行攻擊任務的
海軍士兵、負責現場指揮調度的軍艦艦長，還是整個英
國海軍「中國艦隊」的大家長——總司令提威特（Rear
Admiral Sir Reginald Tyrwhitt, Commander-in-Chief,
China Station），普遍均認為軍事剿盜行動似乎並沒有
太多正面的效果，反倒只是毀掉一些無辜村民的家宅。
換言之，「很明顯的，在香港的船商以及海軍當局，或
多或少均認為懲罰行動是不可能防止海盜犯案的」。不
過，崔德威爾也觀察到一種特殊現象，那就是香港總督
府方面對於力求解決廣東海盜問題的決心，似乎比過去
又更為堅定，因此即使當其他英國人對於軍事懲罰報復
行動的評價與觀感已經迅速改變，不再持正面態度之
際，但是香港總督金文泰卻還是可能採取行動來謀求廣
東海盜的解決，而不管是否獲得廣州當局的合作。[69]

　　到了 1928 年 1 月，雖然香港總督還是一再對美國
總領事崔德威爾宣揚軍事懲罰行動的明顯效果，但是崔
德威爾顯然並不買帳，除了指責總督府官員多在美化行
動成效外，也對其有了更為明確的評價。事實上，在他
後來給美國公使館以及國務院的報告中，即強調：雖然

68　Roger Culver Tredwell, American Consul General, Hong Kong &
　　Macao to the American Minister, Peking, 7 November 1927, cited
　　from RIAC, 893.8007/44.

69　"Prevention of Piracy," Roger Culver Tredwell, American Consul
　　General, Hong Kong & Macao to the American Minister, Peking
　　& the Secretary of State, Washington, 7 November 1927, RIAC,
　　893.8007/39.

香港總督以及高階官員均聲稱，軍事懲罰行動的目的不
在永遠解決海盜問題，而是給予警告，以嚇阻後續的海
盜劫案，但是他依然認為「軍事懲罰行動是不可能成功
根絕公海海盜問題，即使香港官員宣稱此舉已有效降低
海盜案件數目」。[70]

七、小結

　　民國以來，軍閥割據、各省內戰頻頻，無論是中央
政府還是地方政府均無專責處理海盜的機構，也缺乏實
際運作有效的海岸巡防組織。沿海各省雖然有海軍，但
艦艇多老舊失修，且噸位數小。基本上，民國時期各省
海軍對於海盜問題，既無心也無力解決。各口岸海關、
各鹽關雖然都有巡邏艦艇，但多以抓走私為主，並不太
處理海盜問題。也因此，列強才會認為中國海盜問題的
猖獗與中國政府的失能有很大的關係。[71] 美國駐華各

70　崔德威爾在報告中曾引述香港總督的說法：「（香港）總督認
　　為，去年英國海軍武力在大亞灣所採取的行動已經有了很好的
　　效果。據他所知，派駐在當地的香港警探回報，該區村落耆老
　　近來已經跟海盜首領進行會談，建議他們停止劫掠活動，以避
　　免（英軍）報復行動所造成的損失。」見 "Piracy in South China
　　Waters," Roger Culver Tredwell, American Consul General, Hong
　　Kong & Macao to the American Minister, Peking & the secretary of
　　State, Washington, 27 & 30 January 1928 , RIAC, 893.8007/44.

71　筆者曾經查閱國民政府檔案、國民黨五部檔、北京政府外交檔案
　　等中國方面的檔案，有關海盜的資料非常乏善可陳。況且，以民
　　國時期各省混亂的情況，即使有關於海盜的記載，其真實性恐怕
　　也有問題。反倒是英國，由於商船長期遭到海盜攻擊，故對於海
　　盜有相當深入的瞭解。關於這個部分，在《英國與廣東海盜的較
　　量——一九二〇年代英國政府的海盜剿防對策》一書中，已有非常
　　詳盡的探討。

使領館對於中國地方當局在防盜事務的作為上，也大都抱持類似質疑的看法。究其實際，歐戰後中國呈現分裂狀態，內戰不斷，中央與地方當局對於外國有關海盜問題的交涉，多半只能敷衍以對。加以受到南北對立的影響，廣東等南方各省呈現半獨立狀態，北京政府對於其毫無約束能力。也因此，美國無法透過與北京中央政府的交涉，來獲致海盜問題的解決。[72] 而當時中國水域海盜問題，以華南水域較為嚴重，其中又以廣東海盜最為猖獗，故列強關於海盜問題交涉的對象，只能以廣東當局為主。美國駐華使領對於此種中國現狀自然十分清楚，故也只能由駐廣州總領事出面，直接向廣州方面提出交涉。

但歐戰後的廣東政局卻異常不安，內戰不斷，僅舉其要者，有 1920 年陳炯明驅逐桂系之戰、1921 年粵桂之戰、1922 年孫文北伐與陳炯明叛變、1923 年、粵軍（許崇智與陳炯明）之戰、粵桂之戰、1924 年「商團

---

72 例如從英美外交檔案中，關於華南水域海盜問題，北京政府外交部最慣常的說詞，就是已通知海軍部處理。但實際上北京政府海軍部不太可能有能力去處理廣東境內的海盜問題，即使真的派艦艇去，也不會有任何作用。在 1925 年的英船通州輪劫案中，英國就曾一度直接與北京政府海軍官員交涉，並成功促使其派遣兩艘軍艦趕往廣東沿海採取行動，但結果當然是徒勞無功。因為廣東沿海駐軍普遍對北方軍艦抱持敵意，使其無法獲得任何在地的援助，最後甚至還必須透過賄賂村民的方式，才能獲取部分不知真偽的海盜情報，且終究仍是一無所獲。英國方面在後來的評估報告中，也認為在南北對立、地方割據分裂的環境下，與北京政府海軍合作處理華南海盜問題的風險過大，非但無助於實質性解決海盜問題，反而會引起廣東當局的猜忌，並可能出現反英情緒，適得其反。關於通州輪劫案後的中英交涉，請參見筆者先前的一篇論文：〈通州輪劫案與中英關係：從海軍合作、外交交涉到法權爭議〉，政大人文中心，《全球視野下的中國外交史論》（臺北：政大出版社，2016），頁 201-230。

事件」與再度北伐、1925 年兩次東征（進剿陳炯明殘部）、1926-1928 年國民革命軍北伐、1927-1930 年國共內戰等。也由於如此，廣東當局對於英美等外國提出的海盜問題交涉，均是敷衍以對，口頭上承諾很多，但卻做的很少。事實上，美國駐華使領顯然早已熟悉此種交涉模式，故才會常在報告中提及因中國現況不佳，即使提出正式外交交涉也不太可能有好的回應。至於福建的情況，也與廣東相去不遠。正因為如此，受到中國內政動盪不安的影響，美國使領館普遍認為東南沿海各省地方當局缺乏解決海盜問題的能力與決心，當真的發生海盜案件時，也沒有亡羊補牢的積極援救行動。換言之，在美國領事眼中，中國政府對於外船、外人的保護很明顯是不及格的。然而，即使如此，美國政府還是不傾向對中國政府追究美商因海盜問題所造成的經濟損失，因為廣東等中國地方當局雖有間接漠視海盜勢力惡化的失職責任，但並未直接與海盜勾結或是策動海盜劫掠美商，故不應該將海盜劫掠損失轉嫁到中國地方官府身上。

其次，美國駐華領事館也對於歐戰後現行商船防盜措施的成效，感到相當悲觀。無論是調整輪船內部結構，強化防盜能力（要塞化），還是隔離華人艙房，以及船員幹部與警衛的武裝化，在實際案例中均證明無法有效抵禦海盜的突襲行動。至於一度寄予厚望的防盜措施，例如預防海盜挾帶武器登船的港口碼頭檢查制度，調整航運保險政策，或是能夠在遭受攻擊的第一時間向外求援的商船無線電方案，似乎同樣也無助於防範海盜案件的發生。所以美國政府當時的主要因應策略，還是只能以強化美國海軍對美船的保護，例如籌組武裝汽艇方案，以作為最主要防盜手段。

　　再者，對於更為激進的武力剿盜方案，美國駐華領事館起初即認為在欠缺廣東當局的共同協助下，外國如單方面採取獨立軍事行動，事實上不太可能深入內陸地區，有效打擊海盜勢力。而歷經英軍逕自採取三次進剿行動後，美國領事館在事後的評估報告中，也認為軍事進剿行動充其量只能發揮短期嚇阻作用，無助於澈底解決海盜問題。究其實際，美國政府本身並不贊同以激烈的軍事剿盜行動來處理海盜問題，一來質疑其效果有限，二來縱然這些村落是海盜策劃劫案的據點，但是派軍登陸攻擊不設防的村落、燒毀船隻與屋舍，顯然還是有違美國歷來不介入中國內政、著重人道考量的對華政策。也因此，雖然英國曾多次提議雙方海軍合作剿盜，但美國駐華使領均多持保留態度。[73]

73　"Pirate Suppression in the Canton River Delta," Douglas Jenkins, American Consular General, Canton to Jacob Gould Schurman, American Minister, Peking, 17 April 1924, RIAC, 893.8007/12; "American Legation, Peking to American Consul General, Hong Kong," 3 September 1926, RIAC, 893.8007/18 & 28; "Piracy of the SS *Sunning*," American Consul General, Hong Kong to the Secretary of State, Washington & J. V. A. MacMurray, American Minister, Peking, 23 November 1926, RIAC, 893.8007/18.

第五章　美國對於國際合作防制中國海盜問題的態度與反應

一、前言

　　歐戰後東亞國際秩序有很大的變化，美國對於中國事務問題的發言權亦與日俱增。特別是 1921-1922 年在美國的主導下召開了華盛頓會議，通過中國問題決議案（羅脫四原則），簽署了《九國公約》，也確定列強之後對華政策的基本調性，亦即重申中國門戶開放政策，強調在華商業機會均等，尊重中國主權獨立、領土完整，不利用中國現狀擴大在華特權，且列強間彼此合作協調，提供中國一個無礙的環境，讓其發展成為一個穩定的國家。在此國際體系下，列強不應干涉中國內政事務，更不該侵犯中國領土與主權。故也因此，英國等其他列強的對華態度，多少會受到美國對華政策的影響。

　　另外一方面，海盜猖獗本是中國內政失序現象的反映，但英國為了解決中國海盜問題，致力於推動剿盜行動以及國際合作防盜方案，則似乎稍有逾越上述國際規範的模糊空間，故更希望獲得美國的背書與支持。但美國政府顯然不願意介入此類事務，再加上其他現實因素

的考量，決定退出英國所提的聯合外交警告以及國際軍
事合作防盜方案。美國的表態，也間接影響其他列強的
動向，法、義兩國隨即宣布跟隨美國腳步退出合作案，
而日本雖表面上仍勉強願與英國合作，但事實上卻也意
興闌珊，降低與英國軍事合作防盜行動的規模與層級。
換言之，美國的態度最終使得英國極力推動的國際合作
防盜方案宣告失敗。[1]

　　本章將細部分析美國政府內部對於中國海盜問題的
不同看法，尤其著重探究國務院、駐華使領與海軍官員
間的歧異性，並剖析其各自考量的思維模式與反映的歷
史意義。其次，美國政府對於中國海盜問題的應對之
道，如果放到華盛頓會議體制的架構下進行討論，將可
以進一步反思當時美國對華政策的理想主義傾向及其與
現實環境互動過程中的調適情況。

1　"Minutes of Fourth Meeting of Committee Appointed by the
　　Diplomatic Body to Discuss Anti-Piracy Measures," 16 November
　　1927, RIAC, 893.8007/43.〈海賊討滅方ニ關スル件〉，海軍省軍
　　務局杉山中佐電話，1928 年 1 月 7 日；〈海賊討滅方ニ關スル
　　件〉，外務省田中大臣ヨリ在本邦英國大使，1928 年 1 月 7 日，
　　日本外務省外交史料館藏，《支那海賊關係雜件》，第一卷，
　　F-0138/0228-0229、0231。〈海軍次官ヨリ馬要司令官、宇治艦
　　長宛〉，官房機密第一番電報，1928 年 1 月 7 日，日本外務省外
　　交史料館藏，《支那海賊關係雜件》，第一卷，F-0138/0230。"John
　　Tilley, British Embassy, Tokyo to Austen Chamberlain, Foreign Office,
　　London," 15 December 1927 & 12 January 1928, CO129/507/3.

二、美國對於中（粵）英合作與英美合作剿盜方案的態度

　　由於廣東海盜問題日益惡化，外船遭到海盜襲擊情況時有所聞，自 1924 年開始，英國政府（以香港總督府與英國海軍駐西江分遣艦隊為主要決策推動與執行單位）積極謀求與廣州當局的軍事合作，準備進剿位於珠江三角洲水域的海盜據點。當時孫文主持的廣州當局，因致力於尋求外部援助，故同意與英國合作處理廣東海盜問題。在陳友仁的居中協調，以及粵軍第三軍軍長李福林的負責指揮下，英國海軍駐西江分遣艦隊開始與粵軍合作，以粵軍為主、英軍為輔的形式，開始逐一清剿珠江流域的海盜勢力。[2]

　　為了尋求美國的支持，英國駐廣州代理總領事翟比南（Bertram Giles, British Acting Consul General, Canton）在 1924 年 3 月，將相關粵英軍事合作計畫的詳情告知美國駐廣州總領事精琦士，表示軍事行動所需的補給物資與其他必需品由香港方面負責提供，英國海軍則派出

2　關於中（粵）英軍事合作剿盜之事，李福林在後來的自述中，即聲稱孫文自始即知情，並常以電話關注剿盜情況。見莫紀彭筆錄，李業宏整理補充，〈李福林自述〉，《廣州文史》，第 49 輯（1995），https://www.gzzxws.gov.cn/gzws/gzws/ml/49/200809/t20080910_7162.htm，（擷取日期：2021 年 9 月 7 日）。關於 1924-1925 年英國與廣州方面的軍事合作剿盜行動細節，可參見英國公使館的詳細報告，見 "Memorandum respecting Piracy Suppression received from Sir Miles Lampson," dispatch No. 1030, 21 September 1927, CAB/24/202: 0024. 亦可參考筆者另外一篇論文，見應俊豪，〈1924-1925 年英國政府處理廣東海盜問題的策略運用：粵英軍事合作剿盜行動〉，《國史館館刊》，第 37 期（臺北，2013.9），頁 1-48。

艦艇協助剿盜；此外，為了避免各國誤解粵英軍事合作
行動，英國駐北京公使也將會在北京外交團內積極疏
通，而日本駐廣州總領事則已允諾與英國採取相同立
場，一起協助廣州當局的軍事剿盜行動。不過，翟比南
向精琦士坦承，英國外交部對於此次軍事合作行動深感
憂慮，擔心會因此衍生出中國人反英問題，故認為應保
持低調，不宜讓公眾知曉此事。[3]

（一）美國駐廣州總領事館對中（粵）英合作、英美合作剿盜的態度與分析

雖然英國駐廣州代理總領事翟比南在談話中並未明
說，但是其言外之意顯然還是希望美國方面也能與英國
一樣，採取類似措施，派出砲艦參與剿盜行動。然而，
美國駐廣州總領事精琦士卻當場表達了婉拒的態度，因
為就美國政府的立場來說，雖然也希望能夠徹底掃蕩海
盜，但是美國國務院不可能批准砲擊村落的行動，即使
這些村落內有海盜據點藏匿其中。

在 1924 年 3 月給美國駐北京公使的報告中，精琦
士詳細分析中（粵）英合作剿盜行動中的物資供給部分
以及海軍軍事合作部分。精琦士認為雖然翟比南只提及
物資援助，但他認為這其中應該也包括了「武器與彈
藥」。至於海軍軍事合作部分，雖然主要原則是由廣州

3　精琦士認為日本雖然同意與英國採取相同立場，但實質意義不
　　大，因為日本海軍目前在廣州並無吃水較淺的淺水砲艦，所以不
　　太可能在珠江支流水域規劃剿盜行動。

主導、英國海軍僅提供協助，但從與翟比南的談話中，
精琦士認為在必要時英國海軍砲艦的行動恐將不止於從
旁協助，而可能會有較為積極的行動，例如砲轟與攻擊
海盜村落，甚至必要時也將派遣少量海軍陸戰隊攜帶機
關槍登陸進行作戰。[4] 因此，從上述行動中可以清楚得
知，英國方面已經決定採取「比過去更為有力的措施，
來處理（珠江）三角洲的海盜問題。」但是如果要美國
仿效英國模式，同樣也派出砲艦協助參與剿盜行動則並
不可行，因為他個人認為廣東海盜問題畢竟仍應由中國
人自行負責解決。不過，精琦士同意，如果廣州當局真
的有心想要處理海盜以解決珠江三角洲水域的失序問
題，或許給予廣州當局適當的物資援助倒不失為可行的
方案。也因此，精琦士向美國駐華公使舒爾曼請示，希
望能給予較為明確的訓令，以便因應後續廣東海盜問題
的處理以及美英之間的互動。[5]

（二）美國駐北京公使館的態度

　　關於中（粵）英合作剿盜以及英國請求美國共同參
與合作之事，美國駐華公使館的態度顯得相當謹慎。簡

4　精琦士的研判並沒有錯，例如根據英國海軍的報告，在 1924 年
　　11 月一次粵英聯合進剿小欖、雞鴉水道海盜的行動中，英國海
　　軍不但出動了高達 6 艘的艦艇，甚至還動用火砲轟擊村落，造
　　成重大死傷。見 "Anti Pirate Operation on 24 November, 1924," by
　　Commander M. Maxwell-Scott, S.N.O., West River, FO371/10932.

5　"Pirate Suppression and Other Matters in the Canton Consular
　　District," Douglas Jenkins, American Consular General, Canton to
　　Jacob Gould Schurman, American Minister, Peking, 20 March 1924,
　　RIAC, 893.8007/12.

單來說，美國駐華公使舒爾曼原則上支持中國水域內的剿盜行動，但對於英美海軍合作剿盜方案則是較持保留態度。

舒爾曼認為中（粵）英合作之事雖然目前屬性不明，但很明顯的是英國海軍可能在剿盜行動中採取更為積極介入的態度。他相當樂見廣東海盜問題能因此獲得有效控制，畢竟自西方人頻繁造訪中國南方各港口後，海盜問題就是個老問題，困擾外人也已超過一個世紀；所以如能解決海盜問題，對於未來美國在華商務活動、傳教業務以及其他利益也將有更大的保障。所以舒爾曼表示他不但不反對掃蕩中國水域內的海盜問題，而且也認為美國政府理應出面保護其在華商民與利益。

但是另外一方面，對於美國是否要加入與英國海軍一同合作剿盜之事，舒爾曼則認為需要更審慎的評估。第一，即使是英美合作，但因剿盜事涉中國，美國仍須應先與中國當局磋商後再做取捨。第二，美國海軍一旦與英國海軍合作，依照既有中（粵）英剿盜行動模式，恐將涉及到砲轟村落、武裝部隊登陸、面對面的戰鬥等情況，但這對於美國海軍駐粵的有限船艦來說，負擔過大，勢必得增加既有海軍武力。第三，所謂的海盜村落中，不乏無辜百姓，而海盜為求作案方便卻經常偽裝成一般農民，所以對於外國海軍參與剿盜行動的最大困難，也就在於無從區分良善百姓與真正的海盜，極有可能傷及無辜。第四，美國海軍剿盜行動的範圍與限制恐怕也是必須先界定的，特別是當發現海盜蹤跡時，美國海軍應該追緝到何種程度，剿盜的範圍是侷限在珠江

三角洲水域，還是擴大到整個南海水域。軍事合作剿盜
行動執行的時間與相關開支，同樣也是必須列入考慮的
棘手問題。第五，更為重要的是，美國海軍一旦介入剿
盜行動，恐將有違美國現行對華政策，這也是否意謂美
國準備大幅調整對華政策？因為茲事體大，舒爾曼要求
精琦士應進一步與美國駐華海軍官員協商，特別是應諮
詢南中國海巡邏隊指揮官（Commanding Officer, South
China Patrol）、亞洲艦隊總司令（Commander-in-Chief,
Asiatic Fleet）等對於英美合作剿盜的態度。[6]

　　舒爾曼的矛盾與質疑，其實反映出美國對於英美軍
事合作剿盜行動可能引發諸多爭議的憂慮。例如美國政
府不可能同意涉入任何攻擊不設防村落的行動，無論這
些村落是否為海盜據點，但一旦美國同意與英國共同
合作剿盜，則可能使得美國被迫身陷險境之中，因為無
法確切掌握此類合作的執行效期與行動內容。不過必
須強調的，無論如何舒爾曼並未完全排除未來與英國
共同合作處理海盜的可能性，畢竟海盜問題總歸還是
必須處理，而美國政府「為保護其在華公民與利益，
自然也有責任出面提供協助」。然而前提是在處理剿
盜議題上必須謹慎行動，且依循著「正確方向」（right
direction）。[7] 舒爾曼雖未明確定義何謂剿盜的「正確

6　"Jacob Gould Schurman, American Minister, Peking to Douglas
　　Jenkins, American Consular General, Canton," 5 April 1924, RIAC,
　　893.8007/12.

7　"International Cooperation to Suppress Pirates in China," A Resume
　　by Douglas Jenkins, Division of Far Eastern Affairs, Department of
　　State, 21 November 1927, RIAC, 893.8007/28.

方向」，但顯然應非英國所採取的武裝攻擊行動模式。

尤有要者，英國駐廣州代理總領事翟比南先前曾告訴美國總領事精琦士，透露英國駐北京公使將會在各國外交團內積極疏通中（粵）英合作剿盜之事，但事實上英國公使非但未直接與舒爾曼溝通，甚至整個外交團可能均未知曉此事。[8] 舒爾曼不禁懷疑此項計畫根本是香港總督在幕後主導推動。因此在給國務院的報告中，舒爾曼即指出香港總督在剿盜問題上的態度，已「完全背離中國政治情況」。他分析香港總督之所以推動中（粵）英合作剿盜行動，可能與中國政治情況無關，主要還是考量到香港殖民地的利益。因為海盜已嚴重影響到香港殖民地的經濟利益，當地英商海事從業人員相關工會也因飽受海盜威脅而醞釀抵制與罷工，故香港總督可能基於其個人與殖民地人民的方便，為求有效解決海盜問題，才權宜推動此方案。[9]

（三）英美合作剿盜案的擱置

一度讓美國駐華使領館相當苦惱的英美合作剿盜方案，最後卻不了了之。根據美國駐廣州總領事館的報告，自英國駐廣州代理總領事翟比南在 1924 年 3 月首次提出建議後，即未有任何新的動作，非但不再告知有關中（粵）英合作的現況，也不再繼續詢問英美合作的

8　"Jacob Gould Schurman, American Minister, Peking Douglas Jenkins, American Consular General, Canton," 5 April 1924, RIAC, 893.8007/12.

9　"Jacob Gould Schurman, American Minister, Peking to the Secretary of State, Washington, D.C., 25 April 1924, RIAC, 893.8007/12.

可能性。[10] 這可能與精琦士在 3 月面談時即曾婉轉告知美國的顧忌與不願介入有所關係。其次，從英國並未在北京外交團繼續溝通此事，也未與美國公使直接洽談來看，似乎也可能只是由翟比南出面略微盡到告知美國的義務，之後香港方面則決定自行低調地與廣州當局執行剿盜行動。

英國此時不再重提美英合作剿盜之事，也恰好符合美國第一線領事、海軍官員所建議的政策評估。因為除了駐華公使舒爾曼對於雙方海軍合作之事表達疑慮外，廣州總領事精琦士在與美國海軍華南巡邏隊指揮官會商後，同樣也作出不支持美英海軍合作剿盜的共識，理由即是軍事合作方案不但可能擴大海軍開支，也將傷及無辜，違背現行美國對華政策：

> 如同公使館所指出的，我們也認為合作行動可能會有砲轟、登陸、作戰等情況，這可能造成美國必須強化在華南地區的武力。我們也認為在攻擊村落的行動中，毫無疑問將會傷及無辜百姓，而美國政府歷來的政策，即是反對只因為村落中可能有部分海盜，就向不設防的村落進行無差別的攻擊行動。

即是之故，精琦士建議有關英美海軍合作剿盜一

---

10 "Pirate Suppression in the Canton River Delta," Douglas Jenkins, American Consular General, Canton to Jacob Gould Schurman, American Minister, Peking, 17 April 1924, RIAC, 893.8007/12.

案，現階段應予以擱置。[11]

　　其次，當美國駐廣州與北京使領館正為中（粵）英合作與英美合作剿盜之事籌思因應對策之際，美國駐香港與澳門總領事蓋爾（William H. Gale, American Consul General, Hong Kong and Macao）也掌握到類似消息，並多次回報給美國國務院，特別是關於珠江三角洲水域的海盜問題，以及香港政府為解決海盜攻擊問題所採取的各種措施。[12] 然而另外一方面，在美國駐香港總領事館與駐華公使館之間，卻似乎欠缺類似的良好溝通，因為駐港澳總領事蓋爾並未同時將前述情報一併向駐北京的美國公使館匯報，導致其無法確切掌握香港方面的活動情況。[13] 換言之，美國公使館乃是從廣州

11　"Pirate Suppression in the Canton River Delta," Douglas Jenkins, American Consular General, Canton to Jacob Gould Schurman, American Minister, Peking, 17 April 1924, RIAC, 893.8007/12.

12　從 1924 年 3 月至 5 月間，美國駐香港與澳門總領事曾四度（3/20、3/31、4/16、5/16）向美國國務院報告香港方面處理廣東海盜問題所採取的措施。見 "Wilbur J. Carr, Acting Secretary of State, Washington, D.C. to William H. Gale, American Consul General, Hong Kong and Macao," 24 July 1924, RIAC, 893.8007/12.

13　某種程度上這讓美國駐華公使舒爾曼相當不快，故在 1924 年 4 月時特地向國務院抱怨美國港澳總領事館未通報之事。舒爾曼還嘲諷地表示，香港總督是基於香港殖民地利益，權宜地積極推動粵英軍事合作剿盜計畫，但美國駐港澳總領事卻「沒有充分的理由來支持諸如此類的政策」。也因此，美國國務院在同年 7 月時，訓令駐港澳總領事蓋爾往後必須要將香港方面的政情發展，同時告知美國駐華公使館，以便其做適當的政策評估。見 "Jacob Gould Schurman, American Minister, Peking to the Secretary of State, Washington, D.C.," 25 April 1924; "Wilbur J. Carr, Acting Secretary of State, Washington, D.C. to William H. Gale, American Consul General, Hong Kong and Macao," 24 July 1924; Wilbur J. Carr, Acting Secretary of State, Washington, D.C. to Jacob Gould Schurman, American Minister, Peking," 24 July 1924, RIAC, 893.8007/12.

總領事館間接獲知香港方面的行動，而並非直接從駐港
澳總領事館獲知消息。

三、美國對於英國推動列強海軍　聯合行動的反應 [14]

　　1924 年的英美合作剿盜方案雖然無疾而終，但是
英國方面，特別是直接感受到廣東海盜威脅的香港總督
府，仍持續推動各類防盜方案，同時也謀求與美國以及
其他列強海軍合作的機會。

　　美國駐港澳總領事館在 1925 年 3 月中旬給國務院
的報告中，鉅細靡遺地整理英國在處理廣東海盜問題上
的諸多困境與各種因應措施。在此份報告中，總領事蓋
爾詳細回顧了香港方面歷次的防盜檢討報告，以及防盜
章程、防盜措施、商船上的防盜設備以及駐防的印度武
裝警衛、港口警察的搜查措施、船團體系、無線電設
備、海軍巡邏體系等，尤有要者，也詳述了英國海軍
當局對既有防盜措施的檢討建議與替代方案。[15] 顯而易
見，美國駐港澳總領事館對於香港政府在處理廣東海盜

14　1920 年代列強在華有航運利益，且駐有一定實力的海軍艦隻，以
　　英、美、日、法、義五國為主，但義國在華航運利益與海軍實力
　　又遠遜前四國，故介入能力與意願均更低。因此，本章主要探討
　　的列強，將以英、美、日、法等國為主。

15　美國駐港澳總領事館在報告中表示，相關資訊是來自香港「政
　　府報告」（Government Reports）以及其他「已出版的報告」
　　（Published Reports）。見 "Piracy and Measures of Prevention,"
　　Consulate General, Hong Kong to the Department of State, 20
　　March 1924, RIAC, 893.8007/15(1/2).

事務上，有非常深入的瞭解。至於箇中原因，除了歸功於總領事館的情報蒐集工作紮實外，同時也不難想像的是，香港政府與美國駐港澳總領事館之間應該是溝通順暢、情報共享。而香港方面願意這樣做的目的，無外乎是想要爭取美國政府對香港相關海盜決策的體諒與支持。

　　1925 年下半年，受到五卅事件、廣州沙基慘案、省港大罷工的影響，廣州當局斷絕英國的關係，並採取敵視態度，原先雙方軍事合作剿盜的模式自然無以為繼。與此同時，廣東海盜問題並未隨著粵英關係的急凍而告稍歇，相反地，來自廣東大亞灣地區的海盜更加肆無忌憚地劫掠英船。英國雖多次向廣州當局提出交涉，強調海盜問題對於航運安全的危害，亟願與廣州方面繼續先前的軍事合作，共同致力於解決海盜問題。但敵視英國的廣州當局則只是表明會自行處理海盜問題，並斷然拒絕英國的合作要求。事實上，當時廣州當局內部陷入權力鬥爭，政局動盪不安，既無心也無力解決海盜問題。也因此，英國與香港政府只好尋求其他列強，尤其美國的協助，來處理廣東海盜問題。[16]

16　T. H. King, Deputy-superintendent of Police, Hong Kong, "Precis of Piracies Committed by Bias Bay Pirates, 1926," 21 June 1926, CAB/24/181:0072. "Governor, Hong Kong, to the Secretary of State for the Colonies,"28 August 1926,CAB/24/181:0072; "Paraphrase Telegram from the Governor of Hong Kong to the Secretary of State for the Colonies," 6 October 1926, CAB/24/181:0072; "Tables Turned on Pirates: Further Details of Sunning Fight," *The Strait Times*, 19 November 1926; "Memorandum respecting Piracy Suppression received from Sir Miles Lampson," dispatch No. 1030, 21 September 1927, CAB/24/202: 0024. 關於 1925 年五卅事件後，英國對於海盜

（一）列強海軍聯合巡邏廣東大亞灣水域提案

1926 年秋天時，香港總督金文泰（Cecil Clementi, Governor of Hong Kong）出面與美國駐港澳總領事館商討美英共同合作處理廣東海盜的可能性。此事稍後又移交由美國駐華公使館處理，經公使館與美國海軍亞洲艦隊總司令威廉斯（Admiral Clarence S. Williams, Commanders-in-Chief, Asiatic Fleet）聯繫後，威廉斯同意安排美國海軍艦艇在從香港往返北方中國各港口時，如果天氣與環境許可，將會特別繞經大亞灣「現身」（our ships … show themselves in that (Bias) bay）。[17] 換言之，所謂的「英美合作」，並非雙方共同進剿海盜，而是美國海軍艦艇於平時往來香港與中國各港口途中，順便繞道大亞灣，以嚇阻海盜事件的發生。

事實上，英國方面一直積極尋求其他國家海軍共同合作處理中國海盜問題。除了美國與日本之外，香港總督也試圖與法國協商雙方海軍合作。但根據美國駐廣州與港澳總領事館的瞭解，上述所謂的英日、英法海軍合作，其實也不過都是口惠而實不至的情況。例如日本雖然表示樂於合作，但因為欠缺適當軍艦，故無法落實合作。一直要到 1926 年 11 月時，日本海軍才增派一艘艦

問題的政策調適，可以參見筆者另外一篇論文，應俊豪，〈亞思反制：1920 年代後期英國處理廣東海盜政策之轉向〉，政大人文中心，《國際秩序與中國外交的形塑》（臺北：政大出版社，2014），頁 109-161。

17 "American Legation, Peking to American Consul General, Hong Kong," 3 September 1926, RIAC, 893.8007/18 & 28.

艇前往廣州，以保護該地的日本商船。至於法國方面，
法國駐華海軍司令曾在 1926 年 4 月與英國海軍「中國
艦隊」總司令達成一項協議，英、法雙方海軍艦艇無論
北上、南下，凡航經廣東沿海時，均將特別繞道大亞
灣，以預防該水域可能發生的海盜案件。無論如何，上
述所謂英、美、法、日等國海軍的合作，充其量還是著
重在派遣艦艇巡邏大亞灣水域，亦即消極地預防可能的
海盜事件發生，而並未有較為積極的攻擊海盜行動。況
且，要經常性維持上述海軍巡邏計畫，勢必會對各國海
軍開支造成沉重的負擔。而且，巡邏大亞灣水域也不見
得能夠有效根絕海盜問題，因為廣東海盜可以輕而易舉
地轉移陣地，繼續籌劃新的劫案。[18]

（二）列強海軍聯合軍事剿盜行動提案

　　除了海軍巡邏提案外，英國方面仍繼續試圖影響美
國駐港澳總領事館對於列強共同剿盜的態度。1926 年
11 月下旬，英國海軍「中國艦隊」總司令[19]在與美國

---

18 美國駐港澳總領事給駐華公使館的報告中，坦承雖然不甚了解
　　各國海軍合作的實際情況，但英、美、法三國海軍艦艇不少
　　均有繞經大亞灣水域。同時，英國海軍兩艘新型航空母艦賀
　　密士號（HMS *Hermes*）、復仇號（HMS *Vindictive*）也經常派遣
　　飛機前往大亞灣水域巡邏。見 "American Consul General, Hong
　　Kong to American Legation, Peking," 20 April & 23 November
　　1926, RIAC, 893.8007/18; "International Cooperation to Suppress
　　Pirates in China," A Resume by Douglas Jenkins, Division of Far
　　Eastern Affairs, Department of State, 21 November 1927, RIAC,
　　893.8007/28.

19 崔德威爾在報告中提及與其面談的是英國海軍「中國艦隊」總司
　　令辛克萊（Admiral Sir Edwyn Alexander Sinclair, Commander-in-
　　Chief, China Station）。

駐港澳總領事崔德威爾的一次談話中，即秘密表示如果無法在海盜登船前就予以攔截的話，則英國就不得不思考訴諸武力行動，無論是否獲得廣州當局的同意。但是要執行這樣的海陸軍事行動，理應由「列強共同行動」（a combined action of the Powers）。至於帶隊採取行動的現場指揮官，也應該獲得更大的授權，不只要保護海盜受害者，同時對於那些窩藏海盜的村落，也應該給予重懲，將其「夷為平地」（razed to the ground）。崔德威爾並未對列強採取共同軍事行動一事作回應，僅表示希望英國海軍在獲准採取上述武力行動前，能事先通知美國總領事館。

　　相較於 1926 年 9 月香港總督的「列強海軍聯合巡邏廣東大亞灣水域提案」（其目的僅在於建議海軍巡邏體系，以防範海盜案件的發生），英國海軍「中國艦隊」總司令的「列強海軍聯合軍事剿盜行動提案」，其手段則更為激烈，除了強調列強海軍合作防盜外，甚至不排除主動以軍事行動進剿海盜，將海盜村落「夷為平地」。也因此，在之後給國務院與駐華公使館的報告中，崔德威爾強調會密切注意後續香港總督府的防盜行動以及英國海、陸軍官員對於海盜問題看法，並在第一時間即將相關情資通報美國駐華公使館參考。其次，崔德威爾認為華南水域海盜問題已相當嚴重，而就現階段的情況來看，除非「廣州當局願意請求外國協助清剿海盜巢穴」，否則似乎沒有其他有效方案可以澈底解決海盜問題，所以外國政府可能認為有必要採取更為積極的措施，來打擊海盜，永遠終止海盜集團的活動。他建議或許可以透過外交交涉手段，來處理海盜問題。雖然目前尚未有美船遭劫，亦無美國人在劫案中損失財物，但考量到美國公民與貨物多半利用沿海輪船往來中國各港口，為避免未來可能的威脅，他建議美國政府可以思考透過外交的手段來施壓廣州當局出面處理海盜問題，以強化對美商的保護。廣州國民政府當時正積極北伐，並已攻佔東南各省，在外交上也希望獲得列強對於新政府的正式承認，故崔德威爾認為或許可以審慎思考利用外交承認為手段，作為與廣州當局交涉海盜問題的主要基礎。[20]

稍後，12月下旬，香港總督金文泰在一次與美國駐港澳總領事崔德威爾的晤談中，又再次提及列強採取聯合行動共同進剿廣東海盜方案。金文泰告知崔德威爾，先前已與法國駐香港領事館交涉，邀請法國海軍與英軍一同採取軍事進剿行動；而法國駐華公使有鑑於最近有兩艘法國商船在華南水域遭到海盜攻擊，故已決定支持英法合作剿盜方案，並向法國政府建請同意。[21]

不過，關於金文泰聲稱法國駐華公使支持與英國一同合作軍事剿盜一事，在崔德威爾向法國駐香港領事普拉德（Georges Dufaure de la Prade, French Consul, Hong Kong）作進一步求證後，卻被告知所謂的英法海

---

20 "Piracy of the SS *Sunning*," American Consul General, Hong Kong to the Secretary of State, Washington & J. V. A. MacMurray, American Minister, Peking, 23 November 1926, RIAC, 893.8007/18.

21 "Piracy in South China Waters," American Consul General, Hong Kong to J.V.A. MacMurray, American Minister, Peking & the Secretary of State, Washington, 21 & 24 December 1926, RIAC, 893.8007/20.

軍合作剿盜，不過只是「港督的誤解」。事實上，法國
駐華公使已明確表明不贊同英國所提的計畫。普拉德甚
至還表示法國政府之所以不同意與英國一起進攻大亞灣
沿岸的海盜巢穴，乃是由於這是「對中國主權權利的侵
犯」（a violation of sovereign rights of China）。此外，
普拉德也認為現在根本無須與國民政府商討軍事合作剿
盜之事，因為「國民黨領導者早已明確表明反對此類計
畫」。[22] 顯而易見，金文泰似乎誤解了法國態度，也過
於樂觀地以為英法軍事合作剿盜案已經獲法國駐華公使
的支持，並送交巴黎批准。然而無論如何，香港總督金
文泰極可能有意讓美國總領事誤以為法國已同意軍事合
作進剿方案，來博取美國政府的支持。

22　關於港督金文泰先前所云法國同意與英國軍事合作剿盜之事，崔
　　德威爾為避免是他個人誤解，還曾再次詢問會談當時也在場的美
　　國海軍南巡邏隊指揮官，同樣證實金文泰當時確有此言。見
　　"Re: Piracy," American Consul General, Hong Kong to the Secretary
　　of State, Washington & J.V.A. MacMurray, American Minister, Peking,
　　30 December 1926, RIAC, 893.8007/21.

四、 美國對北京外交團國際合作 防盜方案的態度（一）：評估 分析與務實考量

　　因中國海盜問題持續惡化，外國商船在航行途中每每遭到海盜攻擊，造成商務上的重大損失，故北京外交團（Diplomatic Body）在 1927 年 9 月，發布第 142 號通報〈中國水域海盜問題〉，呼籲各國政府重視中國海盜問題，並採取行動以制止海盜歪風。[23] 英國公使藍浦生遂提交外交說帖，正式提案建議列強應同時採取外交與軍事上的聯合行動來處理海盜問題，除了以外交聯合照會方式直接向廣州當局施壓，以期早日促成陸上進剿行動外，列強駐華海軍也應展現實力，派遣艦隊共同巡邏危險水域，以有效鎮懾海盜。[24] 即是之故，北京外交團決定委由英、美、日、法、義五國公使籌組「反制海盜措施委員會」（Committee Appointed by the Diplomatic Body to Discuss Anti-Piracy Measures，以下簡稱反盜委員會），進一步商討該如何因應中國海盜問題。[25]

　　由於美國也是上述五國公使「反盜委員會」成員之一，故美國駐華使館積極參與相關討論，並提供建

23　"Piracy in Chinese Waters," Circular 142, 21 September 1927, 日本外務省外交史料館藏，《支那海賊関係雑件》，第一卷，F-0138/0149-0150。

24　"Memorandum by the British Legation, Peking," 23 September 1927, 日本外務省外交史料館藏，《支那海賊関係雑件》，第一卷，F-0138/0145-0148。

25　"The Chargé in China (Mayer) to the Secretary of State," November 17, 1927, *FRUS 1927*, Vol. II, pp. 331-333.

言。[26] 在 1927 年 11 月中旬給國務院的報告中，美國使館曾評估廣東海盜對於美商的危害程度，認為廣東海盜目前尚未直接劫掠美國輪船，但由於不少美國人乘坐其他國籍輪船往來中國沿岸各港口，故仍有遭受海盜威脅的可能性；尤有要者，香港當局曾經破獲一起海盜準備劫掠美國大來輪船公司總統級客輪（American President Liners）的計畫，顯見廣東海盜有可能將目標指向美國輪船。換言之，廣東海盜雖然還沒有對美商輪船構成直接威脅，但在將來則可能產生重大危害。而各國政府已多次督促廣州當局處理海盜問題，但成效有限，廣州當局往往卻採取敷衍消極抵抗的態度，不願意積極進剿海盜。因此，美國公使館希望國務院能夠正式授權駐華公使接受英國的提案，與英、法、日、義等國齊一步調，在外交（列強使領共同署名照會施壓，中國如不接受，將採取其他必要行動）與軍事（列強海軍共同巡邏防範珠江、大亞灣水域海盜犯案）上一起合作，以謀求廣東海盜問題的解決。[27]

（一）美國國務院的內部評估與態度

不過，美國駐華使館掌握到的美船劫案情況，顯然與國務院的認知有所出入。在收到駐華公使的報告後，

26　五國公使「反盜委員會」在 1927 年 11 月 16 日召開第一次會議，地點在日本駐華使館。見 "Minutes of A Meeting to Discuss Anti-Piracy Measures," held at the Japanese Legation at 11 a.m. Nov. 16, 1927, 日本外務省外交史料館藏，《支那海賊関係雜件》，第一卷，F-0138/0180-0183。

27　"The Chargé in China (Mayer) to the Secretary of State," 17 November 1927, *FRUS 1927*, Vol. II, pp. 331-333.

美國國務院即開始評估英國所提國際合作反盜方案的
可行性。國務院遠東司（Division of Far Eastern Affairs,
Department of State）提交了一份極為重要的中國海盜
問題評估報告，由相當熟悉廣東海盜事務、曾任美國駐
廣州總領事的精琦士撰寫。[28]

在報告中，精琦士強調在過去幾年中，只有一起美
船劫案，即發生於 1927 年 8 月在廣東黃埔的美國運油
船遭攻擊事件。至於美國駐華公使館先前所提及的海盜
情資，亦即有海盜準備劫掠美國大來輪船公司總統級客
輪一事，精琦士亦認為該情資乃是來自於香港一名華籍
警探，但卻無法證實其可信度。況且根據美國駐港澳總
領事館給國務院的報告，大來輪船公司已經開始採取預
防性的防盜措施，諸如嚴密檢查登船的華籍乘客、船員
幹部隨身配戴武器等。這些防盜措施雖然不太確定是否
已確實執行，也無法保證能夠有效預防海盜攻擊，但可
以確定的是大來輪船公司本身即不太願意過於張揚前述
海盜欲劫美船的情資，因為恐將嚴重衝擊到該公司的旅
客航運。[29]

---

28 精琦士先前曾擔任過美國駐哈爾濱領事（1919-1921）、駐廣州
總領事（1923-1927）。見中國社會科學院近代史研究所翻譯室
編，《近代來華外國人名辭典》（北京：中國社會科學出版社，
1984），精琦士條，頁 240。特別是在廣州總領事任內，精琦士
曾多次針對廣東海盜問題提出重要報告。

29 "International Cooperation to Suppress Pirates in China," A Resume
by Douglas Jenkins, Division of Far Eastern Affairs, Department of
State, 21 November 1927, RIAC, 893.8007/28. 根據香港警察獲得
的情資，此批海盜極可能採取類似近海輪船劫案的內部劫掠模
式，偽裝乘客挾帶武器登船，登船地點可能是上海，海盜預計分
為兩批登船，部分海盜將購買一等艙房船票，以便發動突襲時能
就近控制艦橋區，至於其餘海盜則購買統艙船票，攻擊時則負責

　　精琦士也認為在目前混亂的中國局勢下，列強聯合照會「似乎是毫無用處的」。他認為英國提案目的，不過意圖將列強綁在一起，以便向中國施壓，強調海盜問題並非僅有英國關注，同樣也涉及到其他列強的利益。更麻煩的是，擬議的列強共同照會中，威脅帶有所謂的必要行動，換言之一旦中國未能有效解決海盜問題，是否即意謂美國將與英國等其他國家一同採取必要的軍事行動？這種情況應非美國政府所樂見，一來從過去的報告顯示，美國航運商從未提出類似要求；二來根據過去國務院政策，從未有同意加入類似協議者；三來國務院早已明確反對砲轟村落的行動，無論是因為其中可能窩藏有海盜，或是該村落為眾所皆知的海盜據點。尤有要者，英國海軍在 1927 年時曾多次動用艦艇，直接攻擊廣東大亞灣沿岸聚落、焚毀當地木船，試圖藉此瓦解海盜組織。然而，後來的結果已充分證明此類激烈軍事行動並未達成預期目標，廣東海盜雖然在短時期內銷聲匿跡，但數月後又轉移陣地重新發動新一波的攻擊輪船行動。[30] 顯見武力政策並非萬能，列強即使對海盜根據地直接採取高壓進剿行動，同樣也無助於海盜問

控制船上其他艙房。為了因應此海盜情資，大來輪船公司一度不搭載上海當地的華籍乘客。對於往來日本橫濱、中國各港口以及菲律賓馬尼拉的華籍乘客，也都採取警戒態度，以防不測。見 "Recent Piracies and British Reprisals," Harold Shantz, American Consul in Charge, Hong Kong to Ferdinand Mayer, Charge d'Affaires ad interim, American Legation, Peking, 26 September 1927, RIAC, 893.8007/29.

30　關於 1927 年英國海軍進剿廣東大亞灣海盜聚落的軍事行動及其爭議，可以參見筆者另外一篇論文：應俊豪，〈1927 年英國海軍武力進剿廣東海盜研究〉，頁 149-210。

題的解決。

　　不過，另外一方面，精琦士也坦承美國不太可能與中國海盜問題完全切割。海盜案件增加，顯示海盜問題的日益嚴重乃是不爭的事實，之後也可能威脅到美國在珠江三角洲的航運利益；況且美國公民在華往來交通也經常乘坐英國（或是他國）航商輪船，美商貨物同樣多由其他此類輪船載運，所以當海盜威脅到英國等航商航行安全時，同樣也將影響美國公民生命與財產的安全。所以，無論如何美國政府終究無法迴避，且必須正視中國海盜問題的嚴重性。[31]

　　對於美國在因應處置中國海盜問題上進退維谷的兩難情況，精琦士建議，或許可以參考 1924 年 9 月江浙戰爭威脅到上海與長江三角洲航行安全時，美國國務卿休斯（Charles Evans Hughes）所作的海軍行動原則裁示。當時休斯在給駐華公使館的訓令中，強調動武必須謹慎，在沒有經過國會授權下，行政部門如要動用海軍武力，只能是保護美國人民的生命財產安全；所以如果情況緊急，為了確保上海對外航運暢通，提供美國公民生命財產適當的保護，美國海軍必要時可與其他列強海軍合作。不過，海軍合作的目的並非在於要以武力壓制中國人，因為列強的「優勢海軍武力，藉由彼此的合作，應能確保外國航運的安全，從而保護美人的生命

---

31 "International Cooperation to Suppress Pirates in China," A Resume by Douglas Jenkins, Division of Far Eastern Affairs, Department of State, 21 November 1927, RIAC, 893.8007/28.

財產安全，但卻不需要與中國武力發生實際戰鬥。」[32]
根據前述訓令，精琦士認為或許可以先諮詢美國海軍
「中國艦隊」總司令的意見，以評估是否需要與其他國
家海軍合作，在中國南方水域執行巡邏任務或是在珠江
水域進行護航行動。不過，精琦士強調美國政府不應該
同意任何過於激烈的「正式計畫」：

> 政府不應同意任何可能涉及到攻擊不設防村落，或
> 是其他可能違背美國對華政策的正式計畫。雖然
> 或許有一日美國輪船會遭到海盜攻擊，美國人生命
> 財產也會有所損失，但是這些嚴重的事情到目前都
> 沒有發生，而且美國公眾也不可能支持政府到（中
> 國）陸地上去攻擊海盜聚落或是在岸上採取類似
> 措施。

　　換言之，精琦士建議在實務上可以同意有限度的海
軍合作，並侷限在海軍巡邏、護航等較溫和的措施，至
於在政府合作層面上，美國政府則不宜涉入過深，以免

---

32 "Secretary of State to American Legation at Peking" 8 September
1924, RIAC, 893.00/5498. 1924 年 8、9 月間，因為江浙戰爭衝突
在即，交戰雙方均曾發布長江下游水域禁航令。為了避免上海對
外航運遭到封鎖，同時也為了防止江浙雙方海軍在吳淞江交戰波
及上海，歐美日等列強決定採取聯合行動，以強大海軍武力為後
盾，公開宣示要維持上海至海口航運的通暢與安全。不過，為了
確定必要時美國海軍的動武尺度，美國駐華公使館特地向國務院
請示行動原則。上述電報即是美國國務卿休斯答覆駐華公使館的
訓令。關於江浙戰爭期間列強海軍聯合行動問題，亦可參見筆者
另外一篇研究，見應俊豪，〈海軍武嚇、上海中立化與合作政策：
江浙戰爭期間列強對華舉措分析〉，《國立政治大學歷史學報》，
第 36 期（臺北，2011.11），頁 1-84。

受制於人，被迫介入到過於激烈的軍事行動。此外，精琦士也建議美國政府應提醒美國在華航商注意海盜風險，並督促其採行可能的預防措施，例如對登船乘客實行行李檢查、在輪船上裝設無線電設備、要求船員幹部攜帶武器以防不時之需等。[33]

精琦士的建議，後來顯然獲得國務院的採納與支持。在給駐華公使館的訓令中，美國國務院雖然同意必要時或許可與其他列強海軍合作，一同執行大亞灣水域的巡邏任務，但卻明確表態不認同駐華使館的見解，也對於美國參與由列強共同署名的外交照會施壓方式多所顧忌。國務院認為列強聯合外交施壓成效不大，卻可能因此讓美國捲入到不適當的場合下：

> 國務院不相信列強共同或個別照會廣州當局會有任何好的作用……。遞交這樣一個照會，是不可能迫使中國當局採取有效的行動，來保護外人，處理中國水域內的海盜問題。因此，照會真正的目的，乃在於暗示中國人，參與照會的列強準備一同合作採取積極的陸軍與海軍行動，以便有效解決中國水域的海盜問題。但是最近英國海軍在大亞灣採取的武力行動，卻已證明無法有效達到預期的目的。所以列強擬採取的軍事行動計畫，例如海軍巡邏中國港口、砲轟城鎮、派遣陸軍登陸作戰等，毫無疑問

---

33 "International Cooperation to Suppress Pirates in China," A Resume by Douglas Jenkins, Division of Far Eastern Affairs, Department of State, 21 November 1927, RIAC, 893.8007/28.

地將會使得美國捲入到與美國利益關係不大的問題中。[34]

　　美國一旦參與外交照會，即隱含未來將參與列強在中國沿岸地區的軍事行動，如此則茲事體大，必須慎重。其次，國務院也認為廣東海盜的劫掠模式乃是偽裝乘客登船，因此要有效處理廣東海盜問題，似乎應該是進一步強化港口的檢查措施，嚴密搜查登船乘客及其行李，以防止海盜劫掠案件的發生，而不是在海盜事件發生之後，再派遣海軍武力到中國沿岸地區執行報復行動。再者，廣東海盜直至目前並未直接劫掠美商輪船，但美國此時卻選擇與列強合作，在中國沿岸地區採取軍事行動，這樣的作法是否恰當？因此，國務院訓示，任何與其他列強的海軍合作計畫案，均必須由美國亞洲艦隊總司令另外進行專業的評估報告後，才能作最後定奪。[35]

（二）美國海軍的現實考量

　　在實務層次來說，列強海軍共同合作處理廣東海盜的計畫，對美國海軍來說，可能也沒有多大的可行性，因為其結果不過只是為他人服務。

---

34 "The Secretary of State to the Chargé in China (Mayer)," 23 November 1927, *FRUS 1927*, Vol. II, pp. 334-335 & RIAC, 893.8007/28.

35 "The Secretary of State to the Chargé in China (Mayer)," 23 November 1927, *FRUS 1927*, Vol. II, pp.334-335 & RIAC, 893.8007/28.

　　首先，以公海海盜案件的廣東大亞灣海盜問題來說，多屬內部海盜劫掠模式，亦即海盜多乃偽裝一般乘客但挾帶武器登船，待商船航行至沿海或公海水域時，伺機從內部發動突襲，控制船隻、劫掠乘客財物後，再將其劫往大亞灣水域登岸逃亡。美國海軍「亞洲艦隊」情報官在分析此類劫案時，認為有效的解決之道不在於海軍介入，而在於船商公司是否真心全力防止此類劫案發生。美國海軍情報官認為現行中國水域外國船商所使用的主要防盜措施，諸如使用鐵窗、鐵絲網等將船艙隔離，以區隔艦橋、輪機與華人艙房，以及裝設無線電設備等，均無助於防止海盜劫案發生。事實上，船商公司只要嚴格落實三項措施，即能完全預防劫案，其一，對登船的乘客實行搜查，防止挾帶武器登船；其二，在乘客登船前須詳實確認其身分；其三，大幅提高外籍船員的比例。但船商公司之所以不願意採行上述三項措施，主要還是肇因於經費考量。因為此類措施不但將導致開支提高（外籍船員薪水高出華籍船員甚多），更會造成收入減少的重大負面作用，例如一旦執行嚴格行李搜查以及核對乘客身分等措施，勢將讓大部分華籍乘客望之卻步，從而轉搭乘其他公司輪船。也因此，船商公司對於搜查行李、核實身分等措施，泰半以敷衍態度處理。

　　尤有要者，廣東海盜劫案中所造成的財產損失，幾乎均集中在乘客身上，船商公司所受的直接損失不多，僅是商船遭劫後，有一段時間內將造成航班延遲的現象。這點與廣東海盜特有劫財不劫船的犯罪模式密切相關。因為只要船員不激烈反抗，海盜並不會破壞商船，之後也只是洗劫全船乘客財物，再將船劫往廣東大亞灣水域，隨即離船登岸逃亡。換言之，劫案後，船商公司即可完整地收回船隻，繼續投入營運。至於船上貨物，一般來說則是毫髮無損，因為除了銀圓、銀條等貴金屬外，海盜並不會去注意較為笨重的貨物，況且航運貨物本身也都有保險，萬一有損失也可由保險理賠。即是之故，船商公司才會以消極的態度來因應廣東海盜問題。無庸諱言，船商公司當然也希望能夠有效解決海盜問題、免於海盜對於正常航班的威脅與阻擾，但必須在不增加其額外開支負擔，也不能影響其客源、收入的前提下。也因此，船商公司多傾向從外部由海軍來承擔巡邏保護的責任，而非自行負責強化商船的內部防盜措施。[36]

　　根據美國海軍亞洲艦隊情報官的粗步統計，在近年來 29 起公海海盜劫案中，受害船隻國籍近乎 9 成都是

---

36 以英國船商為例，他們之所以消極看待廣東海盜問題，乃是因為英國政府的防盜對策之一，即是強制規定英國商船凡航行海盜高風險水域，均須設置有防盜措施，包括將輪船內部結構改造、將艦橋與輪機區「要塞化」、出入口設置鐵窗與防護網、雇用武裝印度警衛等，否則將不給予出航許可。因此各國船隻在往來香港時，均須符合前述規定，否則無法出航，即使美國或是他國商船往來香港也須遵守。然而此類防盜措施往往所費不貲，且須由船商自行負擔，因此船商多半消極抵抗，也質疑此類措施的防盜作用。英國船商認為他們每年繳納鉅額稅金給英國政府，理應換取政府無條件的保護，故抵禦海盜之事不該由船商負責，而應該由英國海軍承擔。因此，英國船商多次呼籲英國政府擴大駐華海軍武力，建立有效的海軍巡邏體系，以防範劫案發生。見 "The Minority Report," January 1925, *Sessional Papers Laid before The Legislative Council of Hong Kong 1927*, No. 3, pp. 95-100; "Piracy Prevention Ordinance and Regulations," from the Commander-in-Chief, China Station to the Secretary of the Admiralty, 17 February 1925, FO371/10933.

中國與英國（共 26 起），不屬上述兩國的僅有德國 1
起、挪威 2 起，美國船隻則尚未遭遇過公海海盜劫案。
真正受到中國海盜問題所影響，並急於謀求解決的外
國，其實最主要就是英國。但是一旦必須由英國自行承
擔起海軍巡邏、護航或是武力介入等任務，一來負擔與
開支過大，二來也易讓中國人產生反英情緒。所以，如
果能夠由各國海軍一同參與巡邏、護航等任務，不但可
以節省英國海軍開支與負擔，同時也可以減緩中國人具
有針對性的反英問題。因此，美國海軍情報官，特別希
望美國政府注意「海盜問題，如同共產主義一樣，都是
靠著令人感到恐懼而博取名聲，但是在其背後卻隱藏著
許多的邪惡」。[37]

　　上述美國海軍亞洲艦隊情報官的報告，其實已具體
指出隱藏在國際合作防盜案背後的英國圖謀：只要仔細
梳理所謂的中國海盜問題，就會發現海盜問題之所以無
法有效防範，在於英國船商公司的消極態度與不願承擔

37　美國海軍亞洲艦隊情報官在報告中，強調其海盜問題分析，乃是
綜整許多重要報告所得，包括：英國新寧輪劫案調查報告、香港
立法局通過的防盜章程及其相關評論、美國海軍華南巡邏隊指揮
官的報告，以及上海海事調查法庭所作的調查報告等。上述各報
告基本上都是非常具有權威性的第一手海盜報告，再加上美國海
軍軍方的專業評估，故亞洲艦隊情報官所作的海盜問題分析相
當有參考性。見 "Intelligence Report: China, Canton, Commerce,
Piracy," by Intelligence Officer, Asiatic Fleet, 4 January 1928, RIAC,
893.8007/46. 此處必須強調的是，廣東海盜並非刻意只劫英船。
受到地緣因素的影響，廣東海盜活動範圍多半集中在華南水域，
而華南水域航運業，則由英國船商公司（例如太古、怡和、德忌
利等輪船公司）控有主要市場；其次，歐戰後時英國在華商貿利
益仍居列強之冠，尤其香港、上海間航運與商業往來，本為英國
在華利益之核心。是故航行在華南水域的船隻，除了華籍輪船
外，外國船隻則以英船最多，航班也最為密集。也因此，航行在
華南水域的華籍以及英國船隻最常遭廣東海盜劫持。

責任，所以只好由英國海軍出面來承擔巡邏與護航的責任；但英國政府卻又不希望獨力承擔，故刻意宣傳海盜問題的嚴重性，讓各國同感畏懼，從而同意加入英國的聯合行動，協助英國解決海盜問題並分攤後續的海軍任務與相關開支。美國海軍如果加入英國所提的國際合作防盜計畫，充其量只是為他人作嫁，成為英國利用的棋子罷了。

其次，以廣東珠江水域的內河海盜問題來說，因海盜主要活動範圍分布在珠江所屬的西江、東江等內河水域內，水深較淺，一般吃水較重的海軍船艦多半無法駛入，只有經過特殊設計、能夠航行在內河水域的淺水砲艦有能力行駛，也才能前往珠江各支流水域去處理海盜問題。然而，以當時英、美、法、日四國海軍駐廣東的艦艇看來，似乎也只有英國海軍較有能力處理內河水域的海盜問題，日本甚至連一艘淺水砲艦都沒有。

表 5-1　英、美、法、日四國海軍駐廣東艦艇情況

國別	英國	美國	法國	日本
砲艦數	8-10	2	2	1
其中可航行內河 水域淺水砲艦數	8-10	1	2	0

備註：上述數據僅統計砲艦（gunboats），並不包括巡洋艦、驅逐艦、護衛艦等其他各類型大型船艦。

至於美國海軍方面，在亞洲派駐有「亞洲艦隊」，負責防衛關島、菲律賓等領土，以及維護在華利益。亞洲艦隊麾下另設有長江巡邏隊（Yangtze Patrol）與華南巡邏隊（South China Patrol），分別負責保護美國在長

江流域與華南地區的利益。[38] 根據國務院 1927 年的統
計，華南巡邏隊當時常駐在廣州的艦艇僅有 2 艘砲艦，
分別為邦板牙號（USS *Pampanga*）與阿什維爾號（USS
Asheville）。邦板牙號屬於淺水砲艦，因吃水淺故能夠航
行在珠江支流等內河水域，故其主要的任務乃是機動性
在珠江三角洲與西江水域執行巡邏任務，並護航美孚石
油駁船或是其他船隻往來於香港、江門與梧州之間。至
於阿什維爾號因吃水較重，無法行駛內河水域，故其主
要任務多是駐防在廣州港內，必要時則協助華南沿岸水
域的護航任務。不過因為歐戰後廣州局勢時常動盪不
安，為了保護美國在當地利益，阿什維爾號多半均須留
在廣州，不太可能長期離港執行其他任務。換言之，以
美國既有的兩艘砲艦情況下，一艘須常駐廣州、一艘則
得應付例行性護航與巡邏任務，實在不太可能在抽調前
去支援英國規劃的海軍共同剿盜或防盜計畫。[39] 況且邦
板牙號雖可行駛內河水域，但畢竟較為老舊，航速、武
力與續航力都有很大的限制。[40] 因此，美國海軍亞洲艦

---

38 Bernard D. Cole, *The United States Navy in China, 1925-1928*, pp.278-
291; Kemp Tolley, *Yangtze Patrol: The U.S. Navy in China*, pp. 81-127,
177-212.

39 "International Cooperation to Suppress Pirates in China," A Resume
by Douglas Jenkins, Division of Far Eastern Affairs, Department of
State, 21 November 1927, RIAC, 893.8007/28.

40 根據美國海軍史網站（Naval History & Heritage Command）的
資料，邦板牙號砲艦原隸屬西班牙海軍，1898 年美西戰爭期間
被美國海軍擄獲，後來編入美國海軍艦隊中。該艦排水量僅 243
噸，最大航速約 10 節，編制人員 30 人，配備有 1 門 6 磅砲、3
門 3 磅砲。阿什維爾號則較新，也較大，1918 年才啟用，排水量
1,575 噸，編制人員 162 人，最大航速 12 節，配備有機槍、2 門
3 磅砲、2 門 3 吋砲等，火力強大。兩艦相關資料，見美國海軍

隊情報官即坦承如果要以僅有的少數砲艦在珠江水路執行警戒巡邏任務，簡直就等於是「要求二、三位警察，去負責一個城市所有街道的警察勤務」。[41]

美國海軍亞洲艦隊總司令布理斯托（Admiral Mark L. Bristol, Asiatic Fleet）在獲悉英國所提的國際合作反盜計畫後，其立場也與國務院類似，並不贊成美國參與英國建議的聯合行動。首先，布理斯托回顧近來中國海盜對於美國商業活動的威脅，認為問題其實並不大，且似乎大多可以獲得解決。美孚公司的汽艇拖船雖曾在廣東珠江遭到搶劫，但由美國海軍艦艇執行護航任務後，現已免除海盜的威脅。長江上游的海盜問題固然嚴重，因受到既有船艦數量與吃水較深的限制，美國海軍尚無法提供商船充分的護航保護。然而待美國新建的6艘砲艦完工使用後，應可解決此類問題。之前雖然受到上海軍事情況混亂以及工人罷工等影響，6艘砲艦的組裝工作有所延遲，但第一艘砲艦預計不久即可使用，其餘砲艦也會陸續完工。布理斯托認為待新砲艦投入執勤後，也可提供華南水域美商船隻足夠的保護。至於大來輪船公司的跨洋航線，則因先前香港警方曾掌握到海盜計畫劫船的情資，故開始執行預防性防盜措施，但後來並未真的發生海盜攻擊事件。而大來公司的諸多防盜措施，特別是強制三等艙華籍乘客登記姓名等，造成反效果，

史網站（https://www.history.navy.mil/research/histories/ship-histories/danfs.html；擷取時間：2022 年 1 月 24 日）。

41 "Intelligence Report: China, Canton, Commerce, Piracy," by Intelligence Officer, Asiatic Fleet, 4 January 1928, RIAC, 893.8007/46.

導致客源流失，反倒使得其他競爭對手漁翁得利。故現在大來公司也已撤除上述記名措施，而希望藉由岸上的行李搜查措施來預防海盜挾帶武器登船。至於美國公民在華南水域乘坐輪船往來交通時，遭到海盜攻擊的次數，同樣也相當有限。

尤有要者，布理斯托認為華南水域的海盜事件，其實多半具有針對性，搶劫的對象除了中國船隻外，主要以英國船隻居多。而且根據可靠的消息，廣州地區的反英風潮與海盜劫持英船事件之間有一定的聯繫關係，部分中國團體主導海盜事件，並將香港作為主要的策劃基地之一。因此，美國實在沒有必要去蹚渾水，參與英國所提的聯合行動。況且英國內部本身可能對於軍事剿盜行動也有歧見，例如英國海軍官員即曾直接告訴布理斯托，「英國海軍部也不贊同以砲轟大亞灣村落，作為防範海盜劫案發生的手段。」事實上，布理斯托認為真正應該肩負起防盜之責，應該是英國等外國船商公司，他們理應雇用更高比例的外籍船員幹部，同時也應調整輪船內部結構，以便能有效因應可能的海盜攻擊。

再者，美國如加入列強的外交照會行動，一旦廣州當局無法遵辦，屆時美國海軍勢必得承擔責任，共同加入列強海軍在中國水域進行的軍事巡邏任務，但卻無權主導軍事行動性質與走向。換言之，美國海軍將因此失去在處理中國海盜問題上的軍事自主權。所以，布理斯托清楚表示「強烈反對加入國際聯合巡邏艦隊去鎮壓中國水域的盜匪，因為美國政府將會因此承擔其他國家行動的責任，但卻無從主導此類行動」。

　　直言之，布理斯托並不反對美國透過外交手段照會
中國當局，特別是應該要向法理上（de jure）與實際上
（de facto）的中國政府，以及各地方軍閥，關切海盜
問題的嚴重性。但是此類行動應該要建立在保護美國利
益的大原則之上，亦即如果當海盜事件真的影響且有損
美國利益時，美國政府才有必要去透過外交、領事，甚
至海軍來處理此類事件。[42]

五、 美國對北京外交團國際合作防盜方案的態度（二）：內部角力與最後決策

　　雖然美國駐華使館曾極力為聯合照會與合作防盜計
畫辯解，但其諸多訴求最終依舊未被國務院接受。究其
實際，美國國務院並不認為海盜問題已經嚴重威脅到美
國利益，而英國所提的行動計畫，是否能夠有效發揮防
盜作用即有很大的疑問，但卻可能使美國捲入到其所不
樂見的處境之中。至於列強海軍巡邏大亞灣水域方案，
同樣也遭到國務院的否決。國務院援引美國海軍亞洲艦
隊總司令的看法，認為加入此方案只會使得美國必須承
擔其他國家行動的責任，但卻無從主導此類行動。故國
務院最後在 1927 年 12 月上旬，正式決定美國將不加入

---

42 "Commander-in-chief, US Asiatic Fleet to American Legation,
Peking" 25 November 1927, cited from "The Chargé in China
(Mayer) to the Secretary of State," 29 November 1927, *FRUS 1927*,
Vol. II, pp. 335-338 & "Commander in Chief, US Asiatic Fleet to the
Secretary of the Navy," 29 November 1927, RIAC, 893.8007/31.

英國所提外交與海軍聯合行動計畫。[43] 美國國務院並將
此案來龍去脈與最後的決策告知海軍部。[44] 但是在決策
醞釀過程前後，美國國務院、駐華使領館以及海軍亞洲
艦隊間，對於國際合作防盜方案有著嚴重歧見，甚至彼
此指責不是。

（一）美國駐華使領館的立場

　　直言之，美國駐華使館自始至終均相當不認同國務
院的看法。事實上，在國務院、海軍亞洲艦隊表態傾向
不加入英國所提的聯合防盜計畫，但尚未作成最後決策
前，美國駐華使館即曾試圖力挽狂瀾。公使館代辦梅爾
（Ferdinand Mayer, Charge d'Affaires, Peking）在給國務
院的報告中，解釋外交聯合照會雖然不一定會有好的結
果，但是如果參與外交施壓的國家從原先的英國一國，
擴充到其他所有相關的列強，將會有更大的正面誘因，
促使廣州當局改變態度，積極處理海盜問題。因為此舉
不啻是向廣州當局攤牌，表明列強將不再繼續容忍海盜
禍害，如果中國方面再無法有效解決海盜問題，列強將
採取必要行動，自行保護其國民，以免於海盜威脅。當
廣州當局意識到事情嚴重性後，或許就會謀求海盜問題
的解決之道。其次，梅爾也向國務院澄清，外交聯合照

43　例如美國國務院在給駐華公使的訓令中，即指出所謂列強共同
　　照會廣州當局剿盜一事，即「毫無任何正面作用」。見 "The
　　Secretary of State to the Minister in China (MacMurray)," 6 December
　　1927, *FRUS 1927*, Vol. II, p.339.

44　"Nelson Trusler Johnson, Assistant Secretary, Department of State to
　　the Secretary of Navy," 14 December 1927, RIAC, 893.8007/31.

會中隱含的後續軍事行動，其實僅侷限列強海軍在大亞灣水域繼續執行聯合巡邏任務，並不會涉及到砲轟城鎮或是派遣武裝部隊登陸作戰。而列強擬提供廣州當局的軍事合作範疇，同樣也僅限於海軍砲艦的支援與護航任務，而不會直接參與火線行動。聯合照會的目的僅在於外交施壓，而後續的軍事行動則是作為外交施壓的後盾，但也只是有限度使用海軍武力，亦即派遣艦艇巡邏大亞灣水域，不會涉及攻擊性的軍事行動。[45]

至於美國駐廣州領事官員的態度，則似乎有些模稜兩可：一方面對於英國所提聯合計畫的態度，較持保留立場，建議暫緩執行外交聯合照會方案，但另外一方面卻又指出國務院與海軍當局對於廣東海盜問題的理解有誤，並質疑美國海軍在防盜事務上的能力。

在其早先的報告中，廣州領事官員即認為廣東海盜問題已嚴重惡化，但廣州當局則顯然無力也無意於改善情況，因此如要謀求廣東海盜的改善，就必須由列強共同出面，採取「比以往更為激烈的措施」。

> 列強或許同樣也必須面對此種（海盜的）威脅，並嘗試尋求解決之道。因為我深信，在沒有強大的外部壓力下，中國當局完全沒有能力去根除長久以來讓中國百姓蒙羞的罪惡。[46]

---

45 "The Chargé in China (Mayer) to the Secretary of State," 29 November 1927, *FRUS 1927*, Vol. II, pp. 335-338 & RIAC, 893.8007/31.

46 "Piracy in Kwangtung Province," J.C. Houston, American Consul in Charge, Canton to Ferdinand L. Mayer, Chargé d'Affaires ad interim, American Legation, Peking, 21 October 1927, RIAC, 893.8009/40.

　　言外之意，廣州領事官員似乎支持由列強採取聯合行動來處理廣東海盜問題。再加上英國駐廣州代理總領事，在先前曾極力試圖強化美國領事館對廣州當局消極處理海盜問題的印象。[47] 所以美國駐廣州領事官員應該是較為傾向於列強聯合行動。然而，在稍後廣州領事館的相關報告中，卻還是認為英國所提國際合作防盜方案中，有部分不切實際。首先，既然根據英國過往的經驗，廣州當局多次拒絕與英國合作剿盜，也不太可能因為外交聯合照會，就會改變態度，同意跟列強共同合作剿盜或防盜。況且目前廣州局勢非常混亂，[48] 既有廣州領導班子也與盜匪關係糾纏不清，[49] 並非送交聯合照會

47　英國駐廣州領事主管除提供香港當局自 1914 年來有關海盜的各類報告外，也曾當面告知美國領事英國的無奈之處：英國先前已竭盡所能地提供各種援助，甚至包括海軍砲艦，希望廣州當局能有效處理海盜問題，但是結果卻總是事與願違。英國之所以推動國際合作防盜方案，乃是不得不為之舉。"Piracy in Kwangtung Province," American Consulate, Canton to Ferdinand L. Mayer, Chargé d'affaires ad interim, American Legation, Peking, 28 October 1927, RIAC, 893.8007/38.

48　1927 年 11、12 月間，廣東局勢異常混亂，先是張發奎、黃琪翔等人利用李濟深離粵之機，發動軍事政變，佔領廣州，是為「廣州張黃事變」；稍後，則是張發奎的部屬，如葉劍英、梁秉樞等都是共黨成員，則趁張、黃忙於調兵應付來犯的新桂系軍隊之機，聯合工人赤衛隊，發動政變，佔領廣州，是為「廣州暴動」。後經張發奎緊急從廣州外圍調動兵力，並聯合李福林等部粵軍一同回攻，方始控制局面。見郭廷以，《近代中國史綱》，頁 564-566。

49　美國駐廣州領事指控張發奎、黃琪翔等廣州領導人為了抵禦兩廣軍隊的攻擊（黃紹竑新桂系軍隊以及李濟深所部粵軍），甚至不惜徵召土匪與海盜為兵，以至於廣州附近各股盜匪都穿上了軍服。不過，美國廣州領事也強調張、黃等人對於外人還算友善，因為在國民政府外交部廣東特派交涉員朱兆莘的影響下，廣州並未有排外傾向。"Despatch from Canton," 16 December 1927, cited from "The Minister in China (MacMurray) to the Secretary of State," 16 December 1927, *FRUS 1927*, Vol. II, pp. 339-341 & RIAC, 893.8007/37.

的好時機,故應暫緩處理,待廣州局勢穩定後再伺機處理。至於海軍後續行動之事,美國駐廣州領事則不置可否,僅認為將來如必要採取行動,則無論由美國海軍自行處理或與他國海軍合作,均應事先諮詢美國領事館與中國當局。

不過,另外一方面,美國駐廣州領事官員卻也指出,美國國務院以及海軍當局對於廣東海盜問題的看法,顯然有相當誤解。例如美國海軍亞洲艦隊總司令布理斯托曾稱,廣東海盜問題與廣州反英風潮之間有所關聯,但兩者並無直接關係。況且海盜也並非只搶劫英國船隻。[50] 事實上,從 1926 年 7 月至 1927 年 7 月,美商美孚石油公司船隻就曾兩次遭到海盜劫掠。1927 年 8 月至 12 月更密集發生了三起美孚公司船隻被海盜劫持的事件。這 5 起海盜事件總共導致美孚公司約 53,000 元港幣的損失。因此,廣東海盜問題同樣也確實損及美國利益。尤有要者,美國駐廣州領事在報告中,毫不諱言地強調美國海軍當局對於美商航運的保護能力,是相當有限的。例如前述共 5 起美孚船隻劫案,均是美國海

50　"Despatch from Canton," 16 December 1927, cited from "The Minister in China (MacMurray) to the Secretary of State," 16 December 1927, *FRUS 1927*, Vol. II, pp. 339-341 & RIAC, 893.8007/37. 關於廣東海盜問題與反英運動之間有無關聯等問題,事實上除了廣州領事外,美國駐港澳總領事也強調毫無此事,特別是在香港「當地航商的圈子內,無人認為抵制香港與日益增加的近海輪船海盜案件間有任何的關係,因為近年來遭劫的船隻,從英國、挪威、法國到中國船都有。」"Piracy in South China Waters," Roger Culver Tredwell, American Consul General, Hong Kong & Macao to the American Minister, Peking & the secretary of State, Washington, 27 & 30 January 1928, RIAC, 893.8007/44.

軍開始實行護航計畫後發生的，顯見護航的成效可能沒有想像中的樂觀。特別是美孚船隻被海盜攻擊的水域多是在水位甚淺的小溪上，這些河道非但美國海軍現有船艦無法駛入，即使正在建造中的 6 艘內河砲艦同樣也無法航行其中。因此，如果要有效護航美國商船、防止海盜劫掠，美國海軍應該調整目前的艦艇部署，除了內河砲艦外，還須另外配置兩艘能夠航行小溪的武裝汽艇，以作為輔助艦艇。此類汽艇應經特殊設計，長約 70 呎、寬 16 呎，約 200 至 250 匹馬力，航速能達到 18 至 20 節，船上並裝設 2 門快砲以及 4-8 挺機關槍。人員配置上，每艘武裝汽艇，應派駐一名軍官，統率 12 名士兵。[51]

（二）美國海軍亞洲艦隊的立場

　　對於英國所提的國際合作防盜計畫上，美國海軍顯然完全是站在駐華使館的對立面。當獲知駐華使領館的質疑後，亞洲艦隊總司令布理斯托在給海軍部部長的報告中，不只再度堅決表態反對加入海軍聯合巡邏大亞灣水域防盜計畫，同時也聲言反對美國參與外交聯合照會方案。布理斯托指出受到中國政局混亂、派系爭權的影響，無論軍事還是民政官員的替換均極其頻繁，而後任官員也往往拒絕履行前任官員的對外承諾，因此外交聯合照會並沒有多大的實質作用。至於海軍聯合巡邏計

---

51 "Despatch from Canton," 16 December 1927, cited from "The Minister in China (MacMurray) to the Secretary of State," 16 December 1927, *FRUS 1927*, Vol. II, pp. 339-341 & RIAC, 893.8007/37.

畫，布理斯托則重申各國海軍官員，特別是英國與法國
的艦隊司令皆不贊同此計畫，英國「中國艦隊」總司令
也非常反對繼續在大亞灣執行報復與破壞行動。況且對
美國來說，如加入此聯合巡邏計畫，其他外國海軍極有
可能做出牴觸美國對華政策的行動，而損及美國利益。
事實上，布理斯托認為國際法對於海軍打擊公海海盜早
已有所規範，毋須另外授權，所以如果美船遭遇海盜問
題，美國海軍艦隊即可及時反應與提供保護，不用仰賴
所謂的聯合巡邏計畫。再者各國海軍艦艇在沒有巡邏計
畫的掣肘下，將有更多的彈性，可以隨時出動援救遭劫
船隻。至於經營中國水域航線的各國商船，也應該要求
其肩負防盜之責，諸如裝設無線電通訊設備、調整船隻
內部結構以隔離艦橋與乘客區、提高外籍船員比例、在
乘客登船前實行搜查制度以防止挾帶武器等。[52]

　　布理斯托相信只要美國駐華使領與海軍密切合作，
必要時充分運用外交與砲艦力量，即可有效保護美商船
隻，而不用採取軍事報復行動；加以在新砲艦陸續完工
投入後，將可提供美船更大的保護，並擴大護航範圍。
換言之，美國海軍艦艇現已做好準備，能夠在符合美國

52　"Commander in Chief, US Asiatic Fleet to the Secretary of the Navy,"
　　11 December 1927, RIAC, 893.8007/31. 關於英國海軍對於巡邏大
　　亞灣方案的態度，美國駐港澳領事館在後續報告中，也有類似
　　看法，表示英國駐華海軍總司令雖已盡力調派艦艇監視廣東沿岸
　　水域，並安排艦艇在航經大亞灣時，順道繞往大亞灣水域，預防
　　海盜犯案，但是「根據目前已知的情況，英國海軍並未試圖在
　　大亞灣維持長期巡邏計畫。」見 "Piracy in South China Waters,"
　　Roger Culver Tredwell, American Consul General, Hong Kong &
　　Macao to the American Minister, Peking & the secretary of State,
　　Washington, 27 & 30 January 1928 , RIAC, 893.8007/44.

對華政策的原則下，維護美國利益，毋須參與所謂的聯合行動。布理斯托堅稱與其他國家的軍事合作，必須審慎以待，除非是美國公民在華生命的財產安全與其他各國同時受到威脅，或是關係到人道問題等特殊情況，否則不應輕易加入聯合行動。[53]

（三）決策背後

　　總結來說，美國政府對於廣東海盜問題的決策過程，乃是經由縝密的內部分析與評估。國務院主要決策依據，即是遠東司所作的內部評估報告，而此份報告的撰寫者是曾任美國駐廣州總領事的精琦士。精琦士十分熟悉廣州當局運作模式，且根據過去英國跟廣州當局互動的結果，研判聯合照會不可能有好的結果，反而會橫生枝節、為他人作嫁，造成美國身陷與其在華利益關係不大的海盜事務上。很明顯的，在國務院眼中，精琦士此份評估報告的權重，遠高於駐華公使館的諸多建言，也因此國務院最終否決了外交聯合照會案。

　　至於列強海軍巡邏方案，國務院則是參酌了美國海軍亞洲艦隊總司令布理斯托的觀點，認為加入英國所提的聯合海軍巡邏方案，只會讓美國海軍受制於人。然而布理斯托之所以不支持英國提案，除了考量艦隊本身實力有限外，也跟海軍方面不願意過分承擔防盜責任有關。布理斯托曾多次強調，英國駐華海軍艦隊司令本身

53　"Commander in Chief, US Asiatic Fleet to the Secretary of the Navy,"
　　11 December 1927, RIAC, 893.8007/31.

對於海軍巡邏防盜以及剿盜方案也有疑慮，不太贊成英
國政府相關規劃，這反映出英國海軍內部有其務實考
量，認為海軍已過分承擔了防盜上的責任。所以，如果
連利益直接相關的英國海軍也有如此不滿與顧忌，那麼
利益不大的美國海軍又何需介入過深，為人作嫁呢？事
實上，後來在北京外交團五國公使第四次「反制海盜
措施會議」上，美國公使馬慕瑞即曾為此親自詢問英
國公使藍浦生，質疑是否連英國海軍司令本身也不贊
成海軍巡邏方案。而藍浦生則坦承英國海軍「中國艦
隊」總司令提威特（Rear Admiral Sir Reginald Tyrwhitt,
Commander-in-Chief, China Station）確實不太支持此方
案，因為認為實際的可行性不大。[54] 顯見布理斯托確實
並非無的放矢。再者，美國海軍堅決反對的原因，或許
更可以從前述亞洲艦隊情報官所作的內部評估報告中略
窺端倪。在這份報告中，情報官曾以相當不客氣的口
吻，揭露所謂的中國海盜問題，有很大程度其實是英國
宣傳出來的；其理由竟然只是當英國海軍被迫出面承擔
英國船商推卸的防盜責任時，既無力也無意獨力應付，
故想要再轉嫁他人以求分攤責任，乃試圖將其他利害關
係不大的各國海軍拉進聯合巡邏計畫。此種英國陰謀論

54　不過，藍浦生也極力向美國公使馬慕瑞澄清，為了處理廣東海盜
　　問題，英國方面已然費盡苦心，嘗試過各種方案，無論是預防性的
　　防盜措施，或是懲罰性的軍事進剿行動，英國均曾試過，但成效
　　顯然有限，也遭致英國船商的批評。也因此英國才想要透過國際
　　合作的方式，集思廣益謀求解決之道。所以，縱然「中國艦隊」
　　總司令提威特不太認同海軍巡邏方案，但或許藉由國際合作的
　　形式會有好的結果。見 "Minutes of Fourth Meeting of Committee
　　Appointed by the Diplomatic Body to Discuss Anti-Piracy Measures,"
　　16 November 1927, RIAC, 893.8007/43.

的觀點，或許也反映出布理斯托為何對於英國提案充滿
敵意，甚至還不惜提出廣東海盜問題與反英抵制運動有
關等較為牽強的理由，目的無非是想藉此撇清與英國的
關係，不願意讓美國海軍去承擔英國海軍的責任。

其次，關於廣東海盜究竟是否直接對美國在華航運
利益構成嚴重威脅，在美國國務院與海軍，以及駐華使
領館之間，顯然有著相當大的歧見，幾乎成為各說各話
的情況。事實上，在稍後美國駐港澳總領事館的報告
中，曾詳細評估廣東海盜對於美國航商的實際威脅程
度，適足以釐清箇中的複雜情況。當時美國在華南水
域（往來香港）有航運利益一共有四家美國航商，包
括哥倫比亞太平洋航運公司（Columbia Pacific Shipping
Company）、史威豪特公司（美澳遠東航線公司，Swayne
& Hoyt or American Australian Oriental Line）、大來輪船公
司以美孚石油公司。其中，哥倫比亞太平洋航運、史威
豪特兩公司主要僅經營貨運業務，並未涉及客運，船員
也全屬美籍，故完全不曾遭受海盜的威脅。至於美孚石
油公司，則在香港、廣東珠江水域有龐大駁船與汽艇船
隊，確實經常面臨海盜的威脅。不過，此類海盜問題多
屬內河海盜行為，與橫行華南水域、偽裝乘客的公海海
盜、大亞灣海盜在性質上迥異，且美國駐廣州總領事與
海軍華南巡邏隊已經主動提供協助，相信已有因應之
道，應毋須放在國際合作防盜計畫架構內去討論。也因
此，美國駐港澳總領事館認為國際合作防盜計畫所關注
的問題，絕大部分並不適用於美商船隻。唯一例外、可
能必須面對廣東海盜威脅，主要乃是經營客運航線的大

來輪船公司。先前香港警方即曾通報有廣東海盜計畫劫
持大來公司所屬輪船。如果一批有組織的海盜偽裝乘客
挾帶武器登船，並在大海上發動突擊行動，確實不易有
效防範。然而，美國駐港澳總領事館卻「強烈懷疑」
（extremely doubtful）其可能性。因為廣東海盜最常劫
掠的對象，乃是航行在華南各港口間的小型沿海輪船，
而大來公司所屬船隻則是從事跨洋航運的大型輪船。此
類跨洋輪船噸位大，艙房間距離較遠，偽裝乘客登船的
海盜要成功組織有效攻擊、控制全船，難度極大，加上
船員幹部也都配戴武器，應可迅速反制海盜攻擊。如果
在跨洋輪船各艙房間再加裝警報系統，即可提前預警，
讓其他艙房，特別是艦橋區與輪機室可以預作準備，抵
禦海盜攻擊。[55]

　　換言之，從美國駐港澳總領事館的具體分析報告，
可以清楚看出國際合作反盜計畫中，涉及到的美商利益
的確不是太大，且就可能當時面對的海盜威脅來說，似
乎也已有了應付之道。美孚公司的珠江水域的內河海
盜問題，透過新砲艦的加入執勤或是再擴編武裝汽艇，
應可提供美船充分的保護。而大來公司的公海海盜與大
亞灣海盜問題，則本來威脅即不大，似也僅需增設艙房

55　在列強駐華公使於北京商討外交與軍事上的聯合行動之際，各國
　　駐香港領事團也在 1927 年 11 月展開非正式會議，討論如何共同
　　合作，以有效防範華南水域的海盜問題。美國駐港澳總領事館
　　則是在 1928 年 1 月，向國務院以及駐華公使館提出分析報告。
　　"Piracy in South China Waters," Roger Culver Tredwell, American
　　Consul General, Hong Kong & Macao to the American Minister,
　　Peking & the secretary of State, Washington, 27 & 30 January 1928,
　　RIAC, 893.8007/44.

警報設施與強化美籍船員的防禦準備，即可有效解決。
因此，所謂的廣東海盜問題，實際上與美商利益關係不
大，如果美國方面僅靠己力，即可有效防制，則又何必
蹚渾水，去參加外交與海軍的聯合行動，幫英國分攤承
擔其應負的防盜任務呢？[56]

六、小結

　　在中國與廣東海盜問題的決策上，美國政府乃是由
國務院根據遠東司內部評估報告，以及參酌駐華海軍亞
洲艦隊總司令的看法，直接推翻駐華公使館的建議，從
而否決了美國加入英國所提外交聯合照會與海軍共同
巡邏反盜計畫的可能性。但是在美國政府內部決策形成
過程中，卻經過相當多次的意見交流與彼此辯難。以外
交官員來說，「在現場」（officers on the spot）的第一
線外交官員（例如駐華使領），與「不在現場」（those
not on the spot）的美國國務院官員之間，對於中國海
盜問題的處置之道，即有相當歧見。國務院官員比較堅

56　1927 年 11 月左右，香港港務長（Harbor Master）曾受香港總督
　　之命，要求所有船商向香港顧問委員會（Advisory Board）尋求防
　　盜諮詢，包括如何強化防禦艦橋區以及其籌思其他防盜措施等，
　　但美商大來公司代表卻向美國駐港澳總領事表示，「因為該公司
　　從未遭到海盜攻擊，所以他並不認為有必要向香港顧問委員會尋
　　求協助。」事實上，除了大來公司外，也沒有任何一家美國船商
　　曾向香港顧問委員會尋求防盜諮詢，顯見海盜問題對於美國船商
　　來說，確實利害關係不是很大。見 "Prevention of Piracy," Roger
　　Culver Tredwell, American Consul General, Hong Kong & Macao to
　　the American Minister, Peking & the Secretary of State, Washington,
　　7 November 1927, RIAC, 893.8007/39.

持華盛頓會議《九國公約》所確立的中國問題處理原則，亦即不願意涉入有可能影響到中國主權之事，特別是有關軍事性質的行動。而且，國務院官員對於所謂的列強「聯合行動」，也比較以戒慎的態度來看待。在對華施為上，美國固然主張列強間應有適當協調機制，但卻反對此類協調讓美國捲入到與美國利益關係不大的事務上，特別是可能會因此束縛美國在未來行動上的自主權，同時也可能會造成負面觀感，讓外界或是中國人誤以為美國與其他列強有所勾結。

其次，從國務院官員在處理中國海盜問題時的顧忌態度，不難看出有一絲絲理想主義的成分。自華盛頓會議中國問題決議案中，確立尊重中國主權獨立與領土完整、不干涉中國內政等大原則之後，歐戰後美國對華政策基本上依循著保持中立地位、除非必要否則不涉入中國內政事務的基調。這套政策反映在實際作為，傾向於維持現狀，避免動用武力介入中國事務，特別是那些屬於中國社會內部本身的問題。對於中國內戰美國必須嚴守中立，至於因內戰而導致的社會失序現象，例如海盜、土匪問題自然也毋須太過強制介入處理。所以，除非中國現狀演變的結果，有企圖挑戰既有的中外條約架構，或是嚴重威脅美國在華的重大利益與地位，否則美國不應有劇烈的反應。也因此，對於列強聯合陣線或是武力介入等較為激烈的行動，美國國務院多半以保守謹慎的態度來處之。

然而，對於在現場的美國駐華使領而言，國務院的保守態度卻顯得有點不切實際。因為歐戰後日益嚴重的中國海盜問題，無庸置疑地確實已對美國在華商務與公民的生命財產安全構成一定程度的威脅。究其實際，中國海盜在犯案時並無國籍因素的考量，也沒有刻意去避開美國籍船隻。只不過中國海盜問題本以閩粵地區最為嚴重，而英國在從香港到長江流域的華南、華中地區擁有較大的商業利益，往來船隻航運也最為密集，以致形成中國海盜似乎有專門劫掠英國船隻的刻板印象。因此，中國海盜問題既然對於美國航運也有潛在或是直接的威脅，美國政府即應該介入處理。所以，如果英、法、日、義等國有意推動共同合作以防範中國海盜犯案，美國理應加入其中，以聯合的方式來促成並加速海盜問題的有效解決，維護美國在華的商業利益。

另外一方面，即或同樣屬於駐華的官員，外交使領系統與海軍系統卻也可能有不同的考量。雖然上述外交、海軍官員多半均從務實角度著眼，但雙方思考的方向卻可能有非常大的不同。例如外交使領人員為求海盜問題的有效解決，以強化保護美國在華商務與公民利益，傾向支持美國應加入列強海軍聯合巡邏危險水域計畫。但對於美國海軍官員而言，卻還有其他層次的問題必須列入考量：聯合巡邏計畫可能大幅增加美國海軍艦艇在調度上的沉重負擔，額外的油料耗費與人員開支同樣也是必須顧慮的重點。換言之，中國海盜肆虐於東亞水域的現象固然是美國必須正視的問題，但是如果海盜實際上並未造成美國重大的商務損失，而為了防範海盜卻需投入不成比例的艦艇、人員與財政開支，那麼無論如何對於美國來說，就不是一筆合算的作法。更為重要

的是，由英國積極推動列強海軍合作防盜計畫，主導權
極可能落入英國海軍手中，美國加入其中，不但受制於
英國，且有為人作嫁之虞，畢竟受到中國海盜影響最深
的是英國，而非美國。由此觀之，美國海軍亞洲艦隊總
司令之所以表態反對加入由英國主導的列強合作防盜計
畫，箇中原因也就相當清楚了。

第三部
美國與長江航行安全問題篇（一）：海軍護航

第六章　美國在長江上游地區的護航立場

一、前言

　　確保航運、通商與貿易活動的順暢，以及維護美國公民的生命財產安全，是美國政府在華工作的重要任務。美國海軍亞洲艦隊及其麾下的分遣巡邏艦隊，則肩負起第一線維安任務。1920 年代長江水域局勢異常不穩，尤其上游地區內戰持續不斷，軍隊調動頻繁，土匪四處橫行，造成美商活動極大的阻礙與威脅。為了保障美國船隻在長江上游的航行安全，美國海軍必須不時派遣武裝船艦在長江水域執行護航任務，並動用武力壓制美國人眼中「所謂的」不法勢力。但是在中國境內（水域內）動武之事，畢竟涉及條約、國際慣例、美國對華政策與中美關係等許許多多複雜的因素，也因此美國政府在執行其武力護航政策時，常常需要顧及內、外環境的限制，同時還得評估利益得失，方能籌思出較為可行的方案。

　　依據美國海軍部 1922 年 11 月的規定，亞洲艦隊的職責之一，即在「強化美國尊嚴，協助執行有利於美國在華利益的行動。」而實際負責執行上述任務的，即是美國亞洲艦隊轄下的長江巡邏隊與華南巡邏隊，其中又以長江巡邏隊擔任主要任務。[1] 他們必須盡力克服長江上游惡劣的環境與狀況，維護美國商業利益。然而，美國海軍在執行護航任務的過程中，卻會產生各種棘手的爭議。一種是美國政府內部的爭議，即不同部會、機構之間對維護航運安全問題的歧見，尤其是駐華的外交使領人員與海軍官員、國內的國務院與海軍部對於海軍執行護航任務的爭執。其次則是屬於中國（四川、湖北當局）與美國之間的外部爭執與討論。特別是當中國發生內戰，戰火波及河道航運安全之時，美國與其他條約列強是否還應該堅持在長江的航運特權；還有獨立於北京政府之外的四川，是否還需遵守中外條約所規定的外國特權。為了釐清上述問題，本章選擇美國海軍在處理長江上游航運安全問題時的兩項主要爭議為例，細部檢視所牽涉到的各個層次問題，如國際法爭議、條約看法、海軍與領事之爭、現實環境等。

　　簡言之，歐戰後長江上游的四川、湖北地區幾乎年年均有內戰，川軍部隊往往藉口作戰需要，任意封鎖河道，對往來輪船實行臨檢，甚至扣留船隻，嚴重影響依照條約、正規行駛的外國輪船航運業務。美國海軍如何看待此類阻礙美國商業利益的川軍行為？是尊重中國的地方管轄權，還是以海軍武力維護美國利益？美國領事是否又有不同的看法？

1　關於美國亞洲艦隊的職責，可以參見 "Commander-in-Chief, U.S. Battle Fleet to Chief of Naval Operations," 29 November 1922, Navy and Old Army Branch, National Archives, Washington, D.C., Record Group 80 cited from Bernard D. Cole, *The United States Navy in China, 1925-1928*, pp. 16-18 & 27.

二、四川、湖北內戰期間美國海軍 與川、鄂軍間的歧見

　　當歐洲諸國好不容易結束了長達四年的大戰，政府與民間忙於慶祝和平的到來，並積極重建社會經濟秩序，以圖恢復戰前的榮景之際，歐戰後的中國卻陷入嚴重的內部對立，軍閥割據分裂，各地戰雲密布，動盪的政局與分崩離析的現況大有方興未艾之勢。長江上游地區的四川、湖北之間內戰頻頻，大量欠餉的士兵盤據在長江上游宜昌至重慶沿岸，任意開槍攻擊往來船隻，或劫掠財物，或強徵稅收，外人深受其害。即使武裝艦隻要通過長江三峽，亦須面臨極端危險的情況。[2] 各地川軍、鄂軍將領則是動輒藉口內戰，封鎖長江上游河道，或對往來輪船實行登船臨檢（visit and search），甚至扣留船隻（seizure），阻擾正規輪船航運。[3] 尤其，1922、1923 年川鄂戰爭期間，川軍常於駐地發布戒嚴令，要求往來各國商船，必須停船受檢，否則將開火攻擊。[4] 另外，為方便部隊調動，四川軍隊常在長江江面

2　此為 1920 年川軍發動驅逐四川境內滇、黔軍之戰時長江上游的情況。"Disorder in Szechuan Province," 1 June 1920, *Correspondence of the Military Intelligence Division Relating to General, Political, Economic, and Military Conditions in China, 1918-1941* (RG165, hereafter referred to as MID) (Washington D.C.: National Archives and Records Administration, 1987), 2657-I-137; "Banditry on the Upper Yangtze," 7 June 1920, MID, 2657-I-140.

3　"Interference by Insurgents with Commerce," from Commander, Yangtze Patrol Force to Commanding Officer, USS *Palos* & *Monocacy*, 13 February 1923, RIAC, 893.811/520.

4　〈湯子謨通電〉，約在 1923 年 9 月，中央研究院近代史研究所藏，《北洋政府外交部檔案》，03-06-005-02-010。

上搭建渡河纜橋，橋身與繩索常會阻礙航運交通安全，使得各國輪船或是軍艦只能等水位升高漫過便橋時，方能順利通過。[5]

中國地方軍隊此類嚴重影響條約列強在長江上游商業利益的作法，究竟是否合乎國際慣例，有無違背中外條約？尤其是地方軍事首長以戰爭需要發布的軍事戒嚴令（martial law），其效力是否含括外國船隻在內？以保護長江地區美國利益為職責的美國駐長江巡邏隊，又是如何看待與因應？

（一）四川、湖北軍隊的立場與作法

民國以來地方的割據與分裂，不僅破壞中央政府的領導威信，也嚴重波及中外條約在地方層級的效力。英國《泰晤士報》（*The Times*），一則「中國的對立政府們」（Rival Governments in China）插圖，即將中國區分為好幾個政府：

5　"Political Conditions in Szechuan," from American Consulate, Chunking to American Minister, Peking, 10 November 1923, RIAC, 893.00/5336.

圖 6-1　《泰晤士報》〈中國的苦難〉插圖
「中國的對立政府們」

此插圖乃是英國倫敦《泰晤士報》駐北京特派員為搭配〈中國的苦難〉的報導而繪製。在文字報導中，還以相當顯著的標題，強調中國有「一打的政府，有必要來自外部的援助」。至於插圖下面的說明，則強調北京的中央政府不被大部分的中國所承認，廣東與廣西兩省由廣州政府控制、四川是獨立的，山西與其他省分也是如此。

圖片來源："Rival Governments in China" & "The Peril of China: A Dozen Rival Governments; Help from Outside Essential," *The Times*, 19 November 1921, p. 7.

除了北京的中央政府以外，兩廣的廣東政府、雲南與貴州、四川的獨立政府，此外還有陝西、西藏、蒙古、滿洲等。而這些地方政府的軍閥往往僅是「口頭上服從」（lip-service）北京政府，實則自行其事。[6]

尤其受到中國南北對立影響，立場較為傾向南方國民黨政權的四川督軍熊克武，於 1921 年 1 月通電不承認北京政府，宣布四川自治。1922 年 11 月又因受到川

6　"The Peril of China: A Dozen Rival Governments; Help from Outside Essential," *The Times*, 19 November 1921, p. 7.

鄂戰爭影響，四川實力派軍人又再度宣告獨立，繼續自治狀態。[7] 自此以後，每當外國政府抗議川軍干涉輪船航運有違條約規定時，川軍的立場即是：四川不承認北京政府，因此也就不承認北京政府與外國簽訂的條約，所以在四川境內的土地與河川上，沒有所謂條約與治外法權的問題，外國輪船之所以能航行長江上游，也非依據國際法，而是地方自治法。因此，川軍認為由軍隊發出的戒嚴令，其效力高於中外條約所規定的內河航行權、治外法權或領事裁判權。[8]

　　例如依據 1921 年 10 月 1 日由川軍總司令劉湘發布的軍事戒嚴令，戒嚴地區由駐軍總司令擔任戒嚴總司令、各地方軍師旅長擔任戒嚴司令，全省的行政司法權均歸戒嚴司令掌管，其執行權有：

1. 禁止任何有違戒嚴令的集會結社與新聞雜誌
2. 必要時得檢查、扣押、沒收私有兵器等危險物
3. 檢閱郵件電信
4. 停止水路交通，檢查往來輪船與物品
5. 必要時得要求作戰區域內居民撤離[9]

7　徐友春主編，《民國人物大辭典》，熊克武條，頁 1353；郭廷以，《近代中國史綱》，頁 478；〈四川決議獨立〉，《臺灣日日新報》，1922 年 11 月 16 日第 5 版。

8　"Commander, Yangtze Patrol Force to Commander-in-Chief, Asiatic Fleet," 24 September 1922, RIAC, 893.811/479.

9　〈在重慶領事阪東末三ヨリ外務大臣內田康哉宛〉，1921 年 9 月 18 日，日本外務省外交史料館藏，《外務省記錄》，5-3-2/5-1416。（以下簡稱《外務省記錄》）

　　其中第 4 點非但影響外商利益甚鉅，且會牴觸到列強在華所享有的內河航行權與治外法權。依此邏輯，如外人違反戒嚴令，理應受軍法處治。所以中國軍隊以違反戒嚴令為由向外人船隻動武的例子也就屢見不鮮。1921 年間法國軍艦多德號（*Doudart*）艦長曾偕同法國政要波納德（Abel Bonnard）乘坐小艇，在長江上游涪州附近遭遇川軍士兵阻攔，法艦長立刻表明身分，並以中國士兵無權阻止外人航行之權為由拒絕停船，但卻遭到川軍士兵開槍攻擊，法艦長等人最後只得遵從指示停船靠岸。該批川軍士兵並表示「他們受命對所有試圖在晚上離開的船隻開火」。[10] 1922 年 8 月間，四川軍閥又因為擔心吳佩孚意欲染指四川，故下令封鎖四川、湖北兩省邊界的河道峽谷，不准中國輪船通過進入四川。外國輪船在其各列強海軍砲艦的護航下強行行駛，但仍遭到沿岸川軍部隊不斷的開槍攻擊。長江上游航運因此中斷，外國輪船公司承受重大損失。[11] 1923 年 9 月間，日本商船宜陽丸號疑似因違反中立、私運軍火而遭川軍攻擊，並扣留日籍船員，北京政府外交部派科長江華本遠赴四川處理，川軍將領湯子謨便對江華本說：「領（事）裁判權僅以普通民刑訴訟為限，此次日人係在我軍戒嚴區域內違反禁令，當然受我軍法處置。」1923年 10 月湯子謨在給美國海軍派洛斯號（USS *Palos*）艦

10　Abel Bonnard, Veronic Lucas, trans., *In China, 1920-1921 (En Chine, 1920-21)* (London: George Routledge & Sons, LTD., 1926), p. 197.

11　"Failure of Attempted Expedition by Hupeh against Szechuan," from American Consulate General, Hankow to the Secretary of State, 11 September 1922, RIAC, 893.00/4706.

長的信件中，也提及「根據（四川）總司令發布的戒嚴令，授權我們搜查通過戰區的輪船有無攜帶軍火」。[12]

同時，已在沿海大城市逐漸流傳的布爾什維克主義（Bolshevism）思想，[13] 也開始在內陸的四川地區發酵，除了學生外，也有部分四川官員亦深受影響，反對外人在華享有的特權地位。前述的法國政要波納德在1921年於四川遊歷時，曾會晤某位曾留學日本的四川將領，言談中該位將領口中盡是有關「布爾什維克的主題」，因此波納德認為「他（川軍將領）真正同情布爾什維克分子，而且希望能夠將歐洲人趕出中國。」[14]

上述思維模式清楚解釋了為何川軍無視條約規定，任意臨檢或查扣外國輪船，阻礙正規輪船航運。

除了四川軍閥外，盤據川鄂之交的湖北軍隊也是採取類似的作法。早在1920年5月，一份由萬縣戒嚴司令（隸屬援鄂軍第一路，屬於北京政府直系勢力）發出，下令駐軍部隊軍官執行扣留美商大來公司（Robert

---

12　〈收江科長密呈〉，1923年11月21日，中央研究院近代史研究所藏，《北洋政府外交部檔案》，03-06-005-02-010；"Tang Tszu Mu to G. W. Simpson," 10 October 1923, Extract from Report of Commander G.W. Simpson, USS *Palos* for Week Ending 8 September 1923, RIAC, 893.00/5288.

13　1917年俄國革命之後，「布爾什維克主義」（當時翻譯為「過激教義」）、「布爾什維克」（「過激黨」）等詞開始出現在中國報紙上；1918年上海開始少量流傳宣傳布爾什維克主義的小冊子，但不久即為政府查禁。之後北京大學教授陳獨秀、李大釗等在北京創辦《星期評論》（*Weekly Review*），偶爾翻譯介紹布爾什維克相關文件，如蘇俄憲法、土地法律等。但後來因《星期評論》抨擊段祺瑞與安福系，被北京政府以帶有布爾什維克傾向而查禁。見 Stanley K. Hornbeck, "Bolshevism in China," 13 June 1921, CMID, 2657-I-178.

14　Abel Bonnard, *In China, 1920-1921*, pp. 200-202.

Dollar Company）大來號輪船（SS *Robert Dollar*）的公文，即清楚體現此種情況：

> 大來號輪船因無視軍令，在戒嚴期間拒絕繳納軍事稅捐……此等無視戒嚴令的行為，實在無恥至極。該輪船的代理人現已被逮捕。我現在命令你（鄂軍軍官）立即率領一連士兵阻止該船向下駛，並扣留該船直至判決為止。為防止該船的抵抗或拒絕服從命令，大來輪船將被視為是敵船。[15]

　　尤其負責執行扣押大來輪船的鄂軍軍官在登船扣押後，竟不小心將該紙公文命令遺留在船上，故被英國駐宜昌領事獲悉其內容，認為鄂軍行徑「實在厚顏無恥，讓人聯想起南京條約以前中國當局的態度。」很明顯的，鄂軍深信軍事戒嚴令高於一切，即或享有條約特權、治外法權的美國輪船一旦牴觸戒嚴令，拒絕繳納軍事稅捐，亦將被視為敵船，相關人船並將被扣押、拘捕與審判。

（二）美國的態度

　　另外一方面，美國政府及其駐華使領與海軍官員的看法，則明顯與川、鄂軍南轅北轍。例如 1921 年湖北、四川內戰期間，大來號輪船曾因拒絕宜昌駐軍的停

15　"Order from T'ang Yu-Kwang, Commandant under Martial Law to Yang Chi-hua," May 1920, FO 371/5342.

船檢查要求，而遭到開槍攻擊，被迫折返。起因乃是宜
昌駐軍（湖北軍隊）懷疑美國輪船涉嫌違反中立原則，
替四川軍隊運送軍火，乃要求登船執行檢查，但因遭到
拒絕，故憤而開槍攻擊輪船。美國駐漢口總領事隨即照
會湖北督軍蕭耀南，一方面擔保美國輪船絕無替四川軍
隊運送軍火，二方面則強調中國軍隊無權實施臨檢，美
國輪船只受海關監督，不受任何中國當局的管轄，因此
宜昌駐軍無權搜索美國輪船，更不得以美國輪船拒檢為
由開槍攻擊。換句話說，受到領事裁判權的保護，中國
軍隊無權藉口內戰需要，任意臨檢美國輪船。[16]

美國海軍長江巡邏隊指揮官菲爾樸斯（W. W.
Phelps, Commander, Yangtze Patrol）亦認為：以四川內
戰在國際法上的地位，川軍部隊充其量是中國的國內叛
亂（insurgents），加上外國並未承認其為交戰團體，
所以並不具有國際法上的交戰國權利。除非內戰戰火確
實波及長江河道，危及輪船本身的安全，否則中國內部
的叛亂團體（川軍），無權阻礙任何依據中外條約航行
的正規輪船航運。[17] 交戰團體（Belligerency）與叛亂團
體（Insurgency）在國際法上意義不同，所享有的權力
也不盡相同。只有當外國承認川軍為交戰團體，川軍才
取得準國家的地位，適用國際法上規定的權利與義務；
至於叛亂團體，則不過是外國政府承認該叛亂團體所造

---

16 "American Consulate General, Hankow to General Hsiao Yao-nan,
Military Governor of Hubeh, Wuchang," 26 September 1921, RIAC,
893.00/4126.

17 菲爾樸斯的看法，見 "Commander, Yangtze Patrol Force to Commander-
in-Chief, Asiatic Fleet," 24 September 1922, RIAC, 893.811/479.

成的既成戰爭事實，及其在控制區內的統治權威，但叛
亂團體無權對港口進行封鎖。[18] 即是之故，一旦川軍隊
任意干擾長江上游的美國輪船航運，美國海軍有權力也
有義務以武力來維持美國輪船合法的正規航運。美國海
軍在華的重要任務之一，即是確保美國在長江流域正規
航運的順暢無礙，免於川軍的肆意干擾與阻礙。[19]

　　菲爾樸斯並援引美國海軍將領班漢（Admiral Andrew
E. K. Benham）的前例，來說明美國海軍以武力反對川
軍阻礙航運的正當性。1893-1894 年間，因巴西發生內
亂，叛亂團體阻礙了美國商船在里約熱內盧灣（Rio de
Janeiro Bay）的正規航運，班漢堅持「除非戰火蔓延，
我們絕不容許任何叛亂團體嘗試阻礙我們商船的合法行
動，美國海軍武力將提供所有可能的保護（來維持商
船航運）。」當時美國國務卿葛瑞遜（Walter Quintin
Gresham）也支持班漢的看法，強調「我們的原則與明
確的職責，就是保持中立，以及保護我們公民合法與無
害的中立利益，免於無謂的干擾。」「只有當內戰攻防
戰火使得正規航運無法進行，我們才會同意中止（我們

18　承認交戰團體始於 19 世紀初期，西班牙南美洲殖民地進行獨立
　　戰爭時，美國、英國先後承認其為交戰團體；美國南北戰爭期
　　間，英國也曾承認南方政府為交戰團體。至於承認叛亂團體的例
　　子，則如 19 世紀末年古巴發生叛亂，美國政府宣布承認該叛亂，
　　並要求美國人民嚴守中立。關於交戰團體與叛亂團體的淵源與相
　　關權利的改變，見 Charles Rousseau, *Droit International Public* (Paris:
　　Recueil Sirey, 1953), pp. 299-302；陳治世，《國際法》（臺北：臺
　　灣商務印書館，1995），頁 98-99、149-155。

19　"Commander, Yangtze Patrol Force to Commander-in-Chief, Asiatic
　　Fleet," 24 September 1922, RIAC, 893.811/479.

公民的）商業（行動）。」[20]

三、四川、湖北內戰期間美國駐華使領與海軍的立場與護航態度

　　1920 年代上半期的四川內戰，也與當時中國南北之爭密切相關，分為直隸派（北洋政府直系幕後支持）與反直隸派（南方政府支持）。其中楊森的川軍第二軍為直隸派，熊克武、但懋辛的川軍第一軍為反直隸派，劉成勳的川軍第三軍則依違兩者之間。周西成所部貴州軍隊，原於 1922 年投靠川軍第一軍熊克武、石青陽，受委為四川討賊軍第三師師長，駐防重慶與萬縣之間的涪州附近。但 1923 年當川軍第二軍楊森在吳佩孚支援下從湖北回川作戰之際，周西成卻陣前叛變倒戈，導致楊森與直系軍隊順利進佔重慶。1923 年 7、8 月間，此時駐防重慶南岸的周西成又再度倒戈回川軍第一軍陣營，並趁亂進攻重慶。與駐防重慶的北方直系軍隊發生戰鬥。受到戰事影響，避免輪船運送軍火資敵，作戰雙方均宣布封鎖重慶附近的長江河道。周西成的川東邊防軍為防止輪船替直系軍隊運送武器彈藥，即在長江上游涪州地區設置檢查所，往來中外輪船均須停船受檢，拒絕受檢的船隻會被視為替敵軍運送軍火，邊防軍將動用大砲攻擊。北方的直系部隊同樣也在重慶附近宣布戒

20　"Commander, Yangtze Patrol Force to Commander-in-Chief, Asiatic Fleet," 24 September 1922, RIAC, 893.811/479.

嚴，禁止輪船往來運輸貨物。[21]

1923 年 7 月 20 日，美國大來公司所屬輪船大來喜號航往重慶時，即遭到直系軍隊的開槍攻擊。中國地方軍隊片面封鎖河道，並攻擊美國輪船的行為，當然不為美國領事與海軍所接受。隔日（21 日），為了維護美輪自由航行權利，大來喜號在美國軍艦蒙那卡西號護航下駛離重慶，途中又遭到岸邊部隊開槍攻擊，蒙那卡西號隨即以強大砲火還擊：共發射了 61 枚砲彈與幾千發機關槍子彈。[22] 事後，蒙那卡西號艦長給美國駐重慶領事館的報告中，強調：

> 美國軍艦將盡其所能保護美國商業，但仍優先希望中國當局能提供此類保護，這也是在中國從事商業活動的美國人所期望的。[23]

美國海軍派駐在長江上游的兩艘軍艦（蒙那卡西號、派洛斯號）艦長，稍後明白告訴美國駐重慶副領事，他們將動用武力反擊任何阻礙航運、攻擊美國船隻

---

21 文公直，《最近三十年中國軍事史》，頁 413-414、418；徐友春主編，《民國人物大辭典》，周西成條，頁 513-514；William Reynolds Braisted, *Diplomats in Blue: U.S. Naval Officers in China, 1922-1933*, p. 73；〈森岡領事ヨリ內田外務大臣宛〉，1923 年 8 月 25 日（第 96 號），《外務省記錄》，5-3-2/ 5-1428。

22 "Fighting at Chunking, and Attack on SS *Alice Dollar* and USS *Monocacy* near Chunking," from American Consulate, Chunking to American Minister, Peking, 6 August 1923, RIAC, 893.00/5205.

23 蒙那卡西號艦長的報告，後來被附在美國駐重慶領事館給四川重慶交涉員的抗議照會中，見 "American Consulate, Chunking to Commissioner for Foreign Affairs, Chunking," 22 July 1923, RIAC, 893.00/5205.

的行動。[24] 攻擊事件發生後，美國駐華公使館除向北京
政府外交部提出嚴重交涉外，[25] 也向國務院報告美國
軍艦的反擊行動已成功打破中國軍隊的封鎖：

> （中國軍隊）毫無正當理由攻擊美國旗幟（下的輪
> 船、軍艦）……
> 很明顯的，（中國軍隊）以武力非法封鎖河道、切
> 斷重慶外國社群對外往來的企圖，已經被蒙那卡西
> 號的行動所擊敗。[26]

此外，美國駐重慶副領事史派克（C. J. Spiker, Vice
Consul, Chunking）也於 1923 年 7 月 22 日向外交部重
慶交涉員江潘遞交抗議照會，江潘則於 7 月 24 日做出
答覆，表示當時部隊正在長江兩岸作戰，才會造成誤擊
美船事件。同日史派克又遞交第二份照會，強調攻擊美
船事件發生時，長江兩岸並無戰鬥發生，所以事件原由
並非誤擊，而是蓄意攻擊。江潘後來於 8 月 3 日代表駐
防重慶的趙榮華、陳國棟、鄧錫侯、袁祖銘等直系與依
附北方的川、黔各軍將領，正式拜訪美國駐重慶領事館

---

24 "Fighting at Chunking, and Attack on SS *Alice Dollar* and USS
Monocacy near Chunking," from American Consulate, Chunking to
American Minister, Peking, 6 August 1923, RIAC, 893.00/5205.

25 〈美國駐華公使舒爾曼致中國外交總長顧維鈞〉，1923 年 9 月 10
日，廣西師範大學出版社編，《中美往來照會集（1846-1931）》，
第 16 冊，第 609 號，頁 295。

26 "The Counselor of Legation at Peking (Bell) to the Secretary of
State," 27 July 1923, RIAC, 893.811/537. 關於此次事件的海軍報
告，則參見 "T. Roosevelt, Navy Department to the Secretary of
State," 1 August 1923, RIAC, 893.00/5117.

表示歉意。江潘並解釋北方軍隊誤以為美船上有周西成所部軍隊，故開槍攻擊。在美國副領事要求下，江潘也允諾會將擅自開槍的士兵繩之以法。[27] 由此觀之，美國駐華使領與海軍態度強硬，堅決反對中國軍隊藉口內戰片面封鎖河道的行為，甚至不惜動用武力，開砲突破封鎖。

另外一個例子發生在 1923 年 10、11 月間，直系軍閥兩湖巡閱使吳佩孚介入四川內戰，協助附北的川軍第二軍軍長楊森回攻四川（川軍第一軍），為避免外國輪船影響其攻川軍事行動，試圖藉由外交管道，暫時停止長江上游萬縣以上的正規輪船航運。[28] 10 月 26 日，先是外交部湖北特派員陳介照會各國駐漢口總領事，以重慶被叛軍佔領為由，要求外國輪船應避免航行至萬縣以上。[29] 11 月 13 日，兩湖巡閱使吳佩孚親自出面，經北京政府外交部代轉一封電報給各國駐華外交團（Diplomatic Body），以長江上游土匪充斥、政府軍

27　"American Consulate, Chunking to Commissioner for Foreign Affairs, Chunking," 22 & 24 July 1923, RIAC, 893.00/5205; "Commissioner from Foreign Affairs Chiang Pan to American Consul, C. J. Spiker at Chunking," 24 July 1923, RIAC, 893.00/5205; "Fighting at Chunking, and Attack on SS *Alice Dollar* and USS *Monocacy* near Chunking," from American Consulate, Chunking to American Minister, Peking, 6 August 1923, RIAC, 893.00/5205.

28　"The Counselor of Legation at Peking (Bell) to the Secretary of State," 5 December 1923, RIAC, 893.811/595.

29　湖北交涉員陳介的照會，乃是引自宜昌交涉員的電報，內稱：「重慶已被叛軍攻下，軍事行動現正展開中。為了避免無法預期的危險，各國籍輪船應該暫時不要航行到萬縣以上。」見 "Mr Chen Chieh, Commissioner of Foreign Affairs, Hankow to Mr. Heintzlemen, American Consul General, Hankow," 26 October 1923, RIAC, 893.811/595.

正前往剿匪為由，要求外國輪船應避免行駛至萬縣以
上。其實北京政府外交部在正式照會外交團之前一日，
11 月 12 日已先派遣秘書黃宗法前往英國公使館預先
告知吳佩孚此電文內容。並詢問英國參贊臺客滿（Eric
Teichman）的意見。臺客滿則答以「余知……吳巡閱
使志在以兵力制服四川，而長江上游將發生巨戰。」因
此事關係到各國航行權利，臺客滿建議黃宗法不如等到
長江上游冬令低水位期間輪船自然停駛，「再為大舉勦
匪，則此是自無問題。」簡言之，英國外交官員也相當
清楚吳佩孚乃假藉剿匪之名，欲封鎖河道，以便遂行
武力征討四川。[30] 11 月 15 日，北京外交部再正式照會
各國公使，要求依照吳佩孚電報所言，以免影響輪船
安危。[31]

對於中國方面為了進行攻川戰事，假借土匪肆略、
政府用兵為由，片面中斷正規航運的作法，美國海軍的
態度同樣是斷然駁斥。美國駐長江巡邏隊指揮官菲爾樸
斯即認為，長江上游航運安全並無立即的危險，而中國
方面要求中斷航運的真正目的，單純只是為了攻川戰事
需要，以便切斷川軍第一軍所有可能的外國援助（走

---

30 吳佩孚原電報內容為：「長江上游重慶、萬縣之間時有野匪騷
擾，現由鄂、川、黔各軍會勦以清江道，並為保護外國商輪安全
起見，擬請轉知各國駛行上游各商輪在此期間，上游暫以萬縣為
止。」"Situation on Upper Yangtze," from Wai Chiao Pu to Dean,
13 November 1923, RIAC, 893.811/595；〈英館會晤問答：渝萬
一帶暫停外輪行駛事〉，1923 年 11 月 12 日，中央研究院近代史
研究所藏，《北洋政府外交部檔案》，03-11-007-01-008。

31 "Situation on Upper Yangtze," Letter from Wai Chiao Pu to Dean, 15
November 1923, RIAC, 893.811/595.

私軍火），然後方便川軍第二軍楊森的軍事布局。尤有
要者：

> 依照條約規定，我們可自由航行到重慶。更重要
> 的，依照條約與國際法的規定，保護外國輪船航運
> 的安全，本是中國當局的責任……（如果）很明顯
> 的，由於他們沒有能力提供條約所規定的保護，我
> 們可以自由採取行動，護衛我們的生命財產安全與
> 權益。

綜合以上情況，關於長江上游航行安全問題，美國
海軍的態度可以區分為航行自由、中國保護、美國海軍
介入三個層次：首先，根據條約規定，美國輪船可自由
航行至重慶，故無必要因四川內戰而中斷長江上游航
運；其次，即或發生危險，依據條約與國際法，中國當
局有責任保護境內外國輪船安全；最後，如果中國當局
無力提供保護時，美國海軍將自行採取行動護衛美國
利益。[32] 上述美國海軍對於四川內戰與航運自由的立
場，同樣也獲得美國駐漢口總領事館，以及北京公使館
的認同。[33] 各國駐北京外交團也是持相同看法。團長

---

32 "Commander, Yangtze Patrol Force to Mr. Heintzlemen, American Consul General, Hankow," 28 October 1923, RIAC, 893.811/595.

33 美國漢口總領事回覆給湖北交涉員的照會，以及美國公使館
在北京外交團所採取的立場，均是參考美國駐長江巡邏隊指
揮官菲爾模斯的看法。見 "Mr. Heintzlemen, American Consul General, Hankow to Mr Chen Chieh, Commissioner of Foreign Affairs, Hankow," 2 & 16 November 1923, RIAC, 893.811/595; "Observations on Circular NO. 285 (Situation on Upper Yangtze,

荷蘭駐華公使具名回覆中國的要求：雖然公使團為中國
政府採取措施保護外國輪船安全感到欣慰，也已告知各
國輪船注意航行安全，但是外交團堅持依照條約規定，
外國在長江上游享有航行自由，所以中國政府採行的任
何措施，均不應阻礙長江上游的通商與航行自由，也不
能免除中國政府保護外國利益的責任。[34]

　　另外一方面，也由於中國當局保護的選項，優先於
美國海軍介入，因此美國海軍自然十分希望四川省能夠
結束割據分裂的狀態，重新回歸到北京政府控制之下，
如此將可由中國中央與地方當局擔負起確保長江上游
航行安全的責任。所以雖然上述美國海軍拒絕承認吳佩
孚以四川戰事為由，封鎖長江上游萬縣以上河道（因為
基於條約規定，航行自由為最高優先），但是在四川與
直系軍閥之間，美國海軍在立場上還是比較傾向北京政
府及其背後的直系軍閥。因為吳佩孚及其直系軍隊對四
川的用兵，固然短暫阻礙了正規輪船航運，但是隨著直
系軍隊軍事上的勝利，以及其所支持的四川第二軍楊森
逐漸控制四川，四川省也將重新回到北京中央政府的控
制之下。如此棘手的長江上游航行安全問題，將可以獲
得解套。屆時美國將可以透過北京中央政府的號令，轉
飭四川軍事與民政當局必須維護長江上游四川地區的航

Letter from W.C.P.)," RIAC, 893.811/595; "The Counselor of
Legation at Peking (Bell) to the Secretary of State," 5 December 1923,
RIAC, 893.811/595.

34　"Shipping on the Upper Yangtze," Circular No. 312, Reply from
Dean of the Diplomatic Body to the Wai Chiao Pu, 13 December
1923, RIAC, 893.811/612.

行安全。因此，早在 1923 年 4 月，美國海軍長江巡邏
隊指揮官菲爾樸斯即曾向美國駐華公使舒爾曼建議，當
中央（直系）軍隊重新控制四川之時，美國政府應該透
過外交途徑提醒北京政府嚴格訓令四川軍事、民政當局
遵守條約，保護外國航行安全。換言之，對美國海軍來
說，「中央（直系）軍隊在四川的勝利，意謂著美國在
長江上游四川地區的航貿利益與人民生命安全，或許將
可以獲得更大的保障。」[35]

　　不過美國海軍這種偏向中央直系軍隊的觀感在
1923 年 7、8 月有了相當大的改變。受吳佩孚之命進入
四川作戰的中央軍隊（援川軍），順利協助附北的川軍
第二軍奪佔重慶，也屢次重申將提供往來重慶的美國輪
船適當保護，但實際上卻口惠而實不至，依然持續對美
國輪船開火。反倒是與北京政府敵對的川軍第一軍及其
盟友周西成的黔軍，在美國領事與海軍艦長保證美輪嚴
守中立之後，始終遵守承諾，沒有對美國輪船進行攻擊
行動。

　　1923 年 7 月重慶攻防戰時，美國海軍曾與重慶南
北兩岸的軍隊（包括佔領重慶北岸的吳佩孚直系軍隊，
以及佔領南岸的熊克武、周西成部隊）進行協商，達成

35　"Commander, Yangtze Patrol, Hankow to American Minister,
　　Peking," 21 April 1923, RIAC, 893.00/5011. 上海《星報》早先也
　　曾報導居住在重慶的外國人普遍對川軍第二軍楊森較具好感，因
　　為當其主政時，「在改善重慶其及鄰近地區的進步路線上，展
　　現出較多的魄力與能力」。《四川內戰詳記》一書亦稱楊森為
　　「川中宿將，且大有作為，精明幹練，富新思想，熱心體育」見
　　"Describes Events on Upper River: Mr. H Sander Tells Exciting Story
　　of Szechuan," *The Evening Star*, 23 August 1922；廢止內戰大同盟會
　　編，《四川內戰詳記》，頁 93。

的共識為：

1. （美國）船隻將懸掛兩面大型美國國旗；
2. 船上乘客不得洩漏軍事情報；
3. 船隻只能運送外國公民、官員與商人；
4. 不得運送中國籍乘客；
5. 一天只能航行兩班；
6. 船隻在航行途中將受到兩岸軍隊的保護；
7. 船隻在航行前必須要先取得中國軍隊指揮官的同意。

　　另外，美國海軍也試圖與重慶南北兩岸軍隊指揮官建立合作模式，亦即美國商船在往來重慶南北岸、或進出重慶時，由美國海軍艦長（蒙那卡西號駐防重慶北岸，派洛斯號駐防重慶南岸）先致信或派出使者通知各派系軍隊指揮官，以便事先取得軍事首長的同意，確保航行安全。例如1923年7月20日蒙那卡西號軍艦準備在隔日護航大來喜號離開重慶前，即先由艦長寫信給周西成取得同意：「美國輪船大來喜號今天下午將上行……美國軍艦將隨行保護。請下達必要的命令不要攻擊美國船隻，否則美國軍艦將開火還擊。大來喜號上並未運送軍隊或軍火。」周西成則回信表示同意：「已經收到信件，我們將不會攻擊你們的輪船或軍艦，關於此事請不要客氣。」最後美國船隻果然順利航行，並未遭受攻擊。[36] 簡言之，事先取得地方部隊長官同意，已逐漸成為美國海軍確保航行安全的方法之一。

其次，在與直系部隊以及周西成的互動過程中，美方認為只有周西成信守承諾，吳佩孚所屬的北方軍隊則顯然沒有遵守協商結果，仍持續攻擊美國輪船。也由於周西成信守諾言，使其與美國駐重慶副領事史派克建立了相當不錯的互信關係，例如重慶攻防戰期間，周西成所部士兵曾在戰鬥中闖入美國公民住宅，甚至還開槍射傷美國青年基督教協會秘書賽維斯（R. E. Service, Young Men Christian Association, YMCA），史派克雖然基於領事職責，向周西成提出嚴正抗議，但在給美國公使的報告中，則一再替周西成緩頰，強調此案應是誤擊而非蓄意，也重申周西成過去忠實信守諾言，不攻擊美輪的行為，並與毫無信用、任意攻擊美輪的中央軍隊作一強烈對比。[37] 在史派克另外一份報告中，即強調中央（直系）軍隊在佔領重慶之後，高階將領主要忙於「勒索商人與仕紳，以及飲酒與賭博。」所以 1923 年 11 月前後，當中央軍隊在重慶作戰失利，部分高階將領則圖謀尋求美國海軍軍艦的庇護，卻遭到美方拒絕；

---

36 "Extracts from Report of Operations of the USS *Palos* from the Week Ending 21 July 1923," from Commander of USS *Palos* to American Consul, Chunking, July 1923, RIAC, 893.00/5205; "Letter from G. W. Simpson, USS *Palos* to General Chou Hsi-cheng," Extract from Report of Commander G.W. Simpson, USS *Palos* for Week Ending 8 September 1923, RIAC, 893.00/5288.

37 "R. E. Service to American Consul, Chunking," 23 August 1923, RIAC, 893.00/5250; "Attack on Chunking and Wounding of R. E. Service," from American Consulate, Chunking to American Minister, Peking, 23 August 1923, RIAC, 893.00/5250.

理由之一，就是先前中央軍隊曾多次攻擊美國輪船。[38]
因此，美國海軍與領事立場反倒傾向反直系的周西成，
對於隸屬中央的北方軍隊抱持較不友善的態度。

四、美國海軍執行武力護航任務的 爭議：領事與海軍的歧見

不過，另外一方面必須強調的，美國政府在四川內
戰期間對美國輪船的保護仍然是有限度的，並非無條
件。美國堅決反對的僅是四川軍隊藉口戰爭需要，任意
封鎖河道、騷擾輪船；但是，如果戰爭爆發，戰鬥過程
真的在河道兩岸發生，並危及輪船航行安全，則美國並
不主張以海軍力量強行打通航道、護航輪船。這也是上
述美國國務卿葛瑞遜所謂的「只有當內戰攻防戰火使得
正規航運無法進行」，海軍將領班漢所說的「除非戰火
蔓延」，以及菲爾樸斯所稱的：除非戰火波及河道，否
則川軍無權中斷正規航運。

換言之，一旦戰爭戰火蔓延波及河道，美國海軍並
無義務以軍艦強行護航美商輪船航運。一個實際的例子
發生於 1921 年 9 月、10 月間，當時湖北、四川爆發嚴
重內戰衝突，戰火蔓延，輪船航運為之中斷；在長江上
游有重要商務活動的美商公司如美孚、大來以及其來洋

---

38 "Attack on Chunking and Wounding of P. E. Service," from American
Consulate, Chunking to American Minister, Peking, 23 August 1923,
RIAC, 893.00/5250; "Political Conditions in Szechuan," from
American Consulate, Chunking to American Minister, Peking, 10
November 1923, RIAC, 893.00/5336.

行（L. C. Gillespie and Sons of New York）等，以有損
美國利益為由，紛紛請求海軍提供保護，維持正規航
運。[39] 但美國亞洲艦隊總司令的答覆為：

> （當戰火蔓延時）任何嘗試去護航運輸，都將是愚
> 蠢，而且沒有成功的可能。……四川與（中央）合
> 法軍隊之間，發生內戰。強迫以我們的方式闖進戰
> 爭的中心，即使可行，也是不適當的。[40]

於是在美國海軍當局、領事與船公司三方共同會商
下，最後決定內戰期間暫時停止長江上游所有美國輪船
航運業務。[41] 由上述情況可知，美國海軍雖然堅持要
維護條約所賦予的美國輪船航行自由，但並不會在戰火
蔓延嚴重之際，依從美商要求，出動軍艦強力護衛正規
輪船航運。

不過，海軍政策與實際執行過程中，還是有所落
差。關於四川內戰期間，美國海軍是否應該執行護航任
務，還有遭受軍隊攻擊時，是否應該以強大火力反擊壓
制，美國駐重慶領事與海軍艦長之間，即曾發生過歧見

---

39 "American Minister, Peking to the Secretary of State," 4 October
1921, RIAC, 893.00/4126; "Political Situation at Ichang," from the
Representative of the Standard Oil Company of New York, Peking to
American Minister, Peking, 17 October 1921, RIAC, 893.00/4146.

40 "Naval Attache from C in C," radio message, September or October,
1921, RIAC, 893.00/4126.

41 "American Legation's Quarterly Political Report for the Quarter
Ended September 1921," from American Minister, Peking to
the Secretary of State, Washington, 26 January 1922, RIAC,
893.00/4240.

與爭執。例如上述 1923 年 7 月 21 日發生美國海軍蒙那卡西號軍艦，在護航大來喜號輪船駛離重慶時遭遇攻擊，並隨即以重砲與機槍還擊的事件之後，隔日史派克除了向四川重慶交涉員遞交抗議照會，要求立即調查此案並嚴懲肇事者外，[42] 同時也以私人信件方式，致函美國海軍在長江上游的資深軍官（Senior Naval Officer Present）[43]、派洛斯號軍艦艦長辛普森，質疑海軍還擊的適當性：

> 在昨日不幸的事件弄清楚以前，我強烈主張未來應該避免類似的戰爭行為。……當海軍介入後，總是可能會有針對外國人的災難性反應……。對熟悉四川事物的人來說，外國人在四川處境充斥著許多嚴重的可能性，而領事館非常反對（可能）造成此情況（的行為），因為就算是行為正當無誤，仍然可能威脅到此區域的外國利益。昨日採取的行動，當然無疑地將有助於遏止暴力行動，……（但）事件（經過）的版本，可能被扭曲並在全省廣為散布……。由於情況複雜，難以明確判斷，領事館建議在所有此類事情上應多加小心注意。[44]

---

42 "American Consulate, Chunking to Commissioner for Foreign Affairs, Chunking," 22 July 1923, RIAC, 893.00/5205.

43 美國海軍在長江流域的最高指揮者為長江巡邏隊指揮官，但指揮官並不常駐長江上游，故另設有資深海軍軍官負責長江上游美商航行安全事務。此時資深軍官乃是由派洛斯號艦長辛普森擔任。

44 "Personal Letter from American Consul to Senior American Naval Officer Present," 22 July 1923, RIAC, 893.00/5205.

　　所以史派克認為在內戰期間美國商船應暫時停駛，護航行動也應暫緩，以避免中美軍隊之間直接的武力衝突。事件之後，史派克與蒙那卡西號艦長、派洛斯號艦長開會討論未來舉止，雙方又發生意見相左的情況。海軍兩艦長均主張：如果戰事不能在幾天內結束，海軍將派出其中一艘美國軍艦強力護航美孚公司輪船美灘號，而且必要時也不排除將再度使用重砲與機槍壓制任何攻擊行動。但海軍任意動武的企圖，卻遭到史派克的質疑，認為戰事短期內即會結束，美國海軍此時硬要進行武力護航與開砲的決策，並不適當。[45]

　　究其實際，美國領事與海軍的爭執主要集中於兩個層次，一是對於內戰戰火範圍的認定差異，二是在於武力還擊之後的後續效應評估判斷。

　　首先是在內戰戰火有無波及河道安全的判定上，如果河道兩岸軍隊隔岸交戰之際，美國商船與軍艦強行通過，則自然適用於上述「戰火蔓延」的情況，故美國船隻不應強行通過，也不應該開火反擊。但是如果美船通過時，兩岸軍隊並未進行戰事，但中國軍隊卻刻意攻擊通過的美船，則軍艦反擊行動自然有其正當性。[46] 所以美國海軍資深軍官辛普森在回應史派克的質

45　"Fighting at Chunking, and Attack on SS *Alice Dollar* and USS *Monocacy* near Chunking," from American Consulate, Chunking to American Minister, Peking, 6 August 1923, RIAC, 893.00/5205.

46　美國領事史派克即要求蒙那卡西號艦長詳細報告當天美國船隻受到攻擊時，兩岸中國軍隊有無作戰情況，以作為向中國方面提交抗議的依據。"Personal Letter from American Consul to Senior American Naval Officer Present," 4 p.m., 22 July 1923, RIAC, 893.00/5205.

疑時，強調：

> 當戰事已結束，商船有權通過航行，而趙榮華（攻
> 擊美國船隻、駐防重慶的北方部隊指揮官）也應保
> 護船隻安全……。我們雖一再重申海軍政策，但仍
> 然無法阻止暴力（攻擊美船）行動的發生，所以對
> 於那些犯規者，有必要立即施予教訓。[47]

當獲知 7 月 21 日當天兩岸軍隊確實沒有進行戰鬥
後，史派克的態度轉趨低調，表示將立即向中國方面
提出抗議照會。史派克也撤回原先建議美國商船停駛的
提案。

然而，還有第二個層次的考量，亦即史派克所提出
武力還擊後的潛在風險：即或美國海軍的反擊行動屬於
正當防衛，還須顧及中國方面的觀感與反應。特別是重
慶附近的戰事不過是短期作戰，戰爭狀態也將結束，美
國海軍此時此刻動用艦砲還擊，極可能造成重大傷亡，
恐將會引起龐大的排外風潮。

簡言之，上述爭執過程清楚反映美國領事與海軍對
於內戰期間武力護航問題的不同看法。美國海軍艦長傾
向以順利完成護航任務為優先考量，如遇阻礙或受到攻
擊，也不排斥動用武力。但美國副領事史派克則認為，
四川戰爭期間美國海軍進行武力護航行動，應該要更為

---

47 "Personal Letter from American Consul to Senior American Naval
Officer Present," 7 p.m., 22 July 1923, RIAC, 893.00/5205.

謹慎小心，因為海軍護航時的任意反擊，有可能被渲染
成為侵略行為，如果激起四川地區廣泛性的排外運動，
勢將適得其反，危及到航行安全。尤其歐戰後長江上游
局勢混亂，布爾什維克反帝國主義宣傳與學生運動又相
當盛行的情況下，美國海軍的強行武力護航行動，對於
維護商業利益究竟是利是弊，殊難斷論。

五、 美國海軍執行武力護航任務的
但書：中立原則

美國海軍在執行護航任務時態度十分強硬，一旦遭
遇攻擊，隨即主張武裝中立的權力，動用武力反擊與壓
制。但是美國海軍武力保護的範圍，基本上只限於「合
法」的美國商船利益。長江巡邏隊指揮官菲爾樸斯即十
分強調美國海軍只保護「美國公民的合法利益」。

> 美國商船自己必須保持清白，不得運送違禁品或任
> 何違背中立的行為。美國海軍僅保護「美國公民的
> 合法利益」。美國商船必須「清白地走入法庭」。
> 海軍官員將尋求美國領事的幫助，查清是否有違背
> 中立的事實……[48]

換言之，非法的商業行為並不在海軍的保護之內。

48　"Interference by Insurgents with Commerce," from Commander,
　　Yangtze Patrol Force to Commanding Officer, U.S.S. *Palos* & *Monocacy*,
　　13 February 1923, RIAC, 893.811/520.

美國長江巡邏隊指揮官已嚴格訓令美國船隻不得運
送（中國）軍隊、武器或彈藥，而且無論如何都必
須嚴格保持中立。這才是符合美國政府的決策。[49]

因此，美國海軍雖堅持川軍無權任意臨檢或查扣外
國輪船，但是如美國商船有攜運違禁軍火，破壞中立原
則，違背海關規定等明顯事實時，中國政府可以透過正
規海關進行相關臨檢動作。[50] 例如 1923 年 1 月前後，
美國軍艦派洛斯號艦長，即曾與長江上游沿岸涪州、酆
都、萬縣等各地駐軍協商，美國輪船如有不當行為，像
是違反中立或浪沉木船時，希望四川駐軍能立刻與最近
的美國軍艦聯繫會商解決辦法，而不要直接開槍攻擊輪
船；美國海軍也會負責向美商輪船公司施壓，要其遵
守中立規定，並沒收非法物資。[51] 上述美國駐華海軍立
場，也獲得駐重慶副領事史派克的贊同，[52] 故大致體現
出美國駐華海軍與領事部門對於美國海軍只保護「合法
利益」的基本態度。

為了取得四川軍隊的信任，以及證明美國商輪絕無

---

49 "Despatch from American Consul to General T'ang Tsu-mu," 14
September 1923, RIAC, 893.00/5253.

50 "Interference by Insurgents with Commerce," from Commander,
Yangtze Patrol Force to Commanding Officer, U.S.S. *Palos* & *Monocacy*,
13 February 1923, RIAC, 893.811/520.

51 "Extract from Report Made by the Commander Officer of the USS
Palos," 13 January 1923, RIAC, 893.00/4918.

52 "Policy Relative to Interference by Insurgents with Commerce on the
Upper Yangtze," American Consulate, Chunking to the Secretary of
the State, Washington & American Minister, Peking, 6 March 1923,
RIAC, 893.811/520.

從事違反中立的勾當，1923 年時美國駐華海軍與使領
機構，甚至還接受四川軍事派系所採取的一種折衷妥協
措施：四川各軍事當局在取得美國官員的同意與陪同
下，可以派遣非武裝人員登船檢查；經檢查無違法軍事
物資後，四川軍隊將保護美國輪船的安全，不對其採取
攻擊行動。[53] 美國駐川領事與海軍官員即十分支持此措
施，認為續行此「有秩序的措施」將有助於川軍對美國
輪船安全的維護。因為 1923 年四川內戰期間，兩湖巡
閱使吳佩孚為支援川軍第二軍楊森反攻四川戰事，雇用
部分日籍輪船以及懸掛法旗的中國輪船運送大量軍隊、
軍火物資前往重慶，引起其他反北方、反直系的川軍不
滿，乃設置檢查哨，對所有往來輪船進行登船檢查。如
拒絕檢查將遭到攻擊。駐防長江上游重要航運港口涪州
的川軍第一軍湯子謨部即發布通告，將派非武裝人員登
上所有往來輪船進行檢查。美國重慶副領事與海軍官員
均贊同默認川軍的非武裝檢查，以換取輪船的順利通
過。依據美國海軍派洛斯號艦長辛普森所發出的命令，
派駐在美輪上負責航行安全的美國武裝部隊（1 名軍官
或士官率領數名士兵攜帶步槍與機關槍）將同意四川
「非武裝」官員登船，並由美國軍官當場出具書面證明
「據我所知，本輪船絕無攜帶彈藥、武器、士兵或軍
官」，並在其上署名，以換取四川軍隊的信任。辛普森
也將此命令通知川軍將領湯子謨，獲得湯的同意與諒

---

53 "American Minister, Peking to the Secretary of State, Washington,"
　　18 April 1924, RIAC, 893.00/5434.

解。例如 1923 年 10 月時湯子謨部即曾在涪州派遣非武裝人員登上美國輪船大來喜號檢查，在取得船長與派駐在船上的美國水兵保證「船上絕無軍火」後，檢查人員即行離去，並未多加干涉與騷擾。[54] 美國重慶副領事史派克還致函湯子謨，表示「如對美國商輪有任何的不滿，請立刻通知本領事館，本館將立即採取必要措施與你們密切合作，以維護我們兩個友國之間的條約規定」。[55]

雖然美國國務院認為上述做法有違美國政府的政策，反對重慶領事「默認未被承認為交戰團體的叛亂團體，派遣非武裝代表對美國商輪進行搜索」，但也承認「此時如果停止此項措施，將會造成叛亂團體的誤解，危害到美國利益。」[56] 美國駐華公使舒爾曼則認為此措施並無不當，希望國務院不要禁止續行此措施：

> 現行措施非但沒有牴觸國際法規定，也無害於美國公民的權益與美國政府的尊嚴，而且對於美國商業航運以及美國長江巡邏隊在執行其艱鉅謹慎任務，

---

54 辛普森的命令，以及其與湯子謨之間的往來書信、通電，可見 "Extract from Report of Commander G.W. Simpson, USS *Palos* for Week Ending 13 October 1923," RIAC, 893.00/5336；"Looting of SS *I Yang Maru* at Foochow," from American Consulate, Chunking to American Minister, Peking, RIAC, 893.00/5253；〈湯子謨通電〉，約在 1923 年 9 月，中央研究院近代史研究所藏，《北洋政府外交部檔案》，03-06-005-02-010。

55 "Despatch from American Consul to General T'ang Tsu-mu," 14 September 1923, RIAC, 893.00/5253.

56 美國國務院訓令駐華公使館通知重慶領事，以後必須遵守國務院相關規定。見 "The Secretary of State, Washington to American Minister, Peking," No. 525, 31 December 1923, RIAC, 893.00/5253.

都將有正面的助益。[57]

長江巡邏隊指揮官麥凱維（Charles V. McVay）也曾對舒爾曼明確表示：雖然美國海軍堅持四川軍隊無權對美國商船執行國際法上的臨檢與搜索，但是如果是為了調查的目的，由地方軍事首長派出非武裝官員，在美國官員陪同下登上美國商船則是可以接受的；如此作法，「將有助於美國長江巡邏隊與商船和長江沿岸各地軍閥保持友好關係」。[58] 為了化解四川軍隊的懷疑與仇恨，美國駐華海軍同意四川當局可登上美國商輪船進行調查，但前提是：必須由非武裝人員執行，以及美國官員的同意與陪同。這是美國海軍為了避免美國商輪違反中立走私軍火，以及四川軍隊後續的報復行為，所採取的彈性措施。

美國駐華使領機構與海軍部門之所以選擇與川軍合作，乃與當時發生的日本輪船宜陽丸遇襲事件有很大的關係。1923 年 9 月宜陽丸疑似因違反中立，替吳佩孚運送大批軍火前往重慶，在涪州遭到川軍攻擊，日籍船長被殺，輪船與其他船員則遭川軍擄走，勒索鉅額贖金。宜陽丸事件之後，產生寒蟬效應，長江上游各外國輪船公司多半選擇遵守川軍規定接受檢查。[59]

---

57 "American Minister, Peking to the Secretary of State, Washington," 18 April 1924, RIAC, 893.00/5434.

58 "American Minister, Peking to the Secretary of State, Washington," 18 April 1924, RIAC, 893.00/5434.

59 關於宜陽丸事件始末，可以參見應俊豪，〈內戰、輪船與綁架勒贖：中日宜陽丸事件（1923-1924）〉，《近代中國》，第 161 期（臺

　　美國派駐在長江上游第一線海軍艦長的態度也有類
似改變。1923 年 7 月間海軍艦長們還十分堅持自由通
商航行之權，聲稱將動用武力反擊任何封鎖行動；[60] 但
是 9 月發生宜陽丸事件之後，美國海軍艦長則有很大的
改變，不再片面堅持輪船的自由航行之權。例如該月四
川總司令熊克武曾發布重慶封鎖令：「在進攻重慶期間
以及佔領重慶之前，（長江南北）兩岸的交通將完全中
斷，以防軍事行動外洩。任何人如果拒絕遵守規定，在
未經授權的情況下穿越河道，將由（周西成）師長逕行
節制，並由總司令熊克武負全責。」[61] 美國海軍派洛斯
號艦長辛普森雖然仍堅持美國軍艦的自由航行權，並強
調一旦受到攻擊將會進行反擊，但是對於一般商業用途
的船隻往來，態度就轉趨保守：

　　（合法的商業運輸）因為有外國人或其他人藉此穿
　　越河道，在沒有取得（長江重慶）兩岸駐軍長官的
　　同意之下，將是違反中立的行為……（美國海軍）
　　將採取措施，禁止運送武器、彈藥或士兵……並絕
　　對擔保美國輪船將嚴守中立（以換取地方駐軍長官

　　北，2005.6），頁 117-137。

60　"Fighting at Chunking, and Attack on SS *Alice Dollar* and USS
　　Monocacy near Chunking," from American Consulate, Chunking to
　　American Minister, Peking, 6 August 1923, RIAC, 893.00/5205.

61　"Letter from General Chou Hsi-cheng to C. J. Spiker, American
　　Consul, Chunking," Extract from Report of Commander G.W.
　　Simpson, USS *Palos* for Week Ending 8 September 1923, RIAC,
　　893.00/5288.

的同意）。[62]

　　美國海軍希望以先前擔保美國船隻嚴守中立的方式，換取地方軍隊同意美船每天能繼續固定航行於長江南北兩岸。辛普森在給予周西成的信中，即將在華享有的自由航行權，區分為軍艦自由航行權（目的是為了保護美國公民生命、財產的安全）與商船自由航行權（目的是為了商業用途）。[63] 美國海軍從原先堅持以武力維護上述兩項權利，到後來則侷限於軍艦自由航行權，至於商船航行權則似乎不再選擇以武力來確保，而改以透過與地方軍隊的協商交涉，藉由美國海軍的擔保中立，或是同意地方當局進行非武裝檢查，來換取商船航行的安全。

　　此外，四川內戰期間，部分北方軍隊軍官曾假冒平民登上美國輪船，以便順利往來長江上游地區，卻因此造成四川軍隊的猜忌，指責美國輪船運送軍人違反中立原則，從而破壞了美國海軍極力堅持的輪船中立原則。因此 1923 年 10 月間長江上游美國海軍資深軍官、派洛斯號艦長辛普森決定採取最嚴格的辦法，建議美國輪船公司在四川內戰期間一律拒絕運送中國籍旅客：

62　"Letter from G. W. Simpson, USS *Palos* to General Chou Hsi-cheng," Extract from Report of Commander G.W. Simpson, USS *Palos* for Week Ending 8 September 1923, RIAC, 893.00/5288.

63　"Letter from G. W. Simpson, USS *Palos* to General Chou Hsi-cheng," Extract from Report of Commander G.W. Simpson, USS *Palos* for Week Ending 8 September 1923, RIAC, 893.00/5288.

由於重慶的軍事戰況持續，我們必須採取最嚴格的措施來維持美國輪船的絕對中立。近來有某軍事派系的高階軍官登上美國輪船，他們乘船之事，被其他敵對派系獲知，從而導致輪船遭到猛烈攻擊。因為輪船公司代理人或船長無從拒絕平民打扮、聲稱是商人（真實身分為軍人）的人登船……為了避免高階軍官或是其他軍事人員登船，（美國輪船）應該權宜地禁止宜昌以上任何中國乘客的登船，我們強烈建議你們採取相對應的措施。[64]

雖然拒絕中國籍乘客登船會造成船票收入的減少（估計每船次約損失 2,000 元），但一旦被查到船上有軍人乘客，輪船本身將遭到攻擊或阻礙，所損失的商業利益將更為巨大，同時也將違背美國政府的中立原則。辛普森拒絕搭載中國乘客的建議，後來也獲得美國領事與輪船公司的贊同。美國領事的看法是：既然海軍已派遣武裝士兵登上美國輪船防止中國軍事人員登船，而且輪船公司也認為暫停搭載中國旅客是合乎利益的，則領事沒有理由反對。美商大來輪船公司、美華輪船公司（American West China Navigation Company）也於稍後正式付諸實施，暫停在長江上游搭載中國乘客。不過美國長江巡邏隊指揮官似乎不太贊同此種作法，在指揮官

---

64 "Letter from G. W. Simpson, USS *Palos* to Mr. Fleming, Agent of the Robert Dollar Co.," 11 October 1923, Extract from Report of Commander G.W. Simpson, USS *Palos* for Week Ending 13 October 1923, RIAC, 893.00/5336.

給辛普森的電令中，強調「不得批准任何的建議或行動去干涉美國航運公司的合法營運政策，或是公司的合法利益。」辛普森則回電解釋大來公司、美華輪船公司代理人也認為暫停搭載中國乘客是目前最好的方式。[65]

美國政府的海軍護航態度雖然由先前的強硬（單方面宣稱的武裝中立政策），轉為後來的妥協（事先與地方軍隊溝通取得同意；接受非武裝檢查，由雙方確認中立情況；禁止所有中國乘客登船，杜絕軍人混充登船的可能），但唯一不變的是美國政府堅持反對美商違背中立原則，而且只保護合法利益的立場。此種政策理所當然也間接促成美商輪船公司經營業務時，特別謹慎小心的態度。美國在華報紙即評論美商之所以能在長江上游成功，關鍵因素即是美國輪船公司採取了「避免麻煩的聰明政策」。

> 雖然有一些不幸的例外情況，但是美國輪船公司避免鴉片貿易、運送軍隊、走私軍火，堅持拒絕涉入內陸地區的政治或戰爭，而且只保護合法利益，並盡可能地幫助中國改善他們的環境。[66]

或許即是因為美國駐華使領與海軍官員以及輪船公

65　美國海軍長江巡邏隊指揮官與辛普森之間的不同意見與美國領事的看法，見 "From Patrol Commander to *Palos*," 11 October 1923; "From *Palos* to Patrol Commander," 11 October 1923; "Political Conditions in Szechuan," from American Consulate, Chunking to American Minister, Peking, 10 November 1923, RIAC, 893.00/5336.

66　"Upper Yangtze Trade," *The China Press*, 20 January 1924.

司的嚴守中立立場與謹慎小心態度，使得四川內戰期間，川軍對於美國輪船的攻擊行動，一般來說遠較英國、法國或日本輪船來得輕微與友善。例如 1922 年下半年川軍內戰期間，重慶以下的外國輪船屢屢遭到川軍猛烈的攻擊，唯獨美國輪船遭受攻擊的情況則較少，甚至有時還特別「准許美國輪船不受騷擾的通過，但卻對懸掛英國、法國或日本旗的輪船持續開火攻擊。」[67] 同樣地，1923 年 9 月四川內戰期間，進出重慶的外國輪船均遭到槍火攻擊，但經過外交交涉後，只有美孚公司所屬的美川輪船得以不受攻擊，原因即在於美商公司堅持為「中立的營運者」。[68]

六、小結

1920 年代前期川、鄂地區混亂的政治情勢與軍閥內戰，對美商商務發展與擴充，造成極大妨礙與挑戰。在積極發展對華商務的政策背後，處於四川內戰惡劣環境之下的美國駐華使領機構與海軍，是否能夠提供相對應的支持與武力保護，如何能落實保護，以及保護的標準為何，則是必須深入探究的重要議題。

首先，長江上游內戰期間，地方駐軍發布的軍事戒

---

67 "Political Conditions in Szechuan," from American Consulate, Chunking to American Minister, Peking, 11 August 1922, RIAC, 893.00/4677.

68 "Vice President of Standard Oil Company of New York to the Secretary of State, Washington," 2 November 1923, RIAC, 893.00/5265.

嚴令，很明顯與近代以來中外條約中授予條約國享有的
內河航行權，以及國際慣例中的自由航行權等規定之
間，有著非常大的矛盾衝突。尤其是四川軍隊，因為該
省軍政當局多次片面宣布獨立，脫離北京中央政府的管
轄，並以此為由無視近代中外條約的相關規定，堅持戒
嚴期間川軍有權管制長江航道，不准外國船隻航行。對
於違反戒嚴令禁航規定的船隻，無論軍艦或民用商船，
川軍均以強硬態度來處理，下令部隊開槍攻擊。影響所
及，在內戰高峰期間，長江上游例行航運交通往往因川
軍作梗而宣告中斷，也造成外商公司極大的商業損失。
美國政府當然無法接受川軍的說詞與作法，除了強調條
約規定，美國船隻有權在長江自由航行外，也援引國際
慣例中對於外國叛亂團體的規定，認定川軍不過是中國
境內的叛亂勢力，故各外國政府無須遵守其發布的戰時
封鎖令。尤有要者，即便下令封鎖河道的是北京中央政
府轄下的直系與湖北軍隊，並且由正規外交使領管道通
知美國禁航需求，但美國政府仍依然堅持條約權利，反
對軍事戒嚴令凌駕美國所享有的長江自由航行權。換言
之，無論是被視為叛亂團體的川軍，抑或是隸屬於中央
的直系與湖北軍隊，其發布的禁航令，美國政府均認為
可以無須理會。而且為了反制此類禁航令，美國經常下
令海軍砲艦執行武裝護航任務，並以武力強勢地抗衡執
行封鎖令的中國軍隊。然而另外一方面，美國的護航行
動，也並非完全無條件限制的，對於一般軍事戒嚴令固
然可以無視，但是只要內戰情況真的惡化到砲火波及河
道，則美國海軍第一線官員還是可以視情況，隨時終止

護航任務。

　　其次，還有一項特徵必須強調的，那就是在美國第一線駐華的官員中，海軍與領事官員對於動武尺度，顯然略有不同。基本上，海軍艦長多傾向以武力反制，來因應任何來自中國軍隊的攻擊行動。特別是當在執行一般商船的護航任務中，只要遭到岸邊的攻擊，美國軍艦均應立即以艦上火砲與機槍來壓制攻擊，即使此類行動可能造成中國人員的重大傷亡，亦在所不惜。但是領事官員則態度較為保守，雖然依照條約美國船隻擁有自行航行權利，但是對於美國軍艦的動武反制行動，則傾向於節制立場，主張在動武前仍應再次確認攻擊的實際狀況，嚴格區分內戰戰火波及抑或是刻意的挑釁攻擊，以避免不必要的傷害與反美情緒。

　　再者，在四川、湖北內戰期間的航行安全問題上，美國非常強調中立原則，亦即不准許美商與美船有絲毫違反中立、介入內戰的行為出現。換言之，美國只會保護合法的美商利益，對於那些違反中立，承運當地軍事物資或人員的美船，美國政府與海軍將不會提供護航。事實上，美國官員極其執著於維護美國的中立原則，有時為了表明立場，甚至不惜犧牲條約權益（限縮美方商船的自由航行權），同意讓中國非武裝官員登上美船進行檢查，或者是損害美國船商的商業利益（減少美國船商的船票與貨運收入），要求美船在內戰期間，暫時不要承載華人乘客與貨物，以避免不小心涉入中國的內戰問題。而美國政府嚴守中立的立場，與有限度、不浮濫的保護政策，從而約束美商經營模式，盡量避免違背中

立、涉入中國內政與非法貿易，因此塑造出美商公司較
佳的形象，某種程度上也較易博取中國人的認同，減少
仇恨與相關抵制活動。[69]

　　總而言之，在內戰與航行權爭議的問題上，美國政
府其實以相當有彈性的作法來因應，一方面不理會中國
（無論北京中央或反抗勢力）片面發布的戒嚴與禁航
令，並以海軍武力維護美國享有的內河航行條約權利，
但是另外一面，如果戰爭形勢惡化，出現大規模作戰以
致波及到河道航行安全時，則不會堅持硬碰硬地執行護
航，反而會選擇性暫時不強調所謂條約權利或國際慣
例，轉而宣稱尊重戰場情況，不主張強行通航。同時，
美國又致力於堅守中立原則，並在自由航行權上做某種
程度的妥協，以換取四川等地方軍隊的信任，減緩其對
美國與美船的敵視。不難想見，在長江水域內戰與自由
航行權爭議上，美國採行著相當有彈性的砲艦外交路
線，亦即在強硬的武力政策背後，依然還是有著務實的
考量，並非一味地墨守武力政策。[70] 至於此類作為背後

69　美國海軍原則上堅守中立原則，絕不介入中國內戰事務，但還是
　　有例外情況：如果交戰雙方願意談和，恢復和平，則美國海軍
　　願意安排雙方會商談判，甚至也可以在美國軍艦上進行。例如
　　1923 年 10 月間，當時正率兵圍攻重慶的川軍第一軍賴心輝，曾
　　委託美國海軍派洛斯號代為傳遞消息給敵對的川軍第二軍（困守
　　重慶），派洛斯號艦長表示在不違背中立原則的情況下，可以代
　　為傳遞，並主動向賴心輝表示如有需要也可安排雙方會面和談事
　　宜。見 "Political Conditions in Szechuan," from American Consulate,
　　Chunking to American Minister, Peking, 10 November 1923, RIAC,
　　893.00/5336.

70　關於 1920 年代前期，美國與其他列強對於內戰期間長江自由航
　　行權的態度及其彈性處理，可以參見筆者另外一篇論文，見應俊
　　豪，〈1920 年代前期長江航行安全問題與中外爭執〉，政大人
　　文中心，《國際法在中國的詮釋與應用》（臺北：政大出版社，

的原因，除了歐戰後美國對華政策帶有道德與理想性，堅持尊重中國主權獨立與領土完整，反對介入中國內政事務外，也可能跟美國在長江上游地區的海軍實力不足有著密切的關係。受到長江上游特殊地形的限制，歐戰後美國海軍長江巡邏隊能夠常態性部署在長江上游地區的淺水砲艦數量僅有兩艘，不但艦體老舊、航速慢，且火力也不強，故執行一般護航任務或許尚能勉強勝任，但是卻無法因應大規模的武裝衝突。[71]

2012），頁 1-33。

71　這種情況一直持續要到 1920 年代後半期，才開始有所改善。因為美國駐華使領、海軍官員以及商業團體多年來一再向美國政府陳情遊說，希望強化長江海軍實力，以應付日趨惡化的中國局勢，保護美商在長江流域越來越大的商業利益。後來美國政府終於同意建造六艘新型砲艦，以供長江護航之用。關於此問題，參見應俊豪，〈長江上游航行安全問題與美國駐華海軍的因應之道（1920-1925）〉，頁 123-172。

第七章　美國在長江上游地區的保護對象爭議

一、前言

　　歐戰初期，美商利用歐洲列強忙於戰爭、無暇東顧之際，積極擴充在華市場與商業利益，其中長江流域即為美商活動的重點地區之一。戰爭後，歐洲列強重回亞洲，競爭更形激烈，外商在各國政府的護持與支援之下，更是競逐在長江流域的通商利潤與天然資源的開採。尤其長江上游地區，早期受到三峽急流險灘與地勢險峻等天然環境的限制，西方國家一直未能有效打開在該區的市場。但是歐戰後，情況已經有很大的改善，隨著吃水淺、馬力強、船身狹長的新式內河輪船引進長江上游地區，跨越三峽天險的難度已大幅降低，故歐、美、日等列強無不將長江上游地區視為是潛藏龐大商機、有待開發的處女地。以美國商行來說，雖然近代以來的發展遠不及歐洲國家，但是歐戰的曠日廢時，給予美商急起直追的契機，故歐戰後即使歐洲各國勢力重返，美商仍然積極參與長江上游地區各種市場商機與物產資源的開發與運輸。也因此，對於美國政府來說，歐戰後美商在長江上游地區的商業利益，已逐漸趨於重要。

　　但是誠如緒論所言，歐戰後中國的局勢有更為惡化的傾向，無論是直系與皖系的攤牌，還是後來直系與奉系的對決，主要的內戰場域幾乎都脫離不了長江流域，這也深深影響了外國通商貿易與交通往來的順暢。尤其是長江上游的四川、湖北等地區，又夾雜著川軍內部爭鬥、南北對立、直系的武力統一政策等複雜情況，使得該區在 1920 年代幾乎年年戰爭不斷，連帶地社會失序、兵匪為禍的現象也更為嚴重。在內戰頻仍與兵匪肆虐的雙重影響下，首當其衝的，就是各國甚為重視的長江上游航運事業。處於陸路運輸尚不太便利的情況，長江上游地區的水路運輸依然是最主要的交通媒介，人員往來、物資的運送幾乎都仰賴輪船與木船的承運。而對於英、美、日、法等列強來說，要競逐長江上游的貿易商機，先決條件就是必須確保長江上游航運的通暢，否則貨物無法流通，商貿往來即可能陷於停頓。但是在 1920 年代中國已呈現分崩離析的態勢，中央與地方各省均忙於內鬥之際，根本不可能顧及長江航行安全問題。而受到歐戰後國際氛圍改變的影響，列強逐漸調整對華政策，著重中國門戶開放，並尊重中國領土與主權的完整，自然也不好再繼續援用晚清時期的共同施壓或武力干涉方式，故傾向改以外交手段為主，來促使中國當局出面處理。也因此，面對長江上游地區各種不法勢力與對外國航運危害因素，列強政府除了持續與四川及北京當局交涉，寄望中國現狀能有所改善外，似乎也只能依靠自己的力量，來維持航運順暢與保護商貿利益。

　　就美國來說，確保長江上游美國商船的航行安全，

關係到美國在華的利益，當然也是美國政府與駐華海軍
的職責所在。然而受限於軍艦數量及相關設備，美國海
軍亞洲艦隊及其麾下的長江巡邏隊，不太可能完全承擔
所有保護美國在長江上游商業利益的重責大任。單純的
美商利益，例如美國輪船及船上所運送的美國貨物，固
然應該受到美國政府的保護，然而麻煩的是，受到長江
上游水淺流急的限制，以美國海軍當時極其有限的內河
砲艦，僅在保護美籍商船的任務上，即已有捉襟見肘的
窘態，那對於同樣屬於美商利益，但並非單純的美商利
益，美國政府還是要給予其應有的保護嗎？[1]

　　事實上，長江上游水文情況變化非常大，例如冬天
枯水季期間，由於雨量少，部分區段的水位非常低，導
致吃水較重的輪船可能無法行駛，屆時就必須仰賴吃水
甚低的中國傳統木船來運送。因此，不只美國，凡是
在長江上游地區開發商業利益的各國商行，雖然平時多
以輪船為主要運輸媒介，但仍不時需要吃水較淺的中國
木船支援，方能維持全年航運的順暢。即是之故，美國
政府無論如何勢必得面臨一個嚴肅的考驗：如果僅是維
護純正美國商船的航行安全，美國海軍就已力有未逮的

1　歐戰後，美國海軍的艦隊規模與戰力雖然已經躍居世界第一等，
　與英國並駕齊驅，但受到戰後反省海軍軍備競賽與海軍限武氛圍
　的影響，美國政府已著手準備召開國際會議，與其他列強共商裁
　減海軍艦船數量；再加上戰時美國海軍擴充以大型艦船為主，較
　缺乏適合航行在內河水域的小型砲艦，也因此對於長江上游地區
　的航行安全問題，較無力因應。應俊豪，〈談判桌上的海權劃分：
　五國海軍會議（1921-1922）與戰間期的海權思維〉，《國立政
　治大學歷史學報》，第 30 期（臺北，2008.11），頁 119-168；
　應俊豪，〈長江上游航行安全問題與美國駐華海軍的因應之道
　（1920-1925）〉，頁 123-172。

話，是否還有能力去保護另一種形式的美國商業利益？也就是當中國木（民）船受美國公司委託運送美國貨品時，是否可以懸掛美國旗？是否同樣享有美國海軍武力的保護？美國海軍對於載運美國貨的中國船，究竟有無保護之責？有無保護之力？這個問題涉及的層面，不只是美國海軍長江巡邏隊的現實考量，還包括中美間相關條約規定，以及在華美商的商業需求。

本章試圖透過史料考證，解決以下諸問題：美國海軍的任務在保護美國僑民生命財產的安全，但對於中國船上的美國貨物，海軍該如何保護？應不應該保護？從美國本土的國務院、海軍部，到駐防馬尼拉的亞洲艦隊，以至於駐華的北京公使館、各地領事機構、長江巡邏隊之間，彼此態度有何差異，最後又如何折衷協調出較為合適可行的保護方案？

二、美商雇用的中國木船可否懸掛美國旗爭議 [2]

受到四川戰亂與兵匪騷擾的影響，美商雇用運貨的華籍木船常常遭到劫掠、扣押或勒贖。依據美國駐漢口總領事館的調查報告，要提高對此類船隻的航行安全，最好的辦法莫過於比照美國船隻，准許其懸掛美國旗，並由海軍進行實質保護。

（長江上游冬季低水位期間），美國公司必須委託中國木船來運送貨物。此項權利是載明於條約的……。受委託的中國木船僅運送美國公司自己的貨物，而貨物價值往往高達 10 萬美元。因此這些木船應該被准許懸掛美國旗，而且應該比照一般美國船受到保護。……由於中國中央政府似乎無力提供保護……，我希望美國政府訓令長江上游水域的（美國）海軍當局，對於行駛危險水域的中國木船，必要時提供護航保護；或是在這些木船上派駐

2　清末時，也曾有中國船懸掛美國旗航行長江，而且還是中國的木殼兵船。1903 年一名美國旅行家蓋洛（William Edgar Geil）在乘坐「宜昌地區先遣中隊第七號兵船」從宜昌前往長江上游時，沿途均將自製的美國旗懸掛在船尾，同時每天早晨美國旗升起時，兵船還會施放三響禮炮，「在大清帝國的歷史上，一艘本國的兵船飛揚著星條旗，去穿越峽谷湍流，這恐怕還是破天荒的頭一遭」。不過那時無論中國兵船官兵或是美國旅行家應均未意識到中國兵船懸掛美國旗可能引起的爭議。見威廉・埃德加・蓋洛，晏奎等譯，沈弘、李憲堂審校，《揚子江上的美國人─從上海經華中到緬甸的旅行記錄（1903）（*A Yankee on the Yangtze: Being a Narrative of A Journey from Shanghai through the Central Kingdom to Burma*）》（濟南：山東畫報出版社，2008），頁 75-91。

攜有機關槍的水兵，以保護他們免於騷擾。[3]

　　1921 年 6 月 23 日美國駐華公使館發出 113 號通報
（Legation Circular, No. 113），正式授權美商雇用的中
國木船可於船首懸掛美國旗（船尾仍懸掛中國旗）。
由 1921 年 9 月美國駐漢口總領事實際發出的使用執照
（圖 7-1）來看，白紙黑紙規定美商公司雇用的中國木
船「理應於桅頂上懸掛美國旗」。自美國政府同意受委
託的中國木船可懸掛美旗後，美國駐漢口總領事即與漢
口海關稅務司交涉，稅務司原先拒絕同意採行此作法，
但經過美國總領事溝通後，海關同意默認中國木船懸掛
美旗，但前提是必須由美國領事發出執照者，方得以懸
掛美旗。美國駐漢口總領事館乃依據上述交涉結果，製
發相關執照。首批發出的 5 張執照，俱為美商其來洋行
所雇用的木船。[4] 不過在 1921 年 6 月美國政府正式同
意之前，美商公司早已在其所雇用的中國木船上懸掛美
旗。例如 1921 年 3 月美國海軍派遣水兵登木船執行護
航任務時，美孚公司雇用的木船即已懸掛美國旗以表明
身分。美國公使館 6 月所發出的通告，不過正式承認既
成事實。[5]

3　"Protection of American Property and Life on the Upper Yangtze,"
from American Consulate General (J. C. Huston, Vice Consul in
Charge) to American Charge d'Affaires (A. B. Ruddock), 22 June
1921, RIAC, 893.00/3986.

4　"Protection of American Chartered and Registered Vessels on the
Upper Yangtze," American Consulate General, Hankow to American
Minister, Peking, 30 September 1921, RIAC, 893.00/4126.

5　關於 1921 年 3 月美國海軍的任務報告，可見 "Commanding Officer,

圖 7-1　1921 年 9 月美國駐漢口總領事館發出的中國
木（民）船使用執照[6]

英文樣式	中文樣式
Certificate No. This is to certify that registered junk No. .... is chartered by Messrs. L. C. Gillespie and Sons, Hankow, an American firm, and, as such, is entitled to fly the American flag at the masthead. American Consul General. American Consulate General, Hankow, China, September 25, 1921.	執照第　　號 為證明事漢口美商其來洋行今雇第 號民船應用理應於桅項 上豎掛美國國旗特此給照證明此據 美國總領事官韓思敏 西曆一千九百二十一年九月二十五日

備註：此處範本為美商其來洋行的木（民）船使用執照。

　　然而，上述美國作法其實具有高度爭議性。首先，
必須深究華船懸掛外國旗幟的合法性。就中外條約規定
來看，依據 1858 年中美〈天津條約〉第 26 款規定，
「大合眾國商船不得……聽受別國賄囑，換給旗號，
代為運貨入口貿易：倘有犯此禁令，聽中國查出充公
入官。」[7]換言之，美國旗號不得任意交由他國船隻使
用，當然也包括中國木船。

　　依據 1899 年的〈修改長江通商章程〉，第 7 條規

USS *Monocacy* to Commander, Yangtze Patrol," 25 March 1921, RIAC,
893.00/3784.

6　此處美商公司雇用木（民）船使用執照的中、英文樣式，均為筆
者翻拍自 "Protection of American Chartered and Registered Vessels
on the Upper Yangtze," American Consulate General, Hankow to
American Minister, Peking, 30 September 1921, RIAC, 893.00/4126.

7　中美〈天津條約〉，1858 年，王鐵崖編，《中外舊約章彙編》（北
京：三聯書店，1957），第 1 冊，頁 89-96。

定「划艇等船，如係洋商之船，持有本國之船牌，懸掛本國之旗號」、「釣船等，如係洋商之船，但無本國之船牌，即無懸掛國旗之理」、「洋商雇用之華式船隻，祇准裝載實系洋商自置之貨……所有呈報海關……等事俱照划艇、釣船等辦法處理。」由此觀之，航行長江的船隻，如欲懸掛外旗，必須滿足兩個條件：一為洋商之船，二為持有本國船牌，方能懸掛外旗。至於洋商雇用的中國木船，既非洋商所有，亦未領有外國船牌，自然無權懸掛外旗。另外，同樣 1899 年的〈重定長江通商各關通行章程〉，其中「划艇釣船並洋商雇用之民船辦法」，雖准許洋商雇用中國民船，但並未規定此類船隻得以懸掛外旗。[8]

依據 1890 年簽訂的中英〈煙臺條約續增專條〉（俗稱〈重慶通商條約〉）規定，英商可雇用華船（懸掛華旗）或自備華船（懸掛英旗）運貨往來重慶、宜昌之間（第 1 條），並照〈長江統共章程〉於宜昌、重慶兩處完納船鈔（第 4 條），但英商報關後「所領船牌關旗必須由原船自行持用，不得轉付他船，並嚴禁華人船隻冒用英國旗號」，違者按成例罰辦，再犯則撤銷船牌關旗禁止行駛（第 4 條）。[9] 由此規定看來，美國公司如將報關所領船牌關旗轉託華船運送貨物，並於航行時在船首懸掛美國旗，勢將違反嚴禁華人船隻冒用外國旗號之

---

8 〈修訂長江通商章程〉，1899 年 4 月 1 日、〈重定長江通商各關通行章程〉，1899 年 4 月 1 日，王鐵崖編，《中外舊約章彙編》，第 1 冊，頁 866-874。

9 〈中英煙臺條約續增專條六條〉，1890 年 3 月 31 日，黃月波等編，《中外條約彙編》，頁 17。

規定。

　　其次，除了中外條約外，關於美國商行所雇用的中國木船是否可以懸掛美國旗，依據美國〈領事規則〉第346條規定，美國駐華公使館認為，雖然中國木船懸掛美國旗的作法容易被濫用，但如果懸掛美國旗僅是單純用於運送美國貨物，而且這種作法已明確獲得承認，則沒有必要去否認此權利；不過如果中國木船只是恰好運送美國貨物，則似乎沒有必要特別去懸掛美旗。此條規定乃是美國駐華公使館針對重慶領事館的詢問（即美商的中國代理人辦公室、倉庫與船隻，可否懸掛美國旗）所作的答覆。[10] 但在〈領事規則〉第347條規定中，美國國務院則已明確表明不應在運送美國貨物的中國木船上使用美國旗。因為依據1918年3月美國國務院給駐華使館的通令，美商中國代理人的辦公室或倉庫，以及美國人在中國水域擁有的木船，只要不牴觸當地法律，均可以懸掛美國旗。然而載運有美國乘客或貨物的中國木船，卻不應懸掛美國旗。[11] 由上述規定觀之，中國木船究竟可否懸掛美國旗的爭議性甚高，〈領事規則〉的兩條規定本身即相互牴觸，當然也與前述1921年6月23日的公使館第113號通報有所出入。其中，美國駐華公使館的界定明顯較為寬鬆，認為（運送美國貨物的）中國木船懸掛美國旗，只要是已約定俗成，則無庸

10　"Legation's No. 2839 to Chunking," 18 November 1917, Article 346, Consular Regulations, RIAC, 893.00/3784.

11　"Department's No.765 to Legation," 4 March 1918, RIAC, 893.00/3784.

禁止。但美國國務院的規定則比較嚴格，傾向中國木船不得使用美國旗。不過，因為美國國務院的訓令理應高於公使館的指示，故依照〈領事規則〉347條，則中國木船無論如何不應懸掛美國旗。

再者，中國木船除船尾懸掛中國旗，並在船首懸掛美國旗的作法，又將會造成國際法上的爭議：

> 沒有任何國家可以容許已懸掛其他國家國旗的船隻，再懸掛其國旗。如同一艘沒有懸掛任何國旗的船隻一樣，懸掛兩個不同國家國旗的船隻無論如何不能享有任何的保護。[12]

一艘中國木船同時懸掛中國旗與美國旗，形成雙重船籍，不啻等同於無船籍的船隻，造成更為麻煩的國際法問題。

簡言之，美國駐華公使館容許向中國政府註冊、懸掛中國旗的木船，得以在經美商委託雇用後另外懸掛美國旗，不僅有條約、國際法與慣例上的爭議，也與國務院訓令牴觸，並將造成一船兩旗並存的奇特現象。但是為了保護美商利益，表明該船運送的是美國貨物，體現著美國利益，故在實際運作上，美國公使館選擇漠視條

---

12 L. Oppenheim, *International Law: A Treatise* (London; New York: Longmans, Green, 1920), p. 330. 一船不得懸掛兩國國旗的國際法觀念，後來在1958年的公海公約中，正式規範為「船舶應僅懸掛一國國旗航行」、「船舶如懸掛兩國以上國家之國旗航行，權宜換用，不得對他國主張其中任何一國之國籍，且得視同無國籍船舶」。見〈公海公約〉（1958），第6條第1項、第2項，陳治世，《國際法》，頁296。

約與國際法的爭議，仍然同意美商公司雇用的中國木船
於船首懸掛美國旗。

三、美國海軍應否保護受美商雇用的中國木船爭議

　　1921 年初，美孚公司向美國海軍長江巡邏隊指揮
官提出了派遣武裝士兵登木船，以執行保護（美商雇
用）中國木船任務的請求。美孚公司的理由是：在長江
上游低水位期間，輪船因吃水較深無法行駛，故只能仰
賴木船。但又受制於四川地區的土匪以及惡劣的政治情
況，雇用木船運輸美國貨物常常會蒙受重大損失。為了
要維持正常商務往來，唯一的辦法就是由美國海軍來保
護長江上游宜渝段（宜昌重慶間）的木船運輸，具體作
法即派遣武裝士兵登木船執行護衛任務。[13]

　　在美孚公司的請求下，美國海軍長江巡邏隊指揮
官伍德（Captain Duncan Mahan Wood, Commander,
Yangtze Patrol Force）於 1921 年 1 月，授權長江上游的
蒙那卡西號軍艦艦長，在不影響正常勤務的前提下，試
辦派遣水兵登木船協防任務。[14] 依據 1921 年 3 月蒙那
卡西號艦長發出的派遣令，為了「保護長江上游運輸的

13　美孚公司並承諾將會負擔海軍士兵執行護衛任務所需的開支。
　　見 "Acting General Manager, Standard Oil Company of New York,
　　Shanghai to the Yangtze Patrol Commander, Shanghai," 15 January
　　1921, RIAC, 893.00/3784.

14　"Standard Oil Company Shipment between Ichang and Chinking,"
　　from Commander, Yangtze Patrol to Commanding Officer, USS
　　Monocacy, 18 January 1921, RIAC, 893.00/3784.

美國貨物」，派出士兵登上木船執行護衛任務，每艘木船均由一名水手長率領三名水兵攜帶武器登船，「（武裝木船）一旦遭遇到海盜或土匪的攻擊，（水手長）將可以盡一切所能摧毀攻擊的歹徒。」[15] 4 月，美國海軍長江巡邏隊指揮官向亞洲艦隊總司令回報：派遣士兵登木船保護長江上游美孚公司貨運任務已獲致成功，順利拯救了美孚公司在該地區至少 50% 的貨物。[16]

圖 7-2　1921 年美國海軍派遣武裝士兵保護長江上游
宜渝段美孚木船行動

美國海軍長江巡邏隊指揮官給蒙那卡西號艦長的命令（1921.1.18）[17]	蒙那卡西號艦長派遣武裝士兵登木船保護木船的命令（1921.3.4）[18]

15　"Orders," from Commanding Officer, USS *Monocacy* to Anderson, Tom L., CBM. & Kutner, Martin, CQM, US Navy, 4 March 1921, RIAC, 893.00/3784.

16　"Operations, USS *Monocacy*," from Commander, Yangtze Patrol to Commander-in-Chief, US Asiatic Fleet, 10 April 1921, RIAC 893.00/3784.

17　"Standard Oil Company Shipment between Ichang and Chinking," from Commander, Yangtze Patrol to Commanding Officer, USS Monocacy, 18 January 1921, RIAC, 893.00/3784.

18　依據 1921 年 3 月 4 日蒙那卡西號艦長所發出的派遣令，該次任務一共派出 8 名武裝人員，分別登上兩艘木船（每船 4 人）。見 "Orders," from Commanding Officer, USS *Monoc*acy to Anderson, Tom L., CBM. & Kutner, Martin, CQM, US Navy, 4 March 1921, RIAC, 893.00/3784.

　　但實際情況，卻不見得均如美國海軍所預期的。首先，是美國海軍本身的問題，海軍士兵慣常使用軍艦本身武器，但對於一般輕型兵器，如機槍、步槍等不甚熟悉，故還必須花費時間訓練士兵習慣使用輕兵器。[19] 其次，依據執行登船保護任務的海軍士官報告，只要航經危險區域，他們必定在船上明顯位置架設機槍，並將步槍上刺刀，岸邊稍有動靜即開槍示警威嚇。途中他們所遇到的各式麻煩，包括軍隊土匪搶劫木船煤油、軍隊徵調木船，以及軍隊徵調木船苦力等。換言之，派駐士兵登木船執行護衛任務，象徵意義大於實質作用。其著眼點，不過藉由高高懸掛的美國旗，海軍士兵在船上「明顯位置」架設的機關槍，配備已裝上刺刀的步槍，來凸顯美國海軍的在場，由此產生某種程度的威嚇作用，讓長江上游兩岸的中國士兵、土匪有所警惕。[20] 因為實際上，如果真的遭遇兵匪採取集體攻擊行動，絕非少數美國海軍武裝士兵可以應付。一旦雙方發生武裝衝突，進而引起中國軍隊或土匪的報復，在比例懸殊的情況下，僅有數名士兵駐防的木船將立刻陷入險境。而且，木船防禦能力非常薄弱，士兵執行護衛任務時，又往往暴露

19　"Commanding Officer, USS *Monocacy* to Commander, Yangtze Patrol," 25 March 1921, RIAC, 893.00/3784.

20　"Correspondence from Armed Boat 1," 5 March 1921, RIAC, 893.00/3784. 另外依據英國泰晤士報的報導，1921 年美國軍艦蒙那卡西號也曾派駐一名武裝士兵攜帶美國旗與機槍，登上長江上游四川地區一艘搭載有外國傳教士的中國平底木船執行保護任務。航行途中三度遭遇沿岸槍擊，船上美國水兵均以機槍還擊壓制。"The Land of Brigands: Perils of the Yangtze Gorges," *The Times*, 7 June 1921.

在明顯位置，極易成為岸邊狙擊的對象，而遇襲受傷。
例如 1921 年 3 月 19 日，美軍駐防的木船在執行護航任
務時，即曾遭到其他木船上中國士兵的開槍攻擊，雙方
並曾短暫駁火。中國士兵甚至企圖登岸，從岸上攻擊美
船，幸賴美國水兵動用機槍掃射岸邊壓制。衝突中，有
一名中國士兵中彈受傷。駐防木船的美軍士兵因擔心中
國部隊報復，駛抵萬縣後，立刻尋求停泊該港的英國軍
艦小鳧號協助。美軍士兵並與萬縣駐軍交涉此次衝突問
題。顯見，雖然有士兵駐防，美國旗也高高懸掛，但還
是無法發揮嚇阻作用，因為如遭遇中國部隊挑釁攻擊，
美軍的自保防禦力量還是稍嫌薄弱。[21]

　　1921 年 5 月發生的美國海軍士兵駐防木船遇襲事
件，即引起相當大的震撼。是月，美國軍艦蒙那卡西號
派遣 3 名士兵（1 名帶隊士官長，加 2 名士兵）登上木
船，保護替美商美孚石油公司運送貨物的中國木船。但
在長江上游地區執行護衛任務時，該船遭到土匪鎖定跟
蹤，並發動襲擊。木船上的 3 名士兵雖勉強擊退來犯土
匪，但其中一名美國士兵遭子彈擊中膝蓋，傷重必須截
肢。海軍士兵所攜帶的機槍亦遭子彈擊中卡彈。3 名水
兵當日即緊急撤離木船，並轉搭輪船前往重慶。[22] 根據
帶隊執行木船護衛任務的士官長報告，他們是在 1921
年 5 月 17 日凌晨 3 點停泊岸邊時，遭到一群土匪襲擊，

---

21 "Correspondence from Armed Boat 2," 27 March 1921, RIAC,
　　893.00/3784.

22 "The Commander in Chief of the Asiatic Fleet (Strauss) to the Chief
　　of Naval Operations (Coons)," 7 June 1921, *FRUS 1921*, Vol. I, p. 525.

其中並有 3 名土匪登上木船，雙方互相開槍駁火，美軍士兵擊斃 2 名登上木船的土匪，並擊退其餘匪眾。但美軍木船上也有 1 名士兵腿部中彈受傷，1 名苦力死亡，美軍攜帶的機槍也遭擊毀。為了擔心土匪仍有後續的攻擊行動，加上中彈的士兵傷勢甚為嚴重，美軍全員（含帶隊士官長與兩名士兵）上午 10 點左右即自木船撤離，轉搭上經過當地的外國輪船鴻江號（SS *Hung Kiang*），前往重慶。至於美軍乘坐的木船，則交由船老大繼續開往重慶。經過事後調查，這批土匪乃是有預謀攻擊美軍協防的木船，他們先在岸邊尾隨跟蹤，待天黑木船停泊之際才發動攻擊。總計木船船身上被子彈擊中 16 處，加上美軍士兵、機槍與苦力各被擊中 1 發，木船總共被擊中 19 處。[23]

　　由上述實際情況可知，懸掛美國旗的船隻，在美軍護衛下，依然遭受土匪襲擊、士兵受傷。尤其土匪還是先跟蹤美軍駐防的木船，利用晚上再發動攻擊行動。可見此次攻擊並非單一偶發事件，而是土匪有預謀的襲擊行動。這也凸顯了少數美軍駐防木船的高度危險性，一旦遭到土匪鎖定，勢必無法面對強大的火力攻擊，屆時若非死傷慘重，就只能棄木船，轉搭輪船逃生。換言之，美國旗及少量士兵的在場，似乎無助於航行情況的改善，而且有損美國威嚴。

　　所以，美國海軍亞洲艦隊總司令史透斯並不贊成繼

23　"Attacked, Report of," from C.P.O. in Charge to Commanding Officer, 18 May 1921, & "Convoy Duty, Report of," from C.P.O. in Charge to Commanding Officer, 24 May 1921, RIAC, 893.00/3784.

續派遣美軍武裝人員登上木船執行護衛任務，縱使這些
船隻搭運的是美國貨物。[24] 史透斯給長江巡邏隊指揮官
的命令中，即附上前述的〈領事規則〉第 346-347 條，
並明確指示：派遣武裝士兵登船保護，必須僅限於「合
法懸掛美國旗的船隻」；換言之，即不贊成繼續保護運
送美國貨物的中國木船。[25] 而且，史透斯幾乎是一獲知
上述情況，隨即下令長江巡邏隊指揮官停止派遣士兵
登船保護中國木船。長江巡邏隊指揮官先前同意派兵
保護中國木船的決策，顯然並未事先取得亞洲艦隊總
司令的同意。[26] 美國海軍派洛斯號艦長郝威爾（Glenn
F. Howell, Commanding Officer, USS *Palos*）1921 年 6 月
21 日的日記中，也記載了他與亞洲艦隊總司令、長江
巡邏隊指揮官之間互動，提及「（亞洲艦隊總司令）上
將明顯不贊成（長江巡邏隊指揮官伍德）派遣武裝水兵
登船保護受美商雇用的中國木船。我也是如此。」[27] 但
美國軍方的看法，卻不為在華外交使領人員與美商所接
受，認為保護美國利益本是海軍的職責。美國海軍以及
外交使領與美商之間，對中國木船上美國貨保護問題，
產生了相當大的歧見。

24　Kemp Tolley, *Yangtze Patrol: The U.S. Navy in China*, pp. 98-99.

25　"Arm Guard," from Commander in Chief, Asiatic Fleet to
　　Commander Yangtze Patrol, 23 May 1921, RIAC, 893.00/3784.

26　"Report of the Commander in Chief's General Investigating Trip
　　up the Yangtze River," from Admiral Strauss, Commander in Chief,
　　Asiatic Fleet to Chief of Naval Operations, Navy Department,
　　Washington D.C., 2 July 1921, RIAC, 893.00/4021.

27　Glenn F. Howell, Dennis L. Nobel, ed., *Gunboats on the Yangtze: The
　　Diary of Captain Glenn F. Howell of the USS Palos, 1920-1921* (Jefferson:
　　McFarland & Company, Inc., 2002), p. 129.

四、美國政府內部的討論與決策

究其實際，上述受美商雇用的中國木船能否懸掛美旗，以及美國海軍是否該保護受美商雇用的中國木船兩個爭議，乃一體之兩面，本質上就是同一個問題。受到四川、湖北政局日益動盪不安，社會失序，長江上游航運安全遭受到嚴重威脅。為了維護美商利益，避免遭到軍隊土匪的騷擾，受委託運送美國貨物中國木船必須懸掛美國旗，以表明身分，也才能獲得美國海軍實質的保護。懸掛美國旗，即體現著美國利益與尊嚴，美國海軍也就有職責要提供適當的保護。然而，關鍵因素在於美國海軍是否有能力提供保護？以下就討論美國駐華海軍、使領機構、美商，以及美國政府內部國務院與海軍部對於此問題的看法。

美國駐華海軍反對中國木船懸掛美國旗，當然有其實務上的考量：缺乏充分的船艦與人力執行保護任務。僅是保護美國輪船面對長江上的攻擊行動，美國長江巡邏隊已力有未逮，更何況要去保護數量驚人的中國木船？加上美國軍艦挪派武裝士兵登木船執行護衛任務，非但危險，也將大幅削弱軍艦原有的應變能力。據統計美國海軍派駐在長江上游的兩艘軍艦蒙那卡西號、派洛斯號，其船上人員配置均為：軍官 4 人、水兵 46 人、中國船夫（雜役）6 人。如果每執行一次護衛木船任務，即需從軍艦上至少抽調 3 名水兵，的確會影響到軍艦的應變能力。更重要的是，讓美國海軍無法保護的中國木船懸掛美國旗，勢將有損美國旗尊嚴。[28] 況且，一旦容許美商雇用的中國木船懸掛美旗，背後又有美國海軍與領事的維護，難保其他非美商雇用的中國木船業者魚目混珠，私自懸掛美旗，以求免於地方軍隊與土匪的騷擾。因為懸掛美國旗，隱含有受美國政府與海軍保護的象徵意義存在，所以除了美商公司雇用的木船懸掛美旗外，不少中國木船亦私自懸掛偽造的美國旗，混充美商雇用，避免沿岸中國士兵或土匪的騷擾，以確保航行安全。根據派駐在木船上執行護衛任務的美國士官報告，1921 年 3 月他們沿途多次遇到私自懸掛美國旗的中國木船，除警告中國船夫不得再懸掛美旗外，有時美國士兵還直接逮捕私自使用美旗的中國船夫。由此可知，中國木船非收美商委託而擅自懸掛美旗的情形已相當嚴重。[29] 屆時長江上游的中國木船，無論是否為美商雇用，均懸掛美旗，美國旗的尊嚴何在？

美國海軍亞洲艦隊總司令史透斯即認為美國不應該

---

28 "Naval Protection for Chinese Junks Chartered by Americans and Flying the American Flag," from American Consulate General, Hankow to American Minister, Peking, 22 September 1921, RIAC, 893.00/4126. 關於兩艘軍艦的人員配置情況，可以參見 Bernard D. Cole, *The United States Navy in China, 1925-1928*, p. 282.

29 "Commanding Officer, USS *Monocacy* to Commander, Yangtze Patrol," 25 March 1921, RIAC, 893.00/3784. 除了美國旗外，部分中國木船也私自懸掛英國旗，例如 1914 年 1 月中英之間也發生一個實際的案例。因英國軍艦鷸號（HMS *Snipe*）發現一艘中國木船私自懸掛英國旗，故英國駐華公使乃照會外交部與交通部，要求通知各港口海關嚴格「禁止中國木船懸掛外國旗幟」。顯而易見，中國木船私自懸掛外國旗的現象相當猖獗。如果開放運送外國貨物的中國木船懸掛外國旗，勢必將造成更為嚴重的後果。英國的例子見 "The Superintendent of Customs, Hankow, to the Commissioner of Customs, Hankow," 13 October 1921, RIAC, 893.00/4164.

同意中國船隻「任意懸掛美國旗」。[30] 史透斯在給海軍
軍令部部長的報告中，即提出三個論點來說明派駐士兵
保護中國木船的不恰當：一是美國在中國木船上派駐士
兵是非法的；二是派駐在木船上的少數士兵不足以因應
危險情況；三是海軍士兵在沒有軍官的指揮下執行勤
務，也是不可行的。[31] 尤其，美國海軍保護中國木船牽
涉到國際法上的疑義。因為船貨雖然屬於美國利益，但
要保護船貨，勢必得保護中國木船，如此將造成美國海
軍護衛中國船以對抗中國軍隊與土匪騷擾的情況（船貨
雖是美國人的，但木船本身卻是中國人的），不但牴
觸海軍部給予駐華海軍的訓令，也將產生國際法上的
爭議。[32]

　　美國海軍部亦認同亞洲艦隊總司令的看法，考慮到
中國船懸掛美國旗及美軍保護中國船的合法性問題，也
受限於美國在當地海軍實力不足，傾向不派遣武裝士兵
登船護衛中國船。[33] 美國海軍長江巡邏隊指揮官後來
也向美孚公司代表清楚表示，此事可能涉及到的合法性

---

30 "The Commander in Chief of the Asiatic Fleet (Strauss) to the Chief
of Naval Operations (Coons)," 7 June 1921, *FRUS 1921*, Vol. I, p. 525.

31 "Report of the Commander in Chief's General Investigating Trip
up the Yangtze River," from Admiral Strauss, Commander in Chief,
Asiatic Fleet to Chief of Naval Operations, Navy Department,
Washington D.C., 2 July 1921, RIAC, 893.00/4021.

32 "Naval Protection for Chinese Junks Chartered by Americans and
Flying the American Flag," from American Consulate General,
Hankow to American Minister, Peking, 22 September 1921, RIAC,
893.00/4126.

33 "The Secretary of the Navy (Denby) to the Secretary of State," 2
September 1921, *FRUS 1921*, Vol. I, p. 528.

問題，並表明依據現有規定，美軍不會保護替美商運貨的中國船隻。[34]

然而，負責核發長江上游美船航行執照的美國駐漢口總領事韓思敏則有不同的看法。他認為，中國木船上的美國貨物屬於美國利益的一部分，木船理應於船首懸掛美國旗，美國海軍也應提供必要的保護。[35] 漢口美國商會也強烈主張「美國政府所同意懸掛的國旗，無論何時都必須受到保護」，故美國海軍理應保護美商所雇用的中國木船。漢口美國商會並請求國務院正式訓令在華海軍提供保護。漢口美國商會的論點在於：美國當局一方面授權運送美國貨物的中國木船可以懸掛美國旗，另一方面卻又告知此類木船將不會得到美國海軍實質上的保護，如此勢必將危及美國尊嚴，也使得懸掛美旗一事毫無實際作用。故商會希望美國政府能釐清疑問、統一解釋。並發布訓令要求美國駐華海軍執行保護任務。[36] 尤其對於在長江上游擁有重大商業利益的美孚公司來說，美軍單方面的現實考量，不應妨礙對美商利益的保護。美孚公司仍然需要美國駐華海軍提供充分保護，包括替美孚公司運送貨物的中國船。為了改變軍方立場，

---

34 "The Commander in Chief of the Asiatic Fleet (Strauss) to the Chief of Naval Operations (Coons)," 2 July 1921, *FRUS 1921*, Vol. I, pp. 528-529.

35 "Naval Protection for Chinese Junks Chartered by Americans and Flying the American Flag," from American Consulate General, Hankow to American Minister, Peking, 22 September 1921, RIAC, 893.00/4126.

36 "American Chamber of Commerce of Hankow to American Consul General, Hankow," 8 September 1921, RIAC, 893.00/4126.

美孚公司改向國務院、甚至海軍部持續施壓，希望放寬保護標準。[37]

　　基本上，美國國務院比較傾向外交使領與美商的訴求，並根據美國駐漢口總領事的報告知照海軍部，希望海軍能一併保護在長江上游替美商運送貨物的中國木船。[38] 但是當美國公使館為此條約爭議向國務卿請求指示，究竟美方是否應該堅持讓受委託的中國船懸掛美國旗時，國務院的態度似在迴避此問題，並未針對條約爭議給予駐華公使館任何明確的指示。[39]

　　類似的情況也發生在廣東西江。1921 年 5 月美國駐廣東副領事即曾向國務卿請示，是否該同意讓美國公司委託運貨的中國船於船首懸掛美國旗（船尾仍懸掛中國國旗）。該副領事並表示，中國船懸掛外國旗此一現象，為中國當局默許、其他國民也同意之事。國務卿稍後的指示為「不反對」中國船懸掛美國旗。[40]

　　由上述長江上游以及廣東的例子來看，美國國務院其實以維護美商利益為重，尤其為了維持長江上游航運的正常運作，傾向同意讓受美商委託運貨的中國船懸掛

37　"The Commander in Chief of the Asiatic Fleet (Strauss) to the Chief of Naval Operations (Coons)," 7 June 1921, *FRUS 1921*, Vol. I, p. 525.

38　"The Secretary of State to the Secretary of the Navy (Denby)," 22 August 1921, *FRUS 1921*, Vol. I, p. 526.

39　美國公使館給國務卿的報告："The Minister in China (Schurman) to the Secretary of State," 8 November 1921, *FRUS 1921*, Vol. I, p. 533.

40　美國駐廣東副領事的報告，見 "The Vice Consul in Charge at Canton (Price) to the Secretary of State ," 27 May 1921, *FRUS 1921*, Vol. I, pp. 523-524；國務卿的答覆，見 "The Secretary of State to the Vice Consul in Charge at Canton (Price) ," 31 May 1921, *FRUS 1921*, Vol. I, p. 524.

美旗，但當獲知此舉可能違反相關條約規定與國際慣例
時，則採取某種程度的政策性模糊，不明確指示作法。
不過美國駐漢口總領事後來指出，廣東西江的例子其實
並不適用於長江。因為一方面廣東當局選擇默認外商雇
用的中國木船懸掛外旗，二方面除了美國外，其他各國
也同樣讓其雇用的中國木船懸掛其國旗。然而這樣的情
況並沒有在長江中上游發生。[41] 非但只有美國同意讓中
國木船懸掛外國國旗，連各港口海關當局的態度，也從
原先的消極默認，逐漸轉向積極的嚴格禁止。例如漢口
海關當局在 1921 年 9 月時選擇默認，[42] 但後來受到來
自漢口海關監督以及北京海關稅務局的指示，故改變態
度，並於 1921 年 10 月正式通知美國漢口總領事，反對
中國木船懸掛美旗，但是建議或許可以同時懸掛中國旗
以及特許旗（美商公司旗）來做區別。[43] 另外，當美國
駐重慶領事受漢口總領事之命，向重慶海關稅務司提出
交涉，希望在重慶海關以及其轄下的萬縣海關可以同意
中國木船懸掛美國旗時，重慶海關稅務司竟以違反〈重
慶通商條約〉為由，拒絕美國領事的請求。[44] 北京的海

41　"Use of the American Flag on Chinese Owned Vessels Chartered by
Americans," from American Consulate General, Hankow to American
Minister, Peking, 28 October 1921, RIAC, 893.00/4164.

42　漢口海關稅務司 1921 年 9 月態度，見 "Naval Protection for Chinese
Junks Chartered by Americans and Flying the American Flag," from
American Consulate General, Hankow to American Minister, Peking,
22 September 1921, RIAC, 893.00/4126。

43　"Commissioner of Customs, Hankow to American Consul General,
Hankow," 21 October 1921, RIAC, 893.00/4164.

44　"American Consulate, Chunking to American Consul General,
Hankow," 4 October 1921, RIAC, 893.00/4164.

關稅務局（Revenue Council）也是同樣不同意華船懸掛美旗，以為有違中英〈重慶通商條約〉第 4 條規定「嚴禁華人船隻冒用英國旗號」。[45] 最後甚至海關總稅務司也明確指示不應准許中國木船懸掛美國旗。[46]

　　圍繞此議題上的美國國務院與海軍部之爭，最後由國務院選擇讓步，同意由亞洲艦隊總司令部決定美軍護衛任務的範圍，以及是否要含括運送美國貨的中國船。但國務院仍然提醒海軍部，依據 1858 年的中美〈天津條約〉第 9 款規定，美國有權透過使用軍艦來保護美國在中國水域的商業利益。[47] 該款原文為：

> 大合眾國如有官船在通商海口游奕、巡查，或為保護貿易，或為增廣才識近至沿海各處……該地方大員當與船中統領以平行禮儀相待……遇有大合眾國船隻或因毀壞被劫，或雖未毀壞而亦被劫、被擄，及在大洋等處，應准大合眾國官船追捕盜賊交地方官訊究懲辦。[48]

　　國務院並轉告海軍部，美商其來洋行在 1921 年 10

45　"The Minister in China (Schurman) to the Secretary of State," 8 November 1921, RIAC, 893.00/4164.

46　Use of the American Flag on Chinese Owned Vessels Chartered by Americans," from American Consulate General, Hankow to American Minister, Peking, 28 October 1921, RIAC, 893.00/4164.

47　"The Secretary of State to the Secretary of the Navy (Denby)," 18 October 1921, *FRUS 1921*, Vol. I, pp. 530-531.

48　〈中美和好條約（中美天津條約）三十款〉，1858 年，黃月波等編，《中外條約彙編》，頁 126-129。

月曾致函國務院，該公司在長江有三艘運送桐油的中國木船遭劫，損失高達 7.5 至 10 萬美元。[49]

1921 年 10 月下旬，美國駐漢口總領事正式宣布撤銷當初發給中國木船的執照。總領事韓思敏提出政策改變的理由為：當初之所以核發執照，讓中國木船懸掛美國旗，其目的乃是因應美商公司之請，希望能在川鄂政局動盪、輪船停駛之際，仍能藉由雇用木船，維持正常的長江上游航運；不過近來當地情況已有改善，輪船運輸也已恢復，此時此刻美國政府實在沒有必要違背長江航行規定，與海關或其他中國當局衝突，繼續堅持讓美商雇用的中國木船懸掛美國旗。[50] 無論韓思敏的說詞係反映著真實情況，抑或只是自圓其說的藉口，總之美國政府最終收回原先決策，中國木船不得再懸掛美國旗，至於承運美國貨的中國木船是否還受到海軍的保護，則由海軍自行視當時情況來決定。喧騰一時的美商雇用中國木船是否懸掛美旗，以及美國海軍是否應該提供保護等爭議自此暫告一段落。不過必須強調的，雖然美國國務院、海軍部均不同意中國木船懸掛美國旗，但在實際運作上，美商依然在其所雇用的中國木船上繼續懸掛美國旗，表明美國人身分，以減少中國軍隊與土匪的騷擾麻煩。例如美孚公司職員漢蒙（R. S. Hammond）於 1922 年 7、8 月間前往四川視察商務時，便在長江上游

---

49 "The Secretary of State to the Secretary of the Navy (Denby)," 18 October 1921, *FRUS 1921*, Vol. I, pp. 530-531.

50 "Use of the American Flag on Chinese Owned Vessels Chartered by Americans," from American Consulate General, Hankow to American Minister, Peking, 28 October 1921, RIAC, 893.00/4164.

支流涪江沿岸的遂寧雇用中國木船，且於船上懸掛美國旗。雖然當時遂寧駐軍已發布命令，禁止任何木船駛離，但船老大受雇後，立刻喜出望外認為「有外國人在場，即意謂著不受禁運的限制。」最後，美國人與美國旗在船上果然發揮作用，負責檢查的中國士兵最後還是放行。[51]

五、小結

關於受美商委託的中國木船在長江上游航行時究竟該不該懸掛美旗，不論從條約、國際法還是實務上，均具有高度爭議性。因此不僅美國國務院、駐華使領機構、美商與海軍部態度分歧。即或中國地方政府對此議題，也是態度曖昧不明。例如湖北督軍蕭耀南即對中國木船懸掛美國旗一事不置可否，僅強調川鄂戰事期間，此類木船應暫停行駛，如執意行駛而被扣留或阻擾，則地方當局將不負相關責任。[52]

此外，暫且撇開條約、國際法爭議不談，美國外交使領機構為了確保美商利益，默許中國船懸掛美旗，以省卻航行途中地方政府不必要的干擾與課稅。但是對於不講法治，也不尊重條約規定的兵與匪而言，美國旗

---

51 "R. S. Hammond to Standard Oil Co. of New York," 15 July 1923, RIAC, 893.00/5108.

52 湖北督軍蕭耀南的態度，見 "American Consulate General, Hankow to General Hsiao Yao-nan, Military Governor of Hubeh, Wuchang," 17 September 1921 & "His Excellency General Hsiao Yao-nan, Military Governor of Hubeh, to Mr. Heintzleman, American Consul General," 24 September 1921, RIAC, 893.00/4126.

終究不過是一面普通的旗子，並不能確保船隻航行的安全。因此要真正確保美商利益，固然船隻必須懸掛美旗，但美國海軍提供的實質性保護，也是不可或缺的。美國駐漢口總領事即曾對駐華公使坦言，在中國政治動盪，軍隊目無法紀，土匪肆虐的情況下，木船懸掛美國旗並不足以帶來安全，而必須由海軍提供實質保護：派出軍艦護航，或是派遣武裝士兵登木船執行護衛任務。[53] 然而在美國駐華軍艦數量有限、人力不足的情況下，載運美貨的中國船隻就算懸掛美旗，美國海軍亦無法提供所有船隻全程的軍艦保護。只能採取折衷方式，由軍艦派遣武裝人員登上木船，執行保護中國木船任務。這種護航模式，就某種程度而言，是以美軍水兵協防中國船隻，增強武裝能力，同時產生威嚇作用。但成效又是如何？高高懸掛的美旗與武裝美軍人員的在場，是否真能確保運送美商貨物的中國船航運安全，並提高美國尊嚴呢？答案當然是有疑問的。中國船懸掛美旗、美軍登木船執行護衛任務等議題，其實牽涉到許許多多的問題，有不同機關部會的政策、立場之爭，也有著條約規定與商業利益之爭，當然也有著美旗尊嚴、美商名聲與公司獲利問題。

　　從上述爭論中，可以看到當美國國務院、駐華公使館與駐漢口總領事館體現著美孚公司等商業利益掛帥觀

53　"Naval Protection for Chinese Junks Chartered by Americans and Flying the American Flag," from American Consulate General, Hankow to American Minister, Peking, 22 September 1921, RIAC, 893.00/4126.

點，主張海軍應護衛運送美貨的中國船隻，而海軍部、
亞洲艦隊總司令部、長江巡邏隊指揮官部等則從條約規
定及現實環境著眼，反對持續執行護衛政策。之所以會
產生這樣的爭議，基本上與美國以比較嚴格的角度，來
認定可以懸掛美旗的船隻有關。美國政府認為，只有經
過嚴格的審視，確實與美國利益密切相關的船隻，才能
夠懸掛美旗，也才受美國海軍的保護。因此，對於運送
美國貨的中國船，此類恰好處於模糊地帶，雖與美國利
益有關，但事實上卻不是美國船的情況，美國政府內部
難免出現各個部門不盡相同的見解與政策。[54] 另外一方
面，總結此議題處理的過程與結果，也清楚體現在商業
利益與美國（美旗）尊嚴的抉擇之間，美國政府似乎還
是比較重視後者。

54　關於美國政府對於中國船懸掛美旗問題的態度，也可以參見
　　"Answer from Division of the Far Eastern Affairs, Department of State
　　to Mr. Jules Henry, 2nd Secretary, French Embassy," 25 April 1923,
　　RIAC, 893.811/498.

第四部
美國與長江航行安全問題篇（二）：衝突現場

第八章　美國海軍在長江的武力介入爭議

一、前言

　　歐戰之後，隨著美商公司在長江上游地區逐步增設據點、擴展業務，與當地社會原有各種勢力間摩擦不斷，從而導致中美之間的衝突事件也日益增多。然而，受到四川軍閥混戰，及其反北京政府立場與割據分裂的現況，使得美國不易透過傳統外交管道，藉由駐華公使館與北京中央政府的交涉，來謀求中美糾紛的解決。這種現實環境，也間接造成一種窘況，亦即長江上游地區的中美衝突或糾紛，只能仰賴美國駐當地的第一線領事館直接與地方當局與軍事實力派折衝斡旋。但頻繁的四川內戰，又造就地方政權的高度不穩定性，使得美國領事即使依據中外條約規定進行交涉，往往還是不易獲致成效。加上四川本身亦大、小軍閥割據分裂，各有防區各立山頭且又聽封不聽調，而設在重慶的美國領事館，受限於活動範圍，主要以控制重慶的大軍閥勢力為交涉對象，但對於長江上游長達數百哩的航道安全，以及沿岸眾多的中小駐軍勢力，美國領事則顯得力有未逮。尤其長江沿岸駐軍派系複雜，除了川軍外，還有黔軍、滇軍、鄂軍等，不見得理會重慶軍政長官的命令，甚至還可能屬於其他敵對派系。也因此，美國駐重慶領事館的外交交涉能力受到很大的限制。

　　就美國來說，此時比較能夠與不同地區、不同派系的軍閥勢力接觸，直接斡旋糾紛並保護美商利益的，則只剩派駐在長江上游地區的海軍巡邏隊。海軍砲艦不但擁有高度機動力，可隨時在長江上游地區移動往來，故艦長能夠及時登岸與各地方軍政首領進行談判與交涉，況且在自有武力為後盾的情況下，必要時也可利用海軍武嚇為手段，動用砲艦外交來向軍閥勢力施壓。此外，隨著歐戰後外國輪船競相進入長江上游地區爭取市場，大幅改變當地原有的航運生態，傳統木船幫業者受到新式輪船的排擠，生意一落千丈，他們對於外國輪船的敵意日益濃厚，經常採取聚眾抵制與封鎖碼頭的暴力行動，故美商輪船也不時需要海軍提供奧援，壓制木船幫眾，方能維持正常的貨物起卸。尤有要者，四川內戰與隨之而來社會失序，造成長江上游沿岸地區盜匪肆虐嚴重，各國往來船隻即經常遭到攻擊，這也意謂著美商船隻如欲安全通航，美國海軍砲艦適時提供實質性的保護與護航，也就顯得不可或缺。換言之，維護美商在長江上游地區的利益與安全，美國海軍武力扮演的重要性，絕對不亞於領事館，有時甚至超過之。

　　然而，另外一方面必須注意的，動用美國海軍武力或許可以輕易解決各類中美糾紛，但如不加節制隨意動用武力介入，有時會使得情況更為複雜，非但可能牴觸美國素來對華友善的政策，以及違背華盛頓會議中國決議案所確立尊重中國領土與主權完整的原則，一旦武力使用的尺度稍有不慎，即可能造成人員傷亡，甚至波及無辜的平民百姓。特別是巴黎和會五四政治運動後，維護國權的觀念深入中國人心，對於外國在華特權地位的質疑聲浪也轉為強烈。外國在華租界與交通線上的駐軍以及航行在內河水域的砲艦，對於中國人來說，即是一種喪權恥辱的存在，亟欲除之而後快。雖然中國人有親美的傾向，但此時美國在華如任意採取海軍武力行動，還是可能會直接刺激中國民族主義運動的敏感神經，使中美關係陷於緊張狀態。加上歐戰後蘇俄布爾什維克分子在華的活動漸趨積極，又輔以中共知識分子的推波助瀾，美國海軍在長江的武力行動本身即具有高度爭議性，很可能成為其利用的素材，藉此大舉煽動民情，鼓吹反帝宣傳，從而影響美國在華的地位。

　　即是之故，本章除了回溯探究晚清時期美國海軍的因應作法外，主要選擇歐戰後發生在長江水域三個具有重大意義、但性質均不相同的美商利益受損案件：桐油承運案（萬縣）、美孚催討債務案（萬縣）、美孚煤油船遇劫案（長江上游重慶瀘州段、沱江流域）（本章個案相關地點位置，請參見圖 8-1），來觀察美國海軍在維護美商利益上所扮演的角色，並評估其行動模式。希望透過上述案件的實際耙梳，能夠深入探明美國海軍在處理木船與輪船的生計之爭、一般商業債務糾紛、土匪劫持輪船等三種不同場景時的處理態度，從而釐清美國海軍動用武力介入的尺度、作用及其衍生的爭議問題。

圖 8-1　歐戰後長江上游美商個案與美國武力介入地點圖

底圖：S. T. Tsao, "Road Map of Szechwan," December 1927, 中央研究院近代史研究所檔案館藏，《外交部地圖》，四川區域地圖，館藏號：14-01-12-001。重繪：民國歷史文化學社編輯部。

二、晚清時期的情況

　　晚清時期關於美國海軍艦船在中國水域，尤其是長江等內陸水域，是否得以任意自由航行，執行保護美國商民與利益的任務，即曾經在中美之間發生爭議。當時中國地方官員照會美國以及其他條約列強，要求約束各國軍艦在長江等中國內陸水域的活動，不得任意駛入無條約口岸的水域。為此，當時美國海軍亞洲艦隊與駐華外交使領之間，曾經針對此問題進行過政策上的討論，以決定未來美國海軍艦船在長江等中國內陸水域的行動準則。不過，當時美國駐華海軍與外交領事官員間，顯然對於此問題有不同的見解，最後由美國國務卿海約翰出面定調。

　　1903 年 7 月，由於有一艘法國軍艦未經許可駛入長江支流贛江一帶，甚至派遣海軍官員在江西省會南昌登岸，引起中國地方官員的不滿。鑑於外國軍艦經常未經許可，任意駛入中國內陸水域等非通商口岸，故九江道臺乃照會各條約列強駐華使領機構，強調依照條約規定，各國軍艦只能航行至條約口岸，外國軍艦不應行駛至南昌等非口岸地區及內陸水域，加以該地區民風強悍，外國軍艦輕易涉入，如果發生衝突或麻煩將不易處理。此外，早在 1902 年秋季時，兩江總督亦曾照會各國駐上海總領事館，要求轉知各國海軍艦長，不得駛入長江鄱陽湖等內陸水域。[1]

　　在收到中國方面的抗議照會後，美國駐華使領機構稍後也將照會內容轉告美國海軍官員，並商討後續處置事宜。美國公使館即通知美國海軍亞洲艦隊總司令，告以中國方面希望美國軍艦不要行駛至內陸等非條約口岸水域，以防止發生麻煩。[2] 美國駐漢口總領事也直接向美國海軍砲艦維拉羅伯斯號艦長口頭宣達此事，因為在 1903 年 6 月時，該艦亦曾如同前述法國軍艦一樣，駛入長江支流贛江水域一帶，並派員訪視居住在南昌的美國商民，商討如何提供其適當的保護。

1　"Taotai Shwai, Kiukiang to the United States Consul-General at Hankow," 8 July 1903, *FRUS 1903*, p.86; "Commanding Officer, USS *Villalobos* to Rear-Admiral R.D. Evans, Commander-in-Chief, Asiatic Fleet," 25 July 1903, *FRUS 1903*, pp. 86-87.

2　"E.H. Conger, American Minister, Peking to Rear-Admiral R.D. Evans, Commander-in-Chief, Asiatic Fleet," 30 July 1903, *FRUS 1903*, p. 86.

　　但是中國方面的抗議，卻引起美國駐華海軍官員的
強烈不滿。維拉羅伯斯號艦長即認為抗議內容並不確
切，因為在該艦前往南昌時，並未遭遇任何來自百姓的
敵意，況且美軍士兵在登岸時也有隨身攜帶武器包，必
要時也可進行自衛，故並無安全上的疑慮。維拉羅伯斯
號艦長指控中國的抗議乃言過其實，應該予以駁斥，一
來依照條約，美國軍艦有權在中國內陸水域自由航行，
二來中國政府也有疏失之處，未能有效處理其百姓問
題，也未對友邦展現應有的尊重。此外，維拉羅伯斯號
艦長也質疑該艦當初駛至南昌時，他本人曾親自登陸約
6 小時，但並未受到當地官員的接待，當時他並未意識
到這可能帶有故意怠慢之意。[3]

　　在收到維拉羅伯斯號艦長的報告後，美國海軍亞
洲艦隊總司令伊凡斯少將（Rear Admiral R. D. Evans,
Commander-in-Chief, Asiatic Fleet）隨即發出指示，不
但認可美國海軍砲艦航行至南昌等鄱陽湖、贛江水域，
從事調查與確保美國商民生命財產安全的行動，尤有要
者，伊凡斯更要求除了南昌之外，任何有美國商民貿易
與居住的地方，美國海軍砲艦也應該盡其可能地前往巡
視訪問，以便亞洲艦隊司令部能夠了解美國商民在中國
內陸水域地區的實際活動情況。

　　再者，伊凡斯也授權維拉羅勃斯號艦長，也應利用

3　根據維拉羅勃斯號艦長的報告，除了美、法軍艦外，英國軍艦
　　也曾行駛至鄱陽湖水域，見 "Commanding Officer, USS Villalobos
　　to Rear-Admiral R.D. Evans, Commander-in-Chief, Asiatic Fleet," 25
　　July 1903, *FRUS 1903*, pp. 86-87.

機會，明白駁斥蘇淮道臺，表明美國海軍不會將抗議照
會內容列入考慮。如果中國方面是著眼於南昌附近民風
強悍、百姓桀傲不遜之故，而要求美國軍艦不應駛入的
話，則美國海軍的看法則正好相反，因為如此更需要美
國海軍頻繁地派遣武裝艦船前往巡視，以嚴密戒護美商
在當地的利益。所以美國海軍將會像過去一樣，繼續派
遣軍艦前往巡視訪問。況且美國海軍砲艦有充足的武器
配備可以懲治惡人，一旦當地百姓有不尊重美商的生命
安全與財產利益的情況出現，則美國海軍砲艦不待命令
就會採取立即行動，給予其嚴厲的懲罰。

伊凡斯強調，中國政府官員有責任處理內部叛亂，
以保護在華美國商民生命財產的安全，但如果中國官員
未能善盡其職責，則美國海軍砲艦將立刻代替其處理。
此後，為了督促中國官員盡到保護美國商民之責，美國
海軍砲艦仍將會持續在有美國商民活動的鄱陽湖以及其
他中國內陸水域地區進行巡視與訪問，並隨時依照條約
規定，介入處理美國商民的各類貿易與傳教行動。[4]

亞洲艦隊總司令伊凡斯立場強硬，堅持美國海軍艦
船在中國內陸水域享有自由航行與隨時動用武力介入護
商的權利。但此強硬態度卻引起美國駐華公使康格（E.
H. Conger, American Minister, Peking）的質疑，康格在
給伊凡斯的信件中，即認為依照中美條約規定，除了通
商口岸外，美國海軍艦船並未獲得任意航行中國內陸水

4　"Rear-Admiral R. D. Evans, Commander-in-Chief, Asiatic Fleet to the
　　Commanding Officer, USS *Villalobos*," 30 July 1903, *FRUS 1903*, pp.
　　87-88.

域的權利。也因此，康格以相當諷刺的口吻，希望伊凡斯能夠具體指出在中美條約中，究竟哪條款項有授與美艦在非條約口岸等中國內陸水域自由航行的權利。[5]

　　面對美國駐華公使康格的質疑，伊凡斯依然堅持立場，同時也不甘示弱地回擊康格的見解。在回信中，伊凡斯坦承在中美條約中，確實查無授與美艦在中國內陸水域的自由航行權，但是美國在華享有片面最惠國待遇，因此只要在實務上中國有默許其他國家軍艦在內陸水域航行的事實，則美國也可以援引最惠國待遇的權利，要求比照辦理。事實上，在過去早已有其他各國軍艦先後駛入鄱陽湖及其鄰近水域，從事保護各國商民的任務，當時中國當局也沒有明顯拒絕這些軍艦的造訪，所以美國軍艦自然也能夠比照辦理。其次，伊凡斯強調美國海軍亞洲艦隊的職責之一，乃是看顧並保護美國商民在華追求合法利益時的生命財產安全。如果中國政府同意美國商民在條約通商口岸以外的地區居住或是從事貿易，則美國海軍也應該要掌握這些活動，以防當中國當局有傷害美國商民的行為，或是無力提供其應有的保護時，美國海軍可以及時派遣武裝艦隊前往處理。而根據過往經驗，中國當局在此類問題上，顯然是惡名昭彰的，這也意謂著美國海軍必須持續關注美國商民在華的各類活動，無論其是否在通商口岸之內。伊凡斯並舉當時發生在廣州以北的北江流域為例，該地區非屬於條約

5　"E. H. Conger, American Minister, Peking to Rear-Admiral R. D. Evans, Commander-in-Chief, Asiatic Fleet," 4 August 1903, *FRUS 1903*, p. 88.

規定的通商地區，在粵漢鐵路修築爭議發生民眾暴動時，美國工程師雖及時撤回廣州，但其在當地產業卻慘遭到百姓的攻擊毀損，此外同時也有美國商民在北江水域遭到海盜的洗劫與綁架，並勒索贖金，這些緊急情況也都是由美國海軍緊急派遣軍艦前往援救，方得以獲得舒緩。換言之，如果美國海軍艦船往後無法再航行至中國內陸水域，一旦美國商民在那些地區發生緊急事故，將無法再提供及時的救援。況且在上述粵漢鐵路美國工程師產業受害案以及北江流域美國商民被綁架案中，亞洲艦隊都曾派遣軍艦前往救援，但中國當局均未提出任何反對聲明。雖然美國軍艦駛入廣東北江流域的次數，不似長江水域頻繁，但是由此還是可以推估大致的行事準則。尤有要者，隨著粵漢鐵路的通車，美國商民在中國內陸地區的活動想必日漸熱絡，與當地華人之間的摩擦衝突恐怕也會益見頻繁，萬一發生變故而中國當局卻無法提供適當保護時，也只有仰賴美國軍艦及時地馳援以提供救護。

其次，伊凡斯也重申在他給各艦艦長的訓令中，已強調必須與中國官員與百姓保持友善關係，不得任意主動尋釁而引起彼此惡感或麻煩。但如果是中國暴民主動引起衝突時，美國海軍艦長應當機立斷，只要是為了維護美國利益與福祉，就應該採取立即行動壓制。

因為亞洲艦隊司令部與美國公使館間對於海軍艦船在中國內陸水域的行動標準，顯然有著不同的看法，故伊凡斯建議可以請示其上級單位，亦即由海軍部與國務院來處理。[6]

　　美國駐華公使康格與海軍亞洲艦隊總司令伊凡斯對於美國艦船在中國內陸水域航行權爭議，後來也由海軍部送交國務院參酌。[7] 國務卿海約翰在給海軍部的回覆，肯定伊凡斯的見解，亦即美國海軍艦船可以航行至中國內陸水域，即使該地區並非屬於條約口岸。海約翰強調雖然中美條約並未明確定義此問題，但既然其他國家軍艦均已經常駛入中國內陸水域，則美國軍艦自然也能比照辦理。況且伊凡斯在給康格的解釋信件中，也從實務經驗，提出美國海軍艦艇必須駛入中國內陸水域等觀點，也是「絕對令人信服的」。[8]

　　為了替伊凡斯的見解尋求條約依據，海約翰也在給海軍部的信件中，提出另外一個觀點：中美條約固然沒有針對美國軍艦在中國內陸水域的自行航行權利作出規範，但是中英條約卻有類似的規定。1858 年〈中英天津條約〉第 52 款：

> 英國師船，別無他意，或因捕盜駛入中國，無論何口，一切買取食物、甜水，修理船隻，地方官妥為照料。船上水師各官與中國官員平行相待。[9]

6　"Rear-Admiral R. D. Evans, Commander-in-Chief, Asiatic Fleet to E. H. Conger, American Minister, Peking," 11 August 1903, *FRUS 1903*, pp. 88-89.

7　"Chas. H. Darling, Acting Secretary of the Navy to John Hay, Secretary of State," 2 October 1903, *FRUS 1903*, p. 85.

8　"John Hay, Secretary of State to the Secretary of the Navy," 7 October 1903, *FRUS 1903*, p. 90.

9　〈中英天津條約〉（1858 年），黃月波等編，《中外條約彙編》，因美國在華享有片面最惠國待遇,故得以比照享有中英條約所賦予的權利,換言之,美國海軍艦船可以在「別無他意」,亦即在沒有任何其他意圖的情況,也可航行駛入中國各水域。[10] 所以,國務卿海約翰乃正式針對此項爭議作出決策,並將決定告知美國駐華公使館。[11]

事實上,發出抗議照會的九江道臺,後來可能也意識到禁止外國軍艦駛入非條約口岸等中國內陸水域可能引起條約上的爭議,在現實環境下,也不易約束外國軍艦的行動。故後來九江道臺也自行修正抗議照會的內容,改成「軍艦除非是為了商務或是一些正當理由,否則應禁止駛入鄱陽湖地區」。[12] 換言之,外國軍艦只要基於正當理由或是為了護商任務,就可以駛入鄱陽湖等其他中國內陸水域。

頁 6。

10 1903 年中美間關於美國海軍艦船在中國內陸水域航行權的爭議,可以參見 "Foreign Troops and Warships in China," Editorial Information Service of the Foreign Policy Association, Series 1925-1926, No.7 (New York, 9 January 1926), cited from Robert Wilberforce, The British Library, New York to Arthur Willert, Foreign Office, London, 22 January 1926, FO371/11679.

11 "John Hay, Secretary of State to E.H. Conger, American Minister, Peking," 7 October 1903, *FRUS 1903*, p. 90.

12 在維拉羅勃斯號艦長與九江道臺交涉後,九江道臺乃更動部分抗議照會內容,見 "Commanding Officer, USS *Villalobos* to Rear-Admiral R.D. Evans, Commander-in-Chief, Asiatic Fleet," 1 August 1903 & "Rear-Admiral R.D. Evans, Commander-in-Chief, Asiatic Fleet to the Secretary of the Navy," 14 August 1903, *FRUS 1903*, p. 90.

三、處理木船與輪船的生計之爭：
萬縣桐油承運案

　　歐戰後，隨著大量輪船進入長江上游地區後，產生的輪船與木船生計之爭，導致當地木船相關業者與百姓對輪船的敵視，而在民族主義意識推波助瀾之下，對外國輪船的恨意也就更為強烈。尤其自輪船攘奪長江上游的航運利權後，木船業者面臨了生計存亡關頭，採取各種暴力行動來抵制輪船。萬縣地區即常常爆發木船與輪船之間的衝突。[13] 美國海軍又如何處理此類衝突？

　　1923 年 5 月，中國商人委託美商輪船美仁號到萬縣裝運桐油，但遭到當地木船幫眾的抵制。木船幫眾企圖藉由包圍碼頭、阻止駁船運送桐油，以達到抵制輪船的目的。中國貨主（Chinese shippers）為了讓裝運工作正常進行，遂出錢雇請中國士兵出面護衛駁船安全。部分中國士兵也因此登上美仁號輪船的甲板，以協助護衛裝運安全。值此之際，美國軍艦派洛斯號也停泊在萬縣港警戒輪船安全，但只是冷眼旁觀，沒有採取任何的行動。不久後，另外一艘英國籍輪船也駛進萬縣港停泊，同樣也遭到中國木船幫眾等「暴徒」的威脅，阻礙輪船裝卸貨物。英國輪船人員轉向美國軍艦派洛斯號求助，但艦長卻婉拒，並表示：除非群眾有放火燒船舉動，否

13　關於歐戰後期長江上游的木船與輪船之爭與引發的華洋衝突問題，可以參見應俊豪，《外交與砲艦的迷思：1920 年代前期長江上游航行安全問題與列強的因應之道》，頁 15-82。

則美國軍艦不會有任何行動。[14]

　　美國海軍派洛斯號艦長的消極行為，後來在外國社群之間，引起相當大的爭議。英國駐重慶領事為此曾向美國領事表達質疑之意。英國在華報紙《北華捷報》，更是以〈長江上游的醜聞〉為題，大肆抨擊美國軍艦的作為，諷刺當「中國流氓暴力攻擊美國輪船」之時，美國軍艦近在咫尺，卻不自行保護美輪安全，反而容許中國士兵登上輪船執行護衛任務。言外之意，美國海軍的「毫無作為」，有損外國人的尊嚴，理所當然會「引起憤慨與質疑」。[15]

　　事後美國駐重慶領事分析事件經過，認為正是「在美國軍艦面前，讓中國士兵登上美國輪船」此一情況，引起諸多爭議。因為，這樣的場景對英國人來說，已構成外國尊嚴的重大損害。而且依照當時長江上游外國輪船航行慣例，絕不容許中國士兵登上輪船，一來避免運送士兵可能有違中立原則，二來防止士兵登船後有不當的騷擾行動，三來受領事裁判權保護，外國輪船不容許中國士兵登船執行任務。雖然中國士兵登上輪船，是為了執行護衛輪船安全，但畢竟有違上述慣例。尤有要者，中國士兵登輪護衛時，美國軍艦就停泊在輪船旁邊，難免令人質疑：既然有美國軍艦在場，為何不直接

14　"Presence of Chinese Troops on Foreign Merchant Steamers on the Upper Yangtze," from American Consulate, Chunking to American Minister, Peking, 30 June 1923, RIAC, 893.811/543.

15　"The Scandal of the Upper Yangtze: Foreign Steamers Fired on and Outraged under the Eyes of Foreign Gunboats," *The North China Herald*, 12 June 1923.

由美國軍艦來執行護衛任務？反倒要依賴中國士兵？

　　派洛斯號艦長事後給美國領事的報告中，強調美仁號裝運桐油時，軍艦已做好準備，必要時可立即採取行動保護美仁號安全，所以無須對中國士兵登船一事採取任何動作。由此觀之，美國海軍並不在意中國士兵在軍艦面前登上美國輪船。其次，如果中國士兵就能保護輪船安全，則美國軍艦僅需在旁警戒，無須直接動用武力介入處理。再加上派洛斯號曾拒絕英國輪船的求援，更反映出美國海軍對於使用武力的謹慎，除非木船幫眾確實對輪船安全構成嚴重威脅，否則不輕易使用武力介入處理木船與輪船之爭。[16]

　　其實，美國海軍部授與在長江流域實際執行勤務的海軍艦長相當大的權限。海軍部認為在細節上規範艦長處理地方問題的所作所為，是「不智的」，所以給予艦長「非常廣泛的行動裁量權」。[17] 然而，當處於輪船與木船之爭、華洋衝突的緊要時刻時，第一線的海軍艦長顯然對於用武時機分寸的拿捏，還是異常小心，非到最後關頭，絕不輕言動武。

　　此外，發生在 1924 年 6 月，同樣屬於木船與輪船之爭的萬縣事件，英商安利洋行（Messrs. Arnhold & Co.）美籍經理人霍勒（Edwin C. Hawley）因雇用輪船運輸桐

16　"Presence of Chinese Troops on Foreign Merchant Steamers on the Upper Yangtze," from American Consulate, Chunking to American Minister, Peking, 30 June 1923, RIAC, 893.811/543.

17　"Answer from Division of the Far Eastern Affairs, Department of State to Mr. Jules Henry, 2nd Secretary, French Embassy," 25 April 1923, RIAC, 893.811/498.

油爭議，遭到萬縣木船幫眾毆傷落水致死，但美國駐華使領機構與海軍部門，仍是低調因應，並未因為有美國公民死亡，而動用海軍武力威嚇，進行砲艦外交。美國駐華公使甚至不主張為霍勒之死向中國政府提出賠償要求。[18] 由此觀之，在處理木船與輪船之間的華洋衝突問題上，因涉及到華人生計之爭，美國政府基本上不傾向動用海軍武力來介入解決。

四、催討民間債務問題：美孚債務案

1922 年底，美國在華最重要的企業之一：美孚煤油公司，[19] 在四川萬縣與當地人民產生民事債務糾紛，某華商積欠該公司一筆債務。為了催討債務，美孚公司原先透過正常司法管道，即向萬縣當局投訴，要求對債務糾紛做出適當審判。[20] 不過由於萬縣當局的內部腐敗

18　"Telegram from Sir R, Macleay to Foreign Office," 15 July 1924, FO371/10251. 關於萬縣案原委以及美國政府態度，可以詳見應俊豪，〈航運、砲艦與外交—1924 年中英萬縣案研究〉，《國立政治大學歷史學報》，第 28 期（臺北，2007.11），頁 287-328。

19　關於美孚公司在中國的經營與活動情況，可以參見吳翎君，《美孚石油公司在中國（1879-1933）》（臺北：稻鄉出版社，2001）。

20　依據 1858 年簽訂的〈中美天津條約〉第 18 款之 1 規定，「大合眾國民人因有要事向大清國地方官辯訴，先稟明領事等官，查明稟內字句明順、事在情理者，即為轉行地方官查辦。大清國商民因有要事向領事等官辯訴者，准其一面稟地方官，一面到領事等官稟呈查辦。倘遇有大清國人與大合眾國人因事相爭不能以和平調處者，即須兩國官員查明公議察奪，更不得索取規費，並准請人到堂代傳，以免言語不通，致受委曲」。換言之，中美民間訴訟應由兩國官員共同審議處理。而〈中英天津條約〉第 16 款則清楚規定：「英國民人有犯事者，皆由英國懲辦。中國人欺凌擾害英民，皆由中國地方官自行懲辦。兩國交涉事件，彼此須會同公平審斷，以昭公允。」可知華洋訴訟乃採被告方審理主義，由

及地方軍事長官的幕後撐腰，該案曠日廢時遲遲未獲處
理。此案後來經美國駐重慶領事館介入，要求改由外
交部駐重慶特派交涉員審理。[21] 正當交涉之際，美國海
軍派駐在長江上游的蒙那卡西號軍艦艦長尼爾森（J. L.
Nielson, Commanding Officer, USS *Monocacy*）獲知此事
後，自願出面處理此債務糾紛。換言之，尼爾森企圖利
用海軍武力施壓，迫使萬縣當局公平處理此案。

不過，尼爾森的建議卻遭到美孚公司的反對，因為
在商言商，為避免引發中國反美情緒，美孚並不希望海
軍動用武力介入。美孚公司駐萬縣代表即認為，除非此
類糾紛屬於軍事性質，否則不希望海軍涉入任何華洋爭
執中。[22]

然而尼爾森並不認同美孚公司代表的意見，堅持以
為海軍當仁不讓負有保護美國公民生命財產安全的責
任。究其實際，尼爾森欲利用海軍武力催討商業債務，

被告一方所屬的官員負責審理司法案件。美國在華享有片面最惠
國待遇，也享有英約相關規定。故如依照上述中美、中英天津條
約，當中國商行拖欠美國商行債務時，美國商行可在美國領事的
協助下，向所在地的中國官府提出告訴，以強制中國商行償還債
務。而以本章美孚討債案來說，由於美國並未在萬縣設有領事
館，故美孚公司如欲追討萬縣中國商人所欠之債務，只能自行就
近向萬縣當局投訴。見〈中英天津條約五十六款附照會〉（1858
年）、〈中美和好條約（中美天津條約）〉（1858 年），黃月波
等編，《中外條約彙編》，頁 6-10、127。

21 依據〈華洋訴訟辦法〉，洋原華被的華洋訴訟案件，以中國地方
政府為第一級審理機關，而以各省外交部特派交涉員署為上訴與
終審機關。見〈華洋訴訟暫行辦法〉，見外交部統計科編，《外
交年鑑─民國九年份》（北京：外交部統計科，1921），詞訟門，
頁 1-3。

22 "The Vice Consul in Charge at Chungking (Spiker) to the Secretary
of State," 22 February 1923, Department of State, *FRUS 1923*
(Washington, D.C.: Government Printing Office), Vol. I, pp. 752-754.

有著國際法上的淵源。因為 20 世紀初期以前，國際上
基本承認國家有權使用武力來替其國民催討債務。例如
歐洲國家常因債務問題，而對拉丁美洲的國家動武。[23]

（一）美國領事與海軍艦長之間的歧見

　　為了化解歧見、確定往後的行事原則，尼爾森轉商
美國駐重慶副領事史派克。史派克亦認為美國海軍不應
該涉入此類民事糾紛，他並引用美國國務院於 1922 年
12 月 23 日發給所有在華外交、領事官員的一則訓令答
覆尼爾森，其中規定「美國政府在華領事官員與其他官
員之間的關係」，對於美國駐華領事官的權限有明確的
定義：

> 美國領事的地位同時是代表性的也是行政性的。在
> 該領事行政領域內，中國當局視其（領事）為負責
> 的美國當局。美國政府透過他處理與中國或其他國
> 家人民的糾紛。在國際調停事務上、在保護美國利
> 益上以及在關注美國公民福利上，總領事或領事必
> 須代表著美國政府與美國駐北京公使。[24]

　　所以，美國駐重慶副領事史派克以為領事代表美

23　動用海軍武力來催討債務的作法，一直要到 1907 年國際海牙和
　　平會議之後，才逐漸受到挑戰。Martha Finnemore, *The Purpose of
　　Intervention: Changing Beliefs about the Use of Force* (Ithaca and London:
　　Cornell University Press, 2003), pp. 27-38.

24　"The Secretary of State to Diplomatic and Consular Officers in
　　China," 30 October 1922, *FRUS 1923*, Vol. I, pp. 751-752.

國政府，華洋民事糾紛乃領事的職責範圍，無關海軍事務。

但是史派克對於領事權限的認定，並不為尼爾森所接受。尼爾森認為史派克的說法牴觸〈海軍規則〉（Naval Regulations）第 720b 條及 876 條，這些規則授權美國海軍在並無領事駐紮的外國港口行使領事權限，處理民事糾紛。其規定如下：

> 第 720b 條：在沒有美國外交或領事官員的外國港口，軍艦艦長，作為在場的資深官員，必要時有權與外國民事官員交換意見或抗議。
> 第 876 條：軍艦艦長應謹慎注意，並符合第 3 部第 18 章之規定（即與外人往來相關規定及上述720b 條）。[25]

美國駐防長江上游另一艘軍艦派洛斯號艦長辛普森（G. W. Simpson）亦在給長江巡邏隊指揮官的報告中，表明支持尼爾森的看法。[26]

上述爭議的關鍵之處在於：美國並未在萬縣派駐領事官，當地一旦發生美國公民與華人糾紛時，駐長江海軍軍官有無權力行使領事職權？美國駐重慶副領事史派

---

25 此兩則規定引自 "The Vice Consul in Charge at Chungking (Spiker) to the Secretary of State," 22 February 1923, *FRUS 1923*, Vol. I, pp. 752-754.

26 尼爾森於 1923 年 1 月 9 日寫信給艦隊指揮官報告此事，辛普森則於 1 月 15 日的每週報告中，表明認同尼爾森的立場，見 "The Vice Consul in Charge at Chungking (Spiker) to the Secretary of State," 22 February 1923, *FRUS 1923*, Vol. I, pp. 752-754.

克依據美國國務院的訓令，認為領事官為美國政府代
表，中美糾紛理應由領事處理；萬縣雖無設置領事，遇
有糾紛，仍應由附近重慶的領事官員負責，海軍不應涉
入。美國派駐在長江上游地區的兩軍艦（蒙那卡西號與
派洛斯號）艦長則以〈海軍規則〉之規定，認為海軍有
權在無領事官員的萬縣，代行領事職權，介入交涉。

　　此項爭議，固然屬於美國駐華領事官員與海軍官員
之間權力的爭奪，但同時也關係到中國，即中美間發生
民間糾紛，當領事不在場或當地未設有領事館時，駐華
海軍有無權限逕行介入干涉。如果重慶領事的觀點居
優勢，則意味著美國海軍將多少受到領事官員約束，不
得藉口領事不在場任意動用海軍武力。反之，如果海軍
蒙那卡西、派洛斯兩艦艦長的意見獲得採納，則意謂著
海軍動用武力威嚇的時機將大為增加，畢竟中國幅員廣
闊，僅部分通商大城設有美國領事館，多數地點是沒有
領事管轄的。美國海軍艦隻航行長江上游從事護航工
作，如果可以任意介入中美人民糾紛，勢將重演砲艦外
交的中外往來模式。

（二）美國海軍長江巡邏隊指揮官的態度

　　處於海軍與外交領事事務第一線的美國官員，面對
彼此間權限爭議時，該如何解決？此案中，美國駐防長
江上游的兩艘軍艦艦長尼爾森與辛普森，與重慶副領事
史派克間，對於海軍介入中國事務的看法明顯不一致，
依據的法令也有所不同：軍艦艦長援引〈海軍規則〉，
領事官員則端出國務院的訓令，雙方各持己見、僵持不

下。為了弭平爭議，同時也為了界定外交領事與海軍之間的權責範圍，尼爾森及辛普森於是將其與美國重慶領事的爭執論點，報告其上級長官——美國海軍長江巡邏隊指揮官海軍少將菲爾樸斯，請求指示。菲爾樸斯對此案的看法，適足以為美國海軍在華任務與定位作一個很好的註腳。

菲爾樸斯認為，海軍官員憑藉〈海軍規則〉取得原屬於外交領事官員的民事權力，究因於對美國駐華海軍巡邏隊任務的誤解：過於放大解釋任務中某些部分，同時又低估任務的實質部分。依規定，美國海軍駐華巡邏隊的任務是：

> 在巡邏地域內保護美國公民的生命、財產與合法權利。此種保護，正常應該由適當的中國官員代表負責提供，但是當巡邏隊指揮官（或資深海軍官員）認為必要時，可以使用武力，培養與中國人民友善關係，有助於完成任務，同時提高美國尊嚴。[27]

部分海軍官員低估上述任務中，強調培養與中國人民的友善關係，是完成任務、提高美國尊嚴的關鍵因素，而使用武力不過作為輔助的配套措施，僅是當中國官員無力維護美國公民利益時，不得不為的因應之道。這些海軍官員卻只注意到執行任務時可能使用武力作為

---

27 "The Commander of the American Yangtze Patrol Force (Phelps) to the Commanding Officer USS *Monocacy* (Nielson)," 22 January 1923, *FRUS 1923*, Vol. I, pp. 754-758.

威嚇、警告的部分：

〈海軍規則〉第 726 款：保護本國所有商船及增進
商業利益。[28]

　　因此大部分海軍官員都知道〈海軍規則〉要保護
本國商船與商業利益，但是卻不知道海軍一旦介入，
意謂著直接的武力展示，與領事官員利用美國政府權力
與威嚴進行外交交涉有所不同。所以菲爾樸斯認為，美
國海軍介入中國事務保護美國公民生命、財產與合法
權益的時機，僅限於中國地方當局無力壓制「違法失序
的威脅」（lawless menace）之時。如果只是為了替美國
公民向中國人催討合法債務，並不適合使用海軍武力。
菲爾樸斯並援引第 26 任美國總統羅斯福（Theodore
Roosevelt）在 1902 年堅決反對當時歐洲列強以聯合海
軍武力向委瑞內拉討債的例子，說明以海軍武力討債並
不恰當。而且美國駐華巡邏隊的現階段任務，乃在降低
因商務糾紛而產生的中美敵視與惡意，最好應避免捲入
此類糾紛。美國駐華海軍適可藉此機會幫助中國人，樹
立拒絕列強使用武力解決商業糾紛的典範，使中國人明
瞭到解決中外紛爭的正確管道，不是訴諸武力或是向地
方軍閥請求仲裁，而是透過民事當局的合法審判。即是
之故，中美人民之間的債務糾紛，理應由該區域的領事

28　"The Commander of the American Yangtze Patrol Force (Phelps) to
the Commanding Officer USS *Monocacy* (Nielson)," 22 January 1923,
FRUS 1923, Vol. I, pp. 754-758.

負責，海軍不應插手。藉此，美國領事館在當地的外交
手段及其個人威信，也將因海軍不涉入此類糾紛而獲得
強化，因為中外人民均將知道，所有的商務糾紛必須透
過領事館才能獲得解決。[29]

　　美國海軍長江巡邏隊指揮官菲爾樸斯顧慮到，任意
動用海軍武力可能造成的影響與衝擊，因此謹慎看待海
軍使用武力一事，從嚴解釋〈海軍規則〉中授權海軍動

---

[29] "The Commander of the American Yangtze Patrol Force (Phelps) to
the Commanding Officer USS *Monocacy* (Nielson)," 22 January 1923,
FRUS 1923, Vol. I, pp. 754-758. 此外，關於美國駐華外交領事體
系與軍事單位之間的協調性與領導權問題，不止發生在領事與海
軍，同時也存在外交領事體系與美國駐華陸軍部隊之間。在 1922
年 10 月，美國陸軍部決定將駐華陸軍部隊由原先附屬於美國駐
菲律賓陸軍，改獨立成一個指揮體系，直接隸屬於陸軍部之時，
國務卿休斯即曾與陸軍部部長威克斯（John W. Weeks）商議有關
美國駐華公使與美國駐華陸軍部隊指揮官之間的協調關係。國務
卿休斯的態度是希望駐華陸軍部隊指揮官在對外關係上，包括與
中國與其他國家駐華部隊間的關係，能夠服從美國駐華公使的領
導；指揮官對於公使的要求，除非基於軍事考量，必須視為命令。
休斯尤其擔心的是陸軍部給駐華指揮官的訓令中有「維持國家尊
嚴與支持美國在遠東的政策」的任務提示。「國家尊嚴」一詞對
於中國人來說恐怕有許多不當的聯想，而且駐華陸軍部隊有時可
能會為了「維持國家尊嚴」，而不當地使用武力，將會有礙於美
國在中國的政策。因此國務卿休斯認為，美國政府不應將國家尊
嚴或軍事武力施加在中國政府或其人民身上，也不希望利用軍事
力量捲入與其他國家的對抗上。陸軍部部長威克斯後來也同意國
務卿休斯的看法，並將其意見轉知新任駐華陸軍部隊指揮官康納
准將（Brigadier General William D. Connor）。簡單來說，國務
卿休斯乃是擔心駐華陸軍部隊有時會假「維持國家尊嚴」之名，
而擅自動用武力，故希望將來陸軍部隊在採取任何行動前，能
先知會駐華公使，諮詢其意見。關於陸軍部成立美國駐華獨立指
揮體系的原因，見 "The Secretary of War (Weeks) to the Secretary
of State," 21 October 1922, *FRUS 1922*, Vol. I, p. 869；陸軍部給新
任駐華陸軍部隊指揮官的訓令，見 "Extract from War Department
Instructions to the Commander of the American Forces in China
(Connor)," *FRUS 1922*, Vol. I, pp. 869-870；美國國務卿的態度，見
"The Secretary of State to the Secretary of War (Weeks)," 8 November
1922, *FRUS 1922* , Vol. I, pp. 870-873。

用武力的場合與時機，藉以約束位處第一線的美軍艦長。他將動武時機限制到對美國公民有「違法失序的威脅」，以及中國官員無力處理危機的情形之下；除此之外，所有中美人民糾紛，都應由美國外交領事官員負起責任，海軍毋須過問。[30]

五、處理土匪劫持美船問題：美孚煤油船遇劫案

美國在華商會聯合會 1923 年年會的「中國匪亂案」決議中，即明白指出「揚子江上游，美船時遭攻擊，又有他國之船，為兵士所劫，水手被戕、船長被囚、貨物劫掠一空」，[31] 顯見長江流域治安問題已日趨惡化，土匪肆虐嚴重。故歐戰後美國海軍在保護長江上游美商利益的任務上，還需處理另外一種性質的航行安全問題：土匪攻擊或扣押美船。

> 原先是各部隊逃兵的土匪，充斥在各個省分，特別是河南、湖北與四川，他們危害旅行安全，也經常騷擾無力抵抗的尋常百姓。除非交付保護費，百姓

---

30 菲爾模斯雖然限制美國海軍艦長使用武力的時機，但是並不意謂著他反對使用武力。在給蒙那卡西號艦長尼爾森的訓令，菲爾模斯強調不希望因此使得第一線的艦長在處理危機時綁手綁腳，艦長們必須因應實際情況，決定是否需要動用武力。見 "The Commander of the American Yangtze Patrol Force (Phelps) to the Commanding Officer USS *Monocacy* (Nielson)," 22 January 1923, *FRUS 1923*, Vol. I, p. 758.

31 〈美國商會聯合會決議錄〉，附載頁 1-3。

將遭到土匪任意的劫掠。[32]

　　面對此類問題，美國海軍的態度又是如何？第一線的海軍艦長是否會選擇動用武力，來維護美商利益？

　　早在 1920 年初，美國駐重慶領事館給北京公使館的報告中，已提及長江上游航行安全日益惡化的情況，土匪劫掠外國船隻的事件屢見不鮮；美孚煤油公司在宜昌至重慶，特別在萬縣附近，短短三個月之間因土匪搶劫行動，損失高達數千桶以上的煤油。[33] 1920 年 5 月，當美國軍艦派洛斯號航經萬縣附近時，也曾遭到岸邊土匪的攻擊。派洛斯號立刻以優勢火力，動用 6 磅砲與機關槍還擊，直至完全壓制土匪攻擊為止。[34] 由此可知美國海軍對於土匪攻擊問題的嚴正態度為：以暴制暴。

（一）美孚煤油船遇劫經過與美國海軍的砲轟行動

　　1923 年 4 月，長江上游地區又發生一起十分嚴重的土匪劫持美船案，受害者仍是美孚煤油公司。而為了援救被劫船隻與煤油，美國海軍再度以強大武力攻擊土匪：

32　此為美國海軍部情報處 1921 年 8 月的「中國政情報告」部分內容，見 Office of Naval Intelligence, Navy Department, "Political Conditions in China," 9 August 1921, CMID, 2657-I-181.

33　"Unrest in Szechuan Province," 12 April 1920, CMID, 2657-I-119.

34　W. Stark Toller, Acting Consul, Chunking to Beilby Alston, Minister, Peking, 7 June 1920, FO371/ 5342.

在合江以下 12 浬、重慶以上的九層岩，為數 600
人的土匪扣押了 26 艘美孚煤油船，並要求 3,000
元的贖金。在交涉失敗後，派洛斯號艦長先通知當
地的軍事首長，然後動用機槍與火砲攻擊土匪營
地。據傳有 15 名土匪死於砲火之中，另有 50 名土
匪受傷。[35]

根據美國駐重慶領事館的報告，實際劫持事件經
過如下：美孚公司煤油船隊（共 27 艘）在四川江津
再上游 195 浬的九層岩（Chiu Ts'eng Ai or Chin Chen
Ngai）遭到為數約一千多人的土匪攔截。經過交涉後，
土匪放行其中 25 艘，但仍扣留兩艘為質，並威脅如一
週內收不到贖款，將燒毀所扣船隻。土匪甚至還派人隨
同美孚公司職員前往江津辦事處索取贖款。美孚辦事處
人員隨即向江津駐軍求助，但遭到拒絕。美國駐重慶領
事館也向甫佔領重慶的川軍第二軍軍長楊森求助，但楊
森表示該區並不在其控制範圍之內，必須遠從江津調動
部隊前往援救。[36]

在不得已的情況下，美國駐重慶領事館乃尋求美國
海軍的協助。派洛斯號軍艦稍後趕抵江津，艦長辛普森

35　"Drastic American Naval Policy on the Upper Yangtze: Admiral
Phelps Will Afford Ships the Protection That China Will Not Give,"
The North China Herald, 27 August 1923.

36　"Bandit Activities on Upper Yangtze," from American Consulate,
Chunking to the Secretary of State, Washington, April 20, 1923; "Re:
Seizure of Standard Oil Junks at Chin Chen Ngai," from Commander
Officer, USS Palos to American Consul, Chunking, 16 April 1923,
RIAC, 893.00/5015.

先登岸拜訪駐守江津的川軍第一軍石青陽。石青陽表示
願意派兵清剿土匪，不過因為此批土匪人數眾多（一千
多人），他的部隊目前又在瀘州作戰，故必須俟瀘州戰
事結束，才能調兵剿匪。為了儘速解救被扣船隻，辛普
森最後婉拒了川軍第一軍的出兵協助，決定自行駛往匪
窟執行援救行動。但在行動前，辛普森曾徵詢石青陽對
於美國海軍自行對付土匪解救美船的看法，石青陽則答
以「非但不反對，而且感謝」（美國海軍代為剿匪）。
石青陽甚至也同意讓其駐紮合江的部隊，保護美孚公司
煤油船後續航程的安全。[37]

美國軍艦對於土匪來說，畢竟還是有一定程度的威
嚇力量。派洛斯號抵達匪窟後，艦上的六磅砲即瞄準岸
上匪眾，土匪人數雖眾，但不敢與軍艦為敵。在美軍要
求下，土匪頭子登上派洛斯號協商，被扣押的兩艘煤
油船最後順利獲得釋放。然而正當美國軍艦護送煤油船
離去之時，岸上的土匪竟開了一槍射擊派洛斯號。土匪
開槍時，派洛斯號其實已航行至步槍與機槍射程外，故
土匪的攻擊僅能說是挑釁，並不能構成實質的威脅。但
派洛斯軍艦還是立刻開砲反擊，總共發射四枚砲彈轟擊
岸邊匪眾與房舍，造成土匪多人死傷。派洛斯號艦長辛
普森在事前給砲手的命令即為：「只要派洛斯號遭受攻
擊，則無須進一步的命令，立即開砲還擊！」直至完全

---

37 "Re: Seizure of Standard Oil Junks at Chin Chen Ngai," from
   Commander Officer, USS *Palos* to American Consul, Chunking, 16
   April 1923, RIAC, 893.00/5015; "Commanding Officer, USS *Palos* to
   American Consul, Chunking," 20 July 1923, RIAC, 893.811/550.

壓制土匪的攻擊後，艦長才下令停火。[38]

（二）美孚公司的顧慮與土匪的報復行動

　　由於是匪徒先開槍攻擊，故派洛斯號的還擊屬於正當防衛，並無疑義。然而，土匪僅開了一槍，而且還是在步槍有效射程之外，根本毫無殺傷力。所以這一槍可能是單一土匪私自的行動，其事後的抗議意味遠大於真正的攻擊意圖。但是卻換來美國海軍不成比例的重砲還擊，至少 15-20 名當場死亡，以及大量土匪受傷。加上土匪當初選擇相信美孚公司貨物管理人員史丹姆（Julius Stamm）的承諾會支付贖金，才會僅扣留 2 艘作為擔保，並同意放行其餘 25 艘煤油船。[39] 可是最後美孚公司非但未履行諾言支付贖金，反而招來美國軍艦，美國軍艦甚至又開火造成土匪幫眾重大的人員與財產損傷。因此，美孚公司幹部漢蒙（R. S. Hammond）後來即分析，此次美孚公司的失信以及美國海軍的開砲行動，勢必造成該區域土匪與美孚公司之間極大的仇恨：

38　"Re: Seizure of Standard Oil Junks at Chin Chen Ngai," from Commander Officer, USS *Palos* to American Consul, Chunking, 16 April 1923, RIAC, 893.00/5015. 美國海軍派洛斯軍艦的主要武裝力量為兩門三吋砲與數挺機關槍。文中的六磅砲即是指三吋砲。關於軍艦武裝可以參見 Bernard D. Cole, *The United States Navy in China, 1925-1928*, p. 282.

39　劫船案發生之初，在場的美孚員工史丹姆成功說服土匪首領放行所有煤油船，而只需扣留其中兩艘煤油船作為擔保。史丹姆向土匪保證說，因這兩艘船上的 800 桶煤油價值約 4,800 元，美孚公司事後一定會派人前來支付為數 3,000 元的贖金。見 "R. S. Hammond to Standard Oil Co. of New York," 15 July 1923, RIAC, 893.00/5108.

最後的結果，就是一段時間內美孚公司人員如欲航行這個區域，將會是非常危險的。土匪幫眾們將會利用各種機會來進行報復。

漢蒙坦言，雖然十分感謝美國海軍砲艦出動拯救遭扣押的美孚公司財產，但是在商言商：

為了必須在四川往來的美孚公司人員（的安全）起見，希望未來最好還是不要太常動用砲艦，因為這將會挑起當地民眾的反感，進而敵視公司。

尤有要者，漢蒙本人因曾參與上述援救行動，在其回到美國後，仍從在上海的朋友口中得知，該批土匪已公開懸賞其人頭。故漢蒙坦承他再也不會想靠近四川附近。[40]

果不其然，數月之後，該批土匪展開了實際報復行動，利用美孚公司派員前往沱江地區運送煤油之際，在長灘埧（Chang Tan Pah）再度綁架了上述美孚員工史丹姆，並威脅要殺害其性命。[41] 是年9月20日，史丹姆率領30艘煤油船從瀘州出發，預計前往長江支流沱江流域的富順、內江等地運送煤油，在行經長灘埧時，

---

40 "R. S. Hammond to Standard Oil Co. of New York," 15 July 1923, RIAC, 893.00/5108.

41 "Capture of Julius Stamm of the Standard Oil Company of New York, by Bandits," from American Consulate, Chunking to the Secretary of State, Washington, 1 November 1923, RIAC, 893.00/5309.

又遭遇 4 月初曾被美國軍艦轟擊的土匪。匪首潘體文即威脅史丹姆道：「由於美國軍艦殺死其幫眾與擊沉 1 艘木船，史丹姆應該被處死」。所幸經交涉後，潘體文同意以贖金取代，並強迫史丹姆寫信給瀘州代理人，見信支付贖金 2,000 兩白銀給匪幫派出的使者。史丹姆稍後則利用中國軍隊與土匪作戰空隙脫逃，歷經艱險方始返回瀘州。總計史丹姆此行，包括贖金、損失的煤油，雇用士兵的護送費，以及其他相關花費，共造成美孚公司共約 3,000 美元的損失，可謂得不償失。[42]

（三）美國海軍行動的模式及其影響

簡單來說，派洛斯號艦長的處理模式，仍是優先尋求中國軍隊的協助，只有當其無法提供立即的協助之時，才由美國海軍自行介入處理。然而當情況緊急，美國海軍必須直接處理土匪問題時，其態度就相當堅定，不像處理木船與輪船之爭時的小心謹慎。美國海軍長江巡邏隊指揮官菲爾樸斯在 1923 年 8 月給各艦長的命令中，即強調對於長江上游的土匪不需要客氣，只要美國船隻無故遭到開火攻擊，海軍必須立刻以武力壓制，不

42　史丹姆脫逃後返回瀘州，並於 1 日後再度率領煤油船隊重新出發，順利抵達富順與內江，但在內江又遭遇另外一批土匪攔截扣留，要求支付贖金。所幸隔日中國軍隊趕到，再次解救史丹姆。關於美孚公司員工史丹姆此番運送煤油的艱辛歷程，可以參見史丹姆本人給美孚公司與美國駐重慶領事的報告，見 "Chinese Government Claim: Capture Mr. Stamm by Bandits," from Chunking Branch, Standard Oil Company of New York to American Consulate, Chunking, 29 October 1923, RIAC, 893.00/5309.

可猶疑不決，否則可能造成致命的損失。[43] 因此，只要
土匪一有攻擊的挑釁行為，就算不構成實質威脅，美國
海軍也會立刻動用重砲還擊。而且美國海軍使用的六磅
砲係屬爆裂彈，其作用不只在於威嚇，更會造成重大傷
亡：一旦擊中目標，隨即爆炸，對人員、房舍的傷害極
大。派洛斯號軍艦的四枚砲彈可能即導致中國土匪數十
人的死傷。換言之，對於土匪，美國海軍並不吝於使用
武力。[44]

另外一方面，海軍軍事行動背後隱含的報復行為，
可能導致部分美孚公司人員在心理上不太認同美國海軍
的行動。美國國務院事後也承認「現階段要適當地擴充
保護美國在華利益，有著許多的困難」。[45] 所以海軍

---

43 菲爾模斯提醒艦長們：「長江上游的駐軍已一再警告，假如與土匪
打交道時，沒有立即壓制其攻擊，他們會趁機給你致命的一擊。」
見 "Phelps to Commanding Officers, *Palos, Elcano, Villalobos*," 23
August 1923, WA-7 file, RG 45, National Archives and Records
Administration, Washington, D.C.(NA), cited from William Reynolds
Braisted, *Diplomats in Blue: U.S. Naval Officers in China, 1922-1933*, p. 77.

44 例如 1923 年 10 月間，英商亞細亞石油公司在長江上游四川唐
家沱的廠房遭到土匪勒索贖金，而向美國海軍求救時，美國
海軍的反應是「僅需派遣 4 名水兵與 1 位士官攜帶 1 挺機關
槍、4 支步槍與 1 支手槍，就可以讓土匪安靜」；另外，同年
一名美國人及其同事在河南被綁架，美國駐漢口總領事館即曾
與海軍會商討論，是否由海軍派出 10 名水兵或陸戰隊，直接
前往拯救人質。見 "Extract from the Report of the Commander
of the *Palos*," October 1923, "Political Conditions in Szechuan,"
from American Consulate, Chunking to American Minister, Peking,
10 November 1923, RIAC, 893.00/5336; "Lincheng: Changing
Attitude of the Chinese toward Foreigners," from American Consulate
General, Shanghai to American Minister, Peking, 1 June 1923, RIAC,
893.00/5068.

45 此為美國國務院遠東司司長馬慕瑞（J. V. A. MacMurray）在讀過漢
蒙報告後，給美孚公司的回應。見 "Reply from J. V. A. MacMurray,
Chief, Division of Far Eastern Affairs to Mr. H. E. Cole, Vice

砲艦何時該出動，何時又該動武開砲，才能適當地解決
航行安全問題，同時又能避免激起四川人（包括土匪）
的反外情緒，這些均需要小心謹慎的考量。

　　再者，美國海軍動用砲艦，甚至不惜開砲來處理土
匪問題，也引起四川當地報紙的疑慮。《重慶商務日
報》即擔心長江上游地區日益嚴重的土匪問題，會招致
外國的砲艦介入，損害中國的主權。

> 由於持續的內部動盪，土匪到處肆虐。政府當局卻
> 忙於軍事作戰，無暇顧及土匪問題，將會導致外國
> 軍艦侵入內河。雖然（外國軍艦的侵入）是為了鎮
> 壓土匪與保護外國商人，然而我們擔心的是這將會
> 引起更進一步的行動，如此不僅是無力改善內政事
> 務的恥辱，同時外國軍艦將以此為藉口，進入不
> 屬開放水域的沱江，保護受外國雇用運輸貨物的
> 木船。[46]

　　《重慶商務日報》基本上是一份「反帝」色彩鮮明
的地方報紙，[47] 不過由上述言論可知，該報雖然意識

President, Standard Oil Company of New York," 31 July 1923, RIAC,
893.00/5109.

46　"Foreign Gunboat Attacking Bandits at Chiu Ts'eng Ai," *The Chunking
Commercial Daily News*, 20 April 1923.

47　姚瑾即稱《重慶商務日報》主要的言論立場是：「反對帝國主義
的壓迫與侵略，評議涉及國計民生與百姓疾苦的重大問題，探討
本地經濟尤其是本地商業發展的相關問題。其言論理智清醒，有
強烈的正義感與鮮明的是非觀念，表現出明顯的現代性與進步
性。」見姚瑾，〈淺議早期《重慶商務日報》的言論〉，《重慶
交通大學學報（社會科學版）》，2007 年 02 期。

到長江上游的土匪問題可能成為列強對華武力干涉的藉口，並導致內河航行權進一步的淪喪，但對於美國海軍動武與血腥鎮壓行動本身卻無過多的指責。顯見美國海軍砲轟土匪營地，即使造成重大死傷，在當地似未引起中國民族主義與反帝輿論力量的攻訐。相同的行為如果是由英國或日本海軍為之，可能即會升級成重大事件，甚至慘案化。

六、小結

　　基本上，美國海軍艦船之所以能夠在中國水域航行，乃是依據 1858 年的〈中美天津條約〉第 9 款的規定：

> 大合眾國如有官船在通商海口遊奕巡查，或為保護貿易，或為增廣才識，近至沿海各處，如有事故，該地方大員當與船中統領以平行禮儀相待，以示兩國和好之誼；如有採買食物、汲取淡水或須修理等事，中國官員自當襄助購辦。遇有大合眾國船隻，或因毀壞、被劫，或雖未毀壞而亦被劫、被擄，及在大洋等處，應准大合眾國官船追捕盜賊，交地方官訊究懲辦。[48]

48　〈中美天津條約〉（1858 年），黃月波等編，《中外條約彙編》，頁 126-129。

依據上述條約，每當中國通商口岸附近發生動亂事故，美國政府即可以保護美國商民利益為由，派遣海軍艦船前往處理，而中國當局亦承認此項權利，故不會為此提出抗議。

但是晚清時期中美間卻曾對美國海軍艦船在中國內陸水域的航行權利，一度發生了相當的爭執與歧見。1903 年，美國海軍曾在沒有任何顯著理由的情況下，即派遣一艘軍艦維拉羅伯斯號前往鄱陽湖等中國內陸水域巡弋訪問（當時該地區並未發生動亂，故美國確實也沒有保護美商貿易的藉口）。加以其他國家軍艦也頻繁進行類似行動，故引起中國方面不滿。中國地方當局即認為當時條約列強尚未在這些內陸水域地區設置條約口岸，且同時間該地也沒有發生任何動亂，故也完全沒有任何可能損及外商利益的情況出現，但外國海軍艦船卻在沒有正當理由的情況下，即自行航行至此內陸水域地區，已違反條約規定，侵害到中國權利，故向在華派駐有海軍艦隻的各條約列強提出了抗議交涉，美國自然也是其中之一。

中國地方當局的抗議照會，引起美國駐華海軍官員的強烈不滿。第一線的海軍砲艦艦長以及亞洲艦隊總司令伊凡斯，均駁斥中國地方當局的抗議論點是站不住腳。伊凡斯認為因為依照條約規定，美國海軍艦船有權利自由航行至中國各地任何有美國商民居住，或有設置產業的地方進行調查訪問，或是採取預防性的防禦措施，無論該地區是否有發生動亂。所以伊凡斯主張不但應該對於中國的抗議照會表達強烈的反對立場，同時也聲稱必要時應該動用海軍武力，嚴厲打擊任何可能危及到美國商民在華利益的挑戰，不論該水域是否為條約口岸。

但是伊凡斯的強硬態度，甚至不惜在非條約口岸水域動用海軍武力介入的作法，卻引起美國駐華公使康格的質疑，他認為伊凡斯對於條約的理解有誤，如果在非條約口岸水域動用海軍武力，可能會引起不必要的糾紛。伊凡斯雖然坦承中美條約並未授與美國軍艦在中國內陸水域的自由行動權利，但仍堅持己見，並從實務層面著眼，強調美國商民活動的範圍並不限於通商口岸，如果美國海軍無法駛入中國內陸水域，將無法提供其適當的保護。而且根據過往經驗，美國海軍艦船即曾多次駛入非條約口岸等中國內陸水域，執行援救美國商民，保護美商產業的任務，也從未引起中國方面的抗議。況且各國海軍派遣軍艦駛入中國內陸等非通商口岸水域，早已行之有年（無論是長江水域，亦或珠江的北江水域均是如此），中國地方當局先前也都默認此種情況。因此美國應堅持可以派遣海軍艦船駛入中國內陸水域的權利。

亞洲艦隊司令伊凡斯與駐華公使康格的歧見，最終由美國國務卿海約翰拍板定案，確認支持伊凡斯的實務見解，強調美國海軍有權保護非條約口岸等中國內陸水域內的美國商民利益，也因此美國海軍艦船可以駛入該水域。海約翰並舉出〈中英天津條約〉第 52 款為佐證，利用美國在華享有的片面最惠國待遇，援用該條約中「英國師船，別無他意，或因捕盜，駛入中國」

等字眼，來合理化美國艦隊在中國內陸水域的自由行
駛權利。

　　究其實際，晚清時期美國政府利用條約規定的彈性
解釋，[49] 再加上以海軍武力為後盾的情況下，擴大並
落實了美國海軍艦船在中國水域的航行權利。這也讓美
國海軍得以隨時能夠動用武裝艦船，更為廣泛地介入中
國事務以及執行護商任務。

　　相較於晚清時期的作法，至於歐戰後美國在長江上
游地區的武力介入爭議，本章則嘗試透過三件個案來觀
察美國海軍動用武力的尺度及其行為模式，也得到幾項
初步的結論。

　　首先，美國政府對於位處第一線的海軍砲艦艦長，
雖然有規範動用武力的程序，但事實上仍然給予艦長們
相當大的裁決空間。基本上，美國政府在未經國會的授
權下，不得隨意對外動用武力，除非是為了保護美國公
民的生命與財產安全。由此可以得知，在長江上游地區
的美國海軍砲艦艦長如要動用武力，其動武範圍必須侷
限在保護美國公民及商業活動的安全。與此同時，歐戰
後，尤其是華盛頓會議九國公約中國決議案通過後，美
國政府也明確表示對華政策的基本原則，在於尊重中國
主權獨立與領土完整，不介入中國內政，所以美國在中
國境內的駐軍及海軍砲艦也應遵守此方針，不得任意動
用武力。在上述兩個重要原則之下，美國在長江上游地

---

49 Westel W. Willoughby, *Foreign Rights and Interests in China* (Baltimore: The Johns Hopkins Press, 1920), p. 6.

區動武的程序也就相當清楚了：美國海軍只有在為維護美國公民與商業活動安全的前提下，才能夠動用武力介入，但是又在尊重中國主權的原則限制下，美國海軍不應隨意動武，除非中國政府及其地方軍政部門明顯無力或無意保護的情況下，美國海軍才會挺身而出自行動武力介入，以保護美國商民的生命財產安全。當長江上游地區出現對美商的危害情況時，美國會先尊重中國（地方）當局提供的保護措施，只有在這些措施無效時，美國海軍才會動用武力介入。故就先後程序來說，中國的保護在前，美國海軍的武力介入在後。至於如何與何時判定中國當局的保護措施有無成效，則由在現場的第一線海軍砲艦艦長決定。也因此，在萬縣桐油承運案的爭議上，美國海軍砲艦即使就在現場，也不輕易動用武力，而是先觀察中國軍事當局能否確實保護美商財產，除非中國軍事當局無法壓制住在場的木船幫眾，而出現破壞美商財產的行為時，否則美國海軍不應該隨意動用武力介入。對於美國海軍砲艦艦長來說，雖然讓中國軍事人員登上美船，有可能侵犯到美國的條約權利，但如果因此能確保美船的安全，則似乎也沒有必須出面反對的道理。透過萬縣桐油承運案的處置，可以看到美國在長江上游地區對於武力介入的彈性運用。備而不用的砲艦，比起隨意揮舞著軍事之劍傷人，更符合美國當時的對華政策。

其次，海軍官員有時也被稱為是半個外交官，這用來說明美國海軍在長江上游所扮演的角色，相當貼切。雖然處理中美糾紛與交涉事宜是美國領事館的權限，但在長達數百浬的河道上的各類麻煩事務，美國領事館顯得鞭長莫及、無力兼顧，海軍官員在砲艦的機動協力下，更能隨時轉移地點直接處理。至於動武權限，則由砲艦艦長作現場判斷。但是有時候，為了避免艦長個人過於主觀的判斷或是太寬鬆地認定動武時機，引起不必要的中美對立，美國領事官員則可以作為海軍動武的安全閥機制。特別是砲艦艦長有時不甚明瞭美國歷來對華政策的重要原則，以及國際慣例上對於類似糾紛的標準處理方式，此時即需要美國領事官員出來，以制衡海軍艦長，避免誤判形勢。例如在本章處理的美孚公司討債爭議中，透過海軍與領事官員的意見辯論，更能夠說明看到領事在海軍武力介入的關鍵性制衡作用。

最後，透過美孚公司運煤船遭到土匪劫掠以及美國海軍的動武報復行動中，也可以清楚看到美國在長江上游地區武力介入的侷限性。表面上，以強大武力教訓土匪等不法勢力，帶有殺雞儆猴的目的，可以使得土匪不敢再輕易劫掠美商船隻。但實際上，美國海軍的武力介入與報復之舉，對於美商來說，究竟是好是壞，則殊難斷言。尤其受到長江上游天然地理形勢的限制，以及美國海軍在該區極其有限的海軍武力，無法也無力提供美商全方位、全時的護航保護，一旦保護出現空窗與疏漏，土匪的反報復行動，將可能帶給美商更大的危害。因此，美國武力介入其實就像雙面刃一般，固然可以傷人，但稍有不慎，卻也會傷己。

總而言之，透過上述三個實際案例，我們可以略窺歐戰後美國在長江上游水域的武力介入問題，是非常複

雜的，這之中有彈性處理，有節制，當然有時也會出現
激烈的行動，決非鐵板一塊，很難用本質化的論述或三
言兩語，來概括美國的實際作為。所以當然也不太可能
用形而上、過於籠統的美國政府對華政策等概念，就一
言以蔽之地涵蓋所有情況。因此，如要探究歐戰後美國
視野下的中國及其因應作為，除了從政策面闡釋美國政
府高層對華的基本原則外，也應從實際案例中，去歸納
在現場處理的領事與海軍官員的行為模式，藉由同時觀
察並分析決策者與第一線行為者上下間的互動情況，如
此才能夠更多元、更深入地理解當時的中美關係。

第九章　美國在大來喜案中的武力介入與外交折衝

一、前言

　　歐戰後長江上游航行安全問題，基本上與四川、湖北的局勢密切相關，尤其是內戰高峰期的 1923 年，受到直系軍閥兩湖巡閱使吳佩孚在長江上游推動武力統一政策影響，派遣湖北軍隊介入四川內戰，協助川軍第二軍軍長楊森反攻四川，導致長江上游宜昌、重慶間水域軍事運輸往來調度頻繁，大批中國士兵出現在長江上游地區，也對中外航運活動構成相當嚴重的阻礙與騷擾。因此，環繞在航行安全問題上所引起的華洋衝突案件，也就層出不窮。為了避免惹禍上身，同時也為了防止不小心牽涉到長江上游地區複雜的內戰情勢，外國輪船業者的普遍共識，就是在內戰期間拒絕載運中國軍人與軍火。否則一旦稍有不慎，外國輪船業者即可能違反中立原則，不但有介入中國內戰與內政事務的質疑，更會遭到內戰中敵對軍事派系的敵視，採取報復攻擊行動，從而危及到輪船航運的安全。而在各國輪船業者中，尤以美商航運公司最為堅持中立原則，拒絕提供中國軍人與軍火的運送服務。此乃因美國政府透過在華的外交使領與海軍官員，已多次重申美商不得介入中國內政事務的嚴正立場，並對美籍輪船公司施加壓力，要求其必須恪遵政府規定。[1] 然而，即使如此潔身自愛，美商公司卻終究還是不可避免地遭到中國軍人的挑釁與攻擊，在美國輪船上發生重大流血衝突，並一度造成中美兩國政府間的外交交涉與抗衡。

發生於 1923 年 7 月的美商大來喜事件，正是歐戰後長江上游地區內戰期間中國軍人肇事妄為、危及航行安全問題的一個側面寫照，也是中美間一個極具歷史意義的華洋衝突案件。該月，湖北宜昌一群中國軍人因細故，在美國輪船大來喜號上酒醉鬧事，並開槍擊傷美籍船長與眷屬。就背景而論，此案不過是長江流域內戰頻繁、社會失序與兵匪四處為禍現象的具體反映罷了，實不足為奇；而就事件本質來說，因未出人命，故充其量只能算是一件華洋鬥毆傷害事件，案情牽涉不大。然而，因為衝突的地點發生在美國輪船上，中國軍人跑到美國輪船上去公然毆打、擊傷美人，實在有損美國尊嚴，當然會惹來美國的不快與嚴正抗議。其次，衝突事件後不久，停泊在附近的美國軍艦隨即派兵登船戒護，並以處理現行犯的方式，當場將肇事的中國軍人予以拘捕扣留。美國海軍的介入，勢必使得此一華洋衝突案件的情況更為複雜。尤有要者，事件衝突時間點，剛好在

---

1 "Extract from Report Made by the Commander Officer of the USS *Palos*," 13 January 1923, Department of State, RIAC, 893.00/4918; "Policy Relative to Interference by Insurgents with Commerce on the Upper Yangtze," American Consulate, Chunking to the Secretary of the State, Washington & American Minister, Peking, 6 March 1923, RIAC, 893.811/520.

美、英、法、日四國海軍準備合作採取行動來積極處理長江航行安全問題之後，而美國海軍長江巡邏隊指揮官正是上述列強海軍合作的主要推動者，亟思以有效手段打擊影響長江流域航行安全的各種不穩定因素。[2] 所以，原先看似單純的華洋衝突案件，立刻升格為中美間的重大外交事件，雙方為了人犯移交與審判量刑等問題，在湖北、北京等地展開了密集的交涉。又因肇事軍人乃由美國海軍逮捕並扣留在軍艦上，因此後續的外交交涉又關係到美國海軍的態度及其介入的程度。

　　基於上述考量，本章以 1923 年的中美宜昌大來喜事件為個案研究，反思美國政府與美商航運公司既然嚴守中立原則，拒絕搭載軍人與軍火，但是為何最終還是有中國軍人攜帶武器登上美國輪船，並與美籍船長爆發肢體衝突，甚至引起槍擊事件，導致美國公民受傷的嚴重情況呢？其次，更為重要的是，透過事件經過與後續處置過程的耙梳，將能夠分析美國對於威脅到美船安全的中國軍人，究竟如何應對處置，除了藉此釐清美國政府在處理中國軍人肇事時的基本態度外，也將深入探究美國海軍武力介入的尺度問題，從而略窺以往較為學界所忽視的：美國對華外交中的武力介入問題。[3]

2　1923 年上半年在美國海軍長江巡邏隊司令的主導下，四國海軍展開一連串行動以試圖解決長江航行安全問題。見應俊豪，〈四國海軍因應長江上游航行安全問題採取的聯合行動（1920-25）〉，頁 169-224。

3　1920 年代長江上游地區中美間較為重要的衝突個案，除本章處理的宜昌大來喜案外，還有字水輪船案，將在本書第十章做後續探討。至於 1920 年前期其他年份發生的小案件，因檔案資料記載不多、影響不大，筆者已在《外交與砲艦的迷思》專書第二章、

二、宜昌大來喜事件經過

　　美商大來輪船公司前身為大來洋行（Robert Dollar Company），由美人羅勃大來所創，原先從事木材的加工、運輸與銷售，因獲利頗豐，乃擴大營業，進而成立大來輪船公司，除了主要經營太平洋航線外，亦致力於中國長江中下游（滬宜段）、上游（宜渝段）的客貨運輸，擁有大來裕號與大來喜號等大型輪船，是長江流域輪船航線中相當重要的輪船公司之一。但該公司進入長江上游航運市場後，卻面臨當地動盪局面的嚴重挑戰。[4] 特別是長江上游地區頻繁的內戰與隨之而來的內政失序，往往危及到大來輪船的航行安全。

　　1923 年 7 月 31 日發生的大來喜號軍人槍擊事件，即為大來公司所必須面臨的重大難題之一。該日停泊宜昌的大來喜號遭到強行登船的士兵開槍攻擊，船長與部分外籍乘客負傷。停泊在附近的美國海軍長江巡邏隊旗艦伊色柏爾號軍艦（USS *Isabel*）聞訊後立刻派水兵強行介入，拘捕肇事士兵，但事後卻拒絕移交為首的劉桂清，從而引發中美之間一連串的交涉與不快。

　　一群中國士兵在宜昌登上了美國輪船大來喜號，要

　　第三章中做背景陳述與整體討論。見應俊豪，《外交與砲艦的迷思：1920 年代前期長江上游航行安全問題與列強的因應之道》，頁 15-118。

4　大來輪船公司開始兼營長江上游川江航業的原因，據云乃是大來公司老闆之女，受某位美籍船長的煽動，感於四川豐饒的物資與優美的風景，乃出資購買輪船航行川江。

求乘船前往上游地區。遭到拒絕後，士兵發怒並在騷動中開了數槍。停泊在附近的美國軍艦立刻派出水兵救援，並逮捕中國士兵。船長與三名婦女因此受傷。[5]

　　中美雙方對於衝突實際情況記載略有差異，但大致過程如下：大來喜號預定於 1923 年 7 月 31 日傍晚由宜昌出發駛往重慶。是日，宜昌施宜鎮守使署軍佐韓鶴生，因奉派赴重慶就任新職（道員），於是在上午向該輪買辦預訂二等房艙船票一張。傍晚韓氏登船之後因發現需與他人共用船艙，故要求買辦提供一完整艙房，但遭到買辦以船艙客滿為由婉拒。稍後韓鶴生的好友，湖北第十八混成旅副官劉桂清率衛兵 13 名專程前來送行。劉桂清登船前曾另赴一酒宴，故此時已有醉意，又看到韓鶴生艙房中竟有其他乘客，認為不符韓氏道員身分，乃怒命其衛兵將其他乘客行李移出艙房。買辦趕來關切亦遭到劉桂清的攻擊。原在上層甲板的美籍船長湯諾士（Captain Werner Tornroth）從一見劉桂清率兵進入船中，即因擔心其走私軍火前往重慶，而急忙下艙查看，此時又與劉桂清等人為艙房問題發生爭執。衝突間，湯諾士奪下其中一名衛兵的槍枝，並以該槍猛擊劉桂清，劉憤而下令士兵開槍。韓鶴生雖企圖制止士兵開槍，但終究為時已晚，其中一槍擊中湯諾士腿部，其餘子彈

5　"Chinese Outrages: Fight on Board U.S. Steamer," *The Times*, 3 August 1923.

則因擊中艙面鐵板，濺起鐵片，擊傷附近 3 名美國婦
女。[6] 湯諾士等人負傷後，船上人員緊急鳴笛呼救，同
樣停泊於宜昌港的英、美、日三國軍艦乃駛近援救。美
艦伊色柏爾號水兵率先登上大來喜號，以槍柄毆打並制
服劉桂清與衛兵等人，並將其拘禁於美艦之上。韓鶴生
雖是衝突事件的引爆點，但因與攻擊美國船長一事無
關，所以美國海軍最後讓韓氏自由離去。[7]

　　事發後，大來輪船公司立刻向美國駐華公使舒爾曼
投訴，要求美國政府在長江上游每艘輪船上派駐一名武
裝士兵以保護外人生命與財產安全。[8] 美國長江巡邏隊
指揮官菲爾樸斯則下令在大來喜號輪船上派駐美國水兵

6　受傷的 3 名美國婦女分別為大來公司宜昌辦事處經理人的太太
　　（P. C. Windham）與女兒，以及大來喜船長的太太。"Chinese
　　Soldiers Seize U.S. Ship, Wound Captain and 3 Foreign Women;
　　American Marines to Rescue, Capture and Hold General and A Civil
　　Official," *The China Press*, 3 August 1923.

7　依據美國方面資料，美國海軍共逮捕了 1 名中國軍官以及 13 名
　　士兵，與中國資料所稱的 1 名軍官與 14 名士兵不盡相同。關於
　　事件過程的中美檔案，見〈美使館會晤問答〉，美字 23 號，
　　1923 年 8 月 22 日，美字 25 號，1923 年 8 月 29 日，《北洋政
　　府外交部檔案》，03-11-003-02-005；"American Minister, Peking
　　to the Secretary of the State, Washington," 3 August 1923, RIAC,
　　893.811/537。其他相關資料則見：劉行則，湖北省宜昌市政協
　　文史委供稿，〈美商大來公司輪船案件〉，收錄在《文史精華》
　　編輯部編，《近代中國大案紀實》（石家莊：河北人民出版社，
　　1998），頁 274-276；「宜訊，18 混成旅軍官及護兵十餘名，因
　　爭房艙，與大副衝突，開槍擊傷外人三名，當經船主召水兵，將
　　該軍官護兵完全捕去」，見〈漢口電〉，《益世報》（天津），
　　1923 年 8 月 5 日第 1 張第 2 版；"Alice Dollar's Outrage Caused
　　by rum Crazed Militarist: Civil Official Had Accepted Turndown of
　　Request for Whole Cabin Good-naturedly, But General's Aide Wanted
　　A Fight and Got It," *The China Press*, 12 August 1923.

8　"Chinese Soldiers Seize U.S. Ship, Wound Captain and 3 Foreign
　　Women; American Marines to Rescue, Capture and Hold General
　　and A Civil Official," *The China Press*, 3 August 1923.

戒護，防止中國軍隊的滋事與騷擾。[9]上海英文《大陸報》更是大幅報導此案，直指長江上游局勢混亂、排外情形嚴重，從而造成在華外人恐慌，不少原擬前往長江上游地區的外人紛紛取消航班。影響所及，世界其他各報亦紛紛轉載《大陸報》報導，認為長江上游排外情況已然失控。[10]英國駐華公使館即回報倫敦外交部：

> 此事已經引起外國報紙廣泛的注意，並被擴大解釋為是外國尊嚴的淪喪，以及中國人對外國人生命財產安全的日益蔑視，而必須承認的，這是中國政治現況惡化的表徵。一再發生的污辱、傷害外人的重大事件，從（中美）克門案、到中日長沙衝突等……，以至於臨城劫車案與其他土匪暴力事件，不得不讓人覺得：中國對外人來說，不是一個安全的地方。[11]

9　伊色柏爾號軍艦派遣了1名軍官、9名水兵，攜帶步槍與2挺機關槍登上大來喜號進行防衛。"Attack on SS *Alice Dollar* at Foochow," from American Consulate, Chunking to the Secretary of State, Washington, 14 August 1923, RIAC, 893.00/5207; "W. Tornroth, Master, SS Alice Dollar to C. J. Spiker, American Consul, Chunking," 6 August 1923, RIAC, 893.00/5207.

10　不過，英國駐宜昌領事則認為當地局勢穩定，排外情形並不嚴重，受傷的外人傷勢亦甚輕微，痛批《大陸報》刻意渲染情況造成外人恐慌。"R.W.P. Mills, Acting Consul, Ichang to Sir Ronald Macleay, Peking," 13 August 1923, FO 371/9194.

11　"Ronald Macleay, British Minister, Peking to Marquess Curzon of Kedleston, Foreign Office, London," 28 August 1923, FO 371/9194. 克門案發生於 1922 年 12 月，美國商人克門（Charles Coltman）在察哈爾張家口因拒絕邊防檢查哨搜查貨物而遭到士兵槍殺。長沙衝突則發生於 1923 年 6 月，指的是受到歸還旅大、廢除二十一條等問題刺激，中國各地開始出現抵制日船行動，而在長沙爆發嚴重衝突，奉命登岸保護日本輪船的日本水兵與在場抵一時之間，這起長江上游的攻擊外輪與外人事件，成為列強矚目的焦點。

三、海軍介入的中美地方交涉： 扣留、要求正法到審判

衝突事件發生後，宜昌海關監督兼當地外交交涉員魏宗蓮聞訊，登上美艦伊色柏爾號致歉，請求將劉桂清等人交回，並承諾將賠償事故損失。但該艦艦長表示無權處理此案，須俟美國駐漢口總領事及美國長江巡邏隊指揮官菲爾樸斯的指示。[12]

菲爾樸斯於 8 月 4 日趕抵宜昌處理，首先要面對的就是長江上游總司令兼施宜鎮守使王汝勤，因王汝勤強烈要求劉桂清與士兵等人應交由他處理。但菲爾樸斯致函王汝勤，希望中國軍方下令禁止軍官或士兵登上美國

制抗議的中國民眾爆發衝突，日軍開槍驅散群眾。臨城案則發生於 1923 年 5 月，兵匪孫美瑤率眾在山東臨城破壞津浦鐵路，迫使火車出軌，擄掠車上中外人質作為與政府談判的籌碼。關於克門案、長沙衝突與臨城案，可見筆者的相關研究：應俊豪，〈克門案與北京政府時期的中美關係〉，《南京大學學報：哲學・人文・社會科學版》，第 42 卷第 1 期（南京，2005.1），頁 71-80；應俊豪，〈抵制日輪與中日衝突—長沙案及其善後交涉（1923-1926）〉，《東吳歷史學報》，第 19 期（臺北，2008.6），頁 111-180；應俊豪，《「丘八爺」與「洋大人」—國門內的北洋外交研究（1920-1925）》，頁 221-313。

12 衝突時菲爾樸斯正好前往重慶視察當地情況，故並未在伊色柏爾號軍艦上。但菲爾樸斯經由無線電獲悉此事後，下令肇事中國官兵繼續監禁，待其從重慶趕回宜昌後再做處理。見 "Alice Dollar's Outrage Caused by rum Crazed Militarist: Civil Official Had Accepted Turndown of Request for Whole Cabin Good-naturedly, But General's Aide Wanted A Fight and Got It," *The China Press*, 12 August 1923.

輪船，以維護美國堅持的中立原則：

> 讓軍官或士兵登上美國輪船將會破壞美國中立。假
> 如交戰中的某個派系軍官或士兵登上美國輪船，將
> 會使得其他派系的軍官或士兵誤以為美國輪船偏袒
> 上述派系，而有損其利益。如此將會造成不好的觀
> 感，理應被禁止，因為所有美國利益的責任，就是
> 不介入中國的內戰。[13]

此外，關於善後處理，美方也提出三項要求：

一、嚴懲肇事軍佐；
二、賠償大來公司輪船誤期經濟損失；
三、賠償美國人治療費。[14]

王汝勤同意一、三兩項要求，但對於第二項則並未
允諾，菲爾樸斯也未堅持，因此雙方達成共識，菲爾樸
斯同意劉桂清等由美方移交中國方面處理。但隔日移交
人犯時，菲爾樸斯僅同意移交士兵等人，拒絕移交首
犯劉桂清，並提出額外要求：劉桂清審判懲處一事需由
美方代表會審，如不會審，可由中國方面逕將劉桂清

13　"W. W. Phelps, Commander, Yangtze Patrol Force to General Wang Ju-Chin," 6 August 1923, RIAC, 893.00/5210.

14　"R.W.P. Mills, Acting Consul, Ichang to Sir Ronald Macleay, Peking," 13 August 1923, FO 371/9194.〈漢口電〉，《益世報》（天津），1923 年 8 月 8 日第 1 張第 3 版；劉行則，湖北省宜昌市政協文史委供稿，〈美商大來公司輪船案件〉，頁 274-276。

槍斃了事。[15] 尤有要者，菲爾樸斯甚至派遣副官通知王
汝勤，「殘忍地要求應立刻在江邊將 13 名士兵就地處
死」，不過遭到王汝勤的婉拒，認為應該調查後方能給
予適當的懲罰。[16]

由於菲爾樸斯與王汝勤交涉未果，加上長江上游水
位轉淺，吃水較重的伊色柏爾號必須立刻下駛中游地
區，故菲爾樸斯乃將劉桂清當作囚犯隨艦押至漢口。[17]
中美後續交涉因此改移至湖北武漢，由湖北交涉員陳介
向美國駐漢口總領事交涉，陳介並致函菲爾樸斯，除
道歉外，也表示將依照陸軍刑法嚴懲劉桂清。1923 年
8 月 17 日，菲爾樸斯乘美艦伊色柏爾號攜帶劉桂清抵
達漢口。陳介在美國總領事韓思敏陪同下登艦會晤菲爾
樸斯，其間陳介代表湖北督軍蕭耀南對此案極力道歉。
菲爾樸斯表示湖北方面應對劉桂清進行軍事審判，且
審判過程必須公開。歷經協商後，被拘禁多日的「海
盜將軍」、「海盜上校」劉桂清終獲移交至湖北督軍
署軍法處。[18] 人犯移交後，美國總領事也主張應將劉桂

---

15 菲爾樸斯的理由為：被捕士兵不過只是劉桂清的衛兵可交由王汝
勤審判處罰，但劉桂清則是主犯，菲爾樸斯認為應拉高層級，
交由湖北督軍蕭耀南處理。"Alice Dollar's Outrage Caused by rum
Crazed Militarist: Civil Official Had Accepted Turndown of Request
for Whole Cabin Good-naturedly, But General's Aide Wanted A Fight
and Got It," The China Press, 12 August 1923.

16 "R.W.P. Mills, Acting Consul, Ichang to Sir Ronald Macleay, Peking,"
13 August 1923, FO 371/9194.

17 "R.W.P. Mills, Acting Consul, Ichang to Sir Ronald Macleay, Peking,"
13 August 1923, FO 371/9194.

18 《大陸報》且認為蕭耀南「已接獲指示要嚴懲劉桂清，以便為
此案樹立公開典範，藉此扼制長江上游普遍的強盜行為」。
見 "Dollar Outrage Leader to Be Tried Soon; Trial of the 'Pirate

清正法槍斃，但陳介未置可否，仍主張依照法律規定辦理，雙方並約定由菲爾樸斯與湖北督軍蕭耀南會商解決此案。[19]

8月18日下午菲爾樸斯與美國駐漢口總領事前往湖北督軍署交涉，督軍蕭耀南親自接待，湖北交涉員陳介、宜昌兼沙市交涉員魏宗蓮亦在場。席間菲爾樸斯表示長江上游中國軍隊屢屢騷擾外人，但中國方面總以查無確切涉案軍人身分為藉口推託，如今此案肇事軍人既已查獲，理應從嚴懲辦。因此菲爾樸斯與總領事均堅持劉桂清應立即槍斃。蕭耀南等則以應按照中國法律辦理為詞，拒絕槍斃劉桂清。雙方爭執不下，無法達成共識。[20]

為了迅速了結此案，蕭耀南命武昌陸軍審判處從速審判。8月20日審判處作出判決，判處劉桂清傷害罪，處以3等有期徒刑，監禁4年11個月，褫奪公權10年。蕭耀南並致電美國領事，表示已依照美國要求，依法嚴懲劉桂清，並致電長江上游軍隊對美輪船加以保護，至於賠償事宜由陳介與美領事繼續磋商。[21] 但

General' will be Held at Wuchang," *The China Press*, 22 August 1923.

19　劉行則，湖北省宜昌市政協文史委供稿，〈美商大來公司輪船案件〉，頁274-276。

20　〈漢口電〉，《益世報》（天津），1923年8月10日第1張第3版；〈宜昌大來輪船交涉近聞〉，《益世報》（天津），1923年8月11日第1張第3版；〈宜昌大來輪船交涉之始末〉，《晨報》（北京），1923年8月26日第5版；劉行則，湖北省宜昌市政協文史委供稿，〈美商大來公司輪船案件〉，頁274-276。

21　〈宜昌大來輪船交涉之始末〉，《晨報》（北京），1923年8月26日第5版；劉行則，湖北省宜昌市政協文史委供稿，〈美商大來公司輪船案件〉，頁274-276；〈署外交總長顧維鈞照會美

美國駐漢口總領事，卻對此判決結果大為不滿，認為劉桂清實有殺人之意，其行為與海盜無異，但卻僅得如此輕判，因而表示抗議。美國駐漢口總領事對於審判結果的態度，可見於該總領事於 1923 年 8 月 25 日寫給湖北督軍蕭耀南的函件。其中略稱：

> 劉副官一經上船，除自己開槍擊人外，並指揮13名兵士群起而擊，雖傷者未致斃命，然劉之行為，不僅可以證明其確有殺人之心，實與海盜圖劫商船無異。敝國商人，為篤念中美邦交，不予當場擊斃，原冀押交貴國負責長官，必能嚴予相當之懲處，今劉所得之罪，竟僅罪名，大失望者當不僅一部分美僑。[22]

　　由此案交涉過程，可知劉桂清肇事一案明顯錯責在於劉桂清，先任意干涉輪船航運，既又與美籍船長發生爭執，下令士兵開槍，造成該船長及美籍婦女共 4 人受傷。就此觀之，軍人任意干涉航運又開槍行兇，理應嚴懲劉桂清以儆效尤。但由美國方面後續動作來看，則又逾越條約規定，有越權之嫌。華洋糾紛處理採被告方審理主義，由被告方官員審理、原告方官員觀審。如 1858 年中美《天津條約》第 11 款規定：「倘華民與

國駐華公使舒爾曼〉，1923 年 8 月 30 日，《中美往來照會集（1846-1931）》，第 16 冊，頁 99-100。

22　〈美領不滿大來案：已致函鄂當局抗議〉，《晨報》（北京），1923 年 8 月 30 日第 3 版；〈劉國臣案判決後之美領抗議〉，《申報》（上海），1923 年 8 月 31 日第 3 張。

大合眾國人有爭鬥詞訟等案，華民歸中國官按律治罪，
大合眾國人……應歸領事等官按本國例懲辦」。[23] 1880
年中美續約附立條款第 4 款則進一步規定：

> （人民因事相爭）被告係何國之人，即歸其本國官
> 員審定，原告之官員於審定時，可以前往觀審。承
> 審官應以觀審之禮相待。該原告之官員，如欲添傳
> 證見或查訊駁訊案中作證之人，可以再行傳訊。倘
> 觀審之官員以為辦理不公。亦可逐係辯論，並詳報
> 上憲所有案件。[24]

此案中劉桂清為被告，故審判權應由中國官員承
當，美方派員觀審。美軍艦隊指揮官任意扣留人犯劉桂
清已違反條約規定，應移交中國官員審理。其次，美國
不顧中國司法規定，執意要求判處死刑，也是不合理作
法，有干涉中國司法之嫌。正規的作法，是中國官員主
審，美國官員陪審。不過因劉桂清為現役軍人，依照
〈陸軍刑事條例〉及〈陸軍審判條例〉規定，軍事審判
採秘密形式，向來不准旁聽，[25] 與美國享有的觀審權顯
然有所牴觸。因此歸根究底，劉桂清一案關鍵之處應是
軍事審判與美國觀審權的取捨，而非是否立刻執行死刑

---

23 〈中美和好條約（中美天津條約）〉（1858 年），黃月波等編，
　　《中外條約彙編》，頁 126-129。

24 〈中美續約附立條款〉（1880 年），黃月波等，《中外條約彙編》，
　　頁 132-133。

25 那思陸、歐陽正，《中國司法制度史》（臺北：國立空中大學，
　　2001），頁 385-386。

的問題。

四、中美北京交涉：量刑問題

　　本案發生後不久，8月3日美國駐華公使館除正式照會北京外交部，抗議「宜昌陸軍員弁在美輪因事衝突傷及船主及美婦女一事」，[26] 並向國務院報告此案經過。[27] 同日，北京外交部也接獲駐宜沙交涉員報告，「副官劉國臣（桂清）上船送客，因酒醉致起衝突，傷及船主等人，傷痕幸不甚重，該副官及兵士被美兵艦扣留。」8月4日，外交部照會美國駐華公使館，表示已電請湖北軍事當局查明此案，並妥善保護外僑，希望美國公使能轉飭美國兵艦「將扣留員弁照約交還該地方長官自行懲辦」。[28]

　　美國海軍雖於8月5日將犯案士兵移交宜昌當局，但仍堅持扣留主嫌劉桂清，並將其由宜昌押解至武昌；為此，美國公使舒爾曼再於8月9日照會北京外交部，解釋美方為何持續扣留劉桂清的原因：

26　〈關於美國大來洋行輪船有華兵登船開槍之事〉，1923年8月3日、〈署外交總長顧維鈞照會美國駐華公使舒爾曼〉，1923年8月4日，《中美往來照會集（1846-1931）》，第16冊，頁87。

27　1923年8月3日，美國駐華公使向國務院報告此案，表示已向中國外交部提出嚴重抗議，也應大來公司之請，詢問美國海軍長江巡邏艦隊司令菲爾樸斯，是否能在長江航行的美國輪船上派駐士兵，以防止類似事件再度發生。見 "American Minister, Peking to the Secretary of the State, Washington," 3 August 1923, RIAC, 893.811/537.

28　〈關於美國大來洋行輪船有華兵登船開槍之事〉，1923年8月3日、〈署外交總長顧維鈞照會美國駐華公使舒爾曼〉，1923年8月4日，《中美往來照會集（1846-1931）》，第16冊，頁87。

（中國）駐宜昌之軍務長官，曾經應允按照中國兵
士犯罪之輕重，從重懲罰，（美國海軍長官）業
已將此項兵士交其收領。其劉副官所犯之罪過較之
尤為重大，該處軍務長官未能允依照上述之辦法，
懲辦該副官，因非其同部之武員，故此將其解至武
昌，交湖北督軍。[29]

舒爾曼並強調劉桂清「在懸掛美旗之船隻上」傷及
美人，「格外污辱美國」，故應「從重嚴懲，以免將來
再有擾害美輪」之事。

劉桂清被移交給湖北軍事當局之後，8 月 22 日，
北京政府署理外交總長顧維鈞與美國駐華公使舒爾曼，
針對劉桂清審判與量刑問題，進行外交晤談。顧維鈞認
為，美國艦隊指揮官與駐漢口總領事所提之死刑要求，
不合中美條約規定，「此案自應由中國依照中國法律辦
理」，而「中國法律除非有兇殺或誤殺之罪，被告不能
處以死刑」。顧維鈞並稱劉桂清肇事之時實處酒醉狀
態、喪失意識，因此不能責以殺人之罪，僅能由軍事裁
判按律處以重責，更何況依照美國法律，「醉漢之行為
不生責任」。[30]

依據《美國刑律》第 26 條規定：

29　〈美國駐華全權公使舒爾曼照會中華民國外交總長顧維鈞〉，
　　1923 年 8 月 9 日，《中美往來照會集（1846-1931）》，第 16 冊，
　　頁 282-283。

30　顧總長會晤美舒使問答，〈美使館會晤問答〉，美字 23 號，
　　1923 年 8 月 22 日，《北洋政府外交部檔案》，03-11-003-02-005。

凡人自飲醉後犯法不得因不省人事而免罰。[31]

第 27 條規定：

凡罪之關於需有一主動力（motion）者，問官得設
想該犯犯案時有否醉酒等情。（註）：例如一醉人
殺人而另有確據可證明該犯當醉時，已實昏迷不能
自用其腦力，則問官得體察此種情形，核減其罪，
然須查明實在與被殺之人本無惡感。[32]

　　因此酒醉之人肇事仍須負法律上責任，但法官在查
明犯人當時確實酒醉，且事發之前與另一當事者並無前
怨的情況下，可以核減其罪。顧維鈞所言並非完全正
確，然而對於酒醉之人寬減其刑，確實是《美國刑律》
之規定。對於顧維鈞所稱酒醉肇事問題，美國公使舒爾
曼亦未否認，亦承認肇事當時劉桂清確係酒醉狀態。舒
爾曼只表示，中國方面如果擬減輕劉桂清之罪名，仍必
須注意兩事：一為劉桂清此次嚴重過失，在美國商船行
兇，槍擊美國船長及其他無辜婦女 3 人；二為各國輪船
在長江上游每被中國士兵槍擊，此次如不嚴懲，將不足
以儆效尤。相較於菲爾樸斯與美國駐漢口總領事的強硬
態度，舒爾曼態度顯然較為明理，願意依照條約規定辦
理，只是表達美方對於此事的合理希望：嚴懲過失，以

---

31 （清）修訂法律大臣鑑定，《美國刑律》（北京：修訂法律館，
　　1907），《北洋政府外交部檔案》，03-13-041-01-001。

32 （清）修訂法律大臣鑑定，《美國刑律》。

傲效尤。[33]

　　然而當舒爾曼獲知湖北陸軍審判處的判決，[34] 並接
到美國海軍長江巡邏隊指揮官的來函後態度突然改變，
認為判決明顯過輕。1923 年 8 月 29 日舒爾曼與顧維鈞
的外交晤談中，舒爾曼對於判決結果表達強烈不滿。[35]
舒爾曼認為，美國駐漢口總領事曾針對此案提出 4 項主
要控訴，但就判決結果來看，除第 3 項外，武漢審判處
均未顧及；僅就第 3 項而言，判決也顯係過輕。美國方
面的 4 項指控分別為：

第 1 項：劉桂清「侵犯美國中立，率領所屬強登美國
　　　　　商船，阻擾該船之主行其職務」。

第 2 項：劉桂清違反 1858 年〈中美天津條約〉第 11
　　　　　條，該條規定美國人民在中國安分貿易辦
　　　　　事，地方官須加以保護，如有「內地不法匪
　　　　　徒逞兇恐嚇焚毀侵害」，地方官應立即派兵
　　　　　彈壓，將匪徒按律拿辦。[36]

33　顧總長會晤美舒使問答，〈美使館會晤問答〉，美字 23 號，
　　1923 年 8 月 22 日。

34　舒爾曼與顧維鈞在 8 月 22 日進行第一次交涉時，舒、顧兩人顯
　　然尚未收到武漢方面的報告，以致於不知劉桂清一案已做成 4 年
　　11 個月有期徒刑的判決。一直要到 8 月 29 日，顧維鈞與舒爾
　　曼才正式針對劉桂清量刑問題，進行第二次實質交涉。8 月 30
　　日，北京外交部再正式照會美國公使，告知劉桂清已「按照刑律
　　第 313 條，處三等有期徒刑四年又十一箇月，並褫奪公權全部十
　　年」。〈署外交總長顧維鈞照會美國駐華公使舒爾曼〉，8 月 30
　　日，《中美往來照會集（1846-1931）》，第 16 冊，頁 99-100。

35　顧總長會晤美舒使問答，〈美使館會晤問答〉，美字 25 號，
　　1923 年 8 月 29 日，《北洋政府外交部檔案》，03-11-003-02-005。

36　該條內容見〈中美和好條約（中美天津條約）〉，1858 年，黃月
　　波等編，《中外條約彙編》，頁 127。

第 3 項： 劉桂清「以兇器襲擊美國安分人民，意圖殺
　　　　害之」。

第 4 項： 劉桂清擾亂中美兩國友善邦交。

　　上述 4 點中，第 2 至第 4 項均為事實，毋庸爭辯。至於武漢審判處有無顧及此 3 項，只是主觀認定問題，關鍵仍在於判決輕或重。較有爭議之處為第 1 項，顧、舒曾就此進行爭論。舒爾曼以為美船人員見劉桂清酒醉故阻其上船，但劉桂清不受攔阻強行上船即有違規定。顧維鈞則認為劉桂清等身分為乘客，且事先已預定船艙，只是因為酒醉肇事，所以並未侵害美國船中立地位。舒爾曼坦承如劉桂清等確「係購有船票，則第 1 項所控情節自屬不能成立」。所以總結來說，上述講得冠冕堂皇的 4 項控訴，其實關注焦點就是一件事：嚴懲。舒爾曼代表美國立場，以為判決過輕，甚至表示美國方面不排除詳細研究中國刑律條文，以為嚴懲憑藉。顧維鈞對於判決是否達到「嚴懲」程度不置可否，只是表明外交部已盡到要求武漢方面盡量嚴懲以儆效尤的責任：除已電知湖北當局嚴懲此案外，同時也轉電兩湖巡閱使吳佩孚要求查禁長江上游軍人不法情事。吳佩孚也已復電表示長江上游不靖，乃土匪作亂，將擬訂計畫大舉清剿。[37]

波等編，《中外條約彙編》，頁 127。

37　顧總長會晤美舒使問答，〈美使館會晤問答〉，美字 25 號。

五、美國海軍行為分析

　　為因應長江流域危險局勢，美國亞洲艦隊總司令早在 1921 年 7 月即曾擬定美國海軍巡邏長江流域政策，其中有關使用海軍武力介入的時機，規定為：

　　使用武力保護（美國商民的時機）是在中國地方當局明顯無法提供相同保護時。也就是說，不論是中國當局自己向我們求助，或是他們沒有求助，但對於我國人民的危害是緊急且毫無疑問時。後者的情形（即中國官員並未求助時），必須由巡邏艦隊司令或在場的資深軍官判斷。[38]

　　換言之，長江巡邏隊提供武力保護的時機，一是被動接受中國地方當局之請，二是當中國當局無力提供保護，但又未向美國海軍尋求援助時，則由在場的美國海軍資深軍官自行決定是否要主動介入提供保護。此外，美軍艦長也必須與岸上的美國領事保持密切聯繫，[39] 在使用武力時必須注意「避免傷害中國的民族情感」，

38　美國海軍長江巡邏隊工作規定第 (b) 條，見 "Policy-Yangtze Patrol," from the Commander in Chief of the Asiatic Fleet (Strauss) to the Commander of the Yangtze Patrol (Wood), 3 July 1921, RIAC, 893.00/4021.

39　美國海軍長江巡邏隊工作規定第 (d) 條，見 "Policy-Yangtze Patrol," from the Commander in Chief of the Asiatic Fleet (Strauss) to the Commander of the Yangtze Patrol (Wood), 3 July 1921, RIAC, 893.00/4021.

而且不得採取會「侵害中國中立領土地位的行動」。[40]
簡單來說，美國海軍長江巡邏隊在執行保護美國商民的
任務時，對於使用武力的時機上，有一定原則：海軍艦
長必須審度局勢，與領事保持密切聯繫，同時避免觸
及中國敏感的民族自尊心。[41]然而，在宜昌大來喜事件
中，美國海軍長江巡邏隊指揮官菲爾樸斯的因應方式是
否有符合上述原則？

究其實際，宜昌大來喜事件在本質上不過只是單純
的「個別軍官酒醉肇事」案件，[42]但美國海軍卻大陣
仗地扣押人犯，甚至不惜要求處死人犯，行為的背後又
透露出何種意涵？由本案可以發現交涉過程中，美國軍
方，即美國海軍長江巡邏隊指揮官菲爾樸斯所體現的軍
方立場，幾乎主導了美國駐華機構對於此案的交涉。事
發之初，不論是美國駐漢口總領事抑或美國駐華公使，
均以較理性態度處理，按照中美條約規定辦理，即由中
國按照中國相關法律規定懲處。但是在菲爾樸斯影響
下，美國駐漢口總領事及駐華公使先後改變態度，以強
硬姿態要求中國立即正法處死劉桂清或加重懲處。顯而

40　美國海軍長江巡邏隊工作規定第 (g) 條，見 "Policy-Yangtze Patrol,"
　　from the Commander in Chief of the Asiatic Fleet (Strauss) to the
　　Commander of the Yangtze Patrol (Wood), 3 July 1921, RIAC,
　　893.00/4021.

41　關於美國海軍在華活動的先行研究，亦可參看下列著作：Bernard
　　D. Cole, *The United States Navy in China, 1925-1928*; Kemp Tolley, *Yangtze
　　Patrol: The U.S. Navy in China*; William Reynolds Braisted, *Diplomats in
　　Blue: U.S. Naval Officers in China, 1922-1933*.

42　此為英國駐華公使所言，認為大來喜事件本身與其後續影響，明
　　顯有誇大其實的情況。見 "Ronald Macleay, British Minister, Peking
　　to Marquess Curzon of Kedleston, Foreign Office, London," 28
　　August 1923, FO 371/9194.

易見，美國軍方的態度是此案必須嚴懲，方足以儆效尤。換言之，教訓意義大於實質意義。劉桂清所犯過錯及其應得之刑罰並非美國駐華軍方的重點，中美相關條約規定、中國刑律與軍法也不是必要的參考依據，關鍵核心在於劉桂清案必須與長江上游軍人不法情事、屢屢肇事問題（無論開槍射擊或勒索、強劫、單純肇事）劃上緊密聯繫。劉桂清之所以必須嚴懲或者立即正法處死，無非是美國駐華軍方想要透過劉桂清案，非常明確地告訴長江上游的中國軍人，肇事的下場就是一個「死」字。先前中國軍隊攻擊輪船事件，由於外國方面沒有抓到現行犯以致查無實據，雖然事後向中國交涉表達不滿，但中國地方軍事當局往往將肇事者全諉之於土匪。吳佩孚上述覆電，即充分體現中國地方當局的心態：以土匪問題敷衍長江上游軍人肇事問題。[43]

就美國駐華軍方立場來說，此次美國水兵在美國輪船上當場逮到肇事的劉桂清，人證物證俱在，正是殺雞儆猴的絕佳良機。如果劉桂清獲得輕判，將傳達出軍人肇事毋庸付出嚴重代價的錯誤訊息，對於長江上游日趨嚴重的軍人騷擾、阻礙輪船航運案件，以及美國海軍長江巡邏隊現有船艦數量不足以應付實際需求景況，造成雪上加霜的結果。因此無論劉桂清是否罪該萬死，都必須處死或嚴懲。一言以蔽之，美國駐華軍方想要殺劉桂清「這隻雞」，以儆長江上游「成千上萬隻猴子（軍人）」。1923 年 8 月美國長江巡邏隊指揮官菲爾樸斯

43　顧總長會晤美舒使問答，〈美使館會晤問答〉，美字 25 號。

曾對上海報紙表達對長江上游航運安全的看法：

> 上游的四川，我們發現中國軍事指揮官們對於國際
> 法與條約所肩負的嚴肅責任毫無概念。因此無論過
> 去還是現在，我們的目標，就是向他們強調我們修
> 好與善意，以及盡可能地教育他們，使其知道國際
> 法與條約所賦予我們（的權利）。[44]

　　菲爾樸斯坦言美國在華海軍行動的目的，「是在
保護美國利益，同時協助中國人邁向自我治理（self-
government）。」美國軍方對劉桂清案處置之道，某種
程度上或許即體現出上述想要「教育」中國軍人，使其
明瞭條約所賦予美國的權利，及美國人生命財產不可侵
犯性的意圖。[45]

> 中國人對外人生命財產的尊重已經大幅減少……，
> 長江上一艘外國輪船的船長，竟然在自己的船上被
> 中國士兵打倒在地……，美國當局已將人犯劉桂
> 清移交給湖北督軍，但是要求必須給予示範性的
> 懲處。[46]

---

44 "Admiral W. W. Phelps," editorial from *The China Press*, 7 November
　　1923.

45 "Admiral W. W. Phelps," editorial from *The China Press*, 7 November
　　1923.

46 "Ronald Macleay, British Minister, Peking to Marquess Curzon of
　　Kedleston, Foreign Office, London," 28 August 1923, FO 371/9194.

　　同時，為了避免類似衝突一再發生，除了大來喜號外，美國海軍在其他航行長江上游宜昌、重慶之間的美國客輪上亦全部派駐美國武裝水兵。[47]英文《北華捷報》即稱此為「美國海軍在長江上游的嚴厲政策」：

> 為了澈底保護美國人的生命財產，長江巡邏隊指揮官菲爾模斯宣布，美國海軍在長江上游採取一個強而有力的新政策：海軍陸戰隊將視需求部署在美國輪船上，當遭受攻擊時，船長將可下令反擊；同時美國海軍艦長「認為需要時」，亦可自由採取行動，以保護美國利益。[48]

　　商船武裝化以及海軍艦長更大的行動自由與動武權限，意謂美國海軍想要透過武力的展現，來宣示捍衛條約權利與商務利益的決心。

　　英國外交部也注意到美國海軍的強勢作風，認為「在華的美國海軍當局偶爾會出現非常殘暴的情況，而且在對華態度上，從來沒有表現出美國政府所希望的那種溫和情感。」[49]英國駐宜昌領事甚至認為如果美國海軍續行此種「巨棒政策」，恐將引起當地民眾的排外

---

47 "Political Conditions in Szechuan," from American Consulate, Chunking to American Minister, Peking, 10 November 1923, RIAC, 893.00/5336.

48 "Drastic American Naval Policy on the Upper Yangtze: Admiral Phelps Will Afford Ships the Protection That China Will Not Give," *The North China Herald*, 1 September 1923.

49 "Shooting Affray aboard the American S.S. *Alice Dollar* at Ichang," Minutes of Foreign Office, October, 1923, FO 371/9194.

情緒，而使情況更趨惡化。[50] 不過，菲爾樸斯的強硬
路線卻受到美國在華商人的歡迎與肯定，美國總商會即
曾致函菲爾樸斯感謝其「採取立即有效的措施，來處理
大來喜號上的暴力事件」。[51]

六、與其他軍人肇事個案的比較分析

（一）審判與移交人犯的條約問題：與天津美兵肇事案的比較

　　如將大來案的華兵肇事案，與其他美兵肇事案的後
續處理經過作一比對，或可進一步探究其中所牽涉到的
條約問題。大來喜案發生前不久，1923 年 7 月在天津
發生一起美國士兵茲事，遭中國警察拘捕的案件。此案
涉及到中國警察使用不當武力拘捕美國士兵，並扣留在
警局，因而引起美國駐天津總領事的關切與交涉。美國
總領事致函天津警察廳，具體條列中國警察遭遇美兵肇
事案時應有的善後處置之道為：

> （甲）（美國士兵）如遇有細小不正當行為，如美
> 　　　國法律所為輕罪者，而中國警察應向該兵士
> 　　　索取誌認帶，如將此帶交到本軍長官而已。
> （乙）如遇兵士有重大騷亂治安，或發生刑事行為

50　"R.W.P. Mills, Acting Consul, Ichang to Sir Ronald Macleay, Peking,"
　　13 August 1923, FO 371/9194.

51　"Dollar Outrage Leader to Be Tried Soon; Trial of the 'Pirate
　　General' will be Held at Wuchang," *The China Press*, 22 August 1923.

時，中國警察得用相當強制行為，以維持臨
時景況，如所發生事必須用強迫行為，以制
止肇事軍人，或雖得誌認帶足以證實肇事軍
人，而仍不足以維持法律及治安時，始得對
該兵士施行捕押，遇有此種捕押時，應直
接將該兵士押送本軍營長官。

（丙）無論處於何種景況，雖暫時押候，以便通
知本軍營時，中國警務，均不得將肇事美
兵置之中國監內。[52]

　　上述美國總領事信函中的建議處置之道，有其條約
的基礎。因為依照中外華洋訴訟成例，審理採被告方主
義，亦即肇事被告為華人由華官審理、肇事被告為洋人
則由洋官審理。依據 1858 年〈中英天津條約〉第 16 款
規定，「英國民人有犯事者，皆由英國懲辦。中國人
欺凌擾害英民，皆由中國地方官自行懲辦。兩國交涉
事件，彼此須會同公平審斷，以昭公允。」[53] 其次，第
21 款規定，「中國犯罪民人潛藏英國船中、房屋，一
經中國官員照會領事官，即行交出，不得隱匿袒庇」。
反之，如遇有英國犯人肇事，中國官員逮捕後，經英領
照會，亦須立即移交。所以中英雙方均負有「即行解
交」彼此人犯之責。美國在中國享有片面最惠國待遇，

52　〈懲戒美兵滋事之廳令〉，《益世報》（天津），1923 年 8 月
　　11 日第 3 張第 10 版。

53　〈中英天津條約五十六款附照會〉，1958 年，黃月波等編，《中
　　外條約彙編》，頁 6-10。

故上述英國所享權利義務，美國亦一體適用。所以，美國總領事所稱中國警察遇情況緊急時雖可捕押美國兵士，但不得將其扣押於警署之內，只能逕行送交美國軍營處理的說法是合乎條約規定。同樣地，大來案中美方逮捕肇事的中國官佐與兵士，也應立即移交中國長官處置，不得私自扣押。

由此觀之，美國對於在中國境內肇事的美軍兵士要求依照條約規定，中國方面不得扣押於警署，必須立即移交美國軍方，但對於在美船上肇事的中國軍人，卻違反條約規定，當地方長官要求移交人犯時，仍私自扣押，故意拖延，並以交還人犯為條件，干涉中國司法權，要求正法處死人犯。

（二）中國輿論的觀感：與北京李義元案的比較

如將中美大來案與 1924 年的中英李義元案做一個對比，將會發現中國公眾輿論對於美國遠比英國來得友善。但李義元案中，李義元因毆打英國公民，被英國公使館強制扣留在北京使館區 7 日，拒絕移交中國方面處理，而遭致中國輿論強大反彈，指責英國官方非法拘留中國人犯，甚至要求英國撤回駐華公使。大來案中，劉桂清在美國輪船上傷害美國公民，遭美國海軍逮捕扣留長達 18 日，美國軍方也是拒絕移交人犯，但中國公眾卻對美國非法扣留一事，並未有多大的反彈。固然中國輿論對於大來、李義元兩案的反應不一，可能與發生的地點不同，大來案發生在偏遠的宜昌，李義元案則發生

在首都北京，所引起的公眾注意程度也不太一樣，但是
如細部比較兩案處理過程，還是可以略窺中國公眾對於
英、美兩國在態度上的明顯差異。

表 9-1　中美大來喜案、中英李義元案比較

案別	中美大來喜案	中英李義元案[54]
案情	中國軍官劉桂清在宜昌美國輪船上下令士兵開槍射傷美國公民，遭美國海軍士兵拘捕	中國士兵李義元在北京使館區城牆上毆打義、美、英三國公民，遭使館區巡捕拘捕
發生地點	湖北宜昌	北京
案發時間／人犯拘捕時間	1923.7.31	1924.4.13
人犯移交時間	1923.8.17	1924.4.19
人犯遭非法扣留時間	共 18 日	共 7 日
人犯扣留地點	美艦伊色柏爾號	北京使館區
扣留原因／移交條件	美方要求中國方面立即正法人犯	英方要求中國方面開庭公平審理，並由英國派員觀審
中國輿論反映	無民族主義情緒反映	民族輿情激昂，要求英國道歉、撤換公使

由上表可知，同樣是中國軍人傷害外國公民的事
件，在善後處理上美方扣留時間較久，釋放條件也遠較
英國嚴苛，但中國方面對美國所為並無激烈反映，卻對
英國反彈甚為激昂。中國報紙輿論對於大來案的反映，
茲舉《晨報》對於此案結果的短評為例：

　　吾人就此案前後觀察，劉副官指揮軍士行兇，乃酒

54　中英李義元案相關資料，見〈英館會晤問答〉，英字第24號，
　　1924 年 4 月 18 日，《北洋政府外交部檔案》，03-11-007-02-004。
　　亦可參見應俊豪，〈華洋衝突、審判與輿論形塑——一九二四年
　　北京使館區李義元毆打外人案〉，《國立政治大學歷史學報》，
　　第 24 期（臺北，2005.11），頁 39-84。

後所為，且受傷船主及西婦三人均已先後就瘥，其
罪當不致死。美領要求立予槍斃與當面執行，此不
獨干涉到我國法律的特權，抑且抹煞我國的國體。
在美領或出於一時的情感，吾人不願多所挑剔，惟
望美領以中美邦交為重，對於我當局的依法辦理
的處置，加以諒解，庶兩國邦交，益加一層的鞏
固咧。[55]

　　該短評雖然指出美國有侵害法權、損害國體的不當
行為，但卻自行理解美方官員要求乃一時衝動之舉，故
無須深究。然而，李義元案卻引起了不成比例的反英輿
論，非但痛斥英國帝國主義行為，要求正式道歉，甚至
提出撤換英使等強烈訴求。[56] 由此可知，1920 年代中
國民族主義情緒雖見日趨高漲，但在對外上並非一視同
仁，而是有所區別與選擇性的：大體而言，對美國最為
包容與體諒，並不刻意渲染、造勢；對英、日較為激
烈，常因小事就引發強烈反彈，鼓動民族輿情。[57]

　　其實早在美國軍事情報處 1921 年 6 月的中國現況
報告中，即已點出當時中國民族主義情緒的特徵與大致

55　〈宜昌大來輪交涉之始末〉，《晨報》（北京），1923 年 8 月 26 日
　　第 5 版。

56　〈國會議員電英政府：要求撤回駐華公使、帝國主義公使不足代
　　表工黨精神〉，《晨報》（北京），1924 年 4 月 25 日第 2 版。

57　關於 1920 年代前期美、英、日三國海軍武力介入華洋衝突問題
　　後，中國輿情的不同反應，可以將本章的 1923 年中美大來喜案
　　與時間相近的 1923 年中日長沙案、1924 年中英萬縣案略做比較，
　　即可發現顯著差異。請見筆者對中英萬縣、中日長沙案的相關研
　　究。中英萬縣案，見應俊豪，〈航運、砲艦與外交—1924 年中英
　　萬縣案研究〉，頁 287-328。

面向。在該報告中，美國軍事情報處注意到中國反外情緒日漸高漲的情況：「中國是中國人的中國」、「沒有外國人的中國」等觀念開始影響許多中國人。尤其反日（最嚴重）與反英（次之）輿論最為明顯。但是此股反外情緒總結來說卻有三個特色：1.與其他外國人相比，中國人比較不那麼討厭美國人；2.除了美國以外，其他外國人均不為中國所重視或喜愛；3.中國對於所有外國人的疑慮與不信任逐漸增加。[58]

七、小結

從大來喜事件經過來看，美國駐華使領與海軍官員雖然三申五令要求美國輪船業者，必須嚴格恪遵中立原則，內戰期間不得搭載中國士兵與軍火，但是要做到事實上還是有其難度。這並非指責美國輪船業者對於美國政府規定陽奉陰違，私自承運軍人與違禁品，而是當時外商輪船公司在經營中國航運市場的一種特殊模式所造成的。此乃因當時外國輪船業者多半並非由公司自行售票，而是將其委託給中國籍的買辦負責，以利售票業務的進行。而中國買辦在售票時，則是以業績為第一考量，一般來說並不會過問購買者的身分。況且當時船票並沒有實行乘客姓名的登記制度（實名制），乘客登船時也只是認票不認人。故即使是軍人，只要在購票時不

58　"Foreigner in China," 8 June 1921, Department of State, United States, CMID, 2657-I-176.

要身著軍服或足以體現軍人身分的外觀，即能順利取得船票。尤有要者，登船時的檢查措施，也多半委由中國買辦及其助手負責，依照中國民怕官、怕軍的固有傳統，軍人即使身著軍服，只要能不驚動美籍船長或幹部，恐怕也能順利登船。這也解釋劉桂清及其武裝護兵並未購票，卻能以送行為由，就順利登上輪船，並進入船艙為其好友韓鶴生餞別。上述現象的產生，歸根究底，則是與美商輪船公司（其他外商亦是如此），為了減低營運成本（如相關業務均由輪船公司收回自行處理，並由外籍雇員負責，除了語言能力的限制外，還勢必得大幅擴編編制員工人數，其薪水、福利等開支將遠遠超過委託給買辦）以及符合中國民情（便於購票），權宜將部分航運業務委託給中國籍買辦所致。即是之故，美商輪船公司就算遵守政府規定，聲明不載中國軍人與軍火，但是現實情況上，軍人要登上美籍輪船也並非難事。這種情況，也就造成大來喜事件發生的背景。

其次，從美國海軍長江巡邏隊指揮官菲爾樸斯處理大來喜輪船中國軍人肇事案的作法，也可以清楚看到美國海軍展現的強勢作風。就事件本身來說，受害者是美國輪船、加害者是中國軍人，維護正義的則是美國海軍。若非美國海軍伊色柏爾號艦長，在第一時間派出武裝士兵登上大來喜號輪船制止中國士兵，若非菲爾樸斯以扣留劉桂清或要求死刑為手段，藉此凸顯中國軍人對長江上游航行安全問題危害的嚴重性，受害的美國輪船能否討回公道，加害者能否接受公平的制裁則有相當大的疑問。因為僅是依靠美國公使、領事透過一般外交管

道來進行交涉，處理內戰紛擾、兵匪如麻的長江上游地
區航行安全問題，確實力有未逮。尤其面對地方割據分
裂、中央無權的中國局勢，傳統外交施力的空間相當有
限；如缺乏實際武力為後盾，純粹口頭上的交涉，實不
易在事件善後過程中取得好結果。由此觀之，美國輪船
及其體現的美國商業利益，在長江流域極度動盪的局面
下，更加依賴海軍力量的保護與維持。特別是美國海軍
在長江上游常態部署的艦船數量極其有限（只有兩艘內
河砲艦），不可能隨時因應所有突發狀況。換言之，在
未來很有可能當美國商船又遭到中國士兵攻擊或騷擾
時，是沒有美國軍艦能夠在場及時救援的。大來喜案
中，因適巧美國軍艦就在宜昌停泊，也當場拘捕肇事士
兵，故如何利用大來喜案的機會，藉此樹立與宣揚美國
海軍權威，並對長江上游地區的中國士兵，構成威嚇與
訓誡作用，就顯得非常重要了。[59]

　　簡單來說，雖然美國是華盛頓會議的發起國，《九
國公約》也公開宣示尊重中國主權獨立與領土完整；對
於 1920 年代前期中國內部的動盪不安，美國也始終堅
守中立地位，絕不輕易動用武力介入中國內戰或內政事

---

59 事實上，美國海軍的顧慮並沒有錯，因為在大來喜案後不久，
　　1923 年 9 月時，大來輪船公司另外一艘輪船大來裕號，又遭到湖
　　北軍隊再一次的騷擾。當時一支派往四川瀘州作戰的湖北部隊，
　　因戰鬥失利，亟欲撤回重慶，一度想強徵大來裕號輪船代為運
　　送士兵。當時因沒有美國軍艦部署在瀘州，故大來裕船長陷入孤
　　立無援的狀態，乃緊急向與湖北軍隊相同陣營的川軍第二軍軍長
　　楊森求助，才由楊森派兵將這批湖北軍隊從大來裕輪船上驅離。
　　關於此事，可以參見大來裕船長給美國駐重慶領事館的報告，見
　　"Carrying of Soldiers," from master of SS *Robert Dollar II* to American
　　Consul, Chunking, 8 September 1923, RIAC, 893.00/5288.

務。不過，當必須處理軍隊攻擊輪船等兵匪問題所造成的航行安全問題時，美國海軍選擇正面迎擊，不容許中國混亂局勢威脅到美人在華生命財產的安全，動武的機會也大幅增高，甚至不惜違背條約規定或去影響後續的外交交涉與訴訟審判。所以，在處理此類問題上，美國海軍大致上奉行以暴制暴、嚴厲懲罰的行事原則，絕不吝於使用武力介入。[60] 透過此案的研究，也可以清楚說明歐戰後美國對華砲艦外交的彈性處理模式，平素嚴守中立原則，尊重中國主權獨立與領土完整，避免動用武力，也絕不輕易介入中國內政事務，但有需要時還是會視情況需要，巧妙地展現強勢的一面，以海軍武力介入來提醒中國人，無論如何都必須尊重美國尊嚴及其所享有的條約權利，確保美國輪船與公民在長江水域的航行與人身安全。這種情況適足以體現 19 世紀以來美國在對外政策的一項重要特徵，亦即恩威並施，在給予蘿蔔的同時，也不忘揮舞著巨棒。

最後，透過大來喜事件與其他案件的比較，也可以發現歐戰後美國在中國的形象，對於中國公眾來說，確實以一種相當矛盾而複雜的情況而存在著。美國當然是享有不平等條約特權與所謂的列強之一，也是歐戰後中國公眾極力想要調整（廢除）條約體制、爭取國家主權的重要交涉對象。但相較於對英、日等國的強硬立

60　由菲爾模斯主導的海軍介入行動，後來被美報稱為「強勢的長江政策」，並恭維此政策成功發揮效果，為外人帶了和平。見 "The 'Strong' Yangtsze Policy Bring Peace," *The China Weekly Review*, 23 August 1924.

場，中國公眾對於美國的態度，卻呈現出異常的包容與
諒解。從晚清門戶開放政策的提倡，率先退還多餘的庚
子賠款，到歐戰期間美國總統威爾遜宣揚的民族自決原
則，都對中國知識分子帶來相當大的憧憬。歐戰後，威
爾遜在山東問題上力抗日、英、法等國，表現出對中國
支持，以及華盛頓會議美國推動的中國決議案，強調對
中國主權與領土的尊重，以及竭力維持中立原則，不利
用中國現狀擴大在華利益等，更是讓中國人親美的傾
向，似乎又再往前邁進。這或許解釋了，即使美國在對
華武力介入上呈現出強勢作為，甚至有侵害中國主權
之嫌時，中國公眾為何不會出現太過強烈的反應，也
不會利用這些事件來趁機煽動民族主義情緒與鼓吹反帝
宣傳。

第十章　美國在字水輪案中的態度及其反思

一、前言

> 大來公司之字水川輪⋯⋯，在高家鎮被劫⋯⋯。該
> 輪為中外人士合股，初掛日商旗，因不受顧客歡
> 迎，特改隸大來洋行，由美領事註冊，已行數次，
> 尚稱順利。不料此次由宜（昌）開渝（重慶），道
> 經萬縣，即來搭客三十餘人⋯⋯行至高家鎮地方，
> 由萬縣上輪之搭客等，一聲叱喝，均將暗藏之手
> 槍手砲取出，蜂擁至賬房，鳴槍搶劫，船主白滿
> （英人）聞警趕至，擬用手砲抵拒，致被匪徒擊
> 斃，並斃賬房一人、茶房一人，船主屍身已拋棄
> 河中⋯⋯。
>
> 上海《申報》，1924 年 1 月 [1]

　　1924 年 1 月發生在長江流域的字水號輪船（SS *Tze Sui*，以下簡稱為字水輪）被劫事件，[2] 是一個非常有意

1　〈字水川輪被劫詳情〉，《申報》（上海），1924 年 1 月 20 日
　　第三張。

2　字水號輪船被劫事件，因為英籍船長被殺，故連遠在英國的泰晤
　　士報也有報導，其標題為「英國船長被盜匪殺害」，內容則引用
　　路透社的資料：「字水號輪船在長江流域遭到盜匪攻擊，英籍船

義的歷史個案，適足以充分體現隱藏在長江航行安全議題背後，所涉及到的複雜的華洋互動與衝突問題。上海英文《大陸報》即稱字水輪被劫事件是發生在長江上游地區一件不尋常的嚴重攻擊事件。[3] 雖然當時報紙報導多稱字水輪被劫事件，是一起長江流域海盜劫船殺人越貨的案件，但事實上一旦深入探究此案，就會發現內情並不單純，事件性質可能並非如報載所言的是海盜劫案。

其一，字水輪本身經營的情況即異常複雜，名義上隸屬於一家中國輪船公司，向中國政府註冊，故船籍為中國籍；船長則是英國人白蘭德（Capt. F. J. Brandt），他並擁有字水輪 1/5 的股份，所以白蘭德同時身兼船長與大股東的身分；至於字水輪對外的相關船務代理，則是委由美商大來輪船公司代理業務。某種程度上來說，字水輪可謂有中、美、英三國合營的性質。[4] 因此，字水輪遇劫、船長被殺，牽涉到中、美、英三國之間錯綜複雜的交涉與處理過程。

其二，字水輪之所以被劫，可能與英籍船長白蘭德

長白蘭德與買辦被殺，棄屍江中。另有一名舵手、一名乘客與一名苦力受傷」。見 "British Captain Killed by Brigands," *The Times*, 9 January 1924.

3　《大陸報》報導稱「長江上游的輪船，在過去一段時間裡，遭遇十分嚴重的困難。他們持續被岸邊不負責任之人開槍攻擊，但是從來發生沒有像字水號輪船一樣嚴重的情況。」見 "Another Yangtze Ship Forced to Pay Tribute," *The China Press*, 23 January 1924.

4　"Bandits Slay British Ship Captain on Yangtze: J. Brandt is Murdered by Brigands in Szechuan; Chinese Shroff also Slain; Passengers Are Injured; Suspect Troops; Defeated Soldiers of the First Division Blamed," *The China Press*, 8 January 1924.

本身有相當密切的關係。因為白蘭德先前企圖利用輪船
涉足長江上游冬季航運業務，早已引起傳統木船業者的
極度不滿與仇視，威脅要傷害白蘭德，故可能即是因此
緣故惹來殺機。

其三，字水輪營運業務內容也非常不單純，除了一
般商業貨運外，可能還與川軍第二軍軍長楊森有所關
係，而牽扯到軍火運送與走私等麻煩問題。因此，美商
大來公司代理此船業務，可能又涉及到違反中立，有介
入四川內戰之嫌。而外人一旦介入四川內戰，勢必會招
致其他敵對軍閥的仇視，而因此招致不幸。

其四，字水輪之所以委請大來公司代理業務，無非
是想取得美商保護傘，企圖利用懸掛美旗來確保其行船
安全，以便能在四川內戰期間通行無阻。然而，這又牽
涉到中國輪船是否可以懸掛美旗，受美國政府條約與海
軍保護的認定爭議問題。[5]

另外一方面，因字水輪劫案的事發地並非在海上，
而是位於中國長江上游地區的內陸水域，似乎不太符合
現今國際慣例對於海盜行為的定義，是以究竟能否將字
水輪事件視之為海盜劫案呢？當然，如以現今國際慣
例，海盜多是指發生在公海上的劫掠行動，至於一國內
陸水域的劫掠活動則不應視為是海盜行為（Piracy），
而該稱之為盜匪行動（Banditry）。[6] 然而，字水輪劫

5　〈字水川輪被劫詳情〉，《申報》（上海），1924 年 1 月 20 日
　　第三張；馬烈，〈民國時期匪患探源〉，《江海學刊》，1995 年
　　4 期，頁 130-135；邵雍，《民國綠林史》，頁 174；"American
　　Gunboats on the Yangtze," *The North China Herald*, 23 February 1924.

6　Eugene Kontorovich, "The Piracy Analogy: Modern Universal

案發生的背景為 1920 年代，而自清末以來，條約列強
陸續在華取得長江等內河自行航行的權利，外國軍艦亦
可以在中國領海、內河水域進行剿盜活動，因此對於享
有不平等條約特權的國家而言，長江幾乎等同於國際水
道，船隻均可自由航行。[7] 所以，對於發生在此國際水
道上的劫案，在英、美等享有內河航行權的國家眼中，
自然與發生在公海上的海盜案件，並無多大區別。也因
此，英、美兩國外交檔案在記述發生於長江等中國內河
水域的劫掠行動，往往亦將之稱為海盜行為，並未與公
海劫案另作區分。[8] 即是之故，本章仍將之稱之為海盜
案件。

在資料來源上，本章主要將使用美國「中國國內事
務部檔案」，根據當時美國駐華使領與海軍官員第一手
的外交、軍事調查報告，來分析字水輪劫案的來龍去脈
與牽涉到長江流域航行安全問題的複雜面向。[9] 其次，

Jurisdiction's Hollow Foundation," *Harvard International Law Journal*,
Vol. 45, Iss. 1, pp. 183-238.

7　關於近代以來列強在華享有的長江等內河航行權利，牽涉到諸多
　　中外條約與通商行輪章程，筆者在另外一本專書中，已有專章
　　詳細探討，此處不再累述。參見應俊豪，《外交與砲艦的迷思：
　　1920 年代前期長江上游航行安全問題與列強的因應之道》，頁
　　16-24。至於條約列強海軍在中國水域的緝盜權利，則見諸於〈中
　　英天津條約〉（1858 年）第 53 款、〈中美天津條約〉（1858
　　年）第 9 款，黃月波等編，《中外條約彙編》，頁 6-10、頁 126-
　　129。

8　美國國務院檔案、英國外交部檔案等，均將中國內河水域劫案也
　　一併歸類於海盜活動範疇之下。

9　本章主要參考的檔案資料為美國國務院的「中國國內事務檔案」
　　（RIAC）。此外，因字水輪船長為英國人，船長之死同樣也涉
　　及到英國，故本章也參考英國外交部檔案（FO371）的相關報告。
　　這兩份檔案中，均收有不少美、英海軍內部的電文與報告資料。

也將參考當時外國報紙對於字水輪劫案所作的新聞報導與案情分析，藉此略窺美英等外國在華公眾是如何看待一位外籍船長之死，及其背後所揭露出的商業競爭與航運爭議等問題。最後，更為重要的，本章也將深入探究美國政府及其駐華外交使領與海軍官員，究竟是如何看待此案件，是痛斥長江上游地區的社會失序現象，甚至不排除採行傳統砲艦外交的強硬路線，動用海軍艦艇執行威嚇行動，以震懾當地水域的不法勢力，抑或是反求諸己，著手檢討美商代理華商航運業務的適當性，以避免再有美商捲入類似麻煩。

二、事件過程：海盜劫船殺人？

1924 年 1 月 4 日，航行重慶、宜昌間，由美商大來公司代理業務的中國籍小輪船字水輪，夜晚於高家鎮（萬縣再上游，約位於酆都與忠縣之間，詳圖 10-1）下錨暫泊時，遭數十名海盜搶劫。該批海盜應是在萬縣時偽裝成一般乘客登上輪船，並利用夜色襲擊輪船，英國籍船長白蘭德當場慘遭槍擊遇害，並被棄屍江中；船上中國籍買辦亦遭殺害，其他中國船員則兩死兩傷。[10]白蘭德的遺體後來被當地漁民尋獲並打撈上岸，交由怡和洋行（Jardine Matheson Company）的慶和輪（SS

10　"The Robert Dollar Company, Chungking to American Consul (Spiker), Chungking," 7 January 1924, RIAC, 893.8007/8；蘇遠編著，《民國匪禍錄》，頁 263-265；"Brandt's Slayers Were Passengers Aboard His Ship," *The China Press*, 10 January 1924.

Kingwo）運至重慶。[11] 上海英文《大陸報》稱此事件為
「兇狠的兵匪，又在長江上游航行暴行上寫下血腥的
一頁。」[12]

> 路透社太平洋通訊：……根據收集到的消息，為
> 數不到 20 名的海盜可能由萬縣假裝乘客登船，但
> 是當輪船停泊時，又有一些海盜加入其中。很明顯
> 的，這是單純的海盜劫掠事件。海盜因擔心船長會
> 抵抗，所以先解決白蘭德。兩名海盜將他從房間拖
> 出至煙囪附近，再開三槍將其殺害。（輪船）買辦
> 損失約 2,000 元。乘客也被劫掠錢財與衣物，價值
> 約 20,000 元。海盜稍後攜帶劫掠的 17 袋物資上岸
> 逃逸無蹤。字水輪因為停泊於高家鎮對岸，故無法
> 緊急求救。[13]

　　究其實際，受到四川頻繁內戰以及社會失序的影
響，1920 年代前期長江上游地區盜匪現象甚為猖獗，
往往任意攻擊往來船隻，搶人錢貨、傷人殞命之事時有

11　當地漁民把白蘭德遺體打撈上岸後，用絲綢包裹放置於棺木之
　　中，再轉交給慶和輪。漁民並向其索取 237 元的打撈費用。
　　見 "Difficulties of Upper Yangtze Navigation: Fuller Details of the
　　Deadly *Tzesui* Piracy," *The Hong Kong Daily Press*, 29 January 1924.

12　"Bandits Slay British Ship Captain on Yangtze: J. Brandt is Murdered
　　by Brigands in Szechuan; Chinese Shroff also Slain; Passengers Are
　　Injured; Suspect Troops; Defeated Soldiers of the First Division
　　Blamed," *The China Press*, 8 January 1924.

13　"Pirates Loot in Raid on *Tzesui* over $20000," *The China Press*, 16
　　January 1924.

發生，四川幾乎已成為「土匪世界」的代名詞。[14] 外
文報紙即稱中國盜匪搶劫、傷害外僑案件尤以長江上游
地區為最。[15] 故字水輪劫案的發生，不啻是長江上游
盜匪為禍的血證。

圖 10-1　長江上游地圖（字水案相關地點）

底圖：S. T. Tsao, "Road Map of Szechwan," December 1927, 中央研究
院近代史研究所檔案館藏，《外交部地圖》，四川區域地圖，館藏號：
14-01-12-001。重繪：民國歷史文化學社編輯部。

14　〈四川之土匪世界（一）〉，《申報》（上海），1923 年 8 月 20 日。

15　〈西報統計盜匪傷害外僑案〉，《大公報》（天津），1924 年
　　11 月 7 日第 3 版。關於 1920 年代前期長江上游地區盜匪為禍的
　　情況，亦可參見應俊豪，《外交與砲艦的迷思：1920 年代前期長
　　江上游航行安全問題與列強的因應之道》，頁 106-117。

　　字水輪事件發生後，因有外籍船長遇害，且又是委託美商代理業務，故一度造成長江流域地區的外國輪船與居民大為恐慌、紛紛自危。影響所及，在長江上游經營航運業務的美商、英商以及其他外商公司均向有關當局提出強烈訴求，希望能夠在輪船上部署警衛以維船員安全。[16] 又因此次劫案發生在夜晚輪船下錨停泊之時，美國海軍即警告航行長江上游的所有美國輪船，盡量不要在危險區域下錨停泊，避免發生相同意外。[17] 至於代理字水輪船務業務的大來輪船公司，更是直接要求其代理的字水、夔門（SS *Kwei Men*）兩輪立刻駛離長江上游地區，先前往上海暫避。[18] 由於長江上游盜匪肆虐，為了確保各國商輪航行安全，甚至擬議採取「聯合警防」措施，同時各輪也將「裝置武器，以圖自防」。[19]

　　然而，字水輪被劫掠、白蘭德被殺，是否真如上述《大陸報》等報紙報導所言，僅是「單純的海盜劫掠事件」？根據美國、英國使領機構與海軍的事後調查報告，字水輪被劫事件顯然並非如此簡單，而是牽涉到複雜的華洋衝突問題。事件背後更可能隱藏著赤裸裸的輪船與木船之爭，以及內戰期間輪船違反中立的矛盾糾

16　"Difficulties of Upper Yangtze Navigation: Fuller Details of the Deadly *Tzesui* Piracy," *The Hong Kong Daily Press*, 29 January 1924.

17　"Report Relative to the Death of Captain Brandt," by G.W. Simpson, Commanding Officer, U.S.S. *Palos*, 14 January 1924, RIAC, 893.8007/7.

18　"Shipping Notes," *The Singapore Free Press and Mercantile Advertiser*, 26 January 1924.

19　〈長江上游各國輪船將裝武器〉，《申報》（上海），1924 年 1 月 17 日，第四張。

葛。以下就參酌相關資料，進一步探討字水輪遇劫的真
正原因。

三、可能的其他原因（一）：輪船與木船的競爭與衝突

> 長江上游船舶增加，噸位大為擴張，輪船行駛灘峽
> 間，漸見順利，大有取向有帆船代之之勢。年終時
> 長江水淺（大輪無法通行），小輪亦通行無阻……
> 一二小輪於淺水時照舊開行者，大獲其利。
>
> 《上海總商會月報》（1923 年 8 月宜昌商情）[20]

　　就字水輪劫案來說，因船長白蘭德為英國人，事發
後英國駐重慶領事即出面與當地駐軍川軍第二軍軍長楊
森會晤，商談善後辦法。英國領事懷疑白蘭德之死與木
船幫有很大的關係，故要求楊森採取行動，調查木船幫
在此案中扮演的角色。楊森除為白蘭德之死向英國領事
道歉外，也允諾將派遣密探混入木船幫眾之間，弄清木
船幫的抵制輪船行動，查明元兇，並表明將處決任何涉
入白蘭德謀殺案之人。[21]

　　英國領事的懷疑，並非無的放矢。英國海軍「中
國艦隊」（China Station）駐上海情報官給海軍部的

20　〈各埠商情：宜昌〉，頁 15-16。

21　"Report Relative to the Death of Captain Brandt," by G.W. Simpson,
　　Commanding Officer, U.S.S. *Palos*, 14 January 1924, RIAC,
　　893.8007/7.

報告，即指明這是一起木船與輪船利害之爭的蓄意殺
人事件：

> 1月4日，盜匪在高家鎮登上字水輪（懸掛中國
> 旗），英籍白蘭德船長慘遭殺害。並無其他外人
> 在船上。據信這是木船幫的傑作，因為他們痛恨
> 輪船在低水位期間行駛長江流域。在去年低水位
> 航季時，因為沒有輪船行駛，木船因此得以獨佔
> 貨運。[22]

英國海軍小鳧號艦長佘費爾德（A. Thurfield）事後
檢視字水輪，即認為此案極可能是預謀犯案，部分海盜
偽裝成一般乘客事先登上字水輪，之後再伺機劫掠。[23]
而且，根據英國領事的正式調查報告，也印證佘費爾德
的看法，這是一起預謀犯案：部分匪徒假扮乘客在萬縣
登船，待字水輪晚上下錨暫泊後，船上匪徒再登岸與岸
上伙伴取得聯繫，然後一舉攻擊輪船。匪徒登船後，
其中一名匪徒即高喊「殺死船長、領航員與買辦」。
匪徒對船上乘客的劫掠，似乎也只是虛應一下，目的
只在於掩飾真的目的。顯見，他們此次行動的主要目
標，不在於強劫，而是殺害船長。因此，英國領事認
為，犯案動機可能是「木船幫的預謀，他們付錢讓盜匪

22　"Part Taken by H.M. Ships during the Fighting in Szechuan from
　　August 1923 to March 1924," China Station to Admiralty, June 1924,
　　FO371/10243.

23　"The Report of the Commanding Officer H.M.S. *Teal*," 5 January
　　1924, RIAC, 893.8007/8.

除掉白蘭德」。[24] 美國海軍派洛斯號軍艦艦長也同樣猜測字水輪事件與木船幫眾抵制低水位期間的輪船營運有所關係。[25]

　　字水輪事件與船長白蘭德被殺恐非單純的海盜搶劫輪船殺人事件，背後可能牽涉到複雜的輪船與木船之爭。由於長江上游特殊的地理環境，只有夏季時雨水充足，水位加深，吃水較深的輪船才能正規行駛；[26] 一到冬季，長江上游水位低下，正規輪船航運多半停駛，[27] 而只剩吃水甚淺的木船幫能繼續經營長江上下行的航運業務，造成人貨運費騰貴。[28]

24　此處英國領事調查報告，乃英國軍艦赤頸鴨號（HMS *Widgeon*）艦長出示給美國軍艦派洛斯號艦長辛普森。此外，辛普森還懷疑連字水輪的領航員也涉入其中；因為長江流域的輪船領航員多半出身於木船幫，與其關係匪淺，加上字水輪事件中，領航員並未遇害。"Report Relative to the Death of Captain Brandt," by G.W. Simpson, Commanding Officer, U.S.S. *Palos*, 14 January 1924, RIAC, 893.8007/7.

25　"Eugene T. Oates, Monocacy to Commander, Yangtze Patrol," 15 January 1924, Box 433, OY Files, RG 45, National Archives and Records Administration, Washington, D.C.(NA), cited from William Reynolds Braisted, *Diplomats in Blue: U.S. Naval Officers in China, 1922-1933*, p. 81.

26　長江上游適合輪船航駛的季節（the steamer navigation season），大約是每年 4 月 15 日至 11 月 15 日。一過 11 月中旬，水位下降，輪船只能行駛到宜昌，而無法再往上游行駛。見 "The Robert Company, Shanghai to Legation of the United states of America, Peking," 5 October 1921, RIAC, 893.00/4156.

27　例如 1917 年 3 月英國領事官竇爾慈（B. G. Tours）應北京公使館之命，從湖北宜昌前往四川重慶，以便再從重慶前往貴州與雲南東部視察鴉片問題。竇爾慈在此趟旅程雜記中即提及：「由於是低水位期間，宜昌與重慶之間沒有輪船運輸，往來只能依靠中國木船」。見 "Notes on an Overland Journey from Chunking to Haiphong," *The Geographical Journal*, Vol. 62, No. 2 (August, 1923), p. 117.

28　每年 1-3 月冬季低水位期間因為長江流域水淺、流速慢，是木船船運最活絡的時期，此外 3-4 月、9-10 月等也十分適合木船航運。但一到 6-8 月夏季高水位期間，因為水流湍急，反倒不利

　　其實，早在晚清、民初時期，關於長江夏季與冬季高低水位情況，以及新輪船與原有木船之間如何調適問題，即已有所討論。晚清四川成立官商合辦的川江輪船公司，計畫開辦輪船航運之初，四川總督趙爾巽、重慶勸業道周養培等即嘗擬議：夏季高水位期間，輪船可全面航行，但冬季低水位期間則將宜昌、重慶之間航路區分為三段，第一段宜昌至新灘間使用木船（民船），第二段新灘到興隆灘使用吃水較淺的輪船，第三段興隆灘到重慶則使用吃水較深的輪船。[29] 到了民國初年，1915 年又在海關稅務司的提案與交通部的許可下，決定將長江流域冬季低水位期間的宜昌、重慶航路區分為四段：第一段由重慶到興隆灘由川江輪船公司的蜀亨、蜀通號輪船行駛、第二段興隆灘到新灘，由川路公司的大川、利川兩輪行駛、第三段新灘到崆嶺灘則由木船（民船）行駛，第四段崆嶺灘到宜昌則由瑞慶公司的瑞餘、慶餘輪船行駛。[30] 但是晚清、民初時期輪船航運事業雖已逐漸有所成長，但並未危及到木船原有的生計。因此那時區隔輪船與木船航行路段的作法，與其說是照顧木船業，倒不如說是因輪船吃水較深，無法全年航行，故利用吃水淺的木船來彌補輪船不足之處，專門航行冬季低水位期間長江流域特定水道。

　　木船航行。見 Harold J. Wiens, "Riverine and Coastal Junks in China's Commerce," *Economic Geography*, Vol. 31, No. 3 (July, 1955), pp. 248-264.

29　東亞同文會編，《支那省別全誌：四川省》（東京：東亞同文會，1917），頁 386-388。

30　東亞同文會編，《支那省別全誌：湖北省》（東京：東亞同文會，1918），頁 298-299。

　　但是歐戰以後的情況則大為不同，1920 年代美、
英、日等外國輪船公司紛紛開始經營長江上游地區的輪
船航運業務。根據英國「皇家地理學會」（The Royal
Geographical Society）的報導，自 1920 年開始上海地
區的造船廠已開始大量建造專門適合長江上游航運的新
式輪船。[31] 英國海軍「中國艦隊」總司令（Commander-
in-Chief, China Station）在 1921 年 4 月的報告中，亦清
楚述及英商隆茂洋行（Messrs Mackenzie and Co.）購買
一艘名為蜀通號（SS *Shutung*）的輪船，並準備用之行
駛於長江流域重慶與敘府之間。該司令並強調蜀通號是
英國第一艘能航行重慶再上游地區水路的輪船。[32] 重慶
海關稅務司 1921 年年度報告中，亦提及長江上游川江
流域已出現 4 艘「小輪」，包括峽江輪、嘉定輪、長
慶輪以及川南輪。特別是川南輪，屬於英商白理洋行
（Messrs Barry & Dodwell）所有，「長 7 丈 5 尺，受載
噸位 62 噸，構造形式適合裝客運貨之用，其由（長江）
下游上水來渝，全恃自有之馬力，此輪為川江汽油商輪
之嚆矢」。[33] 到了 1924 年時，造船廠更建造出吃水更

31　Alexander Hosie and H. P. King, "Steam Traffic on the Yangtze:
　　Population of Szechuan," *The Geographical Journal*, Vol. 64, No. 3
　　(September, 1924), pp. 271-272.

32　英國「中國艦隊」司令稱此事為「英國商船在重慶上游的營運」
　　（Running of British Merchant-ship above Chunking），也相信
　　這將會造成英法之間的商業競爭，因為法國很明顯地將重慶以
　　西的四川視為其「特殊地區」。見 "Commander-in-Chief, China
　　Station, to Admiralty," 20 April 1921, FO371/6601.

33　〈中華民國十年重慶口華洋貿易情形論略〉，上海通商海關造冊
　　處譯，《中華民國海關華洋貿易總冊》（臺北：國史館史料處，
　　1982，重印版），1921 年第 1 卷，頁 17。

淺，能全年航行長江流域（遠及四川敘府、宜賓地區）
的小型蒸汽輪船以及使用汽油的內燃機輪船（motor
boats）。[34]

這些輪船的出現，勢將嚴重衝擊當地原有產業，木
船業者面臨生計危機，反彈愈見激烈，手段也愈趨兇
狠。一個有名的衝突案例即是發生在 1922 年 8 月的法
商福源輪事件。原先視鹽運為禁臠的木船業者，在鹽商
轉向輪船運輸後，開始展開報復性的措施，聚眾搗毀了
正在重慶裝運鹽的法國輪船福源輪，造成船身嚴重毀
損。《字林西報》稱此事件為「機器對抗人力的老故
事，最終勝利的將是機器，但此時此刻木船夫們擔心將
會失去生計，用他們的方式來表示抗議」。[35] 為了求生
存，木船業者多視長江流域冬季航運業務為其獨佔生
意，甚至不惜使用極度暴力的方式來維護利益，舉凡聚
眾抵制、包圍碼頭、攻擊輪船，甚至死亡威脅等，都是
木船業者慣常使用的手段。[36]

> 據了解長江流域的木船幫眾正準備策動一項圖謀，
> 亦即不准輪船在特定時期行駛宜昌、重慶航路，也
> 就是每年農曆 10 月 1 日至隔年 3 月 1 日（約西曆

---

34 Alexander Hosie and H. P. King, "Steam Traffic on the Yangtze:
Population of Szechuan," pp. 271-272.

35 "Machinery Versus Manual Labor: The Junkmen's Demonstrative
Protest," *The North China Daily News*, 11 September 1922.

36 "Riots on the Yangtze: Steamer Versus Junk," *The Times*, October 28,
1921;〈中華民國十一年重慶口華洋貿易情形論略〉，上海通商海
關造冊處譯，《中華民國海關華洋貿易總冊》，1922 年第 1 卷，
頁 11。

11 月 19 日至隔年 4 月 19 日）。當然，大型輪船本
來在 11 月之後即無法航行（因吃水重無法在冬季
低水位期間航行），但是聽說正有 1、2 艘小輪船
正在建造中，其目的無非讓輪船航運全年通行。[37]

而白蘭德正是少數十分熟悉長江流域水文情況的外
國船長之一，據報載：

白蘭德，45 歲，出生於香港，終其一生幾乎都在
中國沿海與內河航行。過去 14 年裡白蘭德都在長
江三峽擔任船長。他在上海知名度甚高，特別在航
海人之間，而且是長江流域所有外籍船長中最有經
驗的其中之一。[38]

由此可知白蘭德對長江流域水文情況甚為熟悉。他
企圖利用吃水較淺的小輪船在冬季時繼續輪船航運業
務。雖然長江枯水位期間行駛輪船利潤高，但風險亦
大。因為冬季水位較低，輪船行駛稍有不慎即可能觸
礁。據統計僅 1923 年底至 1924 年初的長江上游冬季輪
船航運期間，雖尚未有輪船沉沒事件，但至少就有 6 艘
輪船因觸礁而受損。[39] 風險雖大，然而由於冬季輪船航

37　"The Junk Traffic," *The North China Daily News*, 3 October 1922.

38　"Bandits Slay British Ship Captain on Yangtze: J. Brandt is Murdered
　　by Brigands in Szechuan; Chinese Shroff also Slain; Passengers Are
　　Injured; Suspect Troops; Defeated Soldiers of the First Division
　　Blamed," *The China Press*, 8 January 1924.

39　"Low Water Forces Halt on Upper Yangtze Ships," *The China Press*, 13

運的巨大利潤，依然吸引著中外各輪船公司紛紛建造新
式淺水輪投入長江流域冬季航運市場。除了字水輪以
外，新完工的江南輪（SS *Kiangnan*）亦投入長江流域宜
渝段營運。當江南輪完工下水、進行處女航時，上海
《大陸報》還特別報導：

> 宜渝段冬季航運將有可觀的利潤。另外一艘新輪船
> 已投入營運。該船由江南造船廠製造……昨日早上
> 進行處女航，滿載貨物前往重慶，據說江南號承運
> 量 160 噸、吃水 5 呎、航速 14.5 節。此項投資將
> 會有很好的回報，因為此時運送棉紗由宜昌前往重
> 慶，每捆運費高達 28 兩。[40]

　　1922 年底英商白理洋行又再從英國進口一艘汽油
動力的小輪船川東號（SS *Chwan Tung*），計畫在上海組
裝後，投入長江流域營運。[41] 1923 年 9 月，又有一艘
新式雙螺旋 SS *Kiou Ming* 在上海舉行下水典禮，該輪船
預計將在夏季時行駛長江流域重慶、敘府之間，冬季則
行駛於宜昌、重慶之間。下水典禮且由白蘭德的夫人主
持，顯見白蘭德與長江流域冬季輪船航運業務有相當密
切的關係。[42] 根據上海總商會的統計，1923 年下半年，

February 1924.

40　"Yangtze Steamer Tsesui in Mishap, But is Repaired," *The China Press*,
　　4 January 1923.

41　"Chunking Intelligence Report," 2 December 1922, FO 371/9203.

42　"Launch New Ship for Service on Upper Yangtze," *The China Press*, 13
　　September 1923.

一共有 4 艘小輪船在冬季低水位期間行駛長江流域宜渝段。[43] 到了 1924 年 1 月時，甚至有 9-12 艘小輪船在冬季時航行於長江上游地區。[44]

究其實際，早在英國駐重慶領事 1922 年 12 月份的地方政情報告中，即清楚點出長江上游冬季低水位期間的高運費與高獲利，已經促使船商積極投入宜渝段冬季輪船航運的市場。就運費來說，冬季輪船運費費率遠比夏季高出 3 倍有餘。以進出口大宗的棉紗與羊皮為例，棉紗冬季從宜昌上運至重慶，每大捆運費為 26 元，但夏季只有 8 元；而羊皮冬季從重慶下運至宜昌，每擔運費為 7 元，但夏季則只有 2 元。在客運方面，冬季輪船票價也比夏季高，平均來說，三等艙房船票從宜昌到重慶每張要價 42 元，從重慶到宜昌則要 20 元。部分輪船業者甚至準備仿效晚清的作法，將宜渝段冬季輪船航運實行分段聯運，第一段宜昌至新灘段、第二段新灘至興隆灘、第三段則是興隆灘至重慶，其中水位甚淺的第一段與第二段由字水輪與大發輪（SS *Dah Vah*）等小輪船負責行駛，水位較深的第三段則由峽江輪（SS *Hsia Chiang*）負責。尤有要者，吃水較淺的小輪船可以全年營運，冬季時因長江流域宜渝段水位低，大型輪船停駛，小輪船即可取代大型輪船行駛於營運量大的宜渝

43　《上海總商會月報》即稱：「（長江上游冬季）江水驟淺，至 11 月底，較大輪船停止開行，僅有淺水輪某號 4 艘照常往來，其中三艘係在上海新造，平均每艘載重 200 噸。」見〈各埠商情：萬縣〉，頁 15-16。

44　"Another Yangtze Ship Forced to Pay Tribute," *The China Press*, 23 January 1924.

段；到了夏季大輪船復駛時，小輪船則改行駛重慶再上游地區，如重慶往來敘府（宜賓）、嘉定（樂山）等航段。再者，小輪船造價低廉，在冬季航運高獲利的情況下，可以在短時間內迅速回本。以字水輪、大發輪與江南輪三艘小輪船為例，平均僅約需在長江流域宜渝段來回航行 6-8 次，即可回本（造價）。[45]

表 10-1　英國駐重慶領事館統計長江流域宜渝段冬季
輪船航運情況（1922.12）

輪船名	造價（元）	平均每次來回獲利（元）
字水	185,000	25,000
大發	135,000	23,000
江南	220,000	25,000

大量淺水小輪船的出現，勢將嚴重危及木船業的生計，自然造成木船業者極大的不滿與憤恨，早已多次威脅要殺死白蘭德。其實，白蘭德原宣布在航行完 1924 年航季後即要退休前往上海生活，或許就是受到死亡威脅，故心生退休之念。[46] 木船業者甚至提供賞金，給任何能殺掉這些外籍船長的海盜。所以木船幫眾假裝或唆使海盜，搶劫殺害白蘭德的可能性極高。[47] 除了白蘭德

45　"Chunking Intelligence Report," 2 December 1922, FO 371/9203.

46　關於白蘭德準備退休消息，見 "Bandits Slay British Ship Captain on Yangtze: J. Brandt is Murdered by Brigands in Szechuan; Chinese Shroff also Slain; Passengers Are Injured; Suspect Troops; Defeated Soldiers of the First Division Blamed," *The China Press*, 8 January 1924.

47　"Murder of Captain F. Brandt and Looting of the Chinese Steamer *Tze Shui*," American Consul, Chungking to the Secretary of State, 18 January 1924, RIAC, 893.8007/7; "Report Relative to the Death of Captain Brandt," by G.W. Simpson, Commanding Officer, U.S.S. *Palos*, 14 January 1924, RIAC, 893.8007/7.

之外，長江流域其他外籍船長亦接到類似的匿名死亡威
脅，故紛紛離開四川前往長江下游或回國避難。

> 我們知道白蘭德船長被打倒殺害，也有消息指出皮
> 德肯船長（Captain Pitcairn）也面臨相同的命運，
> 所幸他（可能為了自身的安危）已經（離開長江流
> 域）回到上海。然而仍有理有相信，其他船長可能
> 會遭到類似的卑鄙對待。[48]

依據美國重慶領事館的報告，對於推動長江上游的
輪船航運貢獻卓著的兩位外籍船長——皮德肯船長以及
漢尼亞船長（Captain Hanniah, 蓉江輪 SS *Yun Kiang* 船
長）——也都收到匿名的死亡威脅通知。白蘭德死訊一
傳出，漢尼亞船長隨即打包行李，乘坐第一班英國輪船
前往上海，而皮德肯船長在自願帶領字水輪駛回宜昌
後，也準備離開返國。[49] 至於大來公司代理的字水、夔
門兩輪之所以在事件發生後緊急駛離長江上游，可能也
是因為擔心木船幫會恐怕還會有後續暴力行動，故先
前往上海以暫避風頭。[50] 美國重慶領事館即認為「很不

48　"The Wanhsien Outrage," *The China Press*, July 4, 1924.

49　"Murder of Captain F. Brandt and Looting of the Chinese Steamer
　　Tze Shui," American Consul, Chungking to the Secretary of State, 18
　　January 1924, RIAC, 893.8007/7.

50　大來公司經理雖然解釋這兩艘中國輪船調往上海的原因，在於避
　　免四川軍閥的徵用，但美國海軍派洛斯號艦長認為可能是受到
　　殺害威脅，所以才駛離長江流域。"Report Relative to the Death
　　of Captain Brandt," by G.W. Simpson, Commanding Officer, U.S.S.
　　Palos, 14 January 1924, RIAC, 893.8007/7.

幸地，木船業者的流血行動，已經達到他們想要的結果……對輪船冬季航運影響甚大。」除非在輪船上派駐武裝人員，並加強輪船防護裝備，否則輪船在冬季進行航運業務勢必危機重重。[51] 外商輪船公司同樣也向各國政府當局反應，希望能在輪船上派駐武裝士兵，以保護船上外籍船員的安全。[52]

因此，雖然字水輪事件發生之後，木船幫會已向重慶的河道監督（River Inspector）保證他們與白蘭德之死毫無關係，但事實上長江流域各輪船的引水人仍然接到匿名的威脅信，而且據稱此類信件即是來自與木船幫會有密切關係之人。威脅信中，還強調冬季航行的輪船，將會剝奪木船幫眾其及妻小賴以維生的生計。另外也有消息指稱木船幫眾能夠接受冬季航行的輪船數目為3艘，但目前卻有高達12艘輪船航行，關於適當的輪船數量則在協商之中。[53]

由以上的情況可知，白蘭德之死與長江流域生死攸關的木船與輪船之爭，很難擺脫關係。或許即是受到字水輪事件的影響，到了1924年11月長江上游低水位期間，當木船幫眾再度提出外國輪船公司不得運送桐油、

---

51 "Murder of Captain F. Brandt and Looting of the Chinese Steamer *Tze Shui*," American Consul, Chungking to the Secretary of State, 18 January 1924, RIAC, 893.8007/7.

52 "Another Yangtze Ship Forced to Pay Tribute," *The China Press*, 23 January 1924.

53 "Another Yangtze Ship Forced to Pay Tribute," *The China Press*, 23 January 1924; "Difficulties of Upper Yangtze Navigation: Fuller Details of the Deadly *Tzesui* Piracy," *The Hong Kong Daily Press*, 29 January 1924.

鹽、糖、紙等貨物的要求時，美國、英國等公司最後選
擇接受木船幫眾的條件。[54]

　　直言之，自歐戰結束，到了 1920 年代，美、英、
日、法、義等列強無不競相戮力於開拓長江上游航運市
場，影響所及，大量駛入長江上游的輪船，開始逐漸取
代當地水域原有的木船（各類傳統使用木結構船體、風
帆動力的民船等）。輪船與木船之間競爭激烈，遂造成
許多華洋衝突案件。而競爭的結果，很顯然地，傳統木
船敗下陣來，最終無力抵抗輪船的入侵。其中，最有力
的證明，即是長江上游各海關的統計資料，在 1920 年
代上半期，木船報關的船隻數量與噸位數，均陸續呈現
大幅衰退的現象。[55]另外一項證據，則是根據當時日本
外務省留學生吉川重藏的調查統計，自 1919 至 1928 年
長江上游宜昌到重慶段營運的木船數量開始急遽減少，
從原先 1919 年的 846 艘、1924 年的 339 艘，到 1928
年的 3 艘，木船業者的慘烈情況由此更可見一斑。[56]即
是之故，被迫失去生計的木船幫眾，自然對於輪船業者
普遍抱持極度敵視與仇恨之心。所以，字水輪劫案也非

54　"Robinson, *Monocacy*, Chunking to Commander, Yangtze Patrol," 10
　　November 1924, OY File, Box 433, RG45, NA, cited from William
　　Reynolds Braisted, *Diplomats in Blue: U.S. Naval Officers in China, 1922-
　　1933*, p. 84.

55　宜昌關、重慶關、萬縣關〈民國五年至十四年海關按照普通行輪
　　章程出入口之船隻按年各數〉，上海通商海關造冊處譯，《中華
　　民國海關華洋貿易總冊》，1925 年第 1 卷，頁 11、16、24。

56　〈峽江航路ニ關スル調查報告書（外務省留學生吉川重藏）〉，
　　在中華民國日本公使館參事官矢野ヨリ外務省大臣幣原喜重郎殿
　　宛，1931 年 12 月 4 日，日本外務省外交史料館藏，《外務省記
　　錄》，F-1-5-0-2。

單一事件，類似肇因於木船與輪船之爭的華洋衝突案件，經常在長江上游地區發生。[57]

四、可能的其他原因（二）：內戰期間輪船違反中立原則爭議

雖然白蘭德之死極可能與輪船與木船之爭有關，然而另外一個可能的原因則是白蘭德與川軍楊森之間有著密切合作關係，導致其他與楊森敵對的川軍勢力的仇恨，故痛下殺手。

四川省收入大宗之一即是靠出口鴉片。[58] 四川涪州一帶盛產鴉片，「川土」的輸出每年給川軍帶來龐大的收益。如何穩定將「川土」由上游地區轉運到漢口販售，成為川軍確保收入來源的重要關鍵。[59] 尤其如能獲得懸掛外旗的輪船協助，將更能不受干擾，大量、安全

---

57 除了字水輪案外，著名的中英萬縣案也是類似情況；此外，長江上游地區還有許多其他大大小小各種由木船幫眾發起的抵制與報復行動，基本上均是木船與輪船的生計之爭所引發的衝突案件。中英萬縣案，見應俊豪，〈航運、砲艦與外交—1924年中英萬縣案研究〉，頁287-328。；長江上游其他木船幫眾抵制行動，見應俊豪，《外交與砲艦的迷思：1920年代前期長江上游航行安全問題與列強的因應之道》，頁35-55。

58 川鹽與川土（鴉片）為四川兩大向外輸出商品。20世紀初期鴉片即已成為四川出口大宗，每年生產鴉片約17.5萬擔、值3,500萬兩海關銀，其中向長江中下遊輸出約5.5萬擔，值1,200萬海關兩，《海關貿易十年報告（1902-1911）》亦云：上海每年「多在夏初鴉片上是旺季時，將款匯兌到渝，由渝運進內地購買鴉片的生銀又漸漸流回重慶，用以購買洋貨」。見王笛，《跨出封閉的世界—長江流域區域社會研究1644-1911》（北京：中華書局，2001），頁292。

59 陳志讓，《軍紳政權：近代中國的軍閥時期》（桂林：廣西師範大學出版社，2008），頁73-74、136-137。

地輸出鴉片。例如美國捷江輪船公司即涉嫌在長江流域地區替川軍從事鴉片運輸貿易，而遭到美國駐華使領的質疑。[60] 因此，楊森與白蘭德合作且擁有字水輪股份，也就不足為奇。不過，造成白蘭德被殺害的原因，可能並不僅是因為鴉片等商業利益衝突問題，尤其還包括運送軍火。[61]

1923、1924 年間四川內戰異常激烈，除川軍第一軍（立場傾向南方）、第二軍（親北方與直系）彼此交戰外，直系軍閥兩湖巡閱使吳佩孚的援川軍也加入戰局，協助川軍第二軍反攻四川，更使得戰局僵持延長。[62] 但因川中鋼鐵物資缺乏，故相關軍火器械若非由成都兵工廠供給，則需由上海、漢陽等地兵工廠上運，但運送的軍火卻經常被交戰的川軍派系所截留。因此，內戰期間軍火運輸順暢與否，關係戰場優勢甚鉅，故爭議也極大。[63] 美國駐重慶領事館即認為白蘭德之死可能與內戰期間字水輪違反中立與禁運原則，替軍隊運送軍火，故遭敵對的川軍第一軍殺害搶劫有關。因為字水輪與四川第二軍軍長楊森有利益關係，[64] 楊森素來與

---

60 William Reynolds Braisted, *Diplomats in Blue: U.S. Naval Officers in China, 1922-1933*, pp. 86-89.

61 在派洛斯號艦長辛普森報告中，即提及白蘭德可能因為出賣當地鴉片走私商人，故遭其挾怨殺害。但辛普森認為可能性不大。"Report Relative to the Death of Captain Brandt," by G.W. Simpson, Commanding Officer, U.S.S. *Palos*, 14 January 1924, RIAC, 893.8007/7.

62 〈仍在僵持之四川戰事〉，《大公報》（天津），1924 年 1 月 16 日，第 2 版。

63 〈重慶通訊〉，《申報》（上海），1924 年 1 月 15 日，第 3 張。

64 "Murder of Captain F. Brandt and Looting of the Chinese Steamer

外國人保持相當友好的關係。[65] 美國海軍派洛斯號艦長辛普森的報告中，則坦言當地華人盛傳楊森與白蘭德交往甚密，白蘭德還曾替楊森運送軍火；但白蘭德卻拒絕為與楊森敵對的川軍第一軍運送軍火，因此招來殺機，被川軍第一軍出錢買匪殺白蘭德。也由於白蘭德與楊森關係匪淺，辛普森認為美國無須派遣軍艦前往事發當地，因為楊森與他的第二軍自會去追緝原兇。[66]

早在大來公司承接字水輪業務時，美國駐重慶領事館即通知大來公司，該輪船與川軍將領楊森有利益關係，故將來如發生事故，恐將波及大來公司的商譽。果不其然，字水輪後來遭到海盜襲擊，船長白蘭德遇害。據傳可能的原因之一即是該船替楊森運送軍火，而遭敵對川軍襲擊。[67]

依照領事裁判權的條約規定，係採被告審理主義，故中國地方軍事當局對於涉及違背中立走私軍火的外國（有約國）商人，基本上並無管轄權，僅能通知該國領事依各國法律處理。[68] 但各國領事願不願受理處理，

　　Tze Shui," American Consul, Chungking to the Secretary of State, 18 January 1924, RIAC, 893.8007/7.

65　"Political Events in Szechuan Province," from American Consulate, Chunking to the Secretary of State, 2 November 1921, RIAC, 893.00/4163.

66　"Report Relative to the Death of Captain Brandt," by G.W. Simpson, Commanding Officer, U.S.S. *Palos*, 14 January 1924, RIAC, 893.8007/7.

67　"Murder of Captain F. Brandt and Looting of the Chinese Steamer *Tze Shui*," American Consul, Chungking to the Secretary of State, 18 January 1924, RIAC, 893.8007/7.

68　〈中美續約附立條款〉，1880 年，黃月波等編，《中外條約彙編》，頁 132-133；郝力興，《領事裁判權問題》（上海：商務印

或是如何處理，中國方面多半並無置喙的餘地。即是之
故，依照領事裁判權的處置方式，懲戒之效其實相當有
限，所以部分不肖的外國（有約國）商人在貪圖厚利的
情況下，一再違背中立原則，利用輪船走私軍火，自然
引起四川軍閥對外國輪船的強烈不滿與敵意。例如惡名
昭彰的軍火掮客瑞士籍商人衛得勒（Klly Widler）屢次
走私軍火入川，造成部分四川軍閥的痛恨。四川軍事當
局雖向重慶領事團反映，希望能將之逮捕審判，但因瑞
士在四川並無設置領事館，故如欲將衛得勒繩之以法，
只能通知遠在數千里之外的瑞士駐上海總領事館來處
理。毫無疑問的，欲依領事裁判權的規定來處理衛得
勒，基本上是難以執行的。[69]

　　而當仇恨既然不易尋正規外交審判方式獲得宣洩，
只能訴諸於武力或暴力。尤其四川內戰期間，彼此敵對
作戰的地方軍閥，為了防止走私的軍火資敵，往往選擇
相當極端的方式來處理輪船走私軍火問題，最常見的即
是下令部隊開槍攻擊輪船，封鎖河道，有時甚至不惜攔
截輪船，殺人洩恨。例如 1923 年 8 月間，美商大來輪
船公司所屬大來喜輪，即曾因當地報紙報導疑似替吳佩
孚運送軍火前往重慶給北方軍隊，而在涪州遭到周西成

　　　書館，1925），頁 7、38；Kwan Hai-Tung, "Consular Jurisdiction:
　　　Its Place in the Present Clamor for the Abolition of Treaties," *Pacific
　　　Affairs*, Vol. 2, No. 6 (June, 1929), pp. 347-360。

69　關於衛得勒走私軍火問題，可見美國駐重慶領事館的報告，
　　　"Political Conditions in Szechuan," American Consulate, Chunking to
　　　American Minister, Peking, 14 September 1923, RIAC, 893.00/5288.

所部黔軍（隸屬於川軍第一軍）的開槍攻擊。[70] 其次，最明顯的例子則是發生在 1923 年 9 月，川軍第一軍部隊假扮乘客，攔截、攻擊替北方軍隊運送軍火的日商日清輪船公司輪船宜陽丸。[71] 雖然字水輪被劫掠時船上並未運有軍火，但由上述兩例情況看來，白蘭德被殺也可能與川軍第一軍挾怨報復有關，故串通海盜殺人，或是在殺人之後諉之於海盜。[72]

五、 華輪還是美輪？美國駐華使領與海軍當局對華輪懸掛美旗爭議的態度

　　此案還有一項爭議，即美商大來公司僅是代理字水輪業務，該輪船本質上仍然是中國輪船。字水輪初始加

70　吳佩孚派兵介入四川戰事，支援川軍第二軍楊森回攻川軍第一軍之後，兩艘懸掛法國旗的中國輪船疑似替吳佩孚運送軍火與軍隊前往四川，而遭到其他川軍的敵視，部分中國地方報紙送報導美商大來喜輪也涉入其中，不過雖經美國重慶領事的調查、抗議與大來公司的澄清，強調美國輪船並未涉入軍火走私活動，但大來喜輪還在航經涪州時遭到周西成部隊的攻擊。美國海軍派駐在大來喜號上的水兵也開槍還擊，雙方相互駁火約 15 分鐘。關於此事經過，可以參見美國重慶領事的報告，"Attack on SS *Alice Dollar* at Foochow," from American Consulate, Chunking to the Secretary of State , Washington, 14 August 1923, RIAC, 893.00/5207.

71　應俊豪，〈內戰、輪船與綁架勒贖：中日宜陽丸事件（1923-1924）〉，頁 117-137。

72　此乃《大陸報》引述「宜昌的官方電報，字水輪被劫掠時，船上並未運有武器與彈藥」。見 "Pirates Loot in Raid on *Tsesui* over $20000," *The China Press*, 16 January 1924. 此外，《申報》在報導中，亦引述不確定的傳聞消息，稱犯案之人疑似為「川軍某部下」，犯案動機可能因字水輪「前帳房與川軍某部有隙，此次特為報復」。見〈字水川輪被劫詳情〉，《申報》（上海），1924 年 1 月 20 日，第三張。

入長江上游航運市場時，原先乃是懸掛法國旗。[73] 但根據日本駐重慶領事館的資料，字水輪在 1922-23 年時改由日商日清汽船會社租用（charter），1924 年又再改由美商大來輪船公司代理。顯見字水輪的中國籍船東，意圖藉由外國輪船公司代理或租用名義，託庇於外國通商特權之下，取得懸掛外旗的權利。[74] 但字水輪打著美商代理的名義，於船首懸掛大來洋行公司旗，煙囪也漆著貌似大來洋行標誌的符號，意圖藉此混充美國輪船。[75] 而社會上，也普遍將字水輪誤認是美國輪船。美國駐重慶領事即向大來公司抱怨，一般仕紳每當談論到字水輪事件時，就說「此案將會成為中美之間嚴重的問題」，然而問題是，字水輪並非美國輪船。一則四川地方報紙《新蜀報》評論甚至稱，「除了江源輪（SS *Chiang Yuan*）外，所有輪船盡是懸掛外國旗，在外國的控制之下」，易言之，字水輪也被歸類為外國（美國）輪船。[76] 漢口英文報紙《漢口獨立新聞報》（*Independent News of Hankow*）以「攻擊懸掛美旗船隻的暴力事件」

---

73 〈四川航路競爭〉，（日本）《大阪每日新聞》，1922 年 9 月 3 日。

74 字水號與日清汽船會社的關係，見〈米司令官ノ提議ニ對スル重慶領事團ノ意向ヨリ見タル本警告實顯方法ニ關スル希望〉，重慶貴布根康吉ヨリ漢口小林司令官閣下宛，1923 年 1 月 10 日，日本外務省外交史料館藏，《外務省記錄》，5-3-2/ 5-1427。

75 "Murder of Captain F. Brandt and Looting of the Chinese Steamer *Tze Shui*," American Consul, Chungking to the Secretary of State, 18 January 1924, RIAC, 893.8007/7.

76 該則報導出自 "A Crisis in Szechuan River Shipping," *Hain Shu Pao*, 29 December 1923。以上兩則例子均見於美國駐重慶領事給大來公司經理人的信件內，見 "American Consulate, Chunking to A.G. Fleming, Robert Dollar Company," 9 January 1924, RIAC, 893.8007/7.

來形容字水輪事件。[77]《香港華字日報》更是直稱「美商字水輪由宜駛渝，4日被匪劫，船主帳房被殺死，該輪現拋江中」。[78]

究其實際，1923年9月間，美商大來公司與中國輪船業者大川通公司簽訂合同，代理該公司行駛宜昌、重慶間的字水與夔門兩艘輪船業務。舉凡提貨、報關及一般商業事務均由大來公司經理，字水、夔門兩輪也能使用大來公司在重慶、宜昌的駁船、船塢及相關設備。不過，字水、夔門如涉及非法走私貿易，仍由中國船東大川通公司擔負所有責任。大來公司之所以代理中國輪船業務，乃因美輪吃水較深，無法於長江流域冬季低水位期間繼續航行，而代理吃水較淺的中國輪船，將可以使大來公司在冬季時仍能繼續營業，相關設備也不用閒置。再加上英國怡和洋行業已採購一艘吃水較淺的小輪船，以供冬季營運之用。基於長江流域外國航運激烈競爭的考量，如果大來公司不採取行動，代理中國輪船業務，勢將有損美商公司利益。[79]

而就中國輪船業者來說，由大來公司代理後，字水輪與夔門號兩艘輪船雖然船尾仍懸掛中國旗，卻可以在

---

77 "Commander, Yangtze Patrol Force to American Consul, Chunking," 26 January 1924, RIAC, 893.8007/13.

78 〈本報特電〉，《香港華字日報》，1924年1月10日第3頁。

79 事實上，除了大來公司之外，另外一家美商公司其來洋行也與中國的永順公司及益興公司簽約，分別代理該公司大發號輪船與益興號輪船（SS *Yi Hsing*），見 "Operation by American Firms of Chinese-Owned Steamers Plying between Ichang and Chunking," from Consul General, Hankow to the Secretary of State, 8 October 1923, RIAC, 893.85/12.

桅杆懸掛大來公司的公司旗（house flag）。合同當中，
又規定代理的大來公司必須「盡力保護輪船，對抗非法
的徵調；如徵調情形發生，代理人應透過當地力量，取
回輪船，不得犧牲船東利益。」因此，經由委託美商代
理業務，中國輪船不僅取得懸掛美旗的權利，也獲得美
商保護輪船利益的承諾。中國輪船業者所圖的，無非想
借用美國的力量，對抗四川軍隊對輪船航運的干擾。[80]

　　然而合約簽訂後不久，美國駐重慶領事史派克即寫
信警告大來公司：讓中國船懸掛美旗，一旦發生意外，
恐將損及美商公司的名聲。[81] 美國駐漢口總領事館也向
大來公司坦言，在現今長江流域混亂的情況下，美國政
府對於由美商公司代理的中國輪船，僅能提供口頭上的
照顧（由領事照會中國當局要求保護美商利益），而無
法提供實質上的保護：因為美國海軍長江巡邏隊，不太
可能像護衛美國輪船一樣，派駐武裝士兵登船保護。[82]
字水輪事件發生後，1924 年 1 月，美國駐重慶領事史
派克感到事態嚴重，再度警告大來公司：

> 此案將會在長江宜昌到重慶之間，部分的中國人心
> 中，形成一個印象，那就是大來公司的輪船（參

80　"Operation by American Firms of Chinese-Owned Steamers Plying
　　between Ichang and Chunking," from Consul General, Hankow to the
　　Secretary of State, 8 October 1923, RIAC, 893.85/12.

81　"American Consulate, Chunking to A.G. Fleming, Robert Dollar
　　Company," 9 January 1924, RIAC, 893.8007/7.

82　"Operation by American Firms of Chinese-Owned Steamers Plying
　　between Ichang and Chunking," from Consul General, Hankow to the
　　Secretary of State, 8 October 1923, RIAC, 893.85/12.

照仿冒的代理圖像與煙囪標誌〔即字水輪〕）被劫
掠、船長被謀殺，但是美國與中國當局卻沒有採取
任何積極的行動。不用說，這樣的印象，將會為你
們公司輪船，以及其他真正的美國輪船，帶來嚴
重、不好的影響。[83]

最後，史派克要求大來公司應立刻採取行動，不得
再利用美旗或美國公司標誌來保護中國輪船，以免損害
大來公司以及其他美商輪船公司的良好名聲。美國駐華
公使舒爾曼亦支持重慶領事館的建議。[84] 派駐在長江上
游萬縣的美國海軍蒙那卡西號軍艦艦長，也對大來公司
終止代理中國輪船一案表達看法：「就長遠來看，美國
公司代理中國船業務乃是不好的生意，我們必須採取
各種行動來謹慎地護衛河川（長江）上美旗的權利與
名聲」。[85]

其實，字水輪事件發生後不久，大來公司經理可能
即意識到上述可能的麻煩，已先主動要求去除船上標
誌；[86] 又鑑於駐重慶領事館的嚴重警告，故大來公司在

---

83 "American Consulate, Chunking to A.G. Fleming, Robert Dollar Company," 9 January 1924, RIAC, 893.8007/7.

84 "American Minister, Peking to American Consul, Chunking," 13 March 1924, RIAC, 893.8007/9.

85 "Lieutenant-Commander (Oates), U.S. Navy, Commanding, U.S.S. Monocacy to American Consul (Spiker), Chungking," 28 January 1924, RIAC, 893.8007/8.

86 不過，大來公司經理強調字水號上貌似大來公司的標誌，應是新近畫上去的，因他之前並沒有看到有類似標誌。"The Robert Dollar Company, Chungking to American Consul (Spiker), Chungking," 14 January 1924, RIAC, 893.8007/8

1924 年 2 月，宣布已終止包括字水輪在內共三艘中國
輪船的代理權，避免類似代理可能損及美旗尊嚴，影響
美商輪船公司名譽。[87] 美國駐華公使舒爾曼事後對於大
來公司的作法表示滿意，在給國務院的報告中，即強調
「在史派克的建議下，大來公司已經終止部份中國輪船
的代理業務」。[88] 其次，字水輪事件的另外附帶影響，
即美國駐華使領與海軍部門開始密切注意長江流域的中
國輪船，觀察船上標誌有無仿照美船形式，或是有無私
自懸掛美旗，讓公眾誤以為該船為美船。除了上述大來
公司代理的三艘輪船外，美商其來洋行代理的中國輪船
益興輪，也因船上標誌仿照美輪、私自懸掛美旗，而被
美國海軍發現。[89]

　　此外，雖然在美國領事壓力下，字水輪遭大來公司
解除代理權，但暫時避往上海的字水輪為求能繼續懸掛
外旗，遂向義大利駐上海領事註冊繳費，改懸掛義大
利旗。依據美國海軍長江巡邏隊 1924 年初的調查，華
輪懸掛外旗，以法旗與義大利旗為主。法國旗的行情為
註冊費 5,000 元，每月月費 500 元。基本上法國政府對
於懸掛法旗的規定非常寬鬆，除繳納月費外，只要中國

87　大來公司終止代理的三艘中國輪船，除字水輪、夔門輪外，尚有
　　SS *Hui Tung*，見 "The Robert Dollar Company, Chungking to American
　　Consul (Spiker), Chungking," 11 February 1924, RIAC, 893.8007/8;
　　"Robert Dollar Company's Cancellation of Agencies for Three
　　Chinese Steamers," American Consul (Spiker), Chunking to American
　　Minister (Schurman), Peking, 18 February 1924, RIAC, 893.8007/8.

88　"American Minister (Schurman), Peking to American Consul (Spiker),
　　Chunking," 22 March 1924, RIAC, 893.8007/8.

89　"Commander, Yangtze Patrol Force to American Consul General,
　　Hankow," 15 February 1924, RIAC, 893.8007/13.

船公司雇用法籍經理人或船長，亦可取得懸掛法旗的權
利。也由於法旗的浮濫，因此使得中外人士無不視此
為「醜聞」事件，四川的軍事與民政當局也日漸不尊
重懸掛法旗的輪船，從而導致其他外籍輪船也一併受
害。[90] 至於懸掛義大利旗亦甚為簡單，中國船商只需向
義大利駐上海領事繳納 3,000 元註冊費即可。而改懸掛
義大利旗後的字水輪，依然不改本業，繼續從事軍火走
私的勾當，並由義大利海軍派遣水兵登船保護。[91] 由此
可知，相較於法、義為求厚利，競相向華輪販售懸掛外
旗權利，美國駐華使領與海軍部門的確以較高的道德標
準來行事，嚴禁美商公司介入華輪經營，從嚴規定懸掛
美旗的條件，避免違背中立原則，維持美旗尊嚴。例如
1925 年時，一名中國商人即曾對美國駐重慶領事坦言：
他的公司最近正在上海建造一艘輪船，將來預備懸掛義
大利或法國旗，雖然他更喜歡的是美國或英國旗，可惜
要懸掛這兩國旗幟甚是困難，不可能取得。[92]

　　總結來說，美國駐華使領與海軍之所以對美旗如此
重視，關鍵原因在於輪船懸掛美旗背後所隱含的各種象
徵與實質意義。重慶領事館給駐北京公使館的報告中，

90　"Political Conditions in Szechuan," from American Consulate, Chunking to American Minister, Peking, 11 August 1922, RIAC, 893.00/4677.

91　"Chinese Owned Vessels *Kwei Men* and *Tze Sui*," from Commander, Yangtze Patrol Force to Commander in Chief, U.S. Asiatic Fleet, 6 March 1924, RIAC, 893.811/631.

92　"Steam Navigation on the Upper Yangtze," from American Consulate in Chungking to the Secretary of State, 16 May 1925, RIAC, 893.85/18.

強調船隻懸掛美旗，牽涉到兩個重要的意涵，一是懸掛
美旗意謂該船受到美國海軍的保護，二是懸掛美旗象徵
著美國政府的擔保，該船不會運送任何違反中立與禁運
原則的違禁品。因此，任何懸掛美旗的行為都必須經過
非常嚴格檢驗，以防損及美旗與美商公司的名聲。[93] 而
且就實務上來說，美國海軍長江巡邏隊認為美國公司與
美國輪船嚴守中立、辛苦維護名聲，「任何有違此項政
策的行為，不僅會影響到長江巡邏艦隊執行（保護美
船）任務，使原本已相當複雜的情況更趨惡化，也會讓
美國（駐華）代表以往的努力化為烏有。」[94] 美國官方
嚴守中立的立場，有時也使得美商船隻得以平安度過危
險的四川內戰高峰期。雖然每逢四川內戰期間，各國輪
船無分國籍遭到中國軍隊攻擊，已成為 1920 年代上半
期的常態。但 1922 年 7 月四川內戰期間，卻曾發生相
當反常的現象：萬縣的駐軍幾乎攻擊所有往來的輪船，
英、日輪船均無倖免，但唯獨不攻擊美籍輪船。[95] 萬縣
駐軍特別不攻擊美籍輪船，或許即是美國政府歷來對於
輪船中立原則的堅持，以及對美旗尊嚴的重視，稍微降
低了川軍對美輪的敵意。

93　"Robert Dollar Company's Cancellation of Agencies for Three Chinese Steamers," American Consul (Spiker), Chunking to American Minister (Schurman), Peking, 18 February 1924, RIAC, 89.8007/8.

94　"Commander, Yangtze Patrol Force to American Consul, Chunking," 26 January 1924, RIAC, 893.8007/13.

95　"Political Situation in Szechuan," from American Consulate, Chunking to American Minister, Peking, 27 July 1922, RIAC, 893.00/4635.

六、小結

　　隨著英籍船長白蘭德的遇害，在死無對證的情況下，字水輪被劫事件的真相也隨之石沉江底，成為歷史懸案。究竟兇手是誰，基於何種原因動了殺機，各種說法莫衷一是。本章根據美、英等國外交領事檔案、海軍報告與當時外文報紙建構出的事件原委，同樣也說法分歧，有海盜劫財殺人說、木船幫挾怨殺人說，以及軍隊買兇殺人說等三種可能的原因。因為殺人元兇並未落網，即使事後負責調查此案的美國駐重慶領事與第一線的海軍艦長，同樣也無法給予最正確的答案，只能從事發前的種種跡象去分析事件的來龍去脈。不過，事件真相並非本章重點，反倒是當事者（外國記者、領事、海軍官員等）為追求真相所做的調查與分析報告、報導，才是本章想要深入探究的。因為此類報告適足以體現出美國人眼中的長江流域航行安全與華洋衝突問題。正由於人犯逍遙法外，無法確定殺人原因，上述當事者才會絞盡腦汁，以各個方向去分析可能的衝突原因，一來整理出外國人在長江流域發展航運事業時所必須面臨的各種難題與挑戰，二來更可以從中挖掘出隱藏在華洋衝突背後的真正底蘊。

　　除了海盜、木船與輪船之爭、內戰期間輪船違反中立等問題之外，從字水輪善後處置上，也可以看出美國政府對於商業利益與國家尊嚴之間孰輕孰重的態度。字水輪事件發生前，美國駐重慶領事即已嚴辭警告美商代理華籍輪船可能面臨的風險，事發後美國駐華使領館及海軍單位雖然痛責此暴力事件，但卻能反求諸己，從維護美旗尊嚴、美商名聲為主要考量點，約束美商行為，並下令美商必須嚴格遵守中立原則，即使犧牲商業利益亦在所不惜。然而這樣的政策，對事主大來輪船公司來說，卻不見得是有利的，反而有可能損及到公司的商業利益。究其實際，大來公司之所以選擇代理字水輪等其他小型華輪的航運業務，主要目的乃是為了活化使用公司資產。因為大來公司本身所屬輪船噸位數較大、吃水也較深，在長江上游冬季枯水期間，因水位低下，故只能暫時停駛。但在停駛期間，大來公司還是必須得承擔原有航運輔助設施諸如碼頭、駁船、倉庫等的租用與維持費用。為了增加額外收入，同時避免航運輔助設施長期間的閒置浪費，大來公司也才會去代理其他小型輪船的業務。但是由於美國政府堅持的中立原則，特別在字水輪劫案發生後，大來公司此後被迫只能經營自有輪船，必須面臨相關的業務收入損失，就在商言商的角度而言，應非好事。

　　歐戰後的 1920 年代，長江上游航運市場競爭異常激烈，姑且不論早已積極投入航運市場的英、日兩國，法國、義大利也以各種方式，遊走在條約規定的模糊與灰色地帶，以爭取客戶並擴大營運收入。美國政府嚴格貫徹執行的中立政策，顯然不利於美商在競爭激烈的長江上游航運市場中佔有優勢地位。事實上，相較於美國與美商的嚴守中立原則，其他外國輪船公司或商行，尤其是法國、義大利等國，似乎完全沒有美國與美商的顧慮與困擾，絲毫不介意投入上述航運市場的經營與競逐中。法、義兩國駐華使領官員，甚至也樂於大開方便之門，在收取一定註冊費用後，讓許多中國輪船取得懸掛外旗、獲得條約特權保護的權利，從而導致在四川內戰期間，不難看見那些懸掛外旗的「偽外船」在長江上游行駛往來。然而，這種「偽外船」現象的頻繁出現，自然也會引起另外一種麻煩，勢必將會在當地的中國士兵眼中，形成一種刻板印象，那就是這些輪船上懸掛的外國旗都是用錢買來的，並非真正的外國旗與外國輪船。也因此，四川、湖北等地的軍隊恐怕會愈發不尊重外旗與外輪，甚至任意採取攻擊行動，反正那些船隻多半是偽裝外船的中國船。連帶地，即使是純正的外國輪船，也會在四川、湖北等地方軍隊的主動誤認下，淪為攻擊的對象。歐戰後長江上游外船航行安全問題的惡化，部分原因即是肇因於此。

簡言之，致力於約束美商行為，不隨意介入中國內政與內戰事務，維持美國在華的中立地位，是美國政府駐華外交與海軍官員一貫堅守的原則規定。雖然字水案事件，就某種程度上來說，或多或少損及到美商部分的商業利益，但美國政府官員非但沒有選擇動用砲艦外交來保護這些利益，反而潔身自愛，要求美商必須主動放棄經營這些可能涉嫌違反中立原則的商業利益，以符合美國對華政策，維護國家尊嚴。這印證了美國的確在實際情況中，嘗試恪遵華盛頓會議中國決議案中，所刻畫的列強對華中立原則。如與法、義等其他歐洲列強的務實態度與商業至上的考量相較，雖然同樣是華盛頓會議《九國公約》簽署國，但行為結果卻全然不同，由此也

可以略窺歐戰後美國對華政策中，稍微帶有的理想主義
成分。

結論

一、美國對中國現況的觀察與態度

　　從美國駐華使領館的「每季政情報告」與「當前中國政情報告」，還有其他美國官方以及民間在華人士的相關報告，或許可以觀察到歐戰後美國人眼中中國現況發展的幾個重要脈絡。

　　其一，無庸諱言，南北分裂依然是中國各省亂象的主要因素。雖然受惠於歐戰結束後世界恢復和平的友善大環境激勵下，國內各界也紛紛呼籲重新開始推動南北會談，希望透過和平談判的方式，結束民國以來南北長期對立的格局。但是會談的成效卻十分有限，不久即宣告破局。而在軍閥派系的運作下，北方更傾向以武力手段來解決南北之爭。而處於南北對立鋒線上的長江沿岸各省，依然也就免不了受到池魚之殃，導致政局更加詭譎多變與動盪不安。

　　其二，則是作為對長期南北對立格局的反彈，此即聯省自治與省憲運動的出現。雖然地方省級軍事領導人推動聯省自治運動，多半懷著私心，帶有控制地方的企圖在內，但是同時也反映出民心思變，極度厭倦因南北對立所導致的連年戰火。十幾省的民間有志之士，串連起來共同推動聯省自治，推動制定省級憲法，希望從地方自治做起，恢復地方社會秩序，擺脫南北對立與戰亂頻繁的困境。聯省自治運動也與地方省籍主義高漲有關，主張本省應由本省人治理，推舉出自己的領導者，例如鄂人治鄂、湘人治湘、魯人治魯等。這也間接促成了驅逐非本省級督軍的運動。然而，一旦地方省級主義意識過於高漲或是未能達遂其目的，即可能引起更大的矛盾衝突。湖南或許即是其中最具指標性的省分，長期處於南北對立的峰線上，飽受戰亂之苦，也因此公眾推動省憲自治最為積極。同樣也在湘人治湘的運動推波助瀾下，驅逐了非湘籍的督軍張敬堯，而由譚延闓接任省長與督軍之職。但譚延闓接任後，政治上的混亂情況依舊，不久就爆發兵變，以致譚延闓不安於位，只好請辭離湘。湖南省議會乃又推選趙恆惕為新督軍、林支宇為新省長，但湖南局勢還是未因此而有所改善，仍然呈現出混亂不安的情況。[1] 直言之，聯省自治運動，一來在大軍閥派系的掣肘，以及省級軍閥的個人野心運作下，恐怕難以有所突破，反倒可能造成政局極大的波動，因為軍閥間為了爭奪或穩固督軍之位，很有可能爆發軍事衝突，以致民不聊生，二來隨著聯省自治運動的出爐，這也意謂著地方分立之勢恐怕也就更為明朗化，所以地方割據分裂的常態化，也就不難預期了。

其三，是軍閥政治持續困擾著中國政局，無論是北京中央政府，還是各省地方政府，均飽受軍事主義高漲的影響，軍事派系在很大程度上主導了政局的走向與發展，文人政治不過只是軍事派系用以妝點門面的工

1　關於湖南推動聯省自治運動所遭遇的困境，亦可參見郭廷以，
　　《近代中國史綱》，頁 473。

具。雖然在歐戰後世界和平氣氛的影響下，民間公眾力量極力鼓吹廢督運動，主張落實文人政治與地方自治，北京政府似乎一度也樂觀其成，並公布將自 1921 年起陸續實施各省地方自治，但似乎終究只是惺惺作態，事實上沒有一個軍閥會自願主動放棄督軍職位，直、奉等大軍事派系也不可能容忍此事成真。例如在廢督運動興起後，山東督軍田中玉即曾一度呼應此訴求，表明願意以身作則，廢除山東督軍一職。然而當民間十五省組成的聯省自協會通電要求田中玉履行承諾，自行辭去督軍職位後，田中玉卻遲遲沒有回應，自然也沒有真的辭去督軍一職。顯而易見，山東督軍田中玉也不過只是故作姿態，並非真心支持廢督運動。甘肅、湖南、湖北、浙江、安徽等民間聯省自治推動組織，雖然一再呼籲應盡早實行地方自治並廢除督軍職位，卻始終未能獲得正面回應，失望之餘，乃嚴辭痛批既有的督軍制度，正是中國現有災難的主要來源。換言之，歐戰後紛紛擾擾多時的廢督運動，終究也只是曇花一現。美國公使館即評估認為，無論北京政府公布再多的法令，或是進行選舉，聲稱將重組國會，進行軍政制度的改革，但實際上恐怕也不過只是政治派系首領用以擴張權力的手段罷了。

其四，是各省內戰頻繁，社會失序情況嚴重。除了同省軍隊彼此交戈搶佔地盤外，不同省籍的主、客軍之爭與驅逐客軍運動，也經常出現在歐戰後的時代舞臺上。軍閥混戰雖然不見得會造成重大死傷，但是卻會直接影響到社會的穩定，並造成百姓的流離失所，助長地方上的盜匪現象。

其五，北京中央政府權力貧弱的情況，已日益明顯，也逐漸失去對地方的控制權。除了幕後受到直、奉等大軍事派系的支配與控制，並無太大的自由施展空間外，再加上財政吃緊，使得情況更為雪上加霜。北京政府僅是維持日常行政運作，即有捉襟見肘的窘境，遑論要支付龐大的軍事開支。原先尚寄望透過裁兵運動，減少軍隊數量與相關支出，以解資金短絀的燃眉之急。然而在軍事派系的掣肘影響下，裁兵運動又淪為口號，無法實現。而裁減不掉的龐大軍事開支，絕非北京政府所能承擔，如此軍費短缺問題勢必在所難免，部隊欠餉與隨之而來的士兵譁變與劫掠行動，也就可以理解了。而兵變的受害者，也不只是中國人，對於外人在華往來通商與日常生活，同樣也構成極其嚴重的威脅。因此中國內政問題，也就升級為外交問題，可能引起列強的關切與干涉。

從美國駐華公使館的政情報告以及其他相關報告來分析，歐戰後的中國現況發展似乎暫時看不到有正向改善的機會，反之，更有可能的，是中國混亂局勢恐將隨著南北對立與軍閥政治的影響而持續下去，甚至進一步惡化。當然，這種情況的出現，絕非美國政府所樂見。因此，如何阻止中國現況的繼續惡化，協助建立一個穩定的政府機制，則是美國對華政策以及華盛頓會議的重要考量。

另外一方面，如果將在華美國商民針對中國現況發展與美國對華政策，所做的諸多建言與調整方向，考諸美國政府的態度與後續作為，可以發現官民之間雖然有著小同，但卻也有著相當的差異。

在小同部分，例如推動限制軍火輸華，成為歐戰後美國對華政策的重要一環。事實上，由美國駐華公使館力主推動的「軍火禁運」（Embargo on Shipments of Arms and Ammunition to China）計畫，在歐戰後開始逐步落實。[2] 此外，關於推動中國裁減軍隊，以及繼續維持外人在華領事裁判權等，則在華盛頓會議中，也有了明確的規劃。這些都是美國政府與民間觀點的共同之處。[3]

然而，貌似小同之間，依然掩飾不了的，乃是官民雙方之間根本性的巨大歧異，那就是美國政府介入中國事務的尺度。某種程度上，歐戰之後，美國確實開始推動類似晚清時期合作政策的作法，協調並聯合其他列強，共同試圖改變中國。但是此類作為，基本上大都維持著外部形式，亦即盡量限於列強之間約束自身的作為，如不賣軍火給中國，或是藉由國際銀行團借款條件，間接鼓動中國本身改革與南北統一，或是維持現況，不變更條約體制等。然而美國卻甚少實際介入到中國內政事務，遑論要去實際引導與主持中國的改造。換

2　歐戰後的列強軍火禁運中國，參見陳存恭，《列強對中國的軍火禁運（民國八年至十八年）》。

3　華盛頓會議前夕，美國駐華公使館即針對中國現況等諸多議題，向美國政府提交中國政情分析與政策建議報告，包括裁軍與調整條約特權體制等。此類議題後來在華盛頓會議中做正式討論，其結果，也大致吻合美國駐華公使館的建議。見 "American Legation's Quarterly Political Report for the quarter ended March 31st, 1921," Albert B. Ruddock, Charge d'Affaires ad interim, Peking to the Secretary of State, Washington, 9 September 1921, RIAC, 893.00/4111.

言之，歐戰後美國對華政策的底線，依然是堅守中國門
戶開放政策的基本原則：不干涉中國內政，也不利用中
國現況，擴大在華特權。在此重要原則之下，美國實際
能做的，就相當有限了，除了以身作則，盡量約束其他
列強比照辦理，不應介入中國內政事務外，對於中國本
身的改革，充其量只能從外部敲邊鼓，寄望中國人能夠
自立自強，擺脫當前軍閥割據的困境。

究其實際，美國政府對於歐戰後是否應該調整中國
門戶開政策，以便更能夠積極介入與改造中國事務的反
應，可以由國務院對於前述上海美人社群建議的內部評
估中，略窺一二。根據國務院遠東司的內部評估分析，
美國在華商民對中國現況發展的觀察判斷以及提出的因
應對策，大多十分強調以美國為首的列強，應在帶領中
國改革的過程中，扮演積極關鍵性角色。而此類見解，
也具體反映出當時在上海美人社群的普遍性看法。但
是，國務院遠東司顯然並不認同此見解。其一，遠東司
官員認為中國人本身從不欠缺現代性的關懷，也致力於
推動中國的現代化事業，例如從上海一地民間事業的發
展，即可窺其端倪，像是上海商務印書館的成立，以及
各類型的百貨公司，特別是永安公司，都足以體現中國
人對現代化的追求。[4] 其二，遠東司官員認為在西方強

4　商務印書館以及永安公司都是歐戰後被西方人視為是中國成功企
業經營的典範。關於民國時期上海商務印書館以及永安公司因應
時代所進行的變化與改造，可以參見下列研究，見王晴飛，〈商
務印書館與新文化運動〉，《南京師範大學文學院學報》，2010
年 04 期（南京，2010.7），頁 71-75；連玲玲，〈企業文化的形
成與轉型：以民國時期的上海永安公司為例〉，《中央研究院近
代史研究所集刊》，第 49 期（臺北，2005.9），頁 127-173。

勢介入與主導下，要使中國擺脫目前困局，並完成現代
化事業的改造，不太可能在短期內獲致成功。況且妄圖
將新式海關成功的經驗，複製並擴大到改造整個中國，
也不見得確實可行。因為就中國新式海關模式來說，雖
然在外人的控制與主導下，已建立起符合西方標準的現
代化海關，然而是否因此培養出能夠獨當一面的高級華
籍海關官員，則不無疑問。尤其是現在中國新式海關內
部的高級職位，基本上仍多由外人所壟斷，他們也不見
得希望看到華籍官員升任高級職務。也因此，華籍海關
官員在外國勢力的控制下，究竟能夠獲取多少實際的
領導經驗，仍有不少疑問。所以，遠東司官員認為恐
不宜驟然以新式海關模式，來推演整個中國的改造事
業。[5]

　　尤有要者，從國務院遠東司的疑慮來看，上海美人
社群一廂情願地主張要引進國聯與美國等外國勢力，以
主導整個中國的改造事業，然而對於中國來說，是否真
的有益處？在外人強勢的控制下，中國人真能學習到
治國經驗？特別是當外人一旦確實掌握改造中國的命
脈、獲取龐大利益後，屆時是否還會主動願意放棄控制
權，讓中國自己治理自己，恐怕會有很大的變數。事實
上，從美國國務院遠東司對於新式海關模式的質疑，也
可以看出某種態勢，亦即雖然近代以來，美其名要引導
中國走向現代化，訓練中國人學習如何改善海關治理，

5　以上美國國務院遠東司的內部備忘錄，見 "Memorandum by
　　Division of Far Eastern Affairs to the Third Assistant Secretary,
　　Department of State," 11 August 1919, RIAC, 893.00/3201.

但是後來卻不見得願意下放權力，將海關行政歸還給中國人。況且，一旦真如上海美人社群所言，引進外國勢力主導中國改造事業，但列強之間往往各懷鬼胎，縱使美國本身不帶有私心，也不能保證其他列強不會趁此良機，競相擴大在華勢力與利權，如此對中國來說，反而是開門揖盜之舉。而且從山東問題爭議與五四政治運動以降，中國知識階層國權意識逐漸高漲，對於此類國際共管中國的主張極其敏感與戒慎恐懼，不太可能願意接受任何有損中國主權的作為。再者，歐戰後布爾什維克宣傳勢力，也開始在遠東地區發酵，中國即為其主要運作對象之一。美國總統威爾遜在巴黎和會上也曾對此發言表示憂心，擔心日本如奪取山東利權，可能引起中國民間極大的不滿與憤慨，從而導致布爾什維克勢力的趁機崛起。[6]

責任與權力往往是相對應的，當在華美人一再鼓吹美國應挺身而出承擔改造中國的重責大任之際，等於也就是變相要求美國應該擴大在華的實際權力。然而，一旦美國真的如此做，所謂的門戶開放政策可能也就名存實亡了！其他列強是否也能比照辦理，採取類似的作為，高舉改造與拯救中國的大旗，但卻遂行擴大在華權

---

6 關於美國總統威爾遜對於山東問題爭議後續影響的憂慮，可以參見他在巴黎和會四人會上的幾次發言，見 "Mantoux's Notes of A Meeting of Council of Four," 18 April 1919, Arthur Stanley Link, ed., *The Papers of Woodrow Wilson* (Princeton: Princeton University Press, 1966-94, hereafter referred to as *PWW*), Vol. 57, p. 454; "Hankey's and Mantoux's Notes of A Meeting of Council of Four," 22 April 1919, PWW, Vol. 57, p. 606; "Hankey's and Mantoux's Notes of A Meeting of Council of Four," 18 April 1919, PWW, Vol. 57, p. 624.

力之實？又或者，以上述關餘分配權爭議為例，美國如果為了本身商業利益而妥協，部份承認了廣東政府在法統上的代表性，屆時其他列強是否也能夠仿效辦理，紛紛承認各省割據當局的獨立及其正統性，那麼豈不又會重演晚清時期列強在華的勢力範圍，甚至加速中國的分崩離析？

其次，積極改造中國的論調，基本上，其實多少都有些類似所謂的白人負擔論，主張中國不可能僅依靠自己的力量，即達到成功改革的目的。此論素來認為如果外人束手以觀、置之不理，中國非但無法自救，勢必繼續往下沉淪的看法。而這種觀點的出現，可能也與所謂的「美國例外論」有著密切的關係。部份典型的美國人一直對於改變世界，抱持有非常強烈的使命感，甚至認為美國的價值就是普世價值，能夠成為全世界的典範與模仿對象。他們一方面聲稱美國與歐洲國家不一樣，無意於擴張海外領土，也沒有侵略野心，另外一方面則是對於美國本身的歷史發展模式，充滿著高度的自信與優越感，深信其他弱小國家只要願意聽從美國人的教誨，依循美式原則，進行改革與建設，就一定能夠走向康莊大道。[7] 然而，美國價值是否真的就是普世價值？當美

7　十九世紀以來美國政府對於海地、尼加拉瓜、多明尼加等拉丁美洲國家事務的強勢介入，甚至不惜動用武力，聲稱要恢復秩序，建立民主制度，以及歐戰期間威爾遜總統及其所提的十四項和平建議，就已經完整體現出美國人力圖以美國價值改造世界的企圖與構想。關於美國例外論，可以見瑪格蕾特・麥克米蘭（Margaret MacMillan），《巴黎・和會：締造和平還是重啟戰爭？重塑世界新秩序的關鍵 180 天》（臺北：麥田出版，2019），頁 42-43、48-49。

式發展模式真的套用到世界上其他地區，例如中國時，
是否就一定能夠成功嗎？

二、美國因應海盜問題的處置對策

　　歐戰後中國海盜問題日益嚴重，其中又以廣東海盜
最為兇狠猖獗，屢屢劫掠船隻，並將其劫往廣東大亞灣
水域。但當時中國內部呈現軍閥割據分裂、南北對峙的
複雜情況。在法理上，（北伐成功以前）列強所承認的
中央政府是北京政府，但海盜聚集所在的廣東，在事實
上卻是隸屬於孫文及其後繼者領導的廣州政府所控制。
因此，美、英等列強在處理此類海盜問題時，往往陷於
兩難的尷尬局面。例如，每當有美船劫案發生，美國駐
華公使館仍會向「法理上」（de jure）的中國中央政府
（北京政府外交部）提出交涉，但同時美國駐廣州總領
事館也會向直接管轄廣東、「事實上」（de facto）的
廣州政府提出類似交涉。顯而易見，北京的交涉多半徒
具形式，而廣州的交涉才較具實際意義。理論上，列強
當然應該向北京政府外交部提出交涉，要求處理海盜問
題，但卻無任何實質的作用，因為北京政府管轄權並無
法及於廣東。即使北京政府同意派遣海軍前往處理，同
樣也沒有多大的意義。北京政府所屬艦艇要前往敵對的
廣東水域執行剿盜或是救援任務，在現實條件下毫無成
功的可能性。即是之故，對於廣東海盜問題，列強必須
與廣州政府直接交涉處理，才能真正觸及問題的核心。
而北京政府也不會反對列強直接與廣州交涉，畢竟這本

來就是廣東惹出來的麻煩,該由其自行解決,只不過將
此類外交行為視為是地方政府層級的交涉。所以英國在
北京外交團的提案中,以及美國海軍「亞洲艦隊」總司
令的報告中,均提及如要針對海盜問題向中國提出聯合
外交照會,應考慮同時送交法理上與事實上的中國政
府。換言之,列強均是以相當彈性的作法,來因應中國
內部分裂割據與南北對立的現況。[8]

其次,在中國與廣東海盜問題的處置態度上,相較
於英國的積極進取,美國的態度則是顯得相當謹慎小
心。這當然跟美國在華航運利益較小且受到海盜損害不
大有密切的關係。美國船商主要從事跨洋航運,因船隻
噸位甚大,不易遭到海盜劫持,反之英國船商則較多從
事近海航運,船隻噸位較小,容易受到海盜鎖定。所謂
事不關己、己不操心,因此美國比較傾向於置身事外,
並冷眼旁觀英國所採取的各種舉措。其次,美國外交政
策上素來帶有人道主義色彩,不太願意輕易動武,以防
止造成無辜百姓的死傷,對於英國過激的軍事行動,也
表露出不認同的態度。再加上美國在歐戰後,在對外施
為上,逐漸浮現孤立主義的傾向,不願涉入國外事務過
深。也因此,美國多次婉拒英國的合作邀請,或是只願
意有限度地參與防盜行動。

然而,究其實際,美國不太可能完全撇清在防盜上

8　關於列強在因應海盜劫案時,如何與中國法理上與事實上的政府
　展開交涉,可以參見筆者另外一篇即將出版的個案研究,見應俊
　豪,〈通州輪劫案與中英關係:從海軍合作、外交交涉到法權爭
　議〉,頁 201-230。

的責任。美商航運上雖未直接受到海盜威脅，但美國在華商務活動仍然不可避免地間接受到海盜的影響。美商往來華南各口岸間，無論是運送貨物或是人員乘坐，均大量仰賴其他國籍輪船，其中又以英船為最主要運輸平臺。換言之，在某種程度上，美國在華商務的安全，部分是託庇於英國的保護。一旦英國的保護手段失效，英船遭到海盜劫持，則船上的美商乘客與貨物，自然亦將陷於險境。也因此，美國對於英國的多次訴求，即使在理智上不認同或不支持，但在情感上還是不得不承認負有一定的道義責任。

　　而就英國來說，在海盜對策上，自始即致力於拉攏美國，無論是一開始的中英合作、英美合作，還是後來的國際合作，英國自始至終都希望能獲得美國的理解與支持。英國固然在華經營通商利益甚久，勢力也最為強大，但不容否認的，歐戰後美國對東亞事務的影響力已大幅提升，而基於國際現實的考量，英國在華的所作所為，必須顧及美國的態度。特別在防盜問題上，如有美國的支持，再加上英國本身的優勢，即可影響其他列強共同採取強而有力的行動，有效解決廣東海盜問題。也因此英國往往用盡各種策略，以試圖爭取美國對於防盜行動的支持。但似乎卻總是未能達到預期目的。所以英國只好轉而將廣東海盜問題提交到北京外交團，希望透過各國公使的力量，來影響美國決策。英國的策略可謂成功了一半，並獲得美國駐華公使館的大力支持，使得國際合作防盜案後來幾乎進展到各國政府正式授權的最後階段。但是美國國務院卻在此關鍵時刻，跳出來表達明確的反對意見，等於直接宣告封殺此案。藉由深入分析美國在北京外交團國際合作防盜案上的最終決策過程，其實更能夠觀察到美國在對外政策上的多重複雜性與內部矛盾性。

進一步來說，從美國駐華使領對於中國海盜問題的觀察與態度，還可以略窺美國對華政策上的一些表徵。歐戰後中國海盜現象猖獗，對東亞航運活動構成相當威脅，除了可能直接劫掠美船外，也會間接影響到美國在華的整體商貿利益。但與英國和日本不同的，美國似乎比較是從旁觀者的角度，默默觀察中國海盜的活動，不太願意去介入此類問題，也不願因此向中國政府提出賠償交涉。此外，中國海盜問題固然不時造成美商損失，但美國政府的因應對策，似乎也比較被動保守，多半僅是思考如何可以強化海軍對於美國商船的保護，但卻甚少採取過於激烈的武力手段，來反制與報復海盜。美國駐華使領雖然對於中國地方當局的敷衍態度與不作為，常常頗有微詞，但也就僅止於抱怨，並不會去真的動用砲艦外交，以武力威嚇的方式逼迫地方當局出面解決。對於英國採取武力手段，派遣海軍艦隊前往廣東大亞灣執行懲罰報復行動，美國使領也都只是從旁觀察，客觀地評估得失罷了。況且，歐戰後英國駐華使領與香港殖民政府官員，曾多次邀請美國一同參與海盜防制與武力剿盜行動，但美國使領卻均以有違美國對華政策，從而婉拒英國的請求。事實上，1927 年英國駐華公使嘗在北京外交團中提案，由英、美、日、法、義五國共同採取外交與軍事作為，致力於中國海盜問題的解決，並曾

獲得日、法、義等國的支持。美國駐華公使也曾一度被
英國公使與香港總督說服，表態支持英國提案。但無論
如何，美國國務院最終還是決定力排眾議，訓令駐華公
使不得參與類似的聯合反盜行動，不論是軍事的或是較
溫和的外交性質。這也導致法、義兩國立即見風轉舵，
跟隨美國腳步，撤回對英國的支持。日本雖然仍同意與
英國合作，由兩國共同協調如何處理華南水域的海盜問
題，但在美、法、義等國退出的情況下，日本實已意興
闌珊，不過勉強維持兩國間形式上與最小限度的合作關
係。美國反對參與的立場，影響其餘列強的態度，最後
導致英國倡議的國際合作反盜方案為之胎死腹中。[9] 究
其實際，此種態度反映出美國比較傾向將海盜問題視為
中國內政問題，而非重大國際問題，故偏向從旁觀察而
不介入。這也符合美國在歐戰後極力強調的重要主張：
列強應尊重中國的主權獨立，對於中國現況發展，列強
也應嚴守中立，不應介入中國內政問題。[10]

9　關於英國多次邀約美國共同合作剿盜，與 1927 年英國在北京公
　　使團的五國合作防盜提案及美、日、法、義等國的反應與態度，
　　見本書第五章。

10　不過，必須強調的，美國對華政策雖然帶有嚴守中立、尊重中國
　　主權、不干涉中國內政的理想性，但同時也會兼顧現實考量。事
　　實上，美國之所以拒絕加入英國所提的國際合作防盜方案，固然
　　與華盛頓會議中國決議案確立的基本原則有關，但同時也不能
　　輕忽的現實因素，乃是中國海盜對美國航運利益的威脅，遠遠
　　小於英國，故美國不太願意為人作嫁。此乃因當時美國在東亞
　　航運利益，以橫跨太平洋的跨洋航運業為主，但是中國海盜慣
　　常劫掠的對象，尚未涉及到跨洋輪船（ocean-going steamers）。
　　大型跨洋輪船因噸位數動輒數千噸，船艙甚大，不利於海盜發
　　動突襲與實際控制，故海盜多避免選擇劫掠此類輪船。常被中
　　國海盜劫持的，是噸位數較小、排水量約一千餘噸的近海輪船
　　（coasting steamers），在這個部分以英國航商為主，而美國航商
　　並未涉入太多。至於美國在中國內陸水路的航運業，尤其在長江

回顧歷史，美國在中國海盜問題上抱持的態度與政策，似乎才是解決此問題的根本良方。內陸地區的土匪為禍、沿海沿江水域的海盜肆虐，本來就是一國內部社會情況的如實寫照。當內戰頻繁，社會失序不安，政府對地方控制力減弱，盜匪現象自然就會惡化。反之，當戰亂平息，社會逐漸恢復穩定，盜匪現象也就會慢慢獲得減緩。自辛亥革命以降，民國時期中國現狀的發展，無論如何分合與動盪不安，似乎也唯有待長時間的演變，才能從紛亂的格局中，逐漸理出可能解決的方向。這絕非列強從外部透過軍事或外交力量的干涉，就可以片面改變的。英國雖曾多次出兵廣東沿岸地區進剿海盜，妄圖自行以武力解決海盜威脅，但實則海盜勢力依舊橫行，剿滅不盡。[11] 列強不論如何出兵剿盜，只要中國內部情況沒有獲致改善，只要民生經濟未能讓百姓安居樂業，則社會不安的因子，就會源源不絕地提供海盜孳生的環境與養分。雖然民國時期，長期苦於內憂外患的折磨，整體中國局勢也多半呈現出不佳的情況，但

與珠江水域內雖然也經常遭到海盜攻擊，但此部分因商業利益並非太大，美國的應對方策，則以強化海軍對美商的保護為主，但也同時嚴格約束美國船商，不得涉入到有違美國對華政策的業務。也因此，對於中國海盜問題，美國雖然關心，但多是從旁觀察，甚少實際介入，也不想介入太多。關於美國在東亞航運利益與中國海盜問題的關連性，見美國駐港澳總領事給駐華公使與國務卿的報告："Piracy in South China Waters," Roger Culver Tredwell, American Consul General, Hong Kong & Macao to the American Minister, Peking & the Secretary of State, Washington, 27 & 30 January 1928 , RIAC, 893.8007/44.

11 英國海軍官員後來也坦承在廣東採取報復性軍事剿盜行動的成效，確實相當有限。見應俊豪，〈1927年英國海軍武力進剿廣東海盜研究〉，頁149-210。

只要中國內部秩序一旦稍稍獲致改善，海盜現象對外人的損害也會隨之獲得舒緩。

到了 1920 年代後期，因國民革命軍北伐成功，社會情況漸有改善，而成為中國新主人的國民政府則調整對外態度，與列強發展正常關係，海盜問題逐漸也就開始有了改變的契機。例如當時主政廣東的李濟深即致力於打擊境內的盜匪勢力，對內足以安民樂商，對外也能夠回應英美等國對於解決海盜問題的殷切期盼。[12] 而此處相當發人省思的，是美國在中國海盜問題上的政策，亦即尊重中國主權，視海盜問題為中國內政問題，不主張動用武力，也反對介入過深，而是從旁靜待中國現狀改善的態度，似乎才是列強在面對海盜麻煩時，較為合宜且可行的做法。

三、美國在長江航行安全問題的武力介入

近代以來，長江中下游地區已成為外人在華最重要的商業貿易區域，長江的自由航行通商之權也受到歷來中外條約所保障，但長江上游地區的情況，則相當不一樣。四川素有天府之國美譽，地理形勢極其險要，交通往來不便，李白即有詩云「蜀道之難，難於上青天」。

---

12 關於 1920 年代末期至 1930 年代初期，隨著中國內部局勢演變與中外關係調整，中國海盜問題如何而有了改善機會，英國等西方列強又是如何看待此種轉變，可以參見應俊豪，〈北伐後期以降的中英互動與海盜問題交涉（1928-1929）〉，《國立政治大學歷史學報》，第 47 期（臺北，2017.5），頁 159-206。

尤其宜昌與重慶間的三峽段水流湍急，水位落差大，又
處處隱藏著險灘、急流、暗礁等，使得長江上游航運運
輸自古以來即有通行不易的情況。雖然晚清〈中英煙臺
條約〉、〈中日馬關條約〉等，早已同意讓列強可以在
長江上游開闢口岸進行通商貿易，但受到長江天險阻
礙，故遲遲難以落實。[13] 一直要到歐戰結束後，隨著造
船技術的精進，列強為了開發湖北、四川等地的物產運
輸與市場，大量建造專門針對長江上特殊地形，以吃水
淺、馬力強、船身狹長著稱的輪船，各國輪船航運公司
與貿易商行遂蜂擁群聚於長江上游地區，競逐商業、通
航與貿易利益。[14]

但是歐戰後中國的內戰卻有常態化與長期化的趨
勢，並以長江流域沿線為主要戰場。除了四川本身的內
戰外，直系軍閥推動的武力統一政策，更造成四川、湖
北間經年不斷的發生戰爭。當湖北、四川內戰現況與外
人競相投入長江上游地區的商貿活動發生重疊時，各類
的商業糾紛、華洋衝突事件，也就層出不窮了。例如內
戰期間軍隊調動頻繁，為了運送士兵、軍火武器等，地
方駐軍強徵外國輪船運輸的情事即時有所聞。基於作戰
需要，而發布的軍事戒嚴令與交通封鎖令，也往往導致
正規航運交通的中斷，從而影響外人自由航行的條約特

---

13 〈中英煙臺條約〉（1876）、授予英國輪船可以上駛重慶並在該
地開埠的權利、〈中日馬關條約〉（1896）則給予日本在長江上
游宜渝段（宜昌、重慶間）的航行權。見黃月波等編，《中外條
約彙編》，頁 14-16、151。

14 Davis H. Grover, *American Merchant Ships on the Yangtze, 1920-1941*, pp.
45-47.

權。再加上內戰期間為了籌措龐大的軍費，各地軍隊只
能就地給養，故多選在沿江要衝之地，私設關口，強制
徵收「行水」過路稅，美其名為保護費，實則為臨時軍
事稅徵。在外國政府眼中，這些由地方軍事當局私自設
置的臨時稅徵關口，因違反中外條約規定，自然認為
無須遵守。但外國輪船業者如稍有不從，拒絕繳納保
護費，即可能換來中國軍隊的報復攻擊，危害到航行
安全。此外，頻繁的軍事征戰行動，日益擴大的戰爭
範圍，幾乎涵蓋整個四川、湖北交界地帶，導致長江
上游地區民生經濟凋蔽與社會失序不安，民眾無法維
持生計，少數百姓乃落草為寇，佔據地盤，劫掠通商
要道，而輪船航行長江上游時，自然容易遭到沿岸盜
匪的騷擾。簡言之，長江上游地區在軍閥割據分裂、
湖北、四川年年內戰的影響下，地方失序的情況尤其嚴
重，軍隊、盜匪多如牛毛，兵匪襲擊輪船事件更是層出
不窮。[15]

　　其次，自 1920 年開始，長江上游地區的輪船與木
船之爭已日益嚴重。大量輪船紛紛進入長江上游地區，
自然排擠到當地原有木船業者的生計，不過初始受到四
川崎嶇地勢與長江流域冬季水淺的天然屏障，以及輪船
船身重、吃水深的限制，木船業者還能依靠冬季低水位
輪船停駛時間，維持基本的航運業務。然而，當上海地
區造船廠紛紛開始建造狹長船身、吃水淺、馬力強的新

---

15 "Firing on the American Steamers and Military Blackmail," from C.
　　J. Spiker, American Consul in Chunking to The Secretary of State, 23
　　August 1924, RIAC, 893.00/5610.

式輪船，並投入長江流域市場之後，木船最後的優勢也
隨之破滅。在失去所有競爭手段之後，部分激進的木船
幫眾選擇以暴力方式來抵制輪船的入侵，從原先的死亡
威脅輪船上的華籍引水人，甚至直接殺害外籍船長，讓
外商心生畏懼，被迫放棄長江流域冬季航運業務。不難
想見，隨著輪船大量駛入長江上游地區，當地木船業者
為了抵抗現代航海科技，只能苟延殘喘，試圖採取反擊
行動。[16]

再者，輪船進入長江流域地區後，由於輪船航速
快、運量大的特色，反倒使得輪船成為地方軍閥覬覦的
對象。從走私鴉片，到運送武器彈藥與軍隊，軍閥都需
要輪船的協助。雖然為了避免助長中國內戰，歐戰後列
強政府普遍實行軍火禁運的政策，[17] 但事實上長江流
域軍火走私問題恐怕早已就是公開的秘密。特別是內戰
高峰期，輪船假借名目私運軍火、違禁品的情況最為嚴
重。部分不肖的外商輪船業者或是外籍船長，有時即是
因為貪圖軍閥所許諾的龐大商業利潤，違反中立的原
則，選擇與特定軍閥合作。然而，輪船違反中立、介入
地方內戰的行為，卻可能遭到其他敵對軍事派系的痛恨

---

16 "Petition of Junkmen's Guilds to Superintendent pf Customs,"
    circulated May 1924, in Eugene T. Oates, Monocacy to Commander,
    Yangtze Patrol, 1 July 1924, Box 433, OY Files, RG 45, NA, cited from
    William Reynolds Braisted, *Diplomats in Blue: U.S. Naval Officers in China*,
    p. 82.

17 歐戰結束後，在美國的主導下，考量中國內部南北分裂問題，列
    強決定彼此協議，不再向華輸出軍火。此軍火禁運政策直到國民
    政府北伐成功後，才正式取消。關於歐戰後的列強軍火禁運政
    策，可以參見陳存恭，《列強對中國的軍火禁運（民國八年至
    十八年）》一書的討論。

與猜忌。也因此，在 1920 年代湖北、四川內戰期間，軍隊攻擊輪船的情況幾乎已成常態，各國輪船公司也都難以倖免。[18]

關於歐戰後美國在長江上游地區的武力護商行為模式，從本書探討的實際案例中，也可以歸納出一些原則。

首先，就中國內戰與美船航行自由之間，孰先孰後的問題，雖然四川軍隊屢屢以四川已獨立為由，否定北京政府的統治權，同時也拒絕遵守晚清以來中外所簽訂的各種條約規定；但美國則以四川內戰不過乃中國內部叛亂，美國並未承認其為交戰團體為國際法上的立論根據，堅持必須依照條約規定，美船享有自由航行權，反對地方軍閥藉口內戰任意封鎖河道，甚至不惜以武力護航來貫徹美船的自由航行權。然而，美國的海軍武力護航，並不是毫無限制，而是有但書的。第一，四川、湖北地區的內戰範圍，一旦從原先的單純陸戰，擴大到長江河道，亦即內戰戰火確已實際危害到航行安全之時，則美國將不會堅持美船應自由航行，也不會派出軍艦武力護航。第二，在強調美船自由航行的條約權利之下，美國也著重美船必須維持中立原則，不得介入中國內戰；如果美船有走私軍火或運送軍隊的行為，將不受美國海軍的保護。不過中國如欲檢查美船是否有違反中立，不應自行登船檢查，而應依照條約規定，由海關代

---

18 "Annual Report of Events in China for the Year 1921," Sir B. Alston to the Marquess Curzon of Kedleston, Foreign Office, 14 February 1922, FO371/8033.

為執行。

其次,就美國政府的動武決策過程來說,很明顯地存在著內部差異性,且會因為事件屬性不同,而會有不同的因應對策。而不同部門間、在場與不在場的官員間,對於是否要動用武力,以及動武尺度與作為,也都會有著不同的看法。美國學者柯爾(Bernard Cole)曾針對北伐時期美國駐華海軍的護航政策有過深入研究,其結論是:美國國內的國務院、海軍部,以及駐華使領機構、亞洲艦隊、長江巡邏隊對於動用武力的時機以及保護商務的條件,往往出現意見紛歧。本書的研究,也可以看到類似的現象,即美國政府內部政策彼此矛盾的情況。然而,本書也有與柯爾觀點相當不同的部分。柯爾的研究基本上認為美國國務院因受到國內輿論、在華商人、傳教團體的影響,態度較為溫和,對於動用武力介入中國內政心存疑慮;海軍亞洲艦隊與駐華巡邏隊的高階海軍官員也與國務院的看法一致;不過第一線的海軍軍艦艦長、軍官與領事官員們,則由於深刻感受到中國動盪對美國商民利益的危害,故主張以較為強硬的作法,來保護美國的條約利益。[19] 換言之,在所有涉華事務的官員中,高階官員的態度較為溫和,基層駐華官員則較為強硬。不過,本書針對四川戰亂期間美國海軍究竟是否應該保護運送美國貨的中國船等問題的研究結果顯示:駐華使領、國務院均主張海軍應動用海軍武力

---

19 Bernard D. Cole, *The United States Navy in China, 1925-1928*, pp. 278-291

介入，但海軍方面，除了長江巡邏隊指揮官之外，海軍部、亞洲艦隊司令，以及第一線的海軍艦長均不主張海軍涉入此等事務。所以，美國政府內部決策的差異性，不在於官員的高階或低階，也不在於是否有深入體驗到中國局勢的現況，而在於國務院系統（含駐華使領）與海軍系統之間的意見衝突。上述觀點不同之因，固然與兩者研究對象全然不同有關，柯爾研究的是攸關美國利益甚鉅、列強關注的北伐問題，本書則是單純的地方性內戰與商務問題，格局層次差異過大，美國政府決策自然也不盡相同。尤有要者，長江上游地區，不似國民革命軍北伐所發生的沿海或長江中下游地區，上游險峻的水文環境，大幅壓縮美國海軍的護航力道。美國海軍深知其在長江上游軍力的極限（僅兩艘小軍艦），自然不願意再去冒險保護中國木船。反倒是國務院與駐華使領，深受商會與美商公司的影響，從在商言商的角度，希望同意與美國利益有關的中國木船能夠懸掛美國旗，美國海軍也應該提供保護。

再者，關於美國海軍在維護美商利益時的用武時機，如同五卅事件之後，1925 年 10 月美國海軍長江巡邏隊指揮官麥凱維在上海告別演說時所強調的：美國海軍任務僅在於保護美人生命財產安全，當中國發生內戰危及美人安全時，美國海軍理應派兵登陸保護，然而一旦任務執行完畢，就必須立刻撤回船艦上去；至於因為「內政或經濟問題」所引起的中外衝突，均不應是美國海軍的責任，也不能仰望美國海軍會提供保護，因為美

國海軍不應該去執行「警察的工作」。[20] 因此，在美孚
催討債務案中，不論蒙那卡西號艦長援以〈海軍規則〉
或國際慣例，堅稱動用海軍武力協助進行商務討債的正
當性，但此觀點明顯已經過時，並不適合於 20 世紀的
國際舞臺。任何的中美經濟糾紛，仍應回歸領事管轄，
透過地方交涉或司法途徑來討回公道，而不能妄動海軍
武力。同一標準的海軍行事原則，亦適用長江上游地區
漸趨激烈的輪船與木船之爭，美國海軍不應動用武力介
入此類商業競爭，除非過程中出現明顯暴力衝突，否則
基本上還是應該盡量保持謹慎小心的態度。由此觀之，
雖然美國海軍長江巡邏隊指揮官授與第一線軍艦艦長相
當大的裁量權，可自行決定是否要動用武力進行威嚇與
干涉，但在實際運作上，仍受到相當節制，尤其必須充
分尊重文官系統的領事權限。除非情況緊急，否則軍艦
艦長在動用武力前，均應先與美國領事官員進行溝通聯
繫。換言之，在保護美商利益問題上，領事官在前，海
軍在後，美國海軍僅是扮演最後的護衛者角色。如果中
國地方當局有能力維護美商公司航運安全，美國海軍即
應盡力避免武力介入。中國當局無力維護美國利益，則
由美國駐華外交、領事官員透過中央、地方層級的交涉
來督促中國當局改善航行安全情況。只有當外交、領事
交涉俱歸無效，中國中央、地方政府均無法改變情況之

20　麥凱維的演說，主要是針對五卅事件後，在滬美人希望美國海軍
　　繼續提供租界保護，以因應中國民眾日益激烈的抵制與排外運
　　動。不過上述美國海軍任務與動武立場，並不侷限於長江下游的
　　上海，同樣也適用於中上游地區。見 "U.S. Fleet Cannot Do Police
　　Work Says Admiral McVay," *The China Weekly Press*, 10 October 1925.

後，美國海軍才會考慮直接以武力自行保護美商航運或安全。在本書處理的木船與輪船之爭與商務問題上，可以清楚看到美國海軍在動用武力介入處理中美糾紛時的謹慎與節制態度。因此，在一般華洋衝突或商務問題案件的相關處置上，美國海軍以中國當局的保護為第一考量，領事的外交管道處理為第二考量，至於動用海軍武力乃是最後的手段。

另外一方面，美國海軍在處理土匪劫持美船事件中，則呈現出完全不一樣的態勢，傾向訴諸武力解決。從美國海軍處理美孚煤油船被劫事件的善後處置中，即可獲得印證。雖然美國政府處理美船遭土匪劫持案件的因應模式，仍然以尊重中國當局的處置為最高優先，並在採取行動前，會盡量事先告知並取得地方軍政長官的同意或是軍隊的支援，唯有在確定無法獲得中國方面的即時協助時，才會由美國海軍自行介入處理。不過，一旦美國海軍決定行動並直接面對土匪時，其態度就異常堅決，只要在援救或護航過程中遭到土匪絲毫的挑釁行動，即不惜採取可能會造成重大死傷的報復行動。美國海軍長江巡邏隊指揮官菲爾樸斯即認為有必要教訓長江上游地區的土匪勢力，故訓令位處第一線的美國海軍砲艦艦長，應該更為果斷地動用武力反擊並壓制土匪攻擊美船事件。換言之，無論土匪的攻擊行動是否帶有傷人意圖，構不構成實質威脅，美國海軍砲艦均應立刻動用艦上重砲予以還擊。即是之故，對於長江上游地區的土匪勢力,美國海軍從來就不吝於動用武力。[21]

綜合上述實際情況,可以歸納出一個初步的結論,即美國海軍在長江流域的動武模式有一定標準:在一般商務、民事糾紛上不輕言動用武力介入,但在兵匪劫掠、肇事等相關問題上,則採行所謂的「巨棒政策」(Big Stick Policy)或「砲艦外交」(Gunboat Diplomacy),藉由強勢的海軍武力或威嚇來試圖壓制當地的非法勢力,保護美商利益與美國尊嚴。

總結來說,由於長江上游地區戰爭頻繁、內政失序,尤其四川省幾乎到處充斥著毫無紀律的軍隊與流竄危害的土匪;可是無論是北京的中央政府,抑或四川的地方軍事與民政當局,既無心也無力保護外商利益。值此危急時刻,美國海軍只能挺身而出,肩負起確保航行安全、維護美國利益與尊嚴的重責大任。然而,當美國海軍執行護航任務時,往往卻又陷入該盡力克制、避免干涉中國內政,或是該斷然採取武力反擊行動之間的兩難處境。此乃肇因於美國在中國的外交政策,一方面帶有理想性,試圖尊重中國的主權獨立與完整,不希望以帝國主義方式在中國獲得權力或財富,也極力避免違反

---

21 "Phelps to Commanding Officers, Palos, Elcano, Villalobos, " 23 August 1923, WA-7 file, RG 45, National Archives and Records Administration, Washington, D.C.(NA), cited from William Reynolds Braisted, *Diplomats in Blue: U.S. Naval Officers in China, 1922-1933*, p. 77; "Extract from the Report of the Commander of the *Palos*," October 1923, "Political Conditions in Szechuan," from American Consulate, Chunking to American Minister, Peking, 10 November 1923, RIAC, 893.00/5336; "Lincheng: Changing Attitude of the Chinese toward Foreigners," from American Consulate General, Shanghai to American Minister, Peking, 1 June 1923, RIAC, 893.00/5068.

中立原則，過分涉入中國內政事務；另一方面，則如同
英、法、日等其他國家一樣，從國際現實角度著眼，難
免帶著擴張勢力版圖、維護商業利益的色彩成分，也
較易陷入以保衛國家尊嚴之名的武力干涉。[22] 上海英文
《大陸報》一則社論也深刻地點出美國對華政策的雙重
性及其考驗：

> 首先，是持續對華友善的整體政策，如同體現在海
> 約翰門戶開放政策，以及華盛頓會議九國公約的
> 具體條件；第二則是絕對堅持美國在華的條約利
> 益……。如果從美國對華政策的角度來思考長江上
> 游的情況……我們必須承認，為了贏得中國的友
> 誼，外國的商業利益必須付出相當高的代價。[23]

　　美國在長江上游地區航行安全問題與武力護商爭議
上的作為與處置之道，即清楚反映其在理想與現實之間
徘徊搖擺的雙重特性。[24]

22　關於美國與太平洋地區諸國的關係，如何在理想與現實之間調
　　整，可以參見美國史丹佛大學校長 Ray Lyman Wilbur 在 1927
　　年 7 月的公開陳述。見 Ray Lyman Wilbur, "An Interpretation of
　　America in Pacific Relations," *News Bulletin (Institute of Pacific Relations)*
　　(Sep., 1927), pp. 10-15.

23　關於美國對華政策的觀點，《大陸報》稱乃引述自「某位熟悉
　　中美關係、在華府行政體系任職的權威人士」的談話。見 "The
　　Situation on the Upper Yangtze," *The China Press*, 24 June 1924.

24　美國對華政策的搖擺性也遭到教會人士的批評，例如杭州之江
　　大學（Hangchow Christian College）校長 Robert F. Fitch 在 1924
　　年 6 月一場演說中，即認為「體現在美國遠東政策中悲慘的和
　　平主義，應該要為近 25 年來的中國困境負起大部分的責任」。
　　換言之，美國應該採取更積極主動的政策，來改變與影響中

最後，由歐戰後長江上游地區軍隊、土匪攻擊、騷擾美船的嚴重程度來看，不難想像美國海軍必須以更積極的作為，才能在內戰不斷、社會失序嚴重的長江流域，確保美船的安危。早在 1921 年 6 月與 9 月，美國駐漢口與上海總領事館即已注意到長江上游航行安全情況的嚴重性，先後向駐華公使館建言，一方面痛責中國當局無力保護美船安全，二方面則認為應由美國海軍自行採取積極措施，來確保美國在長江上游地區的商業利益。[25] 1922 年開始，美國海軍長江巡邏隊指揮官菲爾樸斯逐漸展露以武力介入長江航行安全與護商問題的強烈企圖心。菲爾樸斯雖然一再表明美國堅守中立、不介入中國內戰的立場不會改變，但卻也強調海軍有權力也有義務動用武力來維護美國在長江的正規航運與通商利益。換言之，一旦中國軍隊侵害美國的中立地位，威脅到美船安全或美商利益，則美國海軍有權以武力介入來排除中國軍隊對航運的阻礙。[26] 為了進一步落實美國海軍對於解決長江流域航行安全問題的意志，菲爾樸斯在 1922 至 1923 年間，積極推動列強海軍合作行動，並

國，而非繼續消極的和平路線。杭州之江大學乃是由美國長老教會（American Presbyterian Mission）所創辦。見 "U.S. Pacifism Responsible for China's Ills," *The China Press*, 25 July 1924; 杭州大學校史編寫組，《杭州大學校史，1897-1988》（杭州：杭州大學出版社，1989）。

25 "Protection of American Property and Life on the Upper Yangtze," from American Consulate General to American Charge d'Affaires, 22 June 1921, RIAC, 893.00/3986."American Consulate General, Shanghai to American Minister, Peking," 27 September 1921, RIAC, 893.00/4156.

26 "Commander, Yangtze Patrol Force to Commander-in-Chief, Asiatic Fleet," 24 September 1922, RIAC, 893.811/479.

從原先的英美合作，[27] 進一步擴大為英、美、日、法四國海軍共同合作，介入處理長江上游地區的航行與通商安全問題。[28] 宜昌大來喜事件之後，由於一再發生中國軍隊攻擊美船事件，1923 年 10 月菲爾樸斯再度重申類似立場，強調如果中國軍政當局無力保護美國船隻的安全，美國海軍將自行採取行動以護衛美船與美國利益。[29] 此一立場並非菲爾樸斯個人見解，基本上可謂是美國駐華使領與海軍的共識。[30] 因此，凡是中國軍隊有攻擊行動或威脅到美船安危的場合，美國海軍立場堅定，那就是必須動用武力加以壓制與排除。在上述政策下，位處衝突第一線的美國海軍艦長，當面臨攻擊事件時，自然比較傾向於使用武力，在相關節制上也會更加寬鬆。

然而，此套動武標準不見得完全符合美商在長江上游地區的需求。一方面受到湖北、四川連年戰亂的影

27　1922 年 7 月美、英兩國海軍攜手合作，會商解決長江流域航行安全問題的方法。見 "Sir R. Macleay to the Marquess Curzon of Kedleston," 15 August 1923, FO 371/9194.

28　"Letter from Rear Admiral W.W. Phelps to the Senior Japanese, British and French Naval Commanders on the Yangtze," 3 December 1922, RIAC, 893.811/513; "Memorandum of Senior Naval Officers in Command of the Naval Forces of Japan, Great Britain, the United States and France Operating on the Yangtze River," 19 February 1923, RIAC, 893.811/512.

29　"Commander, Yangtze Patrol Force to Mr. Heintzlemen, American Consul General, Hankow," 28 October 1923, RIAC, 893.811/595.

30　1923 年下半年，美國駐華使領基本上均附和菲爾樸斯的看法。見 "Mr. Heintzlemen, American Consul General, Hankow to Mr Chen Chieh, Commissioner of Foreign Affairs, Hankow," 2 & 16 November 1923, RIAC, 893.811/595; "The Counselor of Legation at Peking (Bell) to the Secretary of State," 5 December 1923, RIAC, 893.811/595.

響，社會失序、兵匪猖獗，美商確實亟需海軍提供的實質保護，以抗衡當地的不法勢力；但另外一方面，海軍一旦動用武力介入處理，尺度拿捏稍有不當就可能引起副作用：輕則報復（土匪），重則排外（民族主義運動）。在長江上游地區有重要商務活動的美孚公司，即常常陷入此種矛盾情節中，雖然曾多次呼籲海軍應提供更多的保護，也極力贊同美國政府建造新艦、強化長江巡邏隊的戰力，[31] 但卻又不時對於美國海軍的武力介入行動感到疑懼，甚至不希望海軍介入過深，反對海軍代為催討債務，也不願見到海軍對土匪殺戮過凶，以免激起不必要的衝突，從而有害於未來的商務推展。由此可知，美國海軍武力介入與美商利益與需求之間的關係，並非如表面上看來的簡單。美國海軍如果一味地提供更多的保護，與執行更為強硬的武力介入行動，不一定就能夠更加確保美商在長江上游地區的利益。相反地，當美商在該地的商務活動愈多、牽涉的利益愈廣時，可能更希望海軍能有智慧、謹慎地使用武力，而非胡亂舞動「巨棒」。

與此同時，歐戰後中國民族主義浪潮與反帝宣傳輿論也日趨強大，異常關注華洋衝突與中外糾紛的善後處理方式，對於列強海軍武力介入處理中國內政事務等議

---

31 關於美孚公司表態希望美國海軍提供更多保護與支持國務院強化駐華海軍戰力方案，見 "American Minister, Peking to the Secretary of State," 4 October 1921, RIAC, 893.00/4126; "Naval Protection Upper Yangtze River—China," from the Standard Oil Company of New York to the Secretary of State, 28 August 1923, RIAC, 893.811/574。亦可參見應俊豪，〈長江上游航行安全問題與美國駐華海軍的因應之道（1920-1925）〉，第 20 期，頁 123-172。

題，更是極為敏感。列強駐華使領或海軍官員在處理
上稍有不慎，即易被指為帝國主義行為，如又有報紙的
刻意宣傳渲染，則可能引起廣泛的反外民族主義運動。
尤以中英、中日的衝突為然。但美國似乎是例外，中美
衝突較不易引起中國民族主義運動的憤怒。從晚清美國
提倡門戶開放政策、率先退回庚子賠款，到民國時期美
國總統威爾遜的民族自決主張，美國在中國大致維持相
當友好的形象，雖然排華法案有損中美友好關係，但在
大部分中國人心目中，美國還是有別於其他帝國主義列
強。[32] 究其實際，中國公眾輿論對於美國的友善程度
遠遠超過同時代的英國與日本，縱使美國海軍在處理軍
人危害美船航行安全與通商利益等問題上稍有強硬作
為，也多半選擇低調以對。換言之，歐戰後中國民族主
義運動明顯帶有針對性（英、日）與差別性（美與英、
日有別）的特殊傾向。

其次，華盛頓會議中國決議案雖已揚棄以武力干涉
中國內政事務，並同意給予中國完整無礙的機會，以便
發展成為一個穩定的政府，但不容否認地，帝國主義式

---

32 關於晚清與歐戰前後中美間特殊關係的形成以及美國在華宣傳
策略的成功，可以參考：Michael H. Hunt, *The Making of a Special Relationship, the United states and China to 1914* (New York: Columbia University Press, 1983); Kazuyuki Matsuo, "American Propaganda in China: The U.S. Committee on Public Information, 1918-1919," *Journal of American and Canadian Studies*, 14 (1996), pp. 19-42; 山腰寬敏，"The Media Wars: Launching the May Fourth Movement, World War I and the American Propaganda Activities in China, Led by P. S. Reinsch and Carl Crow"（「五四運動與美國對於中國宣傳活動再論」），收錄在國立政治大學文學院（編），《五四運動八十週年學術研討會論文集》（臺北：政治大學文學院，1999），頁111-136。

砲艦外交仍時而出現在歐戰後中外交涉舞臺之上。在一些華洋衝突案件中，均可以看到以武力為後盾，要求中國地方政府立刻正法處死中國人犯的情況。特別是在大來喜事件後，美國海軍的武力介入處理模式，即可以印證此現象。然而這種立即正法處死人犯的要求，如果放在當時中國極力想廢除領事裁判權的時代背景中思考，無疑是莫大的諷刺。自清末中西接觸以來，外人主張領事裁判權的主要理由，在於中國法律制度落後野蠻，動輒施刑或處死人犯，不符西方現代法律觀念。民國後，中國國家主權觀念日益濃厚，對於法權的收回，也有相當共識。北京政府屢次修訂法律章程，即試圖透過法律體制的完備與現代化，作為要求列強撤廢領事裁判權的條件。但列強總以中國法律制度不完善為由，延緩歸還法權。然而由大來喜事件的處理過程來說，不按中外條約規定，也不顧中國法令章程、審判程序的，正是這些素來尊重條約、重視法律審判程序的美、英等國家。晚清以來，每當發生華洋衝突事件，萬一過程中有外人死傷，列強政府即經常提出正法處死中國人犯的要求。[33]此種情況在晚清時期幾乎屢見不鮮，到了民國亦然。美商大來喜事件後未滿一年，又上演相同的戲碼。四川萬縣木船幫眾為了抵制英國輪船運送桐油，採取暴力手段包圍碼頭與船隻，從而導致在場的英商美籍經理遇襲身亡。英國海軍隨即提出了正法人犯的要求，即採砲轟萬

33　魏斐德（Frederic Wakeman, Jr.），王小荷譯，《大門口的陌生人：1839-1861 年間華南的社會動亂》（北京：中國社會科學出版社，2002，重印版），頁 88-89。

縣的威脅手段，強逼萬縣軍政當局立刻正法處死了為首的木船幫眾。[34] 美、英海軍藉由武力要求正法處死人犯的作為，不正體現中國傳統司法制度野蠻落後的一面，這也不正是列強拒絕歸還中國法權的理由與藉口嗎？當美、英等列強一面指責中國的野蠻、落後、不文明，但卻同時以此種野蠻標準要求中國遵守、照辦。這些問題其實反映出當時中外法權爭議，不能只從表面上的法律制定與執行層次來思考，也不能僅從法制的現代化與否來作判斷，而必須從中外現實上強弱關係進一步討論。或許法權甚至整個條約特權爭議根本就不是法律層次上問題，而是一個現實政治、國際政治的問題。[35]

　　不過，還是必須強調的，美國海軍長江巡邏隊在大來喜一案善後處置過程中，雖然表現出十分強勢的行事風格，甚至不惜違反條約規定拒絕移交人犯，並干擾中國司法自主，企圖主導審判與處罰結果，然而這卻不意謂美國對華政策有何劇烈的變化。因為上述強勢作為可能只是美國海軍故作姿態的一種手段，其目的不在於干涉中國內政，而是藉題發揮，迫使中國地方當局正視長江上游地區軍隊滋事問題的嚴重性。

34　應俊豪，〈航運、砲艦與外交——1924 年中英萬縣案研究〉，頁287-328。

35　陳隆豐，《國家繼承與不平等條約》（臺北：三民書局，2003），頁 145-151。

四、歐戰後美國視野下的中國

近代以來，當歐洲列強忙於撬開清王朝的大門之際，美國則亦步亦趨地跟著進入中國。雖然美國早期並未正式參與對中國的戰爭，但每次戰後條約簽訂，美國卻從未缺席。從鴉片戰爭後的《望廈條約》、第一次英法聯軍之役後的《天津條約》、第二次英法聯軍之役後的《北京條約》，美國均順勢享受了歐洲國家發動對華戰爭的勝利果實，並同樣以條約列強之姿，出現在中國人面前。[36] 1898 年美西戰爭之後，美國在西太平洋地區取得了毗鄰中國水域的菲律賓，往後更是以此作為根據地，致力於開拓與中國的商貿利益。[37] 但是由德、俄、英、法等列強卻發起瓜分風潮，意圖在中國各自佔領沿海港灣與劃分勢力範圍，壟斷商貿利益，這對美國未來在華的商業發展有極大的影響。也因此，在美國駐華公使柔克義（William W. Rockhill）的推動下，1899年美國國務卿海約翰正式提出中國門戶開放政策，向歐洲國家喊話，要求摒棄各自的勢力範圍，讓美國以及其餘國家，能夠共享在華的通商貿易利潤。[38] 究其實

---

36 郭廷以，《近代中國史綱》，頁 70-72、142-143。關於近代中美關係，亦可參見李定一，《中美早期外交史》一書。

37 關於 19 世紀以來美國在海外的擴張，見張四德，《美國史》（臺北：大安出版社，1996），頁 120-124；Paul Kennedy，張春柏、陸乃聖等譯，《霸權興衰史：1500 至 2000 年的經濟變遷與軍事衝突》（*The Rise and Fall of the Great Powers: Economic Change and Military Conflict from 1500 to 2000*）（臺北：五南出版社，1995），頁 321。

38 段小紅，〈世紀之交的美中貿易（1895-1905）〉，陶文釗、梁碧瑩主編，《美國與近現代中國》（北京：中國社會科學出版社，

際，雖然美國在對華作為上，並未像其他列強帶有侵略或貿易壟斷意圖，但是依然十分重視在華商務發展與投資機會。在二十世紀初期，美國甚至一度也嘗試推動所謂的金元外交，以商業投資為手段，利用政府外交為後盾，先後參與湖廣鐵路借款、錦璦鐵路借款、鐵路中立化計畫、幣制實業借款、六國銀行團等，藉以擴大投資利益，同時提高美國在華事務的發言權。[39]

歐戰爆發後，歐洲列強陷入歐陸戰爭的泥沼中無法脫身，暫時沒有餘暇與力量管控在中國的勢力範圍與市場。美國企業即趁勢利用歐洲列強無力東顧之際，發展在華的商業與投資利益。[40] 其中原先被英國視為禁臠、商貿利益居中國各地之冠的長江流域，則成為美商努力經營的重要範圍。歐戰結束之後，歐洲國家雖然逐漸擺脫戰爭陰霾，紛紛重返中國，並致力於開拓廣大的內陸市場，[41] 但美國當然也沒有落後，利用戰爭期間的擴張態勢，繼續積極伸出在中國的各項商業觸角。[42]

1996），頁 224-242；韓莉，《新外交‧舊世界：伍德羅‧威爾遜與國際聯盟》（北京：同心出版社，2002），頁 25。

39 不過，後來在美國總統威爾遜的主導下，還是決定終止金元外交。換言之，美國政府雖然十分重視在華投資與商業利益，但是卻不主張加入六國銀行團對華共同借款，以免過度介入中國內政事務或壟斷在華特權。吳心伯，《金元外交與列強在中國（1909-1913）》（上海：復旦大學出版社，1997）一書。

40 最有名的例子即是歐戰期間美國在對華借款的新國際銀行團中所扮演的角色。見王綱領，《歐戰時期的美國對華政策》（臺北：臺灣學生書局，1988），頁 127-164。

41 C. A. Middleton Smith, *The British in China and Far Eastern Trade* (London: Constable & Co. Ltd., 1920), pp. 132-135; "Steam Navigation on the Upper Yangtze," *Journal of Royal Society of Arts*, 663412 (18 April 1918), pp. 354-355.

42 Robert Dollar, *Memoirs of Robert Dollar*; David H. Grover, *American*

尤有要者，歐戰後的國際局勢也有很大的變化。戰爭期間長期的消耗對峙與僵持狀況，很大程度削弱了歐洲列強原有的實力，而美國則是直到戰爭後期才加入戰局，並挾著強大國力與戰力為後盾，主導與影響了戰局發展，並最終獲得戰爭的勝利。在象徵意義上，美國擊敗德國拯救了歐洲，而實質意義上，美國更成為歐洲諸國最大的債權國。此時的美國，已非當初海約翰時代、那個只能在口頭上呼籲要開放中國門戶的美國了。特別是當時的美國總統威爾遜，對於未來遠東事務的安排，有其設想與規劃。[43] 而自歐戰後開始，特別是在召開華盛頓會議之後，美國以世界最大海權國的地位，強勢斡旋世界海權天平的重新分配，訂出比率與上限，要求各國必須裁減海軍武備，遵守海權競逐的遊戲規則。在遠東事務上，美國不但介入處理中國與日本的山東德屬租借地權利之爭，同時更藉由推動九國公約的簽署，讓中國門戶開放政策，從原先的口號訴諸於條約文字，從而使得在中國有特殊利益的列強必須遵守公約，撤除勢力範圍的藩籬。更為重要的是，美國也正式敲下往後列強對華政策的基本原則，而應尊重中國主權獨立與領土完整，並協助中國發展出一個強而有利的中央政府。[44] 美

Merchant Ships on the Yangtze, 1920-1941, pp. 76-83；應俊豪，《外交與砲艦的迷思：1920 年代前期長江上游航行安全問題與列強的因應之道》。

43 Roy Watson Curry, *Woodrow Wilson and Far Eastern Policy, 1913-1921.*

44 應俊豪，〈談判桌上的海權劃分：五國海軍會議（1921-1922）與戰間期的海權思維〉，《國立政治大學歷史學報》，第 30 期（臺北，2008.11），頁 119-168；"Transition from Strong to Weak Diplomacy," *The China Weekly Review*, 12 September 1925.

國試圖修正晚清時期列強隨意對華武力干涉與介入中國內政事務的行為模式，並希望給予中國一個完整無礙的機會，發展出穩定的中央政權。無庸諱言，歐戰後美國在東亞事務的發言權，已逐漸開始凌駕英國，隱然有成為諸強國之首的態勢。

　　不難想見的，伴隨著戰後美國強大的政治與經濟力量，美商公司大舉深入中國各地與長江流域，從事實業與貿易投資、開採物產、經營航運等業務。[45] 然而對美商來說，中國一片榮景的背後，其實卻隱藏著社會逐漸失序的嚴厲挑戰。中國南北對立的時代大環境以及沿著長江及其支流沿岸連年不絕的戰事，使得地方軍事主義現象極度高漲：一方面是軍閥割據分裂，各佔地盤、擁兵自重，另外一方面則是武裝化的土匪與海盜藏身在政府統治力較弱的地區與水域，不時危害鄉里，阻礙商路的順暢。其次，隨著貿易觸角延伸至長江中上游等內陸地區，美商公司挾著強大商業競爭力長驅直入，自然也對當地原有的貿易與商業型態造成重大衝擊與影響，從而導致中美間商業糾紛頻傳。尤其是新式輪船大量出現在長江上游地區後，嚴重威脅到傳統木船業者的生存，木船與輪船間的生計之爭乃日趨白熱化，暴力攻擊事件時常發生。[46]

45　關於歐戰期間及之後美商在中國的投資與發展，見吳翎君，《美國大企業與近代中國的國際化》一書。

46　"Annual Report of Events in China for the Year 1921," Sir B. Alston to the Marquess Curzon of Kedleston, Foreign Office, 14 February 1922, FO371/8033；〈中華民國十一年重慶口華洋貿易情形論略〉，上海通商海關造冊處譯，《中華民國海關華洋貿易總冊》，1922 年第 1 卷，頁 11。

　　在上述背景下，美商在華的發展勢必得面臨諸多挑戰，往往也需要美國政府的保護。外交條約與海軍武力，是近代以來歐美等列強能夠立足中國至為最重要的兩大護符。所以，除了藉由美國駐華外交使領引據中美條約，以維護通商權益之外，美商公司也極需由美國海軍武力提供的實質性護衛與震懾作用。但海軍武力一旦介入，雖然極其有效，但卻可能引起許多不必要的負面影響與後續效應，也容易讓原先單純的商業貿易糾紛升級成嚴重的華洋對立，從而使得此問題更為複雜，甚至引起排外或抵制運動，導致貿易停滯。即是之故，美國駐華海軍、領事官員對於何時該動用武力介入的標準與時機往往有不同看法。

　　簡言之，處於日趨嚴重的社會失序與軍閥內戰所導致的動盪不安局勢下，當面對華洋衝突、商業糾紛與土匪海盜危害等事件，美國政府與海軍究竟是否該重拾砲艦外交，動用武力解決問題？武力介入的分寸又該如何取捨？

　　如果從中國現況、海盜、長江航行安全問題與美國武力介入等角度，來切入歐戰後美國視野下的中國，可以看到與以往歷史研究成果相當不一樣的中美關係。涉及到的重要議題，除了原先兩國上層外交往來環繞的國家主權與條約權利之爭外，更多的是下層一般商民所關心的生命財產安全，以及通商貿易活動的順暢。例如輪船能否順利開航，航行途中是否會受到攻擊，貨物運送是否能夠如時進行，船隻抵港後會不會遭到抵制等，這些都是歐戰後在華經營商貿事業的美國商民，得經常面對與尋求解答的問題。

　　事實上，歐戰後美國商民眼中的中國，就是這樣一個令人又愛又恨的地方。未完全開放的市場、仍待開採的龐大天然資源、輪船航運的處女地、美商貨物產品（如煤油）等的潛在銷售客戶等等，似乎處處均充滿著商機，也是美國商民得以與英、法、日等國一同競爭，追求通商利潤的好地方。但是就在商機無限、誘人條件的背後，同時卻也蘊藏著極大的隱憂。內戰的威脅猶如陰影般纏繞在側，隨時可能導致航運的中斷，戰火也可能波及城區，造成商業上損失。調動頻繁且處處可見的士兵，也可能忽然就對航行中的美國輪船開槍攻擊，造成人員受傷。被輪船搶走生意的木船幫眾，對於外人的滿滿敵意，也可能隨時爆發出來，轉為實際行動，包圍碼頭，抵制美國輪船裝卸貨物，搗毀駁船等設施，甚至傷害美商工作人員。而作為內戰衍生品的土匪與海盜，充斥在中國沿海沿江各個水域，窺伺著往來船隻，隨時可能利用輪船停泊接客或是晚間休息時刻，發起攻擊行動。

　　在上述情況下，美國商民除非自願放棄中國市場，否則就必須另謀其他解決方案。尤其是歐戰後的美國，無論是經濟條件還是整體國力，早已往前躍進一大步，並非19世紀時的那個美國了。美國商民也對自己充滿信心，積極發展海外投資與貿易活動。而就長江上游地區的情況來說，美國商民不但想要繼續維持既有活動，還意圖擴大商業規模，從而與其他列強一爭長短。這樣的雄心壯志，自然不太可能只單靠民間自身的力量，還是必需呼喚出政府與國家的奧援，透過條約與海軍武力的雙重護持，提供有利條件，確保商貿活動的順暢與保障人身安全。此時原先屬於下層中美商貿往來互動的面向，也就與上層的國家政治軍事外交等面向，又重新交融在一起了。

究其實際，不管是海盜劫掠抑或長江航行安全問題，無論是上層還是下層的中美往來互動，作為國家機器極其重要一環的海軍武力，大則出航作戰，小則護商保民，都扮演著十分重要的角色。而自晚清西力入侵以來，歐洲國家在中國樹立的遊戲規則，就是每當遭遇商業阻礙或不利因素時，動用國家軍事武力作為商業活動的護盾，就是最好用、也最方便的因應之道。美國雖然不太認同歐洲國家的作法，也不主張任意對華動武，呼籲中國門戶開放，但事實上，透過片面最惠國的條約特權以及其他外交手段的運用，美國也是與列強一同分享了商業利潤，雖在利潤比例上或許少了些。

但歐戰後的國際環境有了非常大的改變，這也使得美國領導者開始反思列強以往對華政策的可能風險。首先，歐戰的發生，不可避免與帝國主義競爭擴張的恐怖平衡及其崩潰瓦解有著密不可分的關係，因此帝國主義掠奪殖民地與市場的作為，本身即必須重新加以檢討。其次，俄國革命後的蘇維埃政權所推動的世界革命，更衝擊著西方世界，只要有效操作反帝輿論，喚醒被殖民或被侵略地區人民的同仇敵慨之心，即可能引起對於西方資本主義國家的全面性挑戰。這也使得美國領導者開始更為警覺到帝國主義擴張可能導致的危害。[47] 美國總統威爾遜之所以在山東問題上力挺中國，以及美國政府在之後召開華盛頓會議，倡導並簽署《九國公約》，目的即在於希望能夠調整中外往來的新架構，以避免重複 19 世紀侵略與擴張的老路線。也因此美國又重申中國門戶開放政策，同時也強調必須尊重中國主權獨立與領土完整，特別是列強雖然依據條約可以在華從事各類活動，但過程中應遵守中立原則，不可隨意動用武力，也不該介入中國內政事務。這是歐戰後美國對華政策的主要原則，而透過華盛頓會議《九國公約》的簽署，美國最終希望能夠將之推廣成為列強在華共同的行為準則。[48]

---

47 美國總統威爾遜本人即曾在巴黎和會上，多次發言表示對中國未來民族主義與反帝國主義思維發展的憂慮。見 "Hankey's and Mantoux's Notes of A Meeting of Council of Four," 22 April 1919, *PWW*, Vol. 57, pp. 605-606; "Hankey's and Mantoux's Notes of A Meeting of Council of Four," 22 April 1919, *PWW*, Vol. 57, p. 606.

48 關於歐戰後美國東亞政策的解釋，美國學界有不同的看法，有些認為是美國想要在遠東地區遏制帝國與殖民主義的擴張，但有些則認為是美國本身在對外發展上即帶有帝國主義思維，其介入東亞事務，動機也並不純正，乃是為了防止東亞發生事端而有損美國利益，故主張以合作代替對抗。當然更為重要的是，也有學者認為美國自威爾遜總統以降，開始推動一種新的國際秩序，尊重中國主權獨立，揚棄過去的帝國主義模式。筆者比較認同最後一種解釋，雖然究其實際，美國推動的華盛頓會議體制不能算是成功，以結果論來說，甚至是失敗的，但這並不能否定美國力圖建立新秩序的嘗試。關於史學界對於歐戰後美國東亞政策的探討與分析，見吳翎君，《美國與中國政治（1917-1928）：以南北分裂政局為中心的探討》，頁 1-2。亦可參見 Ernest R. May and James C. Thomson Jr. eds., *American-Eastern Relation: A Survey* (Cambridge, MA.: Harvard University, 1972)；白吉爾（Marie-Claire Bèrgere），《中國資產階級的黃金年代》（*L'âge d'or de la Bourgeoisie Chinoise*）（上海：上海人民出版社，1998），頁 289。至於美國學者的相關著作，則參見：Whitney A. Griswold, *The Far Eastern Policy of United States* (New York: Harcourt, Brace and Co., 1938); William Appaleman

影響所及，所謂的「華盛頓會議體制」開始逐漸形成，也使得歐戰後的中外關係呈現出和緩的狀態，列強不再任意干涉中國內政，也不輕易動用武力，而是希望給予中國一個完整無礙的機會，發展出強而有力的中央政府。中國知識分子反對甚力的不平等條約特權體制，雖然並未獲得廢除，但列強也釋出善意，願意觀察中國現況發展，逐步調整包括關稅、領事裁判權等問題。換言之，當美國將其歷來的中國門戶開放政策，透過國際會議與公約擴大為列強的共識，並彼此間相互制衡與約束後，中外互動也將會與晚清以來的情況，有著迥然不同的改變。列強也將會以較平等的態度看待中國，不太會再任意動用武力，掠奪或瓜分中國利權與市場。

然而，看似立意良善的「新外交」，[49] 其實還是隱藏著兩種矛盾。其一，是列強內部的矛盾，雖然在美國的強勢主導下，其餘國家共同簽署《九國公約》，表面上同意中國門戶開放政策，並尊重中國主權獨立與領

Williams, *The Tragedy of the American Diplomacy* (New York: Delta Books, 1961); Akira Iriye, *After Imperialism: The Search for a New Order in Far East, 1921-1931.*

49　此處所謂的「新外交」，乃是指美國在歐戰期間由威爾遜總統所提出要揚棄秘密外交、尊重民族自決、建立集體安全體系的理想；而後來華盛頓會議體制，基本上也是延續此新外交模式。中國駐美公使施肇基即稱這種改變，乃是美國主張列強應放棄過去強者用來對付弱者使用的武器（如武力、威脅與敵意等），轉而改代之以理性、合作與善意。關於歐戰期間威爾遜總統的規劃，見李辛吉（Henry Kissinger），顧淑馨、林添貴譯，《大外交》（*Diplomacy*）（臺北：智庫文化，1998），上冊，頁299；施肇基對於華盛頓會議〈九國公約〉的看法，見 "Transition from Strong to Weak Diplomacy," *The China Weekly Review*, 12 September 1925. 至於新舊外交的對比，可以參見王立新，〈華盛頓體系與中國國民革命：二十年代中美關係新探〉，《歷史研究》，2001年第2期（北京，2001），頁56-68。

土完整，但實際上仍是各懷鬼胎、陽奉陰違，私底下動作不斷，以各種方式繼續擴大在華利權。其二，則是如前述所言，中國政治與社會現況的惡化程度，遠遠超過美國當初的想像。歐戰後不久，先是爆發直皖戰爭，導致北京中央政權的易主。而華盛頓會議結束後，中國的軍閥內戰更是愈演愈烈，除了中央層級的直奉戰爭外，各地省級戰爭也是不斷發生，尤其長江上游地區的四川、湖北等省更是戰火頻傳。上述內外兩種矛盾的持續擴大，也就一步步腐蝕著「華盛頓會議體制」與「新外交」的根基。

　　這樣的中國現實情況，當然也對美國派駐在中國各地的領事與海軍官員造成很大的衝擊與困擾。特別是當美國政府高層拍板定案的對華政策，如果與實際中國現況間有極大落差時，這些身處第一線的美國官員，常常必須在政策與現實間來回摸索可行的作為。雖然基本上，他們作為政府官員，理所當然必須遵守美國政府的政策指示與訓令，但在面對實際情況的挑戰時，如果一味墨守成規、不知變通，則可能將會影響到美國商民在該地的生命財產安全，也會阻礙到美商企業的生存與發展。所幸，美國政府給予在現場的第一線領事與海軍官員一定空間的裁量權，可以選擇是否要動用武力，以及如何動用武力。即是之故，在美國領事與海軍官員的認知中，在處理海盜、長江上游地區航行安全與護商等問題時，必須在政府政策與現實情況間取得妥協，以相當彈性的處置作法，一方面堅守中立原則，不可輕易干涉中國內政，更不可介入中國內戰，故必須嚴格約束美國商民在該區的各類活動，但另外一方面，為了因應當地惡化的社會現況，也必須隨時準備以海軍武力為後盾，威嚇中國軍隊、土匪甚至木船幫眾對於美國航運與商業利益的危害，除了協助美商能夠抵禦來自當地的威脅外，同時也才能夠與英、日、法等其他國家商民在惡劣環境下，繼續競逐商機與利潤。

徵引書目

一、檔案資料

（一）中日文檔案

- 中央研究院近代史研究所檔案館藏，《北洋政府外交部檔案》。
- 中央研究院近代史研究所檔案館藏，《外交部地圖》。
- 中央研究院近代史研究所檔案館藏，《經濟部地圖》。
- 日本外務省藏，《外務省記錄》。

（二）英文檔案

- (United States) Department of State. *Records of the Department of State Relating to the Internal Affairs of China, 1910-1929.* (M329) Washington, D.C.: The National Archives, 1960. (Microfilm) (RIAC)
- (United States) Department of State. *Papers Relating to the Foreign Relations of the United States.* Washington, D.C.: Government Printing Office, 1938. (FRUS)
- (United States) The War Department. *Correspondence of the Military Intelligence Division Relating to General, Political, Economic, and Military Conditions in China, 1918-1941.* (RG 165) Washington D.C.: The National Archives and Records Administration, 1987. (Microfilm) (CMID)
- (United States) Naval War College, *International Law Documents: Conference on the Limitation of Armament with*

Notes and Index, 1921. Washington: Government Printing Office, 1923. (CLA)

- (United States) Link, Arthur Stanley ed. *The Papers of Woodrow Wilson.* Princeton: Princeton University Press, 1966-1994. (PWW)

- (Great Britain) Foreign Office. *Central Correspondence, Political, China, 1905-1940.* London: Public Record Office. (Microfilm) (FO371)

- (Great Britain) Colonial Office, *Original Correspondence: Hong Kong.* (CO129)

- (Great Britain) *The Cabinet Papers.* (CAB)

二、史料彙編、年鑑、方志

- 上海通商海關造冊處譯，《中華民國海關華洋貿易總冊》，臺北：國史館史料處，1982，重印版。

- 中國第二歷史檔案館、中國海關總署辦公廳編，《中國舊海關史料（1859-1948）》，北京：京華出版社，2001。

- 美國駐華大使館美國教育交流中心藏，廣西師範大學出版社編，《中美往來照會集（1846-1931）》（*Selected Records of the U.S. Legation in China*），桂林：廣西師範大學出版社，2006。

- 外交部統計科編，《外交年鑑－民國九年份》，北京：外交部統計科，1921。

- 王洸，《中國水運志》，臺北：中華大典編印會，1966。

- 蔡鴻源主編，《民國法規集成》，合肥：黃山書社，
  1999。
- Woodhead, H. G. H. ed. *The China Year Book, 1924-1925*.
  Tientsin: The Tientsin Press, 1925.
- Woodhead, H. G. W. ed. *The China Year Book, 1928*.
  Shanghai: The North-China Daily News & Herald,
  1912-1939.

三、報紙、雜誌、月報

（一）中日文

- 《上海總商會月報》。
- 《大公報》。
- 《大阪每日新聞》。
- 《中外經濟週刊》。
- 《申報》。
- 《政府公報》。
- 《香港華字日報》。
- 《益世主日報》。
- 《益世報》。
- 《晨報》。
- 《臺灣日日新報》。
- 英文《大陸報》。

（二）英文

- *Hain Shu Pao.*
- *Journal of Royal Society of Arts.*

- *The Canton Times.*
- *The China Press.*
- *The China Weekly Press.*
- *The China Weekly Review.*
- *The Chunking Commercial Daily News.*
- *The Contemporary Review.*
- *The Evening Star.*
- *The Geographical Journal.*
- *The Hong Kong Daily Press.*
- *The London Gazette.*
- *The Millard's Review of the Far East.*
- *The New York Times.*
- *The North China Daily News.*
- *The North China Herald and Supreme Court & Consular Gazette.*
- *The North China Herald.*
- *The Peking & Tientsin Times.*
- *The Shanghai Gazette.*
- *The Shanghai Times.*
- *The Singapore Free Press and Mercantile Advertiser.*
- *The Strait Times.*
- *The Times.*

四、專書、工具書、辭典

（一）中日文

- Paul Kennedy，張春柏，陸乃聖等譯，《霸權興衰史：1500 至 2000 年的經濟變遷與軍事衝突（*The Rise and Fall of the Great Powers: Economic Change and Military Conflict from 1500 to 2000*）》，臺北：五南出版社，1995。

- 丁中江，《北洋軍閥史話》，臺北：時英出版社，2000。

- 上田信，高瑩瑩譯，《海與帝國：明清時代》，桂林：廣西師範大學出版社，2014。

- 川島真，《近代中國外交の形成》，名古屋：名古屋大學出版會，2004。

- 孔華潤（Warren I. Cohen）主編，王琛等譯，《劍橋美國對外關係史》（*The Cambridge History of American Foreign Relations*），北京：新華出版社，2004。

- 文公直，《最近三十年中國軍事史》，臺北：文海出版社，1973 重印。

- 王立新，《美國對華政策與中國民族主義運動》，北京：中國社會科學出版社，2000。

- 王治心，《中國基督教史綱》，臺北：文海書局，1971 年，重印版。

- 王笛，《跨出封閉的世界—長江流域區域社會研究 1644-1911》，北京：中華書局，2001。

- 王綱領，《歐戰時期的美國對華政策》，臺北：臺灣學生書局，1988。

- 王鐵崖編，《中外舊約章彙編》，北京：三聯書店，1957。

- 白吉爾（Marie-Claire Bergère），《中國資產階級的黃金年代》（*L'âge d'or de la Bourgeoisie Chinoise*），上海：上海人民出版社，1998。

- 安樂博，張蘭馨譯，《南中國海：海盜風雲》，香港：三聯書店，2014。
- 江天風主編，《長江航運史（近代部分）》，北京：人民交通出版社，1992。
- 臼井勝美，陳鵬仁譯，《近代日本外交與中國》，臺北：水牛出版社，1989。
- 吳心伯，《金元外交與列強在中國（1909-1913）》，上海：復旦大學出版社，1997。
- 吳翎君，《美孚石油公司在中國（1879-1933）》，臺北：稻鄉出版社，2001。
- 吳翎君，《美國人未竟的中國夢：企業、技術與關係網》，新北：聯經出版公司，2020。
- 吳翎君，《美國大企業與近代中國的國際化》，臺北：聯經出版公司，2012。
- 吳翎君，《美國與中國政治（1917-1928）：以南北分裂政局為中心的探討》，臺北：東大圖書公司，1996。
- 呂芳上，《民國史論》，臺北：臺灣商務印書館，2013。
- 呂芳上，《從學生運動到運動學生（民國八年至十八年）》，臺北：中央研究院近代史研究所，1994。
- 李定一，《中美早期外交史》，臺北：三民書局，1978。
- 村上衛，《海の近代中國─福建人の活動とイギリス・清朝》，名古屋：名古屋大學出版會，2013。

- 那思陸、歐陽正，《中國司法制度史》，臺北：國立空中大學，2001。
- 來新夏等著，《北洋軍閥史》，天津：南開大學出版社，2000。
- 季辛吉（Henry Kissinger），顧淑馨、林添貴譯，《大外交》（*Diplomacy*），臺北：智庫文化，1998。
- 杭州大學校史編寫組，《杭州大學校史，1897-1988》，杭州：杭州大學出版社，1989。
- 東亞同文會編，《支那省別全誌：四川省》，東京：東亞同文會，1917。
- 東亞同文會編，《支那省別全誌：湖北省》，東京：東亞同文會，1918。
- 松浦章，卞鳳奎譯，《東亞海域與臺灣的海盜》，臺北：博揚文化，2008。
- 邵雍，《民國綠林史》，福州：福建人民出版社，2001。
- 威廉・埃德加・蓋洛，晏奎等譯，沈弘、李憲堂審校，《揚子江上的美國人—從上海經華中到緬甸的旅行記錄（1903）》（*A Yankee on the Yangtze: Being a Narrative of A Journey from Shanghai through the Central Kingdom to Burma*），濟南：山東畫報出版社，2008。
- 唐啟華，《巴黎和會與中國外交》，北京：社會科學文獻出版社，2014。
- 唐啟華，《北京政府與國際聯盟 1919-1928》，臺北：東大圖書公司，1998。

- 唐啟華，《被廢除不平等條約遮蔽的北洋修約史（1912-28）》，北京：社會科學文獻出版社，2010。
- 徐友春主編，《民國人物大辭典》，石家莊：河北人民出版社，1991。
- 郝力輿，《領事裁判權問題》，上海：商務印書館，1925。
- 張力，《國際合作在中國：國際聯盟角色的考察（1919-1946）》，臺北：中央研究院近代史研究所，1999。
- 張四德，《美國史》，臺北：大安出版社，1996。
- 郭廷以，《近代中國史綱》，香港：香港中文大學出版社，1989。
- 陳存恭，《列強對中國的軍火禁運（民國八年至十八年）》，臺北：中央研究院近代史研究所，1983。
- 陳志讓，《軍紳政權：近代中國的軍閥時期》，桂林：廣西師範大學出版社，2008。
- 陳治世，《國際法》，臺北：臺灣商務印書館，1995。
- 陳隆豐，《國家繼承與不平等條約》，臺北：三民書局，2003。
- 項立嶺，《中美關係史上的一次曲折—從巴黎和會到華盛頓會議》，上海：復旦大學，1997
- 黃文德，《非政府組織與國際合作在中國—華洋義賑會之研究》，臺北：秀威資訊，2004。
- 黃月波等編，《中外條約彙編》，上海：商務印書館，1935。

- 楊玉聖，《中國人的美國觀》，上海：復旦大學出版社，1996。
- 賈楨等修，《籌辦夷務始末・咸豐朝》，北京：中華書局重印，1979。
- 瑪格蕾特・麥克米蘭（Margaret MacMillan），《巴黎・和會：締造和平還是重啟戰爭？重塑世界新秩序的關鍵 180 天》，臺北：麥田出版，2019。
- 應俊豪，《「丘八爺」與「洋大人」—國門內的北洋外交》，臺北：國立政治大學歷史學系，2009。
- 應俊豪，《公眾輿論與北洋外交—以巴黎和會山東問題為中心的研究》，臺北：國立政治大學歷史學系，2001。
- 應俊豪，《外交與砲艦的迷思：1920 年代前期長江上游航行安全問題與列強的因應之道》，臺北：臺灣學生書局，2010。
- 應俊豪，《英國與廣東海盜的較量——一九二〇年代英國政府的海盜剿防對策》，臺北：臺灣學生書局，2015。
- 韓莉，《新外交・舊世界：伍德羅・威爾遜與國際聯盟》，北京：同心出版社，2002。
- 聶寶璋、朱蔭貴編，《中國近代航運史資料》，北京：中國社會科學出版社，2002。
- 魏斐德（Frederic Wakeman, Jr.），王小荷譯，《大門口的陌生人：1839-1861 年間華南的社會動亂》，北京：中國社會科學出版社，2002 重印。

- 蘇遼編著，《民國匪禍錄》，南京：江蘇古籍出版社，1996。
- 顧衛民，《基督教與近代中國社會》，上海：上海人民出版社，1998。

（二）英文

- Alumni Association of the University of Michigan, ed. *The Michigan Alumnus.* Ann Arbor, Michigan: Alumni Association of the University of Michigan Publisher, 1913-1914.
- Antony, Robert J. *Pirates in the Age of Sail.* New York: W. W. Norton & Co., 2007.
- Antony, Robert J., ed. *Elusive Pirates, Pervasive Smugglers: Violence and Clandestine Trade in the Greater China Seas.* Hong Kong: Hong Kong University Press, 2010.
- Asada, Sadao. *From Mahan to Pearl Harbor: The Imperial Japanese Navy and the United States.* Annapolis, Md.: Naval Institute Press, 2006.
- Beisner, Robert L. ed. *American Foreign Relations since 1600: A Guide to the Literature.* Santa Barbara, Calif.: ABC-CLIO, 2003.
- Billingsley, Phil. *Bandits in Republican China.* Stanford: Stanford University Press, 1988.
- Bonnard, Abel. (Veronic Lucas, trans.) *In China, 1920-1921 (En Chine, 1920-21).* London: George Routledge & Sons, LTD., 1926.

- Braisted, William Reynolds. *Diplomats in Blue: U.S. Naval Officers in China, 1922-1933.* Gainesville: University Press of Florida, 2009.
- Buckley, Thomas H. *The United States and the Washington Conference, 1921-1922.* Knoxville: University of Tennessee Press, 1970.
- Cohen, Paul A. *China Unbound: Evolving Perspectives on the Chinese Past.* London and New York: Routledge, 2003.
- Cohen, Paul A. *Discovering History in China: American Historical Writing on the Recent Chinese Past.* New York: Columbia University Press, 1984.
- Cohen, Warren I. *America's Response to China: An Interpretative History of Sino-American Relations.* New York: Columbia University Press, 1990.
- Cole, Bernard D. *The United States Navy in China, 1925-1928.* Auburn: Auburn University Ph.D. Dissertation, 1978.
- Crow, Carl. *China Takes Her Place.* New York: Harper & Bros., 1944.
- Crow, Carl. *I Speak for the Chinese.* New York: Harper & Brothers, 1937.
- Curry, Roy Watson. *Woodrow Wilson and Far Eastern Policy, 1913-1921.* New York: Octagon Books Inc., 1968.
- Dennett, Tyler. *Americans In Eastern Asia: A Critical Study of United States' Policy in the Far East in the Nineteenth Century.* New York: Barnes & Noble, 1963.

* Dollar, Robert. *Memoirs of Robert Dollar.* San Francisco: W. S. Van Cott & Co., 1921.

* Fairbank, John K. *The United States and China.* Cambridge, MA: Harvard University Press, 1948.

* Fifield, Russell H. *Woodrow Wilson and the Far East: The Diplomacy of Shantung Question.* New York: Thomas Y. Crowell Company, 1952.

* Finnemore, Martha. *The Purpose of Intervention: Changing Beliefs about the Use of Force.* Ithaca and London: Cornell University Press, 2003.

* Foster, John Watson. *American Diplomacy in The Orient.* Cambridge: The Riverside Press, 1903.

* Fox, Grace Estelle. *British Admirals and Chinese Pirates, 1832-1869.* London: K. Paul, Trench, Trübner & Co., ltd., 1940.

* French, Paul. *Carl Crow: A Tough Old China Hand - The Life, Times and Adventures of an American in Shanghai.* Hong Kong: Hong Kong University Press, 2006.

* Gelber, Henry G. *Nations out of Empires: European Nationalism and the Transformation of Asia.* New York: Palgrave, 2001.

* Griswold, Whitney A. *The Far Eastern Policy of United States.* New York: Harcourt, Brace and Co., 1938.

* Grover, David H. *American Merchant Ships on the Yangtze, 1920-1941.* Westport: Praeger Publishers, 1992.

* Howell, Glenn F. Dennis L. Nobel, ed. *Gunboats on the*

Yangtze: The Diary of Captain Glenn F. Howell of the USS Palos, 1920-1921. Jefferson: McFarland & Company, Inc., 2002.

- Hunt, Michael. *The Making of A Special Relationship: The United States and China to 1914.* New York: Columbia University Press, 1983.

- Iriye, Akira. *Across the Pacific: An Inner History of American-East Asian Relations.* Chicago: Imprint Publications, Inc., 1992.

- Iriye, Akira. *After Imperialism: The Search for a New Order in Far East, 1921-1931.* Cambridge, Mass.: Harvard University Press, 1965.

- Link, Arthur Stanley. *Wilson the Diplomatist: A Look at His Major Foreign Policies.* Baltimore, Maryland: Johns Hopkins Press, 1957.

- May, Ernest R. and James C. Thomson Jr. eds. *American-Eastern Relation: A Survey.* Cambridge, Mass.: Harvard University, 1972.

- Mock, James R. and Cederic Larson. *Words That Won the War: The Story of the Committee on Public Information, 1917-1919.* New York: Russell & Russell, c1939

- Moore, Gregory. *Defining and Defending the Open Door Policy: Theodore Roosevelt and China, 1901-1909.* Lanham: Lexington Books, 2015.

- Murray, Dian H. *Pirates of the South China Coast 1790-1810.* Stanford: Stanford University Press, 1987.

- Nobel, Dennis L. ed. *Gunboats on the Yangtze: The Diary of Captain Glenn F. Howell of the USS Palos, 1920-1921.* Jefferson: McFarland & Company, Inc., 2002.
- Otis, Fessenden Nott. *Isthmus of Panama.* New York: Harper & Brothers, 1867.
- Smith, C. A. Middleton. *The British in China and Far Eastern Trade.* London: Constable & Co. Ltd., 1920.
- Stone, Ralph A. *The Irreconcilables: The Fight Against the League of Nations.* Lexington: University Press of Kentucky, 1970.
- Tolley, Kemp. *Yangtze Patrol: The U.S. Navy in China.* Annapolis: Naval Institute Press, 1971.
- Turnbull, Stephen. *Pirate of the Far East 811-1639.* Oxford; New York: Osprey Pub., 2007.
- Wilkins, Mira. *The History of Foreign Investment in the United States to 1914.* Cambridge, MA.: Harvard University Press, 2004.
- Williams, William Appleman. *The Tragedy of American Diplomacy.* New York: Dell Pub. Co., 1972.

五、論文（期刊、專書、學位論文等）

（一）中文

- 川島真，〈再論華盛頓會議體制〉，金光耀、王建朗主編，《北洋時期的中國外交》（上海：復旦大學出版社，2006），頁81-90。

- 王立新，〈華盛頓體系與中國國民革命：二十年代中美關係新探〉，《歷史研究》，2001 年 2 期（2001），頁 56-68。
- 王晴飛，〈商務印書館與新文化運動〉，《南京師範大學文學院學報》，2010 年 4 期（2010.7），頁 71-75。
- 江定育，《民國東南沿海海盜之研究》，桃園：中央大學歷史所碩士論文，2012。
- 臼井勝美，〈凡爾賽‧華盛頓會議體制與日本〉，《中國をめぐる近代日本の外交》，陳鵬仁譯，《近代日本外交與中國》，頁 19-53。
- 吳翎君，〈從徐國琦 Chinese and Americans: A Shared History 談美國學界對中美關係史研究的新取徑〉，《臺大歷史學報》，第 55 期（2015.6），頁 219-249。
- 李白虹，〈二十年來之川閥戰爭〉，收錄在廢止內戰大同盟編，《四川內戰詳記》（上海：廢止內戰大同盟會，1933；北京：中華書局，2007，重印版），頁 247-248。
- 林玉茹，〈清末北臺灣漁村社會的搶船習慣：以《淡新檔案》為中心的討論〉，《新史學》，20 卷 2 期（2009.6），「地域社會專號」，頁 115-165。
- 姚瑾，〈淺議早期《重慶商務日報》的言論〉，《重慶交通大學學報（社會科學版）》，2007 年 2 期。
- 段小紅，〈世紀之交的美中貿易（1895-1905）〉，陶文釗、梁碧瑩主編，《美國與近現代中國》（北京：中國社會科學出版社，1996），頁 224-242。

- 唐啟華，〈北洋外交與「凡爾賽－華盛頓體系」〉，金光耀、王建朗主編，《北洋時期的中國外交》（上海：復旦大學出版社，2006），頁 47-80。

- 馬烈，〈民國時期匪患探源〉，《江海學刊》，1995 年 4 期，頁 130-135。

- 連玲玲，〈企業文化的形成與轉型：以民國時期的上海永安公司為例〉，《中央研究院近代史研究所集刊》，第 49 期（2005.9），頁 127-173。

- 劉行則，湖北省宜昌市政協文史委供稿，〈美商大來公司輪船案件〉，收錄在《文史精華》編輯部編，《近代中國大案紀實》（石家莊：河北人民出版社，1998），頁 274-276。

- 應俊豪，〈1920 年代列強對華砲艦外交的分析研究〉，政大人文中心，《多元視野下的中華民國外交》（臺北：國立政治大學人文中心，2012），頁 1-26。

- 應俊豪，〈1920 年代前期長江航行安全問題與中外爭執〉，政大人文中心，《國際法在中國的詮釋與應用》（臺北：政大出版社，2012），頁 1-33。

- 應俊豪，〈1920 年代前期英國對長江上游航行安全的評估與檢討〉，《海洋文化學刊》，第 13 期（2012.12），頁 75-101。

- 應俊豪，〈一戰後美國對「中日山東問題爭議」後續效應的觀察與評估〉，中國社會科學院近代史研究所，《近代中外關係史研究集刊》（北京：社會科學文獻出版社，2017），第 7 輯，頁 145-169。

- 應俊豪，〈內戰、輪船與綁架勒贖：中日宜陽丸

事件（1923-1924）〉，《近代中國》，第 161 期
（2005.6），頁 117-137。

• 應俊豪，〈北伐後期以降的中英互動與海盜問題交
涉（1928-1929）〉，《國立政治大學歷史學報》，
第 47 期（2017.5），頁 159-206。

• 應俊豪，〈四國海軍因應長江上游航行安全問題採
取的聯合行動（1920-25）〉，《東吳歷史學報》，
第 22 期（2009.12），頁 169-224。

• 應俊豪，〈克門案與北京政府時期的中美關係〉，
《南京大學學報：哲學・人文・社會科學版》，第
42 卷第 1 期（2005.1），頁 71-80。

• 應俊豪，〈抵制日輪與中日衝突—長沙案及其善後
交涉（1923-1926）〉，《東吳歷史學報》，第 19 期
（2008.6），頁 111-180。

• 應俊豪，〈長江上游航行安全問題與美國駐華海軍
的因應之道（1920-1925）〉，《國史館館刊》，第
20 期（2009.6），頁 123-172。

• 應俊豪，〈航運、砲艦與外交—1924 年中英萬縣
案研究〉，《國立政治大學歷史學報》，第 28 期
（2007.11），頁 287-328。

• 應俊豪，〈華洋衝突、審判與輿論形塑——九二四
年北京使館區李義元毆打外人案〉，《國立政治大
學歷史學報》，第 24 期（2005.11），頁 39-84。

• 應俊豪，〈談判桌上的海權劃分：五國海軍會議
（1921-1922）與戰間期的海權思維〉，《國立政治大
學歷史學報》，第 30 期（2008.11），頁 119-168。

- 應俊豪，〈戰亂威脅與砲艦政策：北洋軍閥統治後期英國在長江中下游地區的武力介入問題〉，陳支平、王炳林主編，《海絲之路：祖先的足跡與文明的和鳴》（廈門：廈門大學出版社，2018），第 1輯，頁 446-471。

（二）英文

- A. D. Blue, "Piracy on the China Coast," *Journal of the Hong Kong Branch of the Royal Asiatic Society*, Vol. 5 (1965), pp. 69-85.

- Akira Iriye, "Internationalizing International History," in Thomas Bender ed., *Rethinking American History in a Global Age* (Berkeley: University of California Press, 2002), pp. 47-62.

- Akira Iriye, "The Internationalization of History." *The American Historical Review*, Vol. 94, No. 1(1989), pp. 1-10.

- Alexander Hosie and H. P. King, "Steam Traffic on the Yangtze: Population of Szechuan," *The Geographical Journal*, Vol. 64, No. 3 (September, 1924), pp. 271-272.

- Dian H Murray, *Pirates in the South China Seas in the 19th Century*. Ithaca, New York: Connell University PhD dissertation, 1979.

- Dian H. Murray, "Pirate in the Pearl River Delta," *Journal of the Hong Kong Branch of the Royal Asiatic Society*, Vol. 28 (1988), pp. 69-85.

- Eugene Kontorovich, "The Piracy Analogy: Modern Universal Jurisdiction's Hollow Foundation," *Harvard International Law Journal*, Vol. 45, Iss. 1, pp. 183-238.

- Hai-Tung Kwan, "Consular Jurisdiction: Its Place in the Present Clamor for the Abolition of Treaties," *Pacific Affairs*, Vol. 2, No. 6 (June, 1929), pp. 347-360。

- Harold J. Wiens, "Riverine And Coastal Junks in China's Commerce," *The Economic Geography*, Vol. 31, No. 3 (July, 1955), pp. 248-264.

- Hong-kay Lung（龍康琪）, *Britain and the Suppression of Piracy on the Coast of China with Special Reference to the Vicinity of Hong Kong 1842-1870* (Hong Kong: Hong Kong University Master thesis, 2001).

- Kazuyuki Matsuo, "American Propaganda in China: The U.S. Committee on Public Information, 1918-1919," *Journal of American and Canadian Studies*, 14 (1996), pp. 19-42.

- Michael Hunt, "Internationalizing U.S. Diplomatic History: A Practical Agenda." *Diplomatic History*, 15 (Winter 1991), pp. 1-11.

- Noel H., Pugach, "American Friendship for China and the Shangtung Question at the Washington Conference," *Journal of American History*, 64 (June 1977), pp. 67-86

- Ray Lyman Wilbur, "An Interpretation of America in Pacific Relations," *News Bulletin (Institute of Pacific Relations)* (Sep., 1927), pp. 10-15.

- William C. Kirby, "The Internationalization of China: Foreign Relations at Home and Abroad in the Republican Era," *The China Quarterly*, Vol. 150, No. 2 (June 1997), pp. 433-458.

- 山腰寬敏，"The Media Wars: Launching the May Fourth Movement, World War I and the American Propaganda Activities in China, Led by P. S. Reinsch and Carl Crow"（「五四運動與美國對於中國宣傳活動再論」），收錄在國立政治大學文學院（編），《五四運動八十週年學術研討會論文集》（臺北：政治大學文學院，1999），頁 111-136。

六、其他網路資料

- 美國海軍史網站（Naval History & Heritage Command）
  https://www.history.navy.mil/research/histories/ship-histories/danfs.html

- 莫紀彭筆錄，李業宏整理補充，〈李福林自述〉，《廣州文史》，第 49 輯（1995）
  http://www.gzzxws.gov.cn/gzws/gzws/ml/49/200809/t20080910 7162.html

- "Davis Company Ltd. Records: A Guide," DeGolyer Library, Southern Methodist University
  http://legacy.lib.utexas.edu/taro/smu/00368/smu-00368.html

- Carl Crow, "The Most Interesting Character I Ever Knew," cited from Paul French, "Carl Crow and Roy Anderson-

The Most Interesting Character I Ever Knew"
http://www.chinarhyming.com/2011/02/24/carl-crow-
on-roy-anderson-the-most-interesting-man-i-ever-knew/

民國論叢 09

歐戰後美國視野下的中國：
現況、海盜與長江航行安全問題

China in the View of the United States after World
War I: Situation, Piracy, and Safe Navigation on
the Yangtze River

作　　者　應俊豪
總 編 輯　陳新林、呂芳上
執行編輯　林育薇
封面設計　溫心忻
排　　版　溫心忻
助理編輯　李承恩

出　　版　🛡 開源書局出版有限公司
　　　　　香港金鐘夏愨道 18 號海富中心
　　　　　1 座 26 樓 06 室
　　　　　TEL：+852-35860995

　　　　　✳ 民國歷史文化學社 有限公司
　　　　　10646 台北市大安區羅斯福路三段
　　　　　　　　37 號 7 樓之 1
　　　　　TEL：+886-2-2369-6912
　　　　　FAX：+886-2-2369-6990

　　　　　http://www.rchcs.com.tw

初版一刷　2022 年 3 月 31 日
定　　價　新台幣 700 元
　　　　　港　幣 200 元
　　　　　美　元　28 元
I S B N　978-626-7036-78-5（精裝）
印　　刷　長達印刷有限公司
　　　　　台北市西園路二段 50 巷 4 弄 21 號
　　　　　TEL：+886-2-2304-0488

國家圖書館出版品預行編目 (CIP) 資料

歐戰後美國視野下的中國：現況、海盜與長江
航行安全問題 = China in the view of the United
States after world war I : situation,piracy,and
safe navigation on the yangtze river/ 應俊豪著 .
-- 初版 . -- 臺北市 : 民國歷史文化學社有限公司 ,
2022.03

　　面；　公分 . --（民國論叢 ; 9）

ISBN 978-626-7036-78-5　（精裝）

1.CST: 中美關係 2.CST: 外交史

645.24　　　　　　　　　　　　111002278